高等教育会计类创新应用型规划教材

国家级一流本科专业建设点教材

省级精品课程教材

Principles of Accounting

会计学原理

第三版

颜剩勇 主 编
张淑霞 袁昶达 副主编

东北财经大学出版社
Dongbei University of Finance & Economics Press
大连

图书在版编目（CIP）数据

会计学原理 / 颜剩勇主编. —3版. —大连：东北财经大学出版社，2022.12（2024.7重印）
（高等教育会计类创新应用型规划教材）
ISBN 978-7-5654-4728-0

Ⅰ. 会… Ⅱ. 颜… Ⅲ. 会计学-高等学校-教材 Ⅳ. F230

中国版本图书馆CIP数据核字（2022）第234359号

东北财经大学出版社出版
（大连市黑石礁尖山街217号 邮政编码 116025）
网 址：http://www.dufep.cn
读者信箱：dufep@dufe.edu.cn
大连天骄彩色印刷有限公司印刷 东北财经大学出版社发行
幅面尺寸：185mm×260mm 字数：450千字 印张：19 插页：1
2022年12月第3版 2024年7月第3次印刷
责任编辑：王 莹 周 晗 责任校对：周小焕
封面设计：冀贵收 版式设计：原 皓
定价：42.00元

教学支持 售后服务 联系电话：（0411）84710309

如有印装质量问题，请联系营销部：（0411）84710711

第三版前言

“经济越发展，会计越重要。”随着中国特色社会主义市场经济的日益发展，会计的职能在不断拓展，会计的作用在不断发挥，会计主体的利益相关者对会计的依赖日益增强。正是由于会计在社会主义现代化建设中的必要性和重要性，市场对创新应用型会计人才有着旺盛需求。创新应用型会计人才的培养离不开高质量、系统化的教材。为全面贯彻党的教育方针，落实立德树人根本任务，培养德智体美劳全面发展的社会主义建设会计人才，满足我国现代化建设对创新应用型会计人才的需要，我们结合多年会计教学与工作经验，以“拓展理论教学培养创新意识，强化实践教学提高应用能力”为教学目标，编写《会计学原理》和《会计学原理实验》两本相互衔接、配套使用的教材以飨读者。

《会计学原理》从会计人员所需的会计基本知识、基本技能和基本方法出发，结合创新应用型经济管理人才培养的目标，遵循由浅入深、从形象到抽象、从感性到理性、从激发兴趣到自主学习的原则，以创新、应用为目标对该课程的教学内容进行取舍，重组教学模块，构建了以思想政治、专业知识、创新能力和综合素质教育为核心的理论教学内容体系。该体系由会计基本理论模块、会计基本核算模块和会计组织管理模块三个部分组成。会计基本理论模块包括总论、会计要素与会计科目、会计账户和复式记账、会计账户分类；会计基本核算模块包括企业主要经济业务的核算、会计凭证、会计账簿、财产清查和财务会计报告；会计组织管理模块包括账务处理程序、会计工作组织和会计法规体系等。

本书响应了党的二十大报告提出的“为党育人、为国育才”号召，体现了会计准则与相关财务会计政策的最新变化，不仅适用于培养创新应用型经济管理人才，也适用于培养其他应用型会计人才。

本书由湖南科技大学颜剩勇主编，负责全书整体结构的设计，以及初稿的修改、补充和总纂。本书具体编写人员及编写分工如下：颜剩勇编写第一章和第二章，张淑霞编写第三章，湖南科技大学赵雪枝编写第四章和第九章，湖南科技大学罗文兵编写第五章和第十章，湖南科技大学李志钢编写第六章和第七章，湖南中医药大学袁昶达编写第八章，衡阳师范学院尹秀娇编写第十一章，湖南科技大学佘志先编写第十二章。

本书得到湖南科技大学国家级一流本科专业建设点“会计学”的经费支持，在此谨致衷心的感谢！

由于编者水平有限，书中不妥之处敬请读者和会计界同仁不吝赐教。

编　者

2022年11月

目　录

第一章　总论

【学习目标】

本章阐述会计学的基本概念、基本理论、基本方法，为进一步学习会计学内容奠定基础。要求了解会计的产生和发展，理解会计含义、会计目标和会计职能，掌握会计核算的基本前提、会计核算的基础工作和会计信息质量要求，了解会计方法体系并掌握会计核算方法，初步树立良好的会计职业道德意识。

第一节　会计的含义

一、会计的产生

会计是管理经济的重要组成部分，它是随着经济的发展而发展起来的。在原始公社时期，已有“记账员”负责登记生产和猎获野兽的数量，“结绳记事”“刻契记数”等原始记录计算方法都是原始会计的雏形，也可以说是会计的萌芽阶段。在原始社会里，打猎后要先计算收获数量，然后分配给族人；发生战争后，要清点自己族人的伤亡人数和缴获敌人的数目，这样就产生了原始会计的计数方法。

我们知道，动物和人类最大的区别是动物只能辨别“有”和“无”，而人类能分辨“多”和“少”。人类为了生存，必须生产各种各样的物质资料，并按照一定的方式进行分配，最终发展为会计的核算。

会计的产生和发展是人类物质资料生产的实践和经济管理的客观需要，与人类社会物质资料的生产密切相关。人类社会的发展是以物质资料的生产为前提的。人们在进行物质资料生产活动时，一方面，要创造物质财富，取得一定的劳动成果；另一方面，要发生一定的劳动耗费，包括人力、物力的耗费。不论在何种社会状态下，人们在进行生产活动时，总希望以尽可能少的劳动耗费取得尽可能多的劳动成果，提高经济效益，以满足生活和生产的需要。为达到这一目的，人们在社会生产中除了不断采用新技术、新工艺提高社会生产力水平以外，还必须不断提高经营管理水平，对劳动耗费和劳动成果进行观察、记录、计算、分析、比较，借以掌握生产活动的过程和结果，促使人们的生产活动按照预期的目标进行。以记录、计算、分析、考核为主要工作内容的会计，也就应运而生了。

二、会计的发展

在漫长的发展过程中，会计的理论方法和技术都经历了从简单到复杂、从不完善到完善的过程。会计的发展可以分为古代会计、近代会计和现代会计三个阶段。但是，这三个阶段的划分在具体起止时间上却较为模糊，缺乏严格的佐证。下面以较为通行的观点来做说明。

1.古代会计阶段

古代会计阶段的起始时间至今无法考证，有人认为是旧石器时代的中晚期，但一般都认为截止时间是在1494年世界上第一部专门论述复式簿记的《算术、几何、比及比例概要》出现之前，这是会计发展史上最漫长的一段时期，与社会发展阶段是相适应的。

这一阶段，社会经济形态处在原始社会、奴隶社会和封建社会，社会特征是生产发展缓慢，生产力水平比较低下，商品经济尚不发达，商品货币的交换关系没有全面展开。因此，会计的发展也十分缓慢，但在后期已经出现了明显的具备会计特征的会计行为。

中国是世界文明古国之一，在封建社会鼎盛时期的唐宋时期，经济发达程度曾处于世界领先地位，中国古代会计在世界会计发展史上也一度占据重要地位，主要标志有：夏朝率先有了“会计”一词的文字记载；在周朝官厅组织中出现了专门掌管中央、地方政府钱粮收支的政府官员“司会”，使会计成为一个独立的经济职能部门，进行“月计岁会”工作；唐宋时期，我国封建社会发展到了顶峰，出现了“四柱清册”（即“旧管+新收=开除+实在”），与现今的“期初余额+本期增加发生额=本期减少发生额+期末余额”的结账方法已非常接近，形成了让中国引以为傲、让世界赞誉的中式簿记的早期形态；封建社会末期的明末清初，又出现了能够满足盈亏计算需要的“龙门账”“四脚账”等我国独有的复式记账方法。这些客观历史表明，中国封建社会早期的强盛，为中国会计初始发展提供了肥沃的土壤，并为世界会计发展史做出了杰出贡献。

在国外，著名的文明古国巴比伦，由于商业的发展，爱好组织管理的巴比伦人在4 000多年前，就开始在金属或瓦片上记录与会计有关的楔形文字。古埃及与巴比伦大体相同，并且建立了较为严格的内部控制制度，如设置仓库记录官与仓库监督官等。公元前5世纪前后是奴隶社会发展的顶峰时期，产生了著名的古希腊文化和古罗马文化等地中海沿岸的文明，会计发展也达到了一定的水平。如公元前630年，古希腊发明了铸币，并应用到会计记录当中。古罗马的国家档案中已经有将政府收入、支出分设项目的记载，并在政府中设有会计官员。13世纪以后，意大利沿海城市率先出现了资本主义的萌芽，借贷资本家开始以“借主”“贷主”的形式登记债权、债务项目，为借贷记账法的产生奠定了记账符号的基础和由单式簿记向复式簿记过渡的基础等。

可以看出，古代会计处于会计实践阶段，其特征表现为：会计发展十分缓慢；会计并没有真正独立，难以与统计、数学等学科划分清楚；会计方法非常原始、简单，并没有单独存在；缺乏会计理论的支持；民间会计发展较多，但缺乏文字记载；会计与官厅财政关系密切。因此，这时的会计还构不成科学，只是处于朦胧的初始状态。

2.近代会计阶段

有不少人认为近代会计阶段应该是从15世纪末至20世纪50年代初期，在这一时期，西方国家的商品经济得到了快速发展。中世纪末，十字军的东征促进了中西方经济的贸易往来，使得地处地中海沿岸的一些城市的经济空前繁荣，尤其是意大利沿海城市佛罗伦萨、热那亚、威尼斯等地，商业和金融业率先得以发展，成为当时的世界经济贸易中心，为社会形态向资本主义迈进奠定了基础。为满足经济发展的需要，人们开始将原来借贷资本家所用的“借主”“贷主”的记录方式逐步改进和提高，形成了早期的借贷复式记账法，并在这些城市广为流行。1494年，意大利传教士、数学家卢卡·帕乔利（Luca Pacioli）在威尼斯出版了一部耗费他30年心血的世界名著——《算术、几何、比及比例概要》（也可译为《数学大全》），其中的"计算与记录要论"篇专门论述簿记，对意大利威尼斯簿记和借贷记账法做了全面系统的理论描述和总结。这本书被人们赞誉为第一部会计理论书籍，为会计由自然存在推向科学奠定了重要基石，被后人称为近代会计发展史的第一个里程碑，卢卡·帕乔利也被史学家尊称为"近代会计之父"。著名的德国诗人歌德曾将借贷记账法赞誉为"人类智慧的一种绝妙创造，以至每一个精明的商人在他的经济事业中都必须运用它"。

从16世纪末到19世纪，意大利经济逐渐走向衰弱，资本主义在荷兰、德国、法国、英国等欧洲国家得到迅速发展，意大利的复式簿记得以在欧洲迅速传播和发展。17世纪初，荷兰借助强大海军所进行的大规模海外殖民掠夺，使之成为当时最为发达的"17世纪标准的资本主义国家"，因此，荷兰曾一度成为意大利复式簿记在欧洲传播和发展的中心。

在这一阶段，会计在西方国家迅速发展的实例不胜枚举。然而在我国，由于长时期的封建社会以及后来半殖民地半封建的高度闭关锁国和故步自封，使得会计在我国没有多大发展。到了1905年，我国第一名注册会计师谢霖才从日本引进并在清朝银行首次运用了西方的借贷复式记账法，以后外国商人在我国开办的工厂中也带进了西方的会计文明。

纵观近代会计发展历史，随着封建社会的消亡、资本主义的建立与发展，会计也随着迅速发展。其主要标志除了《算术、几何、比及比例概要》以及簿记、会计书籍的不断出现，使会计由实践到理论，从而真正发展成为一门科学之外，会计实践水平也得到了迅速提高，会计职业开始走向社会化、专门化，会计的内容也从单一的复式簿记发展到成本会计、损益会计、资产负债会计、折旧会计、会计报表、公认会计原则等更高的层次，会计理论与方法日趋成熟起来，逐步形成了一门独立的科学。会计活动不再仅仅是官厅会计，而且开始向社会民间普及，尤其是企业会计开始取代官厅会计的主导地位。

3.现代会计阶段

现代会计阶段是从20世纪50年代直到今天。这一阶段虽然时间不长，但会计发展极为迅速，其原因应归于社会生产的迅速发展和进步所带来的社会各方面的全方位变化。

在这段时间里，资本主义高速发展，社会主义迅速崛起，生产力水平快速提高，市场经济席卷全球，信息时代和知识经济时代接踵而至，人们的文化水平、思维方式、道德观念、创造能力等都发生了巨大变化，从而使会计理论日益丰富，会计方法技术日益先进，会计作用日益增强，真正形成了"办经济离不开会计，经济越发展，会计越重要"的局面。1946年，美国第一台电子计算机诞生，1953年便在会计中得以运用。1952年，世界会计学会正式批准使用"管理会计"一词，由此将会计一分为二，形成了以服务于企业外部信息利用者为主要目的的"财务会计"和以服务于企业内部管理为主要目的的"管理会计"两大门类，并被认为是会计发展史上的一个里程碑。会计的学科名称不断增多，如物价变动会计、标准成本会计、跨国公司会计、衍生金融工具会计、国际会计、外币折算会计、环境会计、社会会计、责任会计、行为会计、质量会计、人力资源会计、增值会计、法学会计、伦理会计等。

进入21世纪以来，随着经济快速发展和技术的日益发展，以大智移云物区为特征的新技术对会计产生极大的影响，会计迎来了更高阶段的技术革命，新技术的运用所带来的基本特征是虚拟化、网络化、集成化、链接化、场景化、实时化、动态化、智能化。人工智能等新技术不断融合进入了会计行业，形成了智能会计。具体而言，智能会计是人工智能产品与会计技术相结合后，大量应用在会计领域的工作中，财务机器人已经取代了部分会计人员的工作，甚至以“员工”的形式独立开展工作，给整个会计行业带来了新的发展视角与发展动能。智能会计是生产力不断发展的产物，在目前的大数据时代，数字化的风暴不断冲击着会计行业，云会计、共享会计、智慧会计、大数据会计等新兴的词汇不断出现，标志着会计行业在迈入新的前进的空间。智能会计的到来，带来了全新的会计操作方式，虽然会计理论基础不变，但是由于会计核算的过程更方便、更快捷、更数字化，所以要求原有的会计操作方式在工作环节中减少大量基础性工作，转而将会计人员从繁杂的汇总计算工作中彻底解放出来，使会计工作内容向高端化转型。会计工作的目标也发生了相应变化，更多的是侧重于数据录入的准确性、真实性，并对数据的趋势进行分析预测，同时让企业的管理层能随时获取有效的数据，并作为其做出重大决策的有效依据。因此，会计人员必须对原有的思维方式进行突破，改变原有操作方式，因为随着智能会计发展的深入，会计工作的内容与目标已经发生极大的变化，财务数据分析、归纳、预测、使用等，逐步成为会计的核心工作。智能会计的健康发展，需要我们具备全局眼光、创新思维，不断深化对智能会计的内涵、外延、功能和发展前景的认识。智能会计的发展，不仅有助于让智能会计技术更好地服务经济社会发展，而且有助于不断满足经济组织日益增长的需要。

我国自1978年改革开放以来，社会主义市场经济体制得到正式确立和迅速发展，为我国会计的巨大变革和发展带来了强大的动力，会计的科学化、规范化、现代化步伐不断加快，以2006年2月15日新的会计准则体系的正式确立和发布为标志，正式向世界宣布，我国会计准则与国际会计准则已基本实现趋同，完成了跨世纪的、宏伟的会计变革工程。现在我国已形成《企业会计准则》和《政府会计准则》两大准则体系并行的会计核算规范。

国内外会计产生的历史说明，专职会计的产生是生产发展的必然要求，生产的存在和发展是专职会计产生的先决条件。会计的发展也必然以生产的发展为转移，生产越发展，越具有社会规模，会计就越重要。中国作为四大文明古国之一，为会计的产生与发展做出了重要贡献，如“四柱清册”“珠算”“龙门账”等，就充分表明中国的会计文化源远流长。会计变迁的过程与技术的发展密切相关，在会计领域所运用的技术通常称为会计硬技术，它大体经历了手工技术阶段、机械化技术阶段、电算化技术阶段和数据技术阶段。但是作为一门来自实践的科学，人们对会计的含义并没有得出统一结论。

三、会计的含义和特征

什么是会计？会计的内涵是什么？尽管会计从产生到现在已有几千年的历史，但是对于这一基本问题，却一直没有一个明确、统一的说法。究其原因，在于人们对会计本质的认识存在着不同的看法，而不同的会计本质观对应着不同的会计含义。

（一）关于会计的观点

综观会计界对会计本质的不同认识，主要有艺术论、管理工具论、信息系统论、管理活动论、控制系统论等五种观点：

艺术论认为会计是一种记录、分类和总结一个企业的交易并报告其结果的艺术。在20世纪70年代前的相当长一段时间内，这种观点在西方国家比较流行。美国注册会计师协会所属的名词委员会于1953年发表的第1号《会计名词公报》对会计所下的定义是："会计是一种艺术，旨在将具有或至少部分具有财务特征的交易事项，以有意义的方式且以货币来表示，予以记录、分类和汇总并解释由此产生的结果。"该公报对定义中的"艺术"一词做了解释："艺术有一部分是科学，但艺术还包括会计人员运用其知识，以解决特定问题的那种创造性的技巧能力。"从这个意义上来说会计是一种艺术。

管理工具论认为会计是经济管理或经济核算的工具，是一种反映的工具，强调的是会计在经济活动中的核算作用。《新大英百科全书》将会计看作"一种记录、分类和汇总一个企业交易并解释其结果的技术"。苏联会计学家马卡夫和别洛乌索夫在20世纪50年代合著的《会计核算原理》中认为，会计核算是完成国民经济计划的各个部门反映和监督经济活动的方法。这种观点在苏联、东欧社会主义国家和中国比较流行。持这种观点的人认为，不能把会计和会计工作混为一谈，会计是从事会计工作的手段，是一个独立的方法体系，这个方法体系是人们长期从事会计实践的经验总结，把它再用于会计实践，才表现为会计工作。它把会计看成一个方法体系，强调了会计的服务性，主要是在微观经济领域中应用。这种观点认为会计只是被动地反映，忽视或不承认会计的监督、预测、控制、分析等其他职能。进入20世纪80年代以后，随着我国改革开放的进行，人们的视野扩大了，对会计的本质有了新的认识和进一步了解，持这种观点的人越来越少。

信息系统论认为会计是一个收集、处理和输送经济信息的信息系统。最早提出这个观点的是美国会计学家A.C.利特尔顿。1966年，美国会计学会在纪念该学会成立50周年的文献——《论会计基本理论》中提出会计基本上是一个信息系统。20世纪70年代以后，由于科学技术的进步和管理理论的发展，该观点在西方发达国家的会计界广泛流行。比如，美国的《现代会计手册》（1977年版）中明确指出："会计是一个信息系统。它向利害攸关的各方传输一家企业或其他个体的富有意义的经济信息。"这种观点传入我国以后，逐步被我国一些会计学者所接受。1980年，余绪缨教授首先明确提出会计是一个信息系统，后经葛家澍教授等人的论文加以阐发，认为会计是一个以提供财务信息为主的经济信息系统。两位教授给会计所下的定义是"旨在提高企业和各单位活动的经济效益、加强经济管理而建立的一个以提供财务信息为主的经济信息系统"，具体来说有以下含义：①会计作为信息系统，并不直接参与管理，而是通过提供会计信息为管理提供咨询服务；②以提供信息为主的反映是最主要的职能，且将整个会计程序分为确认、计量、记录和报告四个环节，将会计目标定位于"受托责任观"和"决策有用观"；③会计信息系统是由会计、信息、系统三个概念组成的。

管理活动论认为会计是经济管理的重要组成部分，是一种管理活动，并且使用了"会计管理"的概念。这种观点是我国的一些会计学专家结合我国的实际情况首先提出来的。在1980年中国会计学会成立大会上，阎达五教授与杨纪琬教授合作发表了题为"开展我国会计理论研究的几点意见——兼论会计学的科学属性"的学术论文，首次提出了"会计管理"概念，视会计为一种管理活动。1983年6月，成圣树教授等人撰文指出：会计是经营管理的核心，是反映和控制经济活动并使之达到一定目的的一种能动行为，是有组织、具有管理职能的一种管理活动。后来，阎达五教授继续深入研究，并于1985年和1987年分别出版了《会计理论专题》和《责任会计的理论和实践》两本专著，标志着会计管理理论初步形成。这种观点既否定了会计是一种应用技术的看法，又否定了会计是一种管理经济的工具的看法，转而强调会计具有反映和监督的双重职能。具体表现为：①会计是一种社会关系，是人们自觉运用经济规律并通过特定的技术程序管理实际经济活动的一个社会环节；②现代会计是经济管理的重要组成部分，本身具有经济管理的职能，明确了它在国家经济管理与企业经营中的重要性。

控制系统论认为会计的本质是一个控制系统。该观点的倡导者有杨时展教授、郭道扬教授等。1980年，杨时展教授发文强调了会计的控制作用，他说："在今天，会计已演变成一种控制企业经济活动的有力武器了。"1991年，杨教授提出了"会计是一个控制系统"的思想，他认为，"现代会计是一种以认定受托责任为目的，以决策为手段，对一个实体的经济事项按货币计量及公认的会计原则与标准，进行分类、记录、汇总、传达的控制系统。"郭道扬教授从会计史学研究出发，纵观世界经济发展的历史与现状，提出宏观会计控制的思想。郭道扬教授在1989年发表的文章中赋予了会计控制更丰富的内涵，提出全面的会计控制观。郭教授认为，现代会计是现代经济控制中的重要组成部分，是信息社会中对经济信息的优化计量及有效利用，以期实现控制目标的关键性工作。会计控制系统论的主要观点有：①现代会计是一种以认定受托责任为目的，通过信息，按照公认会计原则与标准，对企事业单位进行控制的系统。②会计控制是一种全面控制，就是要将过去、现在与将来结合起来，将事前、事中、事后结合起来，并将微观、中观与宏观结合起来；会计控制可以分为中心控制层、电算化控制层及经营循环控制层三个层次；会计系统可以分为会计信息系统和会计控制系统。③会计的目的是认定和解除受托责任。④会计的实质是受托责任。⑤会计的基本职能是反映和控制，其中反映是基础，控制是归宿。

（二）会计的含义

不同的会计观点告诉我们，讨论会计的本质，首先应明确"会计"是指什么，是指"会计学"，还是指"会计工作"或是"会计方法"。如果不明确界定这一前提，则必将引起一场不必要的或者是无结果的辩论。在本书中，我们将"会计"界定为"会计工作"。我们认为会计是经济管理的重要组成部分，是以提供经济信息、提高经济效益为目的的一种管理活动。它以货币为主要计量单位，采用一系列专门的程序和方法，对社会再生产过程中的资金运动进行反映和监督。通常讲会计是指传统会计，即通过货币形式，用记账、算账等手段，核算各项经济活动的财务收支，监督反映其生产经营成果及过程。

人们要系统地记录生产经营活动，全面、综合地反映耗费与经营成果，是出于生产之需要。马克思在《资本论》中精辟地指出："生产过程越按社会的规模进行，越是失去纯粹个人性质，作为对过程的控制和观念总结的簿记，就越必要。因此，簿记对资本主义生产比对手工业和农民的分散生产更为必要，对公有生产比对资本主义生产更为必要。"因此，会计是一种连续、系统、全面和综合的核算。在商品经济的发展下，一切劳动耗费都会在产品上形成价值，任何不同质的东西都可以用货币来衡量其价值，使之统一反映生产成果，这是会计独一无二的特点。传统会计是以货币形式，对经济活动按照复式记账原理进行记账、算账，并通过会计核算手段来编制会计报表，提供会计信息，以反映企业全貌。

在现代会计中，会计是企业经济活动的语言。作为一项管理活动，会计主要是提供会计信息。企业管理部门通过会计提供的信息可以了解企业的经营过程和结果，了解和分析计划及预算的执行情况，以确保企业目标的实现。企业的投资人和债权人通过企业的会计信息，可以了解企业的盈利情况和偿债能力，以便进行投资决策和经营决策。国家宏观管理部门（如税务、财政、统计、计划等部门）可以通过企业的会计信息和经过汇总的会计信息，了解企业的纳税情况、国家的财政收入情况、国民经济计划执行情况等，以便进行国家层面的宏观管理和调控。

综上所述，会计是以货币为主要计量单位，运用专门的方法和程序，对企业和行政、事业单位和其他组织的经济活动进行全面、综合、连续、系统的核算和监督，旨在提供经济信息和提高经济效益的管理控制活动，是经济管理活动的重要组成部分。

（三）会计的特征

根据会计的含义，其主要特征有：

1.以货币为主要计量尺度，具有综合性

会计要反映和监督会计内容，需要运用多种计量尺度，包括实物尺度（如千克、吨、件等）、劳动尺度（如工时、工日等）和货币尺度，以货币尺度为主。实物尺度和劳动尺度能够具体反映各项财产、物资的增减变动和生产过程中的劳动消耗，对核算和经济管理都是必要的，但这两种尺度都不能综合反映会计的内容，而综合是会计的一个主要特点。会计以货币作为综合计量尺度，通过会计的记录就可以全面地、系统地反映和监督企业、行政单位和事业单位的财务收支、生产过程中的劳动消耗和成果，并计算出最终财务成果。所以，在会计核算过程中运用实物尺度和劳动尺度进行记录后，还必须以货币尺度综合地加以反映。

2.会计核算具有完整性、连续性和系统性

会计对经济业务的核算必须是完整、连续和系统的。完整是指会计核算对属于会计内容的全部经济业务都必须加以记录，不允许遗漏其中的任何一项，体现会计核算活动的空间特性。连续是指对核算单位持续不断发生的经济业务应按其发生的时间，顺序地、不间断地进行记录和核算，不能有任何中断，体现会计核算活动的时间特性。系统是指采用科学的核算方法对各种经济业务进行分类核算和综合核算，并对会计资料进行加工整理，保证所提供的会计信息能够成为一个有序的整体，从而揭示客观经济活动的规律，体现会计核算活动的系统性。

3.会计核算要以凭证为依据，并严格遵循会计规范

会计记录和会计信息讲求真实性和可靠性，这就要求企业、行政单位和事业单位发生的一切经济业务都必须取得或填制合法的凭证，以凭证为依据进行核算。在会计核算的各个阶段都必须严格遵循会计规范，包括会计准则和会计制度，以保证会计记录和会计信息的真实性、可靠性和一致性。

4.会计核算具有一定的程序性

会计核算的程序性是指处理会计数据有规律性的流程。一笔交易或事项发生后，首先要经过会计确认，看是否符合某项目的定义和条件；其次要经过会计计量，确定应计入的金额；再次要经过会计记录，在会计凭证和账簿上进行登录；最后要经过报告，向有关各方提供会计信息。“确认→计量→记录→报告”构成会计核算的基本程序，也是会计核算

的主要步骤。

会计含义的演进，表明会计是与时俱进的。一个优秀的会计，需要良好的创新意识。

第二节 会计目标与职能

一、会计目标

我国会计界对会计目标的理论研究起步比较晚。从20世纪50年代到80年代初期，会计基本理论研究主要是关于会计的含义、对象、性质、职能、任务、原则、方法等，可以把会计任务近似地看成是会计目标，而当时研究的会计任务主要是指计划经济体制下的会计任务。葛家澍教授在1955年发表的论文中提出了社会主义会计核算的主要目的是提供企业完成计划的实际资料，系统反映计划执行的进度及其结果，以便发掘和动员潜在力量，监督企业合理利用其内部资源，使国民经济计划能够正确反映国民经济有计划发展法则的要求，并在各方面适合社会主义基本经济法则的要求。这一论述可以看成是我国会计理论工作者研究会计目标理论的开端。

会计目标是会计基本理论的重要组成部分，是会计理论体系的基础，即期望会计达到的目的或境界，整个会计理论体系和会计实务都是建立在会计目标的基础之上的。会计目标既是一个理论问题，又是一个实践问题。会计目标虽然是人们主观认识的结果，但它并不是一个纯主观的范畴，而是受到特定历史条件下客观存在的经济、法律、政治和社会环境的影响，并随环境的变化而不断变化，具有主观见之于客观的性质。

目前，无论是受托责任观的会计目标还是决策有用观的会计目标，其要求主要都是从会计信息使用者的角度来考虑的。由于会计信息的有用性是建立在会计（会计信息系统）提供会计信息的可能性和会计信息使用者对会计信息的期望性基础上，单从会计信息使用者的角度来讨论会计目标或会计信息的有用性是不够的。对会计目标的认识，除了要从会计信息使用者要求的角度来分析以外，还应从会计信息系统职能的角度来进行论证，即会计目标的认定既要考虑会计信息使用者的主观愿望，也要考虑会计信息系统的客观能力。

由此，会计的目标是在遵循成本效益原则的基础上为相关的会计信息使用者提供会计信息系统可以实现的与决策相关的真实、完整的信息。会计信息的相关使用者包括企业的投资者、债权人、政府及其职能机构、客户和供应商、企业内部管理层和员工等与企业有各种经济利益关系的集团和个人。不同的利益相关者有不同的利益要求，其所需会计信息的侧重点也有所不同。具体来说，会计的目标包括以下几点：

1.为投资者（股东）提供信息

投资者的利益源于资本收益和股利收益。资本收益是资本市场上企业资本价格上扬的结果，股利收益则是企业将获取的利润按一定的比例分给投资者的现金或实物资产。这决定了投资者需要关注企业的盈利能力、风险水平、经营效率和发展潜力等相关会计信息。会计信息首先应当满足投资者（包括现有的和潜在的）正确进行投资决策的需要，即有助于投资者客观评估企业的盈利能力、风险水平、经营效率和发展潜力，以便对投资方案做出正确的选择。

2. 为债权人提供信息

债权人的利益源于持有债权的安全完整性和利息收益。债权的安全完整性主要取决于债务人的经营状况和信誉程度，而利息收益则直接与企业的盈利能力相关。由此，债权人（如银行等金融机构）可以借助会计信息，了解债务人的盈利能力和偿债能力，评价信贷风险，以便做出更正确的信贷决策。

3. 为政府提供信息

政府的利益源于企业缴纳的各种税金，这些税金包括与收入相关的流转税、与盈利相关的所得税、与财产金额相关的财产税等，由此可见，国家的利益直接与企业的资产规模、收入水平和盈利能力相关。此外，政府对社会经济的管理监督和宏观调控也有赖于企业的会计信息。所以，会计信息必须满足政府进行宏观经济管理的需要，以保证国家制定出正确的财政政策、税收政策、货币政策、产业政策等宏观经济政策。国家税务机关尤其要重视企业的财务会计信息，因为它是征纳税款的基本依据。

4. 为客户提供信息

客户的利益源于企业良好的信用和持续发展。供应商可以从及时收回货款和持续的销售合同中获益，购货人可以通过购进质优价廉的产品受益，而这一切又与企业的盈利能力、偿还能力和营运能力相关。与企业有业务经济往来关系的供货商和购货人可以借助会计信息了解企业的生产经营情况，评价商业风险，以便做出正确的商业决策。

5. 为社会中介机构提供信息

随着市场体系的建立和发展，出现了许多关心会计信息的组织和个人，如会计师事务所、评估师事务所、律师事务所、投资咨询服务公司、保险公司、证券公司、证券交易所、股评机构及专业人员、新闻界等，这些中介机构和个人根据其受托的服务对象的需求，从不同的侧面和重点关注企业的会计信息。

6. 为企业管理层提供信息

企业管理层的利益来源与完成受托责任的好坏相关，而受托责任往往表现为具体的财务指标，如资本增值额、投资报酬率、销售利润率等。投资人希望企业在管理层有效的管理经营下，在激烈的竞争中求得生存和发展，获得预期利润。企业管理层必须根据会计信息评价和预测企业的财务状况和盈利能力，并依据企业的现实情况进行计划调整，以提高管理水平，更好地帮助企业做出有利于企业生存、发展的经营决策，努力实现投资者（股东）的期望目标。

7. 为员工提供信息

员工利益来源于企业支付的工资、奖金和福利。虽然这些利益不完全与企业经济效益有关，但仍部分受企业经济效益的影响，如奖金、福利等。会计信息系统应该为员工（现在的和潜在的）提供这些相关信息，以便员工进行就业选择和职业规划。

会计的目标就是为上述会计信息使用者的决策提供所需信息，包括企业财务状况、经营成果和现金流量等有关的会计信息。因此，我国《企业会计准则——基本准则》规定："财务会计报告的目标是向财务会计报告使用者提供与企业财务状况、经营成果和现金流量等有关的会计信息，反映企业管理层受托责任履行情况，有助于财务会计报告使用者做出经济决策。财务会计报告使用者包括投资者、债权人、政府及其有关部门和社会公众等。"

二、会计职能

会计职能是指会计本身具有的经济管理功能和作用。会计职能是明确会计工作内容，确定会计任务的理论基础。会计职能受生产力发展水平和生产关系的制约，在人类历史发展的不同阶段、不同的经济规模和管理的要求下，不断由简单到复杂、由单一职能向多项职能发展。《中华人民共和国会计法》（以下简称《会计法》）规定："会计机构、会计人员依照本法规定进行会计核算，实行会计监督。"会计核算和会计监督是会计的两项基本职能，会计基本职能体现着会计的本质。

（一）会计核算职能

会计核算是会计的首要基本职能。会计核算是通过价值量对经济活动进行确认、计量、记录，并进行公正报告的工作。所有企业单位要进行经济活动，都要求会计提供真实、正确、完整、系统的会计信息，这就需要会计对经济活动进行记录、计算、分类、汇总，将经济活动的内容转换成会计信息，以提供经济活动过程和结果的有用信息。会计核算职能就是通过记账、算账、报账及分析、预测来达到提供会计信息的目的。

记账，就是把一个核算单位在一定时期内所发生的会计事项用一定的记账方法记录在账簿上，如填制和审核会计凭证，登记各种账簿并结出各期的发生额及余额，以及进行核对、试算等工作；算账，就是在记账的基础上，计算出企业单位的财务状况和经营成果或行政事业单位的预算资金收入、支出和结余情况，如为了取得有关资金、成本、利润等指标，根据账簿的记录进行计算的工作；报账，就是在记账、算账的基础上，根据账簿的记录和有关的资料编报各种会计报表的工作，把企业的财务状况和经营成果或行政事业单位的预算资金收支状况通过编制会计报表的方式向内部和外部有关部门以及有利害关系的各方报告。核算是会计固有的客观功能。

我国在《会计法》的会计核算部分中规定："各单位必须根据实际发生的经济业务事项进行会计核算，填制会计凭证，登记会计账簿，编制财务会计报告。任何单位不得以虚假的经济业务事项或者资料进行会计核算。""下列经济业务事项，应当办理会计手续，进行会计核算：（一）款项和有价证券的收付；（二）财物的收发、增减和使用；（三）债权债务的发生和结算；（四）资本、基金的增减；（五）收入、支出、费用、成本的计算；（六）财务成果的计算和处理；（七）需要办理会计手续、进行会计核算的其他事项。"

同时，在"公司、企业会计核算的特别规定"中强调："公司、企业进行会计核算不得有下列行为：（一）随意改变资产、负债、所有者权益的确认标准或者计量方法，虚列、多列、不列或者少列资产、负债、所有者权益；（二）虚列或者隐瞒收入，推迟或者提前确认收入；（三）随意改变费用、成本的确认标准或者计量方法，虚列、多列、不列或者少列费用、成本；（四）随意调整利润的计算、分配方法，编造虚假利润或者隐瞒利润；（五）违反国家统一的会计制度规定的其他行为。"

（二）会计监督职能

会计监督是根据国家颁布的法令、法规和经济管理要求，采用一系列方法，对企、事业单位经济活动的合法性、合理性和有效性实施检查和监督。会计监督的目的在于掌握企、事业单位的经济活动，不使其任意活动或超出规定范围和标准，并不断提高企、事业单位的经济效益。

我国《会计法》的第四章对会计监督的内容做出了具体规定，如："单位负责人应当保证会计机构、会计人员依法履行职责，不得授意、指使、强令会计机构、会计人员违法办理会计事项。会计机构、会计人员对违反本法和国家统一的会计制度规定的会计事项，有权拒绝办理或者按照职权予以纠正。""会计机构、会计人员发现会计账簿记录与实物、款项及有关资料不相符的，按照国家统一的会计制度的规定有权自行处理的，应当及时处理；无权处理的，应当立即向单位负责人报告，请求查明原因，做出处理。"

会计监督主要利用价值指标和实物进行。会计监督的内容有合法性监督和合理性监督两种。合法性监督是根据国家颁布的法令、法规等进行的监督。合理性监督是指根据客观经济规律及经营管理方面的要求按预期的目的和要求，通过预测、计划（预算）、控制、分析、考评等具体方法，对会计单位的经济活动所进行的监督。

会计监督的形式按照监督主体划分，可以分为单位内部的会计监督和单位外部的会计监督。会计监督按照时间划分，可以分为事前监督、事中监督和事后监督：事前监督是参与经济预测、计划或预算的编制等；事中监督是审查日常业务收支及生产耗费，督促生产经营业务进行和计划的执行；事后监督是检查财产物资的安全与完整，分析、考核计划的完成及经济效益情况等。

就会计两大基本职能的关系而言，核算职能是监督职能的基础，因为如果没有会计核算提供可靠、完整的会计资料，会计监督就没有客观依据，也就无法进行会计监督；而监督职能又是核算职能的保证，没有监督职能进行控制，提供有力的保证，就不可能提供真实可靠的会计信息，也就不能发挥会计管理的能动作用，会计核算也就失去了存在的意义。因此，会计的核算职能和监督职能是紧密结合、密不可分、相辅相成的，同时又是辩证统一的。

随着经济活动越来越复杂，产品更新换代速度加快，市场竞争越来越激烈，经济关系越来越复杂，对会计的要求也就越来越高。与此相适应，会计的核算和监督职能的深度和广度也得到了很大的发展，参与预测、决策、控制、考核已成为会计职能的重要组成部分。会计的预测职能是指依据会计信息和其他信息，运用一定的技术方法，对企业生产经营活动各方面的发展趋势进行估计和测算，为决策、计划和控制服务，如利润预测、销售预测等。会计的决策职能是指对决策对象的有关信息、所制定的策略及其后果等进行综合研究后，根据某种决策衡量准则做出决策，如生产决策、投资决策等。会计的控制职能是指先编制长期规划和年度计划，然后运用一定的科学管理方法，使经营成果达到所规划、计划的目标，发现偏差随时纠正。会计的考核职能是指以会计信息为主要依据，结合计划、统计和其他信息，对企业的生产经营活动及其成果进行综合分析研究和评价，以便不断挖掘潜力，提高经济效益。

第三节　会计核算的基本前提

科学来源于种种假设，会计学作为一门社会科学自然也需要有特定的假设。会计学研究的对象是某一会计主体的资金运动。在商品经济条件下，资金运动的状况十分复杂，为了便于研究和探索会计对象内在的客观规律，应当采用抽象思维方法，舍弃个别非本质的属性，抽象出会计对象的共同的本质属性，为研究会计对象创造一个理想模型。正如美国会计学家芬尼和米勒合著的《初级会计学原理》一书中说过的："会计工作在一种含有不确定性的经济环境中进行，当不确定性继续存在时，完美的知识不可能存在。所以为会计学建立理论结构时，不得不设立若干假定前提。"会计假设是对那些未经确切认识或无法正面论证的经济事物和会计现象，根据客观的正常情况或发展趋势所做的合乎事理的判断和假定，在会计实践中长期奉行，无须证明便为人们所接受，是从事会计工作、研究会计问题的前提条件。

会计核算的基本前提是指为了保证会计工作的正常进行和会计信息的质量，对会计核算的范围、内容、基本程序和方法所做的基本假定。由于这些假定都是以合理推断或人为的规定而做出的，所以也称为会计假设。会计假设是人们在长期的会计实践中逐步认识和总结而成的。结合我国实际情况，企业在组织会计核算时，应遵循的会计假设包括会计主体假设、持续经营假设、会计分期假设和货币计量假设。

一、会计主体假设

会计主体是指会计所服务的特定单位。会计主体假设是指会计所反映的是一个特定单位的经济活动，它明确了会计工作的空间范围。

明确了会计主体，才能划定会计要处理的各项交易和事项的范围。会计核算的对象是企业的生产经营活动，而生产经营活动由各项具体的经济业务构成，每项经济业务又都是与其他的相关经济业务联系在一起的。在会计工作中，只有影响企业本身经济利益的交易或事项才能加以确认、计量和报告，会计工作中资产与负债、收入与费用都是针对特定的会计主体而言的。

明确了会计主体，才能将会计主体的交易或事项与会计主体所有者的交易和事项、与其他会计主体的交易和事项区分开来。由于社会经济关系的错综复杂，企业本身的经济业务也总是与其他企业或单位的经济活动相联系。即使是同一项经济业务，也会因为会计主体的不同而对交易双方具有不同的意义。对企业来说，它要求会计核算区分自身的经济活动与其他企业的经济活动，区分企业的经济活动与企业投资者的经济活动。这样，通过会计核算范围的界定，就能够为提供会计信息使用者需要的会计信息明确空间范围。

比如说，甲企业销售一批产品给乙企业，但是乙企业没有马上付钱。在这个过程中，对甲企业来说，发生的是销售以后得到的收入和销售以后没有得到钱的债权；而对乙企业来说，是购货以后得到产品及购货没能付款所形成的债务。如果说货款是100万元，那么对于甲企业来说是100万元债权，对乙企业来说是100万元债务，同样的一笔业务对应的资金，对于不同的会计主体而言，性质是不同的。假设你在银行存了100万元，对于你来说那是存款，是资产，是债权；对银行来说则是债务。区分会计主体，对我们明确经济活动的性质是非常重要的。

另外，会计主体与法律主体不是同一概念。一般说来，法律主体必然是会计主体，但会计主体不一定就是法律主体。会计主体可以是一个有法人资格的企业，也可以是由若干家企业通过控股关系组织起来的集团公司，还可以是企业、单位下属的二级核算单位。

二、持续经营假设

持续经营是指会计主体的生产经营活动将无限期地延续下去，在可以预见的未来不会因破产、清算、解散等而不复存在。持续经营假设是指会计核算应当以企业持续、正常的生产经营活动为前提，而不考虑企业是否破产清算等，在此前提下选择会计程序及会计处理方法，进行会计核算。尽管客观上企业会由于市场经济的竞争而面临被淘汰的危险，但只有假定作为会计主体的企业是持续、正常经营的，会计原则和会计程序及方法才能建立在非清算的基础之上，不采用破产清算的处理方法，这样才能保持会计信息处理的一致性和稳定性。持续经营假设明确了会计工作的时间范围。

会计核算所使用的一系列原则和方法都是建立在会计主体持续经营的基础之上的。例如，只有在持续经营的前提下，企业的资产和负债才有流动和非流动之分；企业资产计价才能采用历史成本；企业才有必要确立会计分期假设和配比、划分收益性支出和资本性支出、权责发生制等。在市场经济条件下，由于种种原因导致企业关、停、并、转，甚至破产清算，都是很有可能的。事实上，每个企业都有经营失败的风险，都有可能出现资不抵债而被迫宣告破产并进行法律上的改组的情况。当有足够的证据证明一个会计主体已无法履行其所承担的义务时，持续经营这一假定前提就不再成立，在此前提下建立的有关会计原则将不再适用，而只能按其他会计规范进行会计处理。

三、会计分期假设

会计分期是指把企业持续不断的经营活动人为地划分为连续的、较短的、相同等距的会计期间。会计分期假设的目的在于通过会计期间的划分，分期结算账目，按期编制会计报表，从而及时向有关方面提供反映财务状况和经营成果的会计信息，满足有关方面的需求。从理论上来说，在企业持续经营的情况下，要反映企业的财务状况和经营成果只能等到企业所有的生产经营活动结束后，才能通过收入和费用的归集与比较，进行准确的计算，但那时提供的会计信息已经失去了应有的作用，因此，必须人为地划分出较短的会计期间。

会计分期假设有着重要的意义。有了会计分期，才产生了本期与非本期的区别，才产生了收付实现制和权责发生制、划分收益性支出和资本性支出、配比等原则。只有正确地划分会计期间，才能准确地提供财务状况和经营成果的资料，才能进行会计信息的对比。

会计分期假设是对会计工作时间范围的具体划分，主要是确定会计年度。各国的会计年度划分期间并不一致，有历年制和经营年制。历年制是指会计年度从公历每年的1月1日起至12月31日止，会计年度与日历年度完全相吻合，采用历年制的有中国等80多个国家。经营年制是指会计年度按经营的周期进行确定，以经营周期的起点和终点计算会计年度的起点和终点，具体有4月制、7月制和10月制等。英国和日本的会计年度从公历每年的4月1日起至次年的3月31日止；意大利和澳大利亚等国家的会计年度从公历每年的7月1日起至次年的6月30日止；美国等国家的会计年度从公历每年的10月1日起至次年的9月30日止。

我国《会计法》规定："会计年度自公历1月1日起至12月31日止。"我国《企业会计准则——基本准则》规定："企业应当划分会计期间，分期结算账目和编制财务会计报告。会计期间分为年度和中期。中期是指短于一个完整的会计年度的报告期间。"会计年度确定后，一般按日历确定会计半年度、会计季度和会计月度，会计半年度、会计季度和会计月度均称为会计中期。

四、货币计量假设

货币计量是指会计主体在会计核算过程中应采用货币作为计量单位，记录、反映会计主体的经营状况。企业使用的计量单位较多，为了全面、综合地反映企业的生产经营活动，会计核算客观上需要一种统一的计量单位作为计量尺度。货币作为商品的一般等价物，能用以计量一切资产、负债和所有者权益，以及收入、费用和利润，也便于综合核算。因此，会计核算必须以货币计量为前提。我国《企业会计准则——基本准则》中规定："企业会计应当以货币计量。"需要说明的是，其他计量单位，如实物、劳动工时等，在会计核算中也有使用，但不占主导地位。

在我国，要求企业对所有经济业务采用同一种货币作为统一尺度来进行计量。若企业的经济业务用两种以上的货币计量，应该选用一种作为基准，称为记账本位币。如在同一期间，一家企业向国内出售商品获得了按人民币计价的销售收入100万元，又向国外出售商品获得了按美元计价的销售收入20万美元，那么，该期间的销售收入总额不能将100万元人民币收入和20万美元收入直接相加，而需要选用一种货币作为计量单位（如人民币），将另一种货币（美元）计量的收入折算为人民币计量单位的货币，再进行相加。这种在会计上被选用的统一计量货币，称为统一的记账本位币。记账本位币以外的货币则称为外币。我国《会计法》规定："会计核算以人民币为记账本位币。业务收支以人民币以外的货币为主的单位，可以选定其中一种货币作为记账本位币，但是编报的财务会计报告应当折算为人民币。"

货币本身也有价值，它是通过货币的购买力或物价水平表现出来的，但在市场经济条件下，货币的价值也在发生变动，币值很不稳定，甚至有些国家会出现恶性的通货膨胀，这对货币计量提出了挑战。因此，一方面，我们在确定货币计量假设时，必须同时确定币值稳定假设，即假设币值是稳定的，不会有大的波动，或前后波动能够被抵销。另一方面，如果发生恶性通货膨胀，需要采用特殊的会计原则，如物价变动会计原则来处理有关的经济业务。

将上述会计确认、计量、记录和报告的四个基本前提综合起来可知：会计要确认会计工作为之服务的特定单位和范围，以货币为统一的计量单位，在持续经营条件下选择恰当的会计核算方法对日常发生的交易或事项进行确认、计量和记录，并按照会计期间定期完整、及时、准确地编制财务报告，这就构成了会计主体开展会计工作，进行会计确认、计量、记录和报告的前提条件和理论基础，也是规范会计行为、保证会计信息质量必不可少的前提条件。

第四节 会计核算基础工作

一、会计确认

会计确认是指按一定标准、条件和原则，甄别、辨认、确定和认可某个信息是否作为会计信息予以记录，并列入会计报表的过程，是会计核算的定性阶段。企业在经济活动中产生了大量的信息，但并不是所有的信息都是会计信息，例如与供应商和客户签订的购销合同、机器设备的利用状况、客户资料、市场营销情况、员工构成及员工本人的信息等。会计确认就是对大量的信息进行甄别、辨认、确定和认可，从中筛选出会计核算所需要的信息。会计确认涉及确认步骤、确认标准和确认条件。

（一）确认步骤

确认步骤是指会计确认的环节，分初始确认和再次确认。初始确认是再次确认的基础，再次确认是初始确认的继续。

1.初始确认

初始确认是指在交易或事项发生时的确认，随着填制和审核凭证一并进行。初始确认将根据确认标准和确认原则，排除非会计信息，筛选会计信息，然后运用复式记账法填制记账凭证，将经济信息转化为会计信息。初始确认的内容一般是会计主体发生的能够用货币计量的交易或事项，确认时受会计模式、会计前提等的制约。确认的目的是为会计计量提供基础，进而产生原始会计资料和原始会计信息。

2.再次确认

再次确认是指在编制会计报表时的确认，随着编制会计报表一并进行。再次确认将根据会计主体的经营管理要求，并考虑信息使用者的需要，确认会计账簿中的哪些资料应列入会计报表，或确认会计报表中应披露多少会计信息以及什么会计信息，从而将账簿信息转化为报表信息。

（二）确认标准

确认标准是指初始确认和再次确认时的定义，这些定义往往表现为各会计要素的概念。一方面，不同的会计要素具有不同的确认标准，从而产生不同的概念，如资产要素的确认标准就不同于负债要素，其概念也不同。另一方面，虽然各会计要素的具体确认标准不同，但都有共同特点，该特点就是可定义性，即每一个会计要素的基本概念都是可以准确定义的，可以用文字予以界定。

可定义性是指能够加以说明，讲得清，道得明。可定义性表现在两个方面：一是六个会计要素本身都具有可定义性，只要根据各会计要素的概念加以确认即可；二是交易或者事项本身也具有可定义性，因而这些交易或事项最终属于有关会计要素。也就是说，首先应确认交易或事项是否能够进入会计核算系统，对能够进入该核算系统的经济业务，再将其确认为某一会计要素。

（三）确认条件

确认条件是指确认要求，它是在合乎确认标准的情况下，即在符合会计要素概念定义的基础上，同时满足某些特定的确认要求，才可确认为某一会计要素。一方面，不同的会计要素具有不同的确认条件。例如，收入要素的确认条件是经济利益很可能流入企业并能够可靠计量，而费用要素的确认条件是经济利益很可能流出企业并能可靠计量。另一方面，虽然各会计要素的确认条件不同，但总有一些带规律性的共同特点，可计量性和可靠性是各个会计要素的共同确认条件。

1.可计量性

可计量性是指可以量化，能确定准确的金额。经济信息必须能够量化，而且是属于会计主体的货币形式的量化，才能进行会计确认，从而保证确认后的会计信息具有质的统一性，可以综合、比较、运算和加工。可计量性是一项重要的确认条件。不能量化的信息就不是会计信息，也就不必进行会计确认。我们不能想象确认一项无法量化的交易，既然不能量化，也就不能称其为交易。

2.可靠性

可靠性是指信息真实，可以信赖，靠得住。会计确认的信息必须可靠，这就要求认真填制和审核会计凭证，确认的交易或者事项已经完成，并根据交易或事项的实质，如实、完整、公正地反映交易或者事项的本来面目。不同会计要素的可靠性要求不一样，如资产要素的可靠性要求是“与该资源有关的经济利益很可能流入企业”，负债要素的可靠性要求是“与该义务有关的经济利益很可能流出企业”。

二、会计计量

会计计量是指在会计确认的基础上，根据计量对象的性质和特点，选择一定的计量尺度和计量基础，采用某种计量属性，确定应计入某一会计期的金额，是会计核算的定量阶段。会计计量包括计量尺度、计量属性和计量基础，统称为计量属性。

（一）计量尺度

计量尺度是指会计计量时选择的量度单位。在市场经济条件下，货币这种计量尺度具有高度的综合性，是实物和劳动计量尺度所无法比拟的，因而成为会计计量的最佳量度单位。各国使用的币种不同，如人民币、美元、欧元、英镑、日元等，各种货币单位之间有波动性极强的汇率。一般情况下，会计计量均以法定货币作为计量尺度，称为记账本位币。

某些会计记录对象，除了必须记录价值量以外，还要同时记录实物量和劳动量。因此，会计计量在主要采用货币计量尺度的同时，还要使用实物计量尺度和劳动计量尺度，这些都是会计计量的辅助计量尺度。

（二）计量属性

计量属性是指会计计量确定金额时所运用的被计量对象的特征值，是会计计量的技术方法。《企业会计准则——基本准则》规定的计量属性包括历史成本、重置成本、可变现净值、现值和公允价值。

1.历史成本

历史成本是指在交易或事项发生时形成的成本，是真实的交易价格，为交易双方所认可，并有合法的凭证为依据，因而具有客观性，被广泛使用。在历史成本计量下，资产按照购得时支付的现金或现金等价物的金额计量；负债按照因承担现时义务而实际付出的款项或者资产的金额，或者承担现时义务的合同金额或者按照日常活动中为偿还负债预期需要支付的现金或者现金等价物的金额计量。

2.重置成本

重置成本也称现行成本或现行投入成本，即重新购置同类资产的市场价格，是指现在时点的价值。相对于原始交易日的历史成本而言，两者计量的时点不同，因而在数量上会有一定的偏差，这是市价波动、科技进步等原因造成的。在重置成本计量下，资产按照现在购买相同或者相似资产所需支付的现金或者现金等价物的金额计量，负债按照现在偿付该项债务所需支付的现金或者现金等价物的金额计量。

3.可变现净值

可变现净值也称预期脱手价值，一般用于计量预期的交易或事项。在可变现净值计量下，资产按照其正常对外销售所能收到现金或者现金等价物的金额扣减该资产至完工时估计将要发生的成本、估计的销售费用以及相关税费后的金额计量。

4.现值

现值是指现在的价值，即预期的未来现金流入价值的贴现值。在现值计量下，由于资产的本质包含着可能的未来利益，因此要按照预计从其持续使用和最终处置中所产生的未来净现金流入量的折现金额计量；负债按照预计期限内所需要偿还的未来净现金流出量的折现金额计量。

5.公允价值

公允价值是指市场参与者在计量日发生的有序交易中，出售一项资产所能收到或者转移一项负债所需支付的价格。

企业在按上述会计计量属性进行计量时，都应保证所确定的金额能够取得并可靠计量。

（三）计量基础

计量基础是指会计计量的基本出发点，是会计计量的思想方法。计量属性虽可确定计量对象的本位币价值量金额，解决计多少的问题，但它不能解决该金额应计入哪个会计期间的问题。这是因为无论是收入还是费用，从会计期间的角度观察，它们都存在发生期、收付期和归属期的认定问题。“发生期”是指收入和费用发生在哪个会计期间，“收付期”是指收入和费用所产生的现金流量在哪个会计期间，“归属期”是指收入和费用的效用归属于哪个会计期间。收入和费用的发生期与收付期有时并不一致，这主要是交易双方的空间差异、运输工具与结算邮路的时间差异及思考问题的角度不同等原因造成的。从发生期来看计入本会计期间，但从收付期来看则应该计入前一个会计期间或后一个会计期间，这样就产生了两种完全不同的计量基础，即权责发生制和收付实现制。显然，不同的计量基础，会导致同一会计期间的计量差异。

1.权责发生制

权责发生制也称应计制或应收应付制，它是以应收、应付为标准来核算本期收入和费用的一种计量基础，即在收入和费用实际发生时进行计量，而不必等到实际收到现金或者实际支付现金时才计量。凡是当期应该取得的收入或者应该负担的费用，不论款项是否已经收到或者支付，都应当作为当期的收入或者费用予以计量；凡是不发生于当期的收入或者费用，即使款项已经在当期收到或支付，都不能计量为当期的收入或费用。权责发生制是从权责角度强调收入和费用的发生期与归属期相匹配，而不必考虑它们的收付期，目的是正确核算各个会计期间的损益。

2.收付实现制

收付实现制也称实收实付制、现收现付制、现金收付制和现金制，它是以实际收到现金或者实际支付现金为标准来核算本期收入和费用的一种计量基础，即在收入和费用实际收付现金时进行计量，而不必考虑是否应该收付。凡在当期实际收到现金的收入或者实际支付现金的费用，不论该收入或者费用发生在哪个会计期间，都作为当期的收入或者费用加以计量；凡是当期没有收到现金的收入或者没有支付现金的费用，即使该收入或者费用发生在当期，都不能作为当期的收入或费用计量。收付实现制是从现金角度强调收入和费用的收付期与归属期相匹配，而不必考虑它们的发生期，目的是正确核算各个会计期间的现金流量。

很明显，当收入和费用的发生期与收付期不一致时，权责发生制与收付实现制才会产生计量差异。但从一个足够长远的会计期间观察时，我们会发现权责发生制与收付实现制的计量差异越来越小。当收入和费用的发生期与收付期相同时，权责发生制与收付实现制不会产生计量差异。

有时也把权责发生制和收付实现制统称为会计计量基础，两者的主要区别在于计量目的、计量角度、计量标准和计量归属不同，见表1-1。

表1-1 **权责发生制与收付实现制比较表**

对比项目	权责发生制	收付实现制
计量目的	正确核算各期财务成果	正确核算各期现金流量
计量角度	从权责角度强调发生期	从现金角度强调收付期
计量标准	以应收、应付为标准	以实收、实付为标准
计量归属	将发生期作为归属期	将收付期作为归属期

现分别举例加以说明：

【例1-1】A公司202×年3月预订下一年的报刊，其费用共计1 200元，以银行存款支付。

按权责发生制处理，该项费用的支付虽然发生在202×年3月，但其受益的期限却是下一年，按何时受益何时负担费用的原则，这1 200元的费用应由202×年的下一年负担。因此，应设置一个递延账户，作为长期待摊费用处理，然后到202×年的下一年摊配，作为费用从202×年的下一年收入中得到补偿，而不能作为202×年3月的费用处理。

按收付实现制处理，202×年3月支付的1 200元，就应作为202×年3月的费用，从当月的收入中得到补偿，而不作为长期待摊费用递延到202×年的下一年各月。

【例1-2】A公司在202×年3月底支付第一季度的短期借款利息9 000元。

按照权责发生制处理，3月份支付的9 000元利息费用，应由第一季度的1至3月份共同负担，每月平均负担3 000元。因为虽然1月份和2月份并未实际支付款项，但却是借款的受益期间，理应分担该项费用。所以，在1月份和2月份，应预先估计发生的利息费用并予以入账，从当期的收入中得到补偿，而不应将其全部作为3月份的费用。

按照收付实现制处理，202×年3月份支付的9 000元款项，就由3月份负担，作为3月份的费用从当月的收入中得到补偿，而不是由1至3月份共同负担。

【例1-3】A公司在202×年3月10日销售产品一批，价值10 000元，货物已交付。根据合同约定，货款于4月5日才能收到。

按照权责发生制处理，该项货款虽尚未实际收到，但企业已取得了收取货款的权利，可认为在3月份实现了销售收入，应将该10 000元作为3月份的收入，而不是作为4月5日的收入处理。因此，在3月份一方面增加销售收入10 000元，另一方面增加应收账款10 000元。

按照收付实现制处理，该项销售收入应于4月5日收到时作为当期收入处理，而不属于3月份的销售收入。

【例1-4】A公司采用预收货款的方式销售产品，202×年3月份预收款项50 000元，存入银行。按协议于5月份交货。

按照权责发生制处理，在此项交易中，虽然3月份已实际收到款项，但由于尚未收到货物，这50 000元的款项不能作为3月份的收入处理，而只能是5月份销售收入的实现。因此，在3月份，一方面增加银行存款50 000元，另一方面增加预收账款50 000元，作为对购货方的一种负债，将于5月份用产品偿还。

按收付实现制处理，3月份收到的预收款项50 000元应作为3月份的销售收入处理，而不是归属于5月份。

将上述分析结果列入表1-2。

表1-2 A公司202×年3月份的收入、费用和利润 单位：元

业务编号	权责发生制			收付实现制		
	收入	费用	利润	收入	费用	利润
1		0			1 200	
2		3 000			9 000	
3	10 000			0		
4	0			50 000		
合计	10 000	3 000	7 000	50 000	10 200	39 800

由上例可知，在收付实现制下，会计核算手续比较简单，也比较好理解，但采用这种方法不能合理计算确定一定会计期间的经营成果。因此，权责发生制是国际公认的会计原则之一，只有根据权责发生制计量收入和费用，才能更真实地反映特定期间的财务成果。我国《企业会计准则——基本准则》也规定："企业应当以权责发生制为基础进行会计确认、计量和报告。"

第五节 会计信息质量要求

会计信息质量要求是对企业财务报告中所提供会计信息质量的基本要求，是使财务报告中所提供会计信息对使用者决策有用应具备的基本特征。由于会计信息反映的是一定的

经济利益关系，并且会计信息因公开披露，还会直接或间接地造成一定的社会影响，因此，涉及会计信息利益的各方为了自身的经济利益，必然会对会计信息提出一系列的要求。我国《企业会计准则——基本准则》提出的会计信息的质量要求包括可靠性、相关性、明晰性、可比性、实质重于形式、重要性、谨慎性和及时性八个方面。

一、可靠性

可靠性要求企业以实际发生的交易或者事项为依据进行确认、计量和报告，如实反映符合确认和计量要求的各项会计要素及其他相关信息，保证会计信息真实可靠、内容完整。

会计信息要有用，必须以可靠为基础，如果财务报告所提供的会计信息是不可靠的，就会对投资者等使用者的决策产生误导甚至使其产生损失。为了贯彻可靠性要求，企业应当做到：

（1）以实际发生的交易或者事项为依据进行确认、计量，将符合会计要素定义及其确认条件的资产、负债、所有者权益、收入、费用和利润等如实反映在财务报表中，不得根据虚构的、没有发生的或者尚未发生的交易或者事项进行确认、计量和报告。

（2）在符合重要性和成本效益原则的前提下，保证会计信息的完整性，其中包括编报的报表及其附注内容等应当保持完整，不能随意遗漏或者减少应予披露的信息，与使用者决策相关的有用信息都应当充分披露。

（3）在财务报告中的会计信息应当是中立的、无偏的。如果企业在财务报告中为了达到事先设定的结果或效用，通过有选择地列示有关会计信息以影响决策和判断，这样的财务报告信息就不是中立的。

二、相关性

相关性要求企业提供的会计信息应当与投资者等财务报告使用者的经济决策需要相关，有助于投资者等财务报告使用者对企业过去、现在或者未来的情况做出评价或者预测。

会计信息是否有用，是否具有价值，关键是看其与使用者的决策需要是否相关，是否有助于决策或者提高决策水平。相关的会计信息应当有助于使用者评价企业过去的决策，证实或者修正过去的有关预测，因而具有反馈价值。相关的会计信息还应当具有预测价值，有助于使用者根据财务报告所提供的会计信息预测企业未来的财务状况、经营成果和现金流量。例如，区分收入和利得、费用和损失，区分流动资产和非流动资产、流动负债和非流动负债以及适度引入公允价值等，都可以提高会计信息的预测价值，进而提升会计信息的相关性。会计信息质量的相关性要求需要企业在确认、计量和报告会计信息的过程中，充分考虑使用者的决策模式和信息需要。但是，相关性是以可靠性为基础的，两者之间并不矛盾，不应将两者对立起来。也就是说，会计信息在可靠性的前提下，尽可能地做到相关性，以满足投资者等财务报告使用者的决策需要。

三、明晰性

明晰性要求企业提供的会计信息应当清晰明了，便于投资者等财务报告使用者理解和使用。

企业编制财务报告、提供会计信息的目的在于使用，而要使使用者有效使用会计信息，应当能让其了解会计信息的内涵，弄懂会计信息的内容，这就要求财务报告所提供的会计信息清晰明了，易于理解。只有这样，才能提高会计信息的有用性，实现财务报告的目标，满足向投资者等财务报告使用者提供决策有用信息的要求。

会计信息毕竟是一种专业性较强的信息产品，在强调会计信息的可理解性要求的同时，还应假定使用者具有一定的有关企业经营活动和会计方面的知识，并且愿意付出努力去研究这些信息。对于某些复杂的信息，如交易本身较为复杂或者会计处理较为复杂，但与使用者的经济决策相关，企业就应当在财务报告中予以充分披露。

四、可比性

可比性要求企业提供的会计信息具有可比性。可比性主要包括两层含义：一是纵向可比，即同一企业不同时期可比。为了便于投资者等财务报告使用者了解企业财务状况、经营成果和现金流量的变化趋势，比较企业在不同时期的财务报告信息，全面、客观地评价过去、预测未来，从而做出决策，会计信息质量的可比性要求同一企业不同时期发生的相同或者相似的交易或者事项，应当采用一致的会计政策，不得随意变更。但是，满足会计信息可比性要求，并不是说企业不得变更会计政策，如果按照规定或者在会计政策变更后可以提供更可靠、更相关的会计信息，可以变更会计政策。有关会计政策变更的情况，应当在附注中予以说明。二是横向可比，即不同企业相同会计期间可比。为了便于投资者等财务报告使用者评价不同企业的财务状况、经营成果和现金流量及其变动情况，会计信息质量的可比性要求不同企业同一会计期间发生的相同或者相似的交易或者事项，应当采用规定的会计政策，确保会计信息口径一致、相互可比，以使不同企业按照一致的确认、计量和报告要求提供有关会计信息。

按照可比性原则，在宏观方面，统一制定的会计准则和会计制度应当尽量减少企业选择会计政策的余地，并要求企业严格按照有关规定选择会计政策；在微观方面，企业应实现因果可比、时期可比、业务可比、产品可比、政策可比和支出可比。因果可比是指按有关经济业务的因果联系实现可比。时期可比是指一定时期确认的收入与同时期相应的成本和费用匹配，使各会计期间的核算数据具有可比性。业务可比是指区分不同的业务类型，使核算的同类业务具有可比性。产品可比是指按产品品种实现可比。政策可比是指企业应当采用前后一致的会计政策处理会计业务。支出可比是指按支出的性质实现可比，即企业应当正确划分收益性支出与资本性支出的界线，以便正确核算当期损益，保持会计信息的可比性。

五、实质重于形式

实质重于形式要求企业按照交易或者事项的经济实质进行会计确认、计量和报告，不仅仅以交易或者事项的法律形式为依据。

企业发生的交易或事项在多数情况下，其经济实质和法律形式是一致的。但在有些情况下，会出现不一致。例如，以融资租赁方式租入的资产，虽然从法律形式来讲企业并不拥有其所有权，但是由于租赁合同中规定的租赁期相当长，接近于该资产的使用寿命，租赁期结束时承租企业有优先购买该资产的选择权，而且在租赁期内承租企业有权支配资产并从中受益等，因此从其经济实质来看，企业能够控制融资租入资产所创造的未来经济利益，在会计确认、计量和报告上就应当将以融资租赁方式租入的资产视为企业的资产，列入企业的资产负债表。

又如，企业按照销售合同销售商品而又签订了售后回购协议，虽然从法律形式上实现了收入，但如果企业没有将商品所有权上的主要风险和报酬转移给购货方，没有满足收入确认的各项条件，即使签订了商品销售合同或者已将商品交付给购货方，也不应当确认销售收入。

六、重要性

重要性要求企业提供的会计信息反映与企业财务状况、经营成果和现金流量有关的所有重要交易或者事项。

在实际操作中，如果会计信息的省略或者错报会影响投资者等财务报告使用者据此做出决策，那么该信息就具有重要性。重要性的应用需要依赖职业判断，企业应当根据其所处环境和实际情况，从项目的性质和金额大小两方面加以判断。

例如，我国要求上市公司对外提供季度财务报告，考虑到季度财务报告披露的时间较短，从成本效益原则考虑，季度财务报告没有必要像年度财务报告那样披露详细的附注信息。因此，中期财务报告准则规定，公司季度财务报告附注应当以年初至本中期末为基础编制，披露自上年度资产负债表日之后发生的，有助于理解企业财务状况、经营成果和现金流量变化情况的重要交易或者事项。这种附注披露就体现了会计信息质量的重要性要求。

七、谨慎性

谨慎性要求企业对交易或者事项进行会计确认、计量和报告时保持应有的谨慎，不应高估资产或者收益、低估负债或者费用。

在市场经济环境下，企业的生产经营活动面临着许多风险和不确定性，如应收款项的可收回性、固定资产的使用寿命、无形资产的使用寿命、售出存货可能发生的退货或者返修等。会计信息质量的谨慎性要求企业在面临不确定性因素的情况下做出职业判断时保持应有的谨慎，充分估计到各种风险和损失，既不高估资产或者收益，也不低估负债或者费用。例如，要求企业对可能发生的资产减值损失计提资产减值准备、对售出商品可能发生的保修义务等确认预计负债等，就体现了会计信息质量的谨慎性要求。

谨慎性要求也不允许企业设置秘密准备，如果企业故意低估资产或者收益、高估负债或者费用，将损害会计信息质量，扭曲企业实际的财务状况和经营成果，从而对使用者的决策产生误导，这是会计准则所不允许的。

八、及时性

及时性要求企业对已经发生的交易或者事项及时进行确认、计量和报告，不得提前或者延后。

即使是可靠、相关的会计信息，如果不及时提供，就失去了时效性，对使用者的效用就大大降低甚至不再具有实际意义。在会计确认、计量和报告过程中贯彻及时性，一是要求及时收集会计信息，即在经济交易或者事项发生后，及时收集整理各种原始单据或者凭证；二是要求及时处理会计信息，即按照会计准则的规定，及时对经济交易或者事项进行确认或者计量，并编制出财务报告；三是要求及时传递会计信息，即按照国家规定的有关时限，及时地将编制的财务报告传递给财务报告使用者，便于其及时使用和决策。

在实际操作中，为了及时提供会计信息，可能需要在获得有关交易或者事项的全部信息之前即进行会计处理，这样就满足了会计信息的及时性要求，但可能会影响会计信息的可靠性；反之，如果企业等到获得全部与交易或者事项有关的信息之后再进行会计处理，这样的信息披露可能会由于时效性问题，对投资者等财务报告使用者决策的有用性大大降低。这就需要在及时性和可靠性之间做相应权衡，以更好地满足投资者等财务报告使用者的经济决策需要为判断标准。

第六节　会计方法

会计方法是用来反映和监督会计对象，完成会计目标的手段。会计方法从整体上看包括会计核算方法、会计分析方法和会计检查方法等。会计核算是会计的基本环节，会计分析是会计的重要环节，会计检查是会计的最终环节。会计分析和会计检查都是在会计核算的基础上利用会计核算资料进行的，本节将对会计核算的方法进行阐述。

会计核算方法是对会计对象进行完整、连续、系统、综合的反映和监督所应用的一系列专门方法，这些方法主要包括设置会计科目与账户、复式记账、填制和审核会计凭证、登记账簿、成本计算、财产清查和编制会计报表等。

会计核算方法不同于会计处理方法。会计处理方法是指在会计核算中所采用的具体方法，通常包括收入确认方法、企业所得税的会计处理方法、存货计价方法、坏账损失的核算方法、固定资产折旧方法、编制合并会计报表的方法、外币折算的会计处理方法等。采用的处理方法不同，会影响会计资料的一致性和可比性，进而影响会计资料的使用。因此，《会计法》和国家统一的会计制度规定，各单位采用的会计处理方法前后各期应当保持一致，不得随意变更；确有必要变更的，应当按照国家统一的会计制度的规定进行变更，并将变更的原因、情况及影响在财务会计报告中予以说明，以便于会计资料使用者了解会计处理方法变更及其对会计资料影响的情况。对随便变更会计处理方法的会计人员应处以2 000元以上2万元以下的罚款。

一、设置会计科目与账户

设置会计科目与账户是对会计对象的具体内容进行分类核算的方法。会计科目，就是对会计对象的具体内容进行分类核算的项目。设置会计科目与账户就是在设计会计制度时事先规定这些项目，然后根据会计科目在账簿中开立账户，分类地、连续地记录各项经济业务，反映由于各经济业务的发生而引起的各会计要素的增减变动情况和结果，为经济管理提供各种类型的会计指标。如库存现金收付是十分频繁的会计收支业务，就必须设立“库存现金”科目，并在账簿中开设“库存现金”账户进行登记，以便随时掌握库存现金收支的情况。

二、复式记账

复式记账是与单式记账相对的一种记账方法。这种方法的特点是对每一项经济业务都以相等的金额，同时记录在两个或两个以上的有关账户中。通过账户的对应关系，可以了解经济业务的来龙去脉；通过账户的平衡关系，可以检查有关业务的记录是否正确。如企业以银行存款支付购买材料款，企业一方面要登记“银行存款”账户的减少数，另一方面要登记“原材料”账户的增加数，二者金额相等，就可以相互对照，并且全面反映资金和材料的增减变化情况。

三、填制和审核会计凭证

填制和审核会计凭证是为了保证会计记录完整、可靠，确认审查经济业务（或称会计事项）是否合理合法而采用的一种专门方法。会计凭证是记录经济业务、明确经济责任的书面证明，是登记账簿的依据。会计凭证分为原始凭证和记账凭证。原始凭证是在经济业务发生或完成时取得或编制的载明经济业务具体内容、明确经济责任、具有法律效力的书面证明。它是组织会计核算的原始资料和重要依据。记账凭证是财会部门根据原始凭证填制、记载经济业务简要内容、确定会计分录、作为记账依据的会计凭证。

会计凭证必须经过会计部门和有关部门的审核。只有经过审核并确认是正确无误的会计凭证，才能作为记账的依据。填制和审核会计凭证，不仅可以为经济管理提供真实可靠的会计信息，也是实行会计监督的一个重要方面。所以，它既是会计核算的一种方法，也是会计检查（内部控制）的一种方法，其目的是对“过程的控制”。

四、登记账簿

账簿是根据账户开设账页，用来全面、连续、系统地记录各项经济业务的书面簿籍，是保存会计数据资料的工具。登记账簿就是以会计凭证为依据，采用复式记账方法，把每项经济业务序时、分类地登记到账簿的有关账户中的一种方法。通过登记账簿，可以把会计凭证反映的零散资料加以归类整理，形成系统的核算指标，以满足经营管理的需要，还可以保护财产物资的安全完整，并为考核企业经营成果和编制会计报表提供依据。

五、成本计算

成本计算是指在生产经营过程中，按照一定对象归集和分配发生的各种费用支出，以确定该对象的总成本和单位成本的一种专门方法，通常是指对工业产品进行成本计算，以确定各项财产物资的采购成本及产品的制造成本、销售成本，通过收支对比，确定经营成果。例如，按工业企业供应、生产、销售三个过程分别归集经营所发生的费用，并分别将其与采购、生产和销售材料，产品的品种和数量联系起来，计算它们的总成本和单位成本。通过成本计算，可以考核和监督企业经营过程中所发生的各项费用，以便采取措施，降低成本，提高经济效益。通过成本计算，还可以确定生产补偿尺度，正确计算和分配国民收入，对制定价格政策等都具有重要作用。

六、财产清查

财产清查就是通过盘点实物和核对账目来查明各项财产物资和资金的实有数，并查明账实是否相符的一种专门方法。在日常会计核算过程中，为了保证会计信息真实正确，必须定期或不定期地对各项财产物资、货币资金和往来款项进行清查、盘点和核对。在清查中，如果发现账实不符，应查明原因，调整账簿记录，使账存数额同实存数额保持一致，做到账实相符。通过财产清查，可以查明各项财产物资的保管和使用情况，以便采取措施挖掘物资潜力和加速资金周转。总之，财产清查对于保证会计核算资料的正确性和监督财产的安全与合理使用等都具有重要的作用。它是会计核算必不可少的方法之一。

七、编制会计报表

会计报表是根据会计账簿，采用一定的表格形式，将分散的会计资料进一步归纳汇总，定期综合反映各单位的财务状况、经营成果和现金流量的方法。编制会计报表是向企业所有者、债权人等信息使用者综合报告其财务状况、经营成果和现金流量的一种方法，又是强化企业内部管理，考核、分析计划或预算完成情况的重要手段。

上述各种会计核算方法相互联系、密切配合，构成了一个完整的方法体系。在会计核算方法体系中，就其工作程序和工作过程来说，主要有三个环节：填制和审核会计凭证、登记账簿和编制会计报表。在一个会计期间所发生的经济业务都要通过这三个环节进行会计处理，将大量的经济业务转换为系统的会计信息。这个转化过程，即从填制和审核会计凭证到登记账簿，直至编出会计报表周而复始的过程，就是会计循环。其基本内容是：经济业务发生后，经办人员要填制或取得原始凭证，经会计人员审核整理后，按照设置的会计科目，运用复式记账法，编制记账凭证，并据以登记账簿；要依据凭证和账簿记录对生产经营过程中发生的各项费用进行成本计算，并依据财产清查对账簿记录加以核实，在保证账实相符的基础上，定期编制会计报表（具体如图1-1所示）。

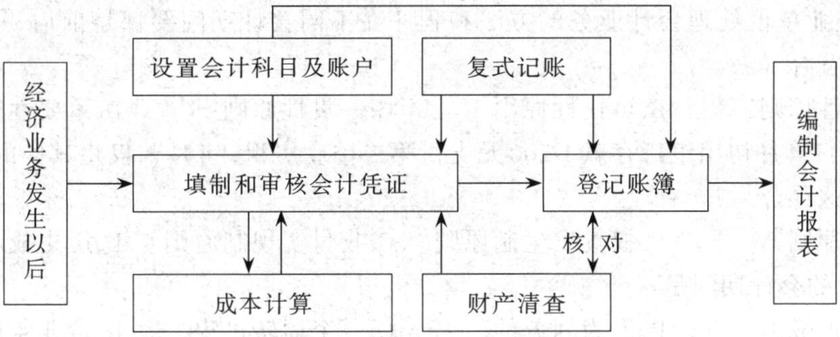

图1-1 会计核算方法体系

【本章练习】

（一）单项选择题

1.会计的管理活动论认为（　　）。

A.会计是一种经济管理活动

B.会计是一个经济信息系统

C.会计是一项管理经济的工具

D.会计是以提供经济信息、提高经济效益为目的的一种管理活动

2.会计的基本职能是（　　）。

A.控制与监督　　B.核算与监督　　C.反映与核算　　D.反映与分析

3.下列不属于会计核算方法的是（　　）。

A.成本计算与复式记账　　B.错账更正与评估预测

C.设置账户与填制、审核会计凭证　　D.编制报表与登记账簿

4.会计的职能是（　　）。

A.一成不变的

B.随着生产关系的变更而发展的

C.只有在社会主义制度下才能发展的

D.随着社会的发展、技术的进步、经济关系的复杂化和管理理论的提高而不断变化的

5.会计的核算职能不具有（　　）。

A.连续性　　B.主观性　　C.系统性　　D.全面性

6.会计目标主要有两种学术观点，即（　　）。

A.决策有用观与受托责任观　　B.决策有用观与信息系统观

C.信息系统观与管理活动观　　D.管理活动观与决策有用观

7.确定会计核算工作空间范围的前提条件是（　　）。

A.会计主体　　B.持续经营　　C.会计分期　　D.货币计量

8.强调经营成果计算的企业适合采用（　　）。

A.收付实现制　　B.权责发生制　　C.永续盘存制　　D.实地盘存制

9.进行会计核算提供的信息应当以实际发生的经济业务为依据，如实反映财务状况和经营成果，这符合（　　）。

A.历史成本原则　　B.配比原则　　C.客观性原则　　D.可靠性原则

10.各企业单位处理会计业务的方法和程序在不同会计期间要保持前后一致，不得随意变更，这符合（　　）。

A.有用性原则　　B.可比性原则　　C.一贯性原则　　D.重要性原则

11.企业于4月初用银行存款1 200元支付第二季度房租，4月末仅将其中的400元计入本月费用，这符合（　　）。

A.配比原则　　B.权责发生制原则　　C.收付实现制原则　　D.历史成本计价原则

12.企业的会计期间是（　　）。

A.自然形成的　　B.人为划分的　　C.一个周转过程　　D.营业年度

（二）多项选择题

1.下列说法正确的有（　　）。

A.会计是适应生产活动发展的需要而产生的

B.会计是生产活动发展到一定阶段的产物

C.会计从产生、发展到现在经历了一个漫长的发展历史

D.近代会计史将复式簿记著作的出版和会计职业的出现视为两个里程碑

E.经济越发展，会计越重要

2.会计反映职能的一般特征有（　　）。
A.具有客观性　　B.以货币为主要计量单位
C.具有连续性、系统性、全面性　　D.体现在记账、算账、报账三个阶段上
E.包括事前反映、事中反映、事后反映
3.会计监督职能的显著特征有（　　）。
A.谨慎性和及时性　　B.强制性和严肃性
C.连续性和具体性　　D.完整性和连续性
E.及时性和具体性
4.会计职能的“六职能论”认为会计的职能包括（　　）。
A.反映经济情况、监督经济活动　　B.核算经济状况、描述经济成果
C.控制经济过程、分析经济效益　　D.计算产品成本、评价财务成果
E.预测经济前景、参与经济决策
5.会计核算方法包括（　　）。
A.成本计算和财产清查　　B.设置会计科目和复式记账
C.填制和审核会计凭证　　D.登记账簿和编制会计报表
E.试算平衡
6.有关会计基本职能的关系，正确的说法有（　　）。
A.核算职能是监督职能的基础
B.监督职能是核算职能的保证
C.没有核算职能提供可靠的信息，监督职能就没有客观依据
D.没有监督职能进行控制，也不可能提供真实可靠的会计信息
E.两大职能是紧密结合、辩证统一的
7.会计核算的基本前提包括（　　）。
A.会计主体　　B.持续经营
C.会计分期　　D.货币计量
E.记账本位币
8.明晰性原则中强调应当清晰明了的内容有（　　）。
A.会计记录　　B.会计制度
C.会计账户　　D.会计报表
E.会计管理
9.历史成本计价原则的优点有（　　）。
A.交易确定的金额比较客观　　B.存货成本接近市价
C.有原始凭证做证明可随时查证　　D.可防止企业随意改动
E.会计核算手续简化，不必经常调整账目
10.下列属于保证会计信息质量要求的原则有（　　）。
A.客观性原则　　B.可比性原则
C.一贯性原则　　D.谨慎性原则
E.及时性原则
11.会计的目标就是为有关方面提供有用的信息，对企业来说，会计提供的信息应

当（　　）。

A.符合国家宏观经济管理的要求

B.满足各方了解企业财务状况和经营成果的需要

C.满足企业内部经营管理的需要

D.提供企业成本核算资料

E.以上都不对

12.根据谨慎性原则的要求，对企业可能发生的损失和费用，做出合理预计，常用做法有（　　）。

A.对应收账款计提坏账准备　　B.固定资产加速折旧

C.对财产物资按历史成本计价　　D.存货计价采用后进先出法

E.对长期投资提取跌价准备

（三）判断题

1.会计主体是指企业法人。（　　）

2.会计计量单位只有一种，即货币计量。（　　）

3.我国所有企业的会计核算都必须以人民币作为记账本位币。（　　）

4.谨慎性原则要求会计核算工作中做到不夸大企业资产、不虚增企业费用。（　　）

5.会计是对经济活动进行连续、系统、全面的反映和监督的经济管理工具。（　　）

6.会计可反映过去已经发生的经济活动，也可反映未来可能发生的经济活动。（　　）

7.会计核算具有连续性，而会计监督只具有强制性。（　　）

8.没有会计监督，会计核算便失去了存在的意义。（　　）

9.会计目标决策有用观要求两权分离必须通过资本市场进行。（　　）

10.狭义的会计方法是指会计核算方法。（　　）

（四）简答题

1.什么是会计？它有什么特点？

2.会计的职能有哪些？

3.会计核算的基本前提包括哪些内容？

4.什么是会计主体？会计主体应具备哪些内容？

5.什么是持续经营？

6.什么是会计分期？

7.什么是货币计量？我国会计本位币是什么？

8.会计信息质量要求有哪些？阐述其内容。

9.会计核算基本方法有哪些？阐述其内容。

（五）案例分析

1.张先生拿出自己的积蓄20 000元在某大学校园内申请办了一个报刊亭，其中用10 000元从邮局购买了亭子，余款用来购买可供出售的报刊。其工作人员只有两个：一个是自己，另一个是老家请过来的亲戚。该报刊亭每天营业额约500元。

经批准，××超市每年向学校支付租金400 000元，在该大学内租用2 000平方米的铺面开设一家连锁店铺，商品由××超市统一配送。超市派了一名经理和两名副经理到连锁店铺工作，还雇了20名售货员和3名收银员。每天营业额约10 000元。

请问：

（1）你认为这两家商户需要会计吗？为什么？

（2）你认为这两家商户中的哪一家需要设置专门的会计人员呢？为什么？

（3）从上述两个问题中你能体会到会计和会计人员的区别吗？

2.你能够用400元（人民币）或不足400元成功地创办一个企业吗？不管你相信与否，你的确能够。刘月娟是北京一所著名美术学院的学生。和其他大学生一样，她也常常为了补贴日常花销而去挣一些零用钱。现在她正为欲购买一台具有特别设计功能的计算机而烦恼。尽管她目前手头仅有400元，可她还是决定于2015年12月创办一个美术培训部。她拿出120元请朋友吃饭，帮她出主意。根据她曾经在一家美术培训班服务兼讲课的经验，她首先向一个师姐借款4 000元，以备租房等使用。她购置了一些讲课所必备的书籍、静物，并拿出一部分钱用于装修画室。她将美术培训部取名为“周围”。刘月娟支出100元印制了500份广告传单，用100元购置了信封、邮票等。8天后她已经有了17名学员，每人每月学费1 800元，并且找到了一位较具能力的同学做合伙人。她与合伙人分别为“周围”的发展担当着不同的角色（合伙人兼作“周围”的会计和讲课教师），并获取一定的报酬。至2016年1月末，她们已经招收了50名学员，除了归还师姐的借款本金和利息5 000元、抵销各项必需的费用外，她与合伙人各获得讲课、服务等净收入30 000元和22 000元。她们用这笔钱又继续租房，扩大了画室面积，为了增加招收学员的数量，她们甚至聘请了非常有经验的教授、留学归国学者免费给学员做了两次讲座，为“周围”的下一步发展奠定了非常好的基础。

4个月下来，她们的“周围”平均每月招收学员39名。她们还以每小时200元的讲课报酬雇了4位同学做兼职教师。至此，她们核算了一下，除去房租等各项费用共获利67 800元。这笔钱足够她们各自购买一台非常可心的计算机并且还有一笔不小的节余。但更重要的是，她们通过4个月的锻炼，掌握了许多营销的技巧，也懂得了应该怎样与人合作和打交道，学到了不少财务方面的知识，获得了比财富更为宝贵的工作经验。

请问：

（1）会计在这里扮演了什么样的角色？

（2）你从中是不是获得了有关会计方面的许多术语，如投资、借款、费用、收入、盈余、投资人投资以及独资企业、合伙企业和公司等。

第二章　会计要素与会计科目

【学习目标】

本章阐述会计对象的要素划分及各会计要素之间的关系。要求理解并掌握资产、负债、所有者权益、收入、费用和利润六个要素的含义与确认，树立正确的财富观和价值观。掌握反映会计要素之间关系的会计等式的基本原理和表现形式，熟练掌握会计科目的概念、设置及分类。

第一节　会计对象和会计要素

一、会计对象

会计对象是指会计核算和监督的内容。从表面上看，会计存在于企业和行政事业等单位中，其核算和监督的内容既有企业的经济活动，又有行政事业单位的经济活动。从本质上看，社会上所有企业和行政事业单位的经济活动都可以在最大范围内被概括为社会经济活动，每个单位经济活动不过是整个社会经济活动的一部分。社会经济活动总是在纵横交错、周而复始地运行着，从而形成再生产过程，该过程中以货币表现的经济活动就是会计的对象。

（一）会计对象的一般说明

在商品货币经济条件下，社会再生产过程表现为使用价值的运动——各种物质的生产和交换，同时也表现为价值的运动——价值的形成、实现和分配，这样，就形成了以使用价值和价值为中心的经济管理。在市场经济条件下，人们对社会再生产过程的管理主要是以价值为中心的，而会计最重要的功能就是价值核算，是对再生产过程的经济活动进行核算和监督的信息管理活动，因此，再生产过程中发生的能够用货币表现的经济活动构成了会计的一般对象。社会再生产过程以货币表现的总体经济活动，是在宏观经济领域中体现的，是社会会计的对象；社会再生产过程以货币表现的个别经济活动，是在微观经济领域中体现的，是在各企业、行政事业单位中进行的，是企业、行政事业单位会计的对象。

（二）会计对象在企业中的具体表现

会计对象在企业中的具体表现，可概括为企业再生产过程中货币形态的经济活动，也就是资金运动。企业再生产必然要占用和消耗各种经济资源，它们的占用形态和来源渠道及其变化就是资金运动。可从以下四个方面进行理解：（1）经济资源是企业从事经济活动必需的物质基础；（2）经济资源的表现形式，一方面为占用状态，另一方面为来源渠道；（3）经济资源的各种占用状态和来源渠道及其变化，就是再生产过程中的资金运动；（4）货币形态的经济活动是资金运动的最直接表现。

二、会计要素

会计要素又叫会计对象要素，是对会计对象按照交易或事项的经济特征所做的基本分类，是对会计对象按经济性质所做的基本分类，是会计核算和监督的具体对象和内容，是构成会计对象具体内容的主要因素，包括核算企业财务状况的会计要素和核算企业经营成果的会计要素。会计要素是建立会计系统理论和实务的重要基础，是会计报表的基本构成内容。其划分不但有利于根据各要素的性质和特点分别制定会计确认、计量、记录和报告的标准和方法，而且可以为合理建立会计科目体系和设计会计报表提供根据和基本框架。我国《企业会计准则》将会计要素分为资产、负债、所有者权益、收入、费用和利润六大类。资产、负债和所有者权益三项会计要素是组成资产负债表的会计要素，也称为资产负债表要素。资产是资金的占用形态，负债和所有者权益是与资产相对应的资金取得途径，它们是反映企业财务状况的会计要素。收入、费用和利润三项会计要素是组成利润表的会计要素，也称为利润表要素。收入是经济活动中经济利益的总流入，费用是经济活动中经济利益的总流出，收入与费用之差即经济活动的利润，利润是资金运用的成果，它们是反映企业生产经营成果的会计要素。

（一）资产

1.资产的定义

资产是指由过去的交易和事项形成的，由企业拥有或者控制的，预期会给企业带来经济利益的资源。它具有以下特征：

（1）资产的本质是资源

企业是社会的细胞，其生存和发展依赖于各种资源，如人力资源、环境资源、科技资源、自然资源和社会资源等。这些资源并不都是资产，会计只把可以计量的且能给企业带来经济利益的资源界定为资产。这些资源是企业不可或缺的经济基础，是资产要素的本质特征。任何企业的生存和发展都需要占有一定的资源，如房屋建筑物、经营场地、生产设备和工具等，它们是企业进行经营活动的物质基础。

（2）资产预期会带来经济利益

资产的本质在于包含着可能的未来经济利益，即预期可直接或间接导致现金或现金等价物流入企业，这是资产所应具有的一种潜力，即资产的潜力特征，如货币可以用于购买材料或商品，厂房、机器设备和原材料等可以用于生产经营过程，耗费这些资产预期将为企业带来经济利益。

（3）资产都是企业拥有或者控制的

资产属于企业，为企业所拥有，即企业享有某项经济资源的所有权；或者即使不为企业所拥有，但也是为企业所控制，即企业享有某些经济资源的占有、使用和收益权，这是资产的产权特征。任何资源都是有限的，具有稀缺性，而需求是无限的，这就要求企业能够排他地从占有的资产中获得利益。企业对资产的拥有或控制权主要表现在占有、使用、收益与处置方面。如融资租入的固定资产，企业并不拥有所有权，但由于合同规定的租期相当长，接近于该资产的使用寿命，而且到租期结束时承租企业有优先购买该资产的权利，因此承租企业实质上占有该资产，能够使用并获得收益，所以融资租入的固定资产应视为企业的资产。

（4）资产是过去的交易和事项形成的

过去的交易和事项是指已经完成的购买、生产、建造行为或者其他交易和事项，在这些历史经营活动中形成了资产，即资产来源于过去而不是未来，这是资产形成的过去式特征。企业完成的任何一项交易或事项，无不是资产的取得、耗费、处置或转化，或是认定资产的归属，这些都直接或间接涉及资产。预期的交易或者事项尚未完成或尚未发生，不会形成资产，不能根据谈判中的交易或计划中的经济业务来确认一项资产。

2.资产的分类

资产有不同的分类方法，比较常见的有按流动性和有无实物形态进行分类。

（1）按流动性不同分类

资产流动性反映资产的变现能力。根据资产的流动性，资产可以分为流动资产和非流动资产。会计上的资产流动性一般按资产变现所涉及的营业周期来衡量。营业周期是指企业从购买用于加工的资产起，到获得现金或现金等价物的整个期间。营业周期通常少于一年，即在一年内有多个营业周期。但也存在正常营业周期长于一年的情况，如房地产开发企业开发用于出售的房地产开发产品、制造企业制造用于出售的大型机械和船舶等。如企业的正常营业周期不能确定，应当以一年作为划分流动资产和非流动资产的标准。

流动资产是指可以在一年或超过一年的一个营业周期内变现或者被耗用的资产。流动资产通常包括货币资产、债权资产、存货资产等。货币资产包括库存现金、银行存款和其他货币资金等，债权资产包括各种应收和预付款项，存货资产包括采购存货、加工存货和商品存货等。

非流动资产亦称长期资产，是指不会在一年或超过一年的一个营业期内变现或耗用的资产。非流动资产包括长期投资、长期债权、长期资产、无形资产等。长期投资包括债权投资、其他债权投资、其他权益工具投资、长期股权投资和投资性房地产。长期债权包括长期应收款、未实现融资收益等。长期资产包括固定资产、工程物资等。固定资产是指为生产商品、提供劳务、出租或经营管理而持有的，使用寿命超过一个会计年度的资产。无形资产是指企业拥有或者控制的没有实物形态的可辨认的非货币性资产，包括专利权、非专利技术、商标权、著作权、土地使用权等。

（2）按有无实物形态分类

资产按有无实物形态分为有形资产和无形资产。有形资产是指具有实物形态的资产，包括存货、固定资产等。无形资产是指没有实物形态的资产，包括货币资金、应收款项、专利权、商标权等。一般意义上的无形资产是指狭义的无形资产，包括商标权、专利权、非专利技术和土地使用权等。

3.资产的确认

符合资产定义的资源，在同时满足以下条件时确认为资产：①与该资源有关的经济利益很可能流入企业；②该资源的成本或者价值能够可靠地计量。

符合资产定义和资产确认条件的项目，应当列入资产负债表；符合资产定义，但不符合资产确认条件的项目，不应当列入资产负债表。

（二）负债

1.负债的定义

负债是指企业过去的交易或事项形成的、预期会导致经济利益流出企业的现时义务。负债是企业拥有和控制资产的一个来源，需到期清偿，它是企业承担的义务。负债企业是债务人，提供负债方是债权人，负债到期时债权人有权要求债务人用资产或劳务予以偿还。负债主要有以下特征：

（1）负债是企业承担的现时义务

现时义务是指企业在现有条件下已承担的义务，一般包含双方认可并接受的清偿日期、金额和利息，而不是未来发生的交易或者事项形成的义务，这是负债的时态特征。例如，企业从银行贷款就需要偿还，因而承担了现时义务，若没有贷款就没有偿还的现时义务；购入商品未付款就承担现时义务，若已付款就没有付款的现时义务。

（2）负债是过去的交易或者事项形成的

过去的交易或事项是指已经发生的各种举债行为或其他交易和事项，这些历史经济行为将在企业之间产生债权与债务的对等关系，债务方所承担的义务就形成负债。这说明负债的形成是有据可查的，在法律上具有证明效力的书面凭据可作为证据，也只有有据可查的交易或事项才会被双方所认可，这是负债的形成特征。未来的交易或者事项无据可查，也不会形成现时义务，不应当确认为负债。

（3）负债在到期日予以清偿

负债的清偿日期是交易双方事先认可的，清偿金额和利率是已知的，并以交易契约的形式加以固化，企业必须及时清偿到期债务，这是负债的清偿特征。

（4）负债的清偿预期会导致经济利益流出企业

债务到期，企业往往需要用债权人能够接受的资产或劳务加以偿还，如让渡现金、实物资产偿还或提供劳务进行偿还，这意味着经济利益流出企业。负债包含着可能的未来利益流出，这是负债的利益流出特征。

2.负债的分类

负债的分类依据为“现时偿还期”，期间长短规定为一年或超过一年的一个营业周期。“现时偿还期”是指从现在开始至该负债到期日为止的期间。负债的“现时”是动态的，则“现时偿还期”也是动态的，并且是一个不断缩短的期间。与“现时偿还期”相对应的是“发生偿还期”，指从负债的发生日开始至该负债到期日为止的期间。任何一项负债的发生日都是确定的，因而“发生偿还期”是固定的。

负债按现时偿还期可分为流动负债和非流动负债。流动负债也称短期负债，是指偿还期在一年或超过一年的一个营业周期内的债务，包括金融负债、经营负债、筹资负债和代理负债等。金融负债包括交易性金融负债等。经营负债包括应付票据、应付账款、应付职工薪酬、应交税费、预收账款和其他应付款等。筹资负债包括短期借款、应付股利、应付利息等。代理负债包括代理业务负债等。

非流动负债亦称长期负债，是指现时偿还期在一年或超过一年的一个营业周期以上的负债，包括长期借款、应付债券、长期应付款等。长期借款是指偿还期在一年或超过一年的一个营业周期以上企业向银行或其他金融机构所借的款项。应付债券是指企业为筹集长期资金而发行的，约定于某一特定日期还本付息的书面证明。随着时间的推移，某些非流动负债的现时偿还期越来越短，如果短至将在一年内偿还，则其性质已经转化为流动负债，因而应将一年内到期的非流动负债视同流动负债。

3.负债的确认

符合负债定义的义务，在同时满足以下条件时，确认为负债：(1) 与该义务有关的经济利益很可能流出企业；(2) 未来流出的经济利益的金额能够可靠地计量。

符合负债定义和负债确认条件的项目，应当列入资产负债表；符合负债定义，但不符合负债确认条件的项目，不应当列入资产负债表。

（三）所有者权益

1.所有者权益的含义

权益是指资产提供者所享有或可主张的经济利益，表明产权归属。企业的全部资产都是债权人或所有者提供的，由此产生两种权益，即债权人权益和所有者权益，债权人权益构成负债。

所有者权益是指所有者投入资本所享有或可主张的经济利益，在数额上等于资产扣除负债后的剩余。由于企业组织形式不同，所有者权益有不同名称。企业属于所有者，所有者也就是业主，因而所有者权益也称业主权益，股份制企业的所有者权益称为股东权益，非股份制企业则统称为所有者权益。

所有者权益的主要特征有：

(1) 所有者权益是吸收投资所形成的

所有者投入的资本，随着企业的经营活动而分布于经营过程的各个环节，不可能不是货币形态，也不可能全是货币形态。企业吸收投资形成所有者权益，所有者按投资份额享有所有者权益。所有者投入的资本，企业可以长期使用，无须偿还，这是所有者权益的长期性投资特征。

(2) 所有者权益是一种经济利益

所有者投入资本，注册企业，成为业主。所有者依据投入的资本控制企业，从而实现自主经营、自负盈亏，在企业经营中获利。这就是所有者享有或可主张的经济利益，反映所有者权益的主要经济权利。

(3) 所有者权益是一种剩余权益

在正常经营期间，债权人向企业注资的安全性建立在所有者投资的基础上，进而形成两者之间特殊的经济利益关系，故所有者权益在数额上等于资产扣除负债后的余额，即净资产，表现为所有者对企业净资产的所有权。在企业清算时，债权人较所有者享有优先清偿权，所有者只能享有全部负债清偿之后的剩余资产，这时的所有者权益也是一种剩余权益。

(4) 所有者权益的计量具有依附性

所有者权益是剩余权益，是资产减负债后的余额，因而其计量也就依附于资产和负债，即资产和负债的计量将影响所有者权益，这就是所有者权益计量的依附性。

2.所有者权益的分类

所有者权益按来源可分为所有者投入资本、直接计入所有者权益的利得和损失、留存收益。所有者投入资本是指所有者投入企业的资本部分，包括实收资本（股本）和资本公积（股本溢价）。直接计入所有者权益的利得和损失是指不应计入当期损益的，会导致所有者权益发生增减变动的，与所有者投入资本或向所有者分配利润无关的利得或者损失。

其中，利得是指由企业非日常活动所形成的，会导致所有者权益增加的，与所有者投入资本无关的经济利益流入；损失是指由企业非日常活动所形成的，会导致所有者权益减少的，与向所有者分配利润无关的经济利益流出。留存收益是企业历年实现的净利润留存于企业的部分，主要包括盈余公积和未分配利润。盈余公积是指企业按照规定的比例从净利润中提取的盈余公积，包括法定盈余公积、任意盈余公积。未分配利润是指企业留待以后年度分配的利润。

3.所有者权益的确认

所有者权益体现的是所有者在企业中的剩余权益，因此，所有者权益的确认主要依赖于其他会计要素，尤其是资产和负债的确认，所有者权益金额取决于资产和负债的计量。比如，企业接受投资者投入的资产，在该资产符合资产确认条件时，也相应地符合了所有者权益的确认条件。所有者权益项目应当列入资产负债表。

4.所有者权益与负债的关系

所有者权益和负债（债权人权益）是企业资金的两大来源，企业的全部资金就是债权人和所有者提供的，由此分别形成企业的两大筹资形式，即举借债务和吸收资本。举借债务是向债权人筹资，有多种筹资方式，主要有借入款项、发行债券、融资租赁、应付款项等，站在筹资企业的角度看是负债，站在出资人的角度看是债权人权益，即出资人在企业中只享有债权人权益。吸收资本是向所有者筹资，主要方式有吸收所有者的货币投资、实物投资、无形资产投资等。所有者权益和债权人权益是两种不同的权益，二者的区别见表2-1。

表2-1 **所有者权益与债权人权益的区别**

项目	债权人权益（债主权益）	所有者权益（业主权益）
数量	企业全部的债务额	资产－负债
权利和义务	无权过问企业经营 无权分享企业盈利 债务到期需偿还本息	拥有企业经营决策权 有权分享企业盈利 企业一般不需要偿还
清算次序	优先清偿（求偿权）	只有在清偿所有的负债之后才返还给所有者，体现为所有者对企业净资产的剩余利益（利益权）
会计称谓	负债	所有者权益（资本）
会计核算	保护债权人利益	保全投资人资本

（四）收入

1.收入的含义

收入是指企业在日常活动中形成的、会导致所有者权益增加的、与所有者投入资本无关的经济利益的总流入。收入具有以下特征：

（1）收入是经济利益的总流入

收入实现可能表现为企业资产的增加，如增加银行存款或形成应收债权；也可能表现为企业负债的减少，如以销售商品或提供劳务抵偿债务；也可能同时引起资产的增加和负债的减少，如销售商品抵偿债务后同时收取部分现金。上述收入实现的各种表现都会引起经济利益流入企业，而且是总流入，不是净流入，即并未扣除为获得收入而付出的代价，也未在各种收入之间进行抵销。

（2）收入是费用的回报

让渡商品、劳务或资产的使用权可实现收入，获得经济利益的总流入。而这些被让渡的资产或劳务在形成过程中，无疑要支付费用，这是为实现收入而付出的代价，没有费用也就没有收入。费用是所失，收入则是所得，有所失才会有所得，一般所得会大于所失。因此，收入是费用的回报，这是收入的回报特征。

（3）收入是日常活动形成的

日常活动是指完成企业经营目标的经常性经济活动，如销售商品、提供劳务、出租资产等。在这些日常活动中将形成收入，这是收入的形成属性。有些经济活动也能为企业带来经济利益流入，但由于不是企业的日常活动，所以不属于收入。如固定资产出售所形成的净收益，它与企业的日常活动没有直接联系，只能作为利得加以反映。

（4）收入会导致所有者权益的增加

企业属于所有者，因而实现的收入自然也归所有者，由此导致所有者权益的增加，但这种增加并非所有者投入资本，这是收入要素的归属特征。收入与费用是相匹配的，用收入扣除费用，收入才会最终以净收益（净利润）的形式增加所有者权益。企业代第三方收取的款项，属于企业的负债，不会导致所有者权益增加，不属于收入。

2.收入的分类

收入可以按经济内容和经常性程度两个标准进行划分：

（1）按经济内容，收入分为销售商品收入、提供劳务收入和让渡资产使用权收入。销售商品收入是指通过销售商品实现的收入，如工业企业制造并销售产品、商业企业销售商品等实现的收入。提供劳务收入是指企业通过提供劳务实现的收入，如咨询公司提供的咨询服务等实现的收入。让渡资产使用权收入是指因他人使用本企业资产所取得的收入，如商业银行对外贷款取得的利息收入。

（2）按经常性程度，收入分为主营业务收入和其他业务收入。主营业务收入是指为完成企业主要经营目标而从日常活动中所取得的收入，可根据企业营业执照上规定的主要业务范围确定，如工业、商品流通企业的销售商品收入，银行企业的存贷款和办理结算收入等。其他业务收入是指为完成其他经营目标而从日常活动中所取得的收入，如工业企业材料销售、代购代销、包装物出租的收入等。

3.收入的确认

在确认收入时，除了应当符合收入定义外还应当同时满足以下条件：（1）与收入相关的经济利益应当很可能流入企业；（2）经济利益流入企业的结果会导致企业资产的增加或者负债的减少；（3）经济利益的流入额能够可靠地计量。

符合收入定义和收入确认条件的项目，应当列入利润表。

（五）费用

1.费用的含义

费用是指企业在日常活动中发生的，会导致所有者权益减少的，与向所有者分配利润无关的经济利益的总流出。费用的主要特征有：

（1）费用是经济利益的总流出

费用可以表现为企业资产的减少，如支付期间费用、销售存货而形成的营业成本；也可能是企业负债的增加，如应付收益性支出的利息费用；或同时表现为资产的减少和负债的增加。费用的这些表现都会使所有者权益减少，同时引起经济利益流出企业，而且是总流出，不是净流出，即未在不同费用之间进行抵销。

（2）费用是获得收入的垫支

“垫支”是指实现收入前的预先支付，费用具有垫支性质，是为赚取收入而预先发生的经济利益流出。没有这种垫支性的经济利益流出，就无法取得收入，即支付费用的目的十分明确，那就是为了获得收入，因而费用与收入具有一定的因果联系，这是费用要素的目的性。

（3）费用是在日常活动中发生的

日常活动是指完成企业经营目标的经常性经济活动，在这些日常活动中形成费用，如发生营业成本、销售费用、管理费用和财务费用等，这是费用要素的形成特征。有些经济业务也能导致经济利益流出，但由于不是企业的日常活动，所以不属于费用。如固定资产清理净损失、非常损失、捐赠支出等，它们与企业的日常活动没有直接联系，只能作为损失加以反映。费用在没有得到价值补偿前，是资金占用的一种形式，与各项资产占用资金形式的性质相似。

（4）费用将引起所有者权益的减少

企业属于所有者，因而发生的费用自然也由所有者承担，由此会导致所有者权益的减少。只有引起所有者权益减少，并与向所有者分配利润无关，这样的经济利益流出才是费用，这是费用的归属特征。也就是说，向所有者分配利润而引起所有者权益减少的经济利益流出不属于费用要素。还要指出的是，缴纳税费、偿还债务也会导致经济利益流出企业，但它只涉及资产和负债，并不直接引起所有者权益减少，因而不属于费用要素。

2.费用的分类

费用按与收入的关系可分为两类：一是营业成本；二是期间费用。营业成本是由生产成本转化而来，是已经得到价值补偿的生产成本，是完成资金周转的净价值量。营业成本按经济内容可分为销售商品营业成本、提供劳务营业成本和让渡资产使用权营业成本三类。营业成本按经常性程度可分为主营业务成本和其他业务成本两类。期间费用包括销售费用、管理费用和财务费用，这些费用不计入产品的生产成本，直接计入本期损益。销售费用是指企业在销售过程中发生的费用以及专设销售机构的经营经费；管理费用是指企业行政管理部门为组织和管理经营活动而发生的各种费用；财务费用主要是指企业为筹集生产经营所需资金而发生的费用。

企业为生产产品、提供劳务等发生的可归属于产品或劳务成本的费用，称为生产费用，生产费用主要是生产三要素（劳动对象、劳动手段和必要的活劳动）的耗费。生产费用一旦归集到成本计算对象上，即对象化的生产费用，就形成产品成本，也称生产成本。生产费用和生产成本都不会导致所有者权益的减少，也不会导致经济利益流出，而是资产形态的转化，是由企业继续拥有或控制、预期会带来经济利益的一种资源。因此，生产费用和生产成本不属于费用要素，而属于资产要素。完工产品一旦对外销售，其生产成本就转化为营业成本，也称销售成本，进而得到价值补偿，这时才会导致所有者权益的减少，属于费用要素。

如前所述，收入是一种所得，是经济利益的总流入；费用则是与收入相匹配的一种所失，是经济利益的总流出。

3.费用的确认

费用的确认除了应当符合费用定义外还应当同时符合以下条件：（1）与费用相关的经济利益很可能流出企业；（2）经济利益流出企业会导致资产的减少或者负债的增加；（3）经济利益的流出额能够可靠计量。

（六）利润

1.利润的含义

利润是指企业在一定会计期间的经营成果。利润包括收入减去费用后的净额、直接计入当期利润的利得和损失等。利得和损失是指直接计入当期损益，会导致所有者权益发生增减变动的，与所有者投入资本或者向所有者分配利润无关的利得或者损失。利润的主要特征有：

（1）利润是企业的经营成果

利润是企业的最终经营成果，也称财务成果，是企业全体员工共同奋斗的结晶，会计的责任就是真实地将其反映出来。利润与一定的经营期间相联系，是一个重要的时期指标，该指标的综合性非常强，概括反映企业人、财、物与供、产、销的全面营运情况，是企业自身积累的基础。

（2）利润是收入与费用配比的结果

发生费用是为了实现收入，实现收入则是发生费用的回报，收入与费用的这种因果联系十分明显。国家以所得税的形式参与企业利润分配，所得税属于费用要素。用收入减去费用后的净额称为净收益，即净利润，是企业可支配的利润。可见，利润要素是收入要素与费用要素配比的结果，直接受收入与费用的影响，这是利润要素的配比特征。

（3）利润将引起所有者权益增加

企业属于所有者，因而实现的利润也就归属于所有者，由此导致所有者权益增加。同理，企业发生亏损也由所有者承担，由此引起所有者权益的减少。这就是“自主经营，自负盈亏”，反映了利润要素的权益特征。净利润扣除已分配利润就是未分配利润，是留存收益，属于所有者权益。

（4）利润的计量具有依附性

由于利润是收入与费用配比的结果，是收入减去费用后的余额，因而其计量也就依附于收入和费用。收入和费用的确认和计量将影响利润的计量，这是利润要素的计量特征。

2.利润的分类

利润包括营业利润、利润总额和净利润。营业利润是指企业在销售商品、提供劳务和让渡资产使用权等日常活动中所赚取的利润。利润总额是指营业利润加上营业外收入减去营业外支出后的余额。营业外收入和营业外支出是指与企业日常活动没有直接关系的各项收入和支出，也称为利得和损失。其中，营业外收入主要有非流动资产处置利得、非货币性资产交换利得、债务重组利得、政府补偿、盘盈利得和捐赠利得等；营业外支出主要有非流动资产处置损失、非货币性资产交换损失、债务重组损失、公益性捐赠支出、非常损失和盘亏等。净利润是指利润总额减去所得税费用后的金额，是企业可支配的利润。

3.利润的确认

利润反映的是收入减去费用、利得减去损失后的净额，因此利润的确认主要依赖于收入和费用以及利得和损失的确认，其金额的确定也主要取决于收入、费用、利得和损失金额的确定。

利润项目应当列入利润表。

上述六个会计要素按性质可分为两类：一是静态会计要素；二是动态会计要素。资产、负债和所有者权益这三个要素构成资产负债表的基本框架，提供会计主体的财务状况信息。我们总是从某一时点的相对静止状态来观察这三个要素，因而可将其归属于静态会计要素范畴，也可称为基本会计要素。收入、费用和利润这三个要素构成利润表的基本框架，提供会计主体的财务成果信息。我们总是从某一时期的相对运动状态来观察这三个要素，因而可将其归属于动态会计要素范畴。动态会计要素最终以“未分配利润”的静态形式构成所有者权益的一部分，参与会计要素的静态平衡，并使动态会计要素与静态会计要素产生有机联系。会计要素是会计确认、计量、记录和报告的基础，是设置账户并进行分类核算的依据，是会计基本理论的重要内容之一。

第二节 会计等式

会计要素包括资产、负债、所有者权益、收入、费用和利润六项。在企业生产经营活动中，各项会计要素互相联系，客观地看，它们之间存在着一定的数量关系。用数学方程式来表示会计要素之间的数量关系，即会计等式。

一、会计等式的概念与内容

企业资产的形成不外乎来自于投资者的投入资金和债权人的借入资金，因此，投资者和债权人对企业的资产拥有权益，这种权益代表资产的来源。资产和权益作为同一事物的两个方面，两者的金额必定是相等的，因此可用等式表示，即：

资产=权益

对基本会计等式平衡关系的理解为：企业资产来源于企业的投资者和债权人的资金；资产与权益在数量上是相等的，在关系上是相互依存的；这一平衡关系是复式记账、账户试算平衡和编制资产负债表的理论基础；企业在某一特定时点的财务状况是静态平衡的。

投资者和债权人可对企业资产主张权益。投资者的权益称为所有者权益；债权人的权益称为债权人权益，即负债。企业拥有和控制的所有资产都必定拥有其相应的权益来源，即权益人。资产的资金量必然与其来源的资金量相等，则可写出会计等式：

资产=负债+所有者权益

企业的会计对象概括为企业的资金运动，资产、负债和所有者权益三要素是资金运动的静态表现形式，因此上述会计等式也称为会计恒等式。

会计恒等式包含三层基本意义：

首先，会计等式表达了同一事物的两个方面，即等式左侧的“资产”为企业资源的占用状态，它代表着企业可以支配和运用的经济资源，等式右侧的“负债+所有者权益”为企业资源的来源。任何资产的取得，总有其来源及其所体现的所有者，即要么是所有者的投入资金，要么是债权人的借入资金，或者是企业的留存收益（权益人为所有者）等。一方面是资产，表明资源运用到何处，以什么形态存在；另一方面是负债和所有者权益，表明企业资产来自何处。一个企业有多少资产就一定要有多少来源；反之，有多少来源也就必然要表现为有多少资产，所以会计等式的两侧从质的规定性方面看是相互依存、相互制约的，从量的规定性方面看是相等的。等式表明，企业的所有资产都是有来源的，正所谓“君子爱财，取之有道”。

其次，由于企业的资源是由投资人投入的和债权人借入的，所以，投资人和债权人对企业的资产拥有要求权。为维护市场经济的秩序，保护债权人利益，债权人的要求权先于投资人的要求权。这就是等式右侧的负债排在第一项的原因。债权人对企业的资产享有第一要求权，投资人即所有者的权益是企业资产扣除负债的剩余部分，即所有者权益为剩余要求权或第二要求权，会计上称为“净资产”。为强调反映所有者在企业中所拥有的净资产，可将上述等式变形为：

资产-负债=所有者权益

例如，企业拥有800 000元资产，其负债为500 000元，则所有者权益为300 000元：

资产（800 000）-负债（500 000）=所有者权益（300 000）

最后，会计等式是在某一特定时点相对静止的财务状况的表述。在持续经营的前提下，企业的经营活动必然处于相对静止状态和绝对变动状态。

相对静止状态，是指在某一特定时点（如月末、季末、年末等），资本运动处于相对静止的情况下，资本作为该特定时点的价值，表现为具体的财产与物资，并按生产经营活动中的各个不同阶段（供应、生产与销售）分化为各种不同形态。

经济业务的发生会引起这一相对静止状态的变化，从而对会计等式产生影响。

经济业务是直接引起企业会计要素增减变化的经济事项或经济状况。例如，企业购入一台300 000元的机器设备是一项经济业务，虽然企业的资产总量没有变化，但资产形态变化了，由货币资产变为固定资产，而且，不同形态的各项资产也发生了增减变化——货币资产减少，固定资产增加。企业信用等级的变化对企业会计要素不产生直接的影响，所以不是企业的经济业务。

所有的经济业务都会影响会计等式，所有的经济业务都可以通过会计等式内容的变化来反映。但无论何时，任何一项经济业务的发生都不会破坏会计等式的平衡关系。

企业运用债权人和投资者所提供的资产，经过生产经营而获得收入，并以支付费用为代价。在一定期间内，根据实现的收入与支付的费用做比较，可得出该期间企业的经营成果。收入、费用和利润之间的关系可用如下等式表示：

收入-费用=利润（或亏损）

资金的循环与周转视为资金运动的动态表现，具体表现为收入、费用和利润。因此，上式也可称为动态会计等式。

企业的资金运动包括动与静，即六要素的有机结合。例如，当费用增加时，资产减少或者负债增加，同时所有者权益相对减少；当收入增加时，资产增加或者负债减少；当负债增加时，则会引起资产增加或所有者权益减少等。

所有者权益是所有者在企业资产中享有的经济利益，其金额为资产减去负债的余额。企业所有者在企业的权益，最初是其投入企业的资产的金额，企业的生产经营活动开始后，投资者投入企业的资产随着企业生产经营活动的进行，将取得各种收入。收入在补偿生产经营活动中发生的各项费用后，即将收入与费用配比后计算出利润，一部分分配给投资者，退出企业；一部分形成企业的留存收益，由企业所有者所有。这时，所有者权益包括两个部分，即所有者投入的部分和由生产经营中实现的利润形成的留存于企业内部的利润的积累。企业的生产经营活动引起了这期间的资本变动，既有经济资源的耗费，又有新的经济资源进入企业；既有收入的发生，又有费用的支出。原有的平衡关系被打破，新的平衡关系随之建立。可见资产、负债、所有者权益、收入、费用和利润的数量关系存在着一种有机的内在联系。

因此，对于会计六要素又可以用以下等式表示：

资产=负债+所有者权益+收入-费用

或　资产+费用=负债+所有者权益+收入（静动态结合的会计等式）

或　资产=负债+所有者权益+利润

上述等式的作用有：①把企业的财务状况和经营成果联系起来；②反映了在会计期间内任一时刻（未结算之前）的财务状况和经营情况；③说明了企业经营成果对资产和所有者权益产生的影响；④会计期末，企业将收入与费用相配比，计算出利润（或亏损），按规定的程序进行分配，使所有者权益和资产增加（或减少）。

在会计期末结账后，等式又恢复到会计期初的形式，即：

资产=负债+所有者权益

二、会计事项对会计等式的影响

在经济社会中，企业日常所发生的经济活动，经会计处理并最后汇总报告的事项，即为会计事项。会计事项通常是指使企业资产、负债和所有者权益发生增减变动的经济事项，又称为交易事项或经济业务。会计事项可分为外部会计事项和内部会计事项两大类。凡是以企业个体为中心而与外界所发生的会计事项，涉及企业本身以外的个体，统称为外部会计事项，如向供货方购货、购货方销售、银行借款、投资者融资等；反之，凡是不涉及企业本身以外个体的会计事项，即为内部会计事项。内部会计事项主要是指企业内部费用成本的耗用或应计事项的调整，是对企业内部已认定的各要素之间的调整冲转，如经营过程中材料的耗用、机器设备的折旧、应收账款的坏账备抵等。

经济业务是纷繁复杂的，随着交易事项的不断变化，企业资产、负债及所有者权益也不断发生变化。根据会计等式，用以下例子来说明企业的经济业务对会计等式的影响：

【业务1】202×年5月3日，某股份咨询公司采用发起设立的方式，取得发起人缴纳的股款300 000元。

这笔业务使股份咨询公司获得300 000元的银行存款，而由于发起人的投资，股份咨询公司拥有了300 000元的启动资金，代表所有者权益的实收资本因此增加300 000元。这也表明，企业最初的一切资产都是由投资者投资而来的。

资产	=	负债	+	所有者权益
银行存款	=			实收资本
+300 000				+300 000
300 000				300 000

【业务2】202×年5月5日，支付200 000元购得一处办公房产。

这笔业务使股份咨询公司增加一项固定资产，同时，也使得股份咨询公司的另外一项资产——银行存款减少，两者金额都是200 000元。

	资产		=	负债 +	所有者权益
	银行存款	+固定资产	=		实收资本
（1）	+300 000				+300 000
（2）	−200 000	+ 200 000			
	300 000				300 000

【业务3】202×年5月6日，公司以赊购方式取得500元办公用品。

这笔业务使股份咨询公司赊购500元，因此这500元是需要偿还的，则应付账款增加。公司也因此增加了一项低值易耗品，低值易耗品属于存货，金额为500元。

	资产			=	负债	+所有者权益
	银行存款	+固定资产	+存货	=	应付账款	+实收资本
（1）	+300 000					+300 000
（2）	−200 000	+200 000				
（3）			+500		+500	
	300 500					300 500

【业务4】202×年5月10日，为客户提供咨询服务，以银行存款方式取得咨询费用9 500元。

这笔业务使股份咨询公司赚取了一笔咨询费用，则银行存款增加，而且主营业务收入增加。

	资产			=	负债	+所有者权益	+收入	−费用
	银行存款	+ 固定资产	+ 存货	=	应付账款	+实收资本	+主营业务收入	
（1）	+300 000					+300 000		
（2）	−200 000	+ 200 000						
（3）			+ 500		+500			
（4）	+9 500						+9 500	
	310 000					310 000		

【业务5】202×年5月12日，以银行存款支付202×年5月6日以赊购方式取得的办公用品，偿还400元。

这笔业务使股份咨询公司的银行存款减少，在公司负债中的应付账款也相应减少。

	资产			=	负债	+所有者权益	+收入	−费用
	银行存款	+固定资产	+存货	=	应付账款	+实收资本	+主营业务收入	
（1）	+300 000					+300 000		
（2）	−200 000	+200 000						
（3）			+500		+500			
（4）	+9 500						+9 500	
（5）	−400				−400			
	309 600					309 600		

【业务6】202×年5月15日，为客户提供咨询服务，以应收账款方式取得收入40 000元。

股份咨询公司通过提供咨询服务赚取咨询费，因此营业收入增加，但是资金尚未到账，所以应计入应收账款。

	资产			=	负债	+所有者权益	+收入	−费用
	银行存款	+固定资产	+存货	+应收账款=	应付账款	+实收资本	+主营业务收入	
（1）	+300 000					+300 000		
（2）	−200 000	+200 000						
（3）			+500		+500			
（4）	+9 500						+9 500	
（5）	−400				−400			
（6）				+40 000			+40 000	
	349 600					349 600		

【业务7】202×年5月21日，公司以银行存款支付水电费1 500元，支付员工工资9 200元。

员工工资要从银行存款中扣除，在负债中的应付职工薪酬减少，费用中的销售费用相应增加。

	资产			=	负债		+所有者权益	+收入	−费用
	银行存款	+固定资产	+存货	+应收账款=	应付账款	+应付职工薪酬	+实收资本	+主营业务收入	−销售费用
（1）	+300 000						+300 000		
（2）	−200 000	+200 000							
（3）			+500		+500				
（4）	+9 500							+9 500	
（5）	−400				−400				
（6）				+40 000				+40 000	
（7）	−1 500								−1 500
	−9 200					−9 200			
	338 900						338 900		

【业务8】202×年5月24日，以银行存款的方式收回了20 000元应收账款。

这笔业务使得银行存款增加，相应的应收账款则会减少。

	资产			=	负债		+所有者权益	+收入	−费用
	银行存款	+固定资产	+存货	+应收账款=	应付账款	+应付职工薪酬	+实收资本	+主营业务收入	−销售费用
（1）	+300 000						+300 000		
（2）	−200 000	+200 000							
（3）			+500		+500				
（4）	+9 500							+9 500	
（5）	−400				−400				
（6）				+40 000				+40 000	
（7）	−1 500								−1 500
	−9 200					−9 200			
（8）	+20 000			−20 000					
	338 900						338 900		

【业务9】202×年5月25日，以银行存款的方式向股东发放股息2 100元。

这笔业务使得银行存款减少，但是股东得到股息2 100元，因此应付股息减少。

	资产				= 负债			+所有者权益	+收入	−费用
	银行存款	+固定资产	+存货	+应收账款	=应付账款	+应付职工薪酬	+应付股息	+实收资本	+主营业务收入	−销售费用
（1）	+300 000							+300 000		
（2）	−200 000+200 000									
（3）			+500		+500					
（4）	+9 500								+9 500	
（5）	−400				−400					
（6）				+40 000					+40 000	
（7）	−1 500									−1 500
	−9 200					−9 200				
（8）	+20 000			−20 000						
（9）	−2 100						−2 100			
	336 800							336 800		

该股份咨询公司在这个月的经济业务可按照会计等式进行汇总。

	资产				= 负债			+所有者权益	+收入	−费用
	银行存款	+固定资产	+存货	+应收账款	=应付账款	+应付职工薪酬	+应付股息	+实收资本	+主营业务收入	−销售费用
（1）	+300 000							+300 000		
（2）	−200 000+200 000									
（3）			+500		+500					
（4）	+9 500								+9 500	
（5）	−400				−400					
（6）				+40 000					+40 000	
（7）	−1 500									−1 500
	−9 200					−9 200				
（8）	+20 000			−20 000						
（9）	−2 100						−2 100			
	116 300	200 000	500	20 000	100	−9 200	−2 100	300 000	49 500	−1 500
	336 800							336 800		

对上述汇总表进行分析不难发现，企业在经营活动中会发生纷繁复杂的经济业务，而且其经济业务必然会引起资产、负债、所有者权益、收入和费用发生增减变化。但从对资产、负债和所有者权益的影响看来，经济业务不外乎以下几种基本类型：

类型1：一项资产增加，一项所有者权益增加，会计等式左右两边同时等额增加的基本类型，如业务1。

类型2：一项资产增加，一项资产减少，资产总额不变，会计等式左右两边总额不变，如业务2。

类型3：一项资产增加，一项负债增加，会计等式左右两边同时等额增加，如业务3。

类型4：一项资产减少，一项负债减少，会计等式左右两边同时等额减少，如业务5。

类型5：一项负债减少，另一项负债增加，负债总额不变，会计等式左右两边总额不变，如用应付票据偿还欠款，则应付账款减少，应付票据增加。

类型6：一项负债减少，一项所有者权益增加，会计等式左右两边总额不变，如债权人将借款转为对公司的投资。

类型7：一项负债增加，一项所有者权益减少，会计等式左右两边总额不变，如减少投资用于偿还贷款。

类型8：一项资产减少，一项所有者权益减少，会计等式左右两边同时等额减少，如从银行抽回投资。

类型9：一项所有者权益增加，另一项所有者权益减少，所有者权益总额不变，会计等式左右两边总额不变，如在公司内部转让投资。

如果加上收入、费用的影响，经济业务的变化类型将会有25种之多。

综上所述，我们可以发现，每项经济业务的发生，必然会引起会计等式的某一项增加，另一项等额减少，或者引起会计等式左右两边同时发生等额的增减变化。但无论怎样变化，都无法破坏会计等式的平衡关系，会计等式两端的金额永远保持相等。

根据“资产=权益”的会计等式，可以将上述9种业务类型归类为资产业务、权益业务、同增业务和同减业务四大类型。

1.资产业务

资产业务是指只涉及资产、不涉及权益的经济业务。资产业务会引起一种形态的资产增加，同时引起另一种形态的资产等量减少，资产总额不变。由于不涉及权益，因而权益总额也不变，资产总额仍等于权益总额。资产业务反映资金在企业内部的循环与周转，是不同资产形态的转化，会计等式的平衡总额不会因此而发生变化。企业有大量的资产业务，主要有：用货币购买材料或商品或主要劳动资料、领用材料投入生产、完工产品验收入库、支付在建工程款、用各种资产投资、收到货币的各项债权等。

2.权益业务

权益业务是指只涉及权益、不涉及资产的经济业务。权益业务会引起一种形态的权益增加，同时引起另一种形态的权益等量减少，权益总额不变。由于不涉及资产，因而资产总额也不变，资产总额仍等于权益总额。权益业务反映资金性质的变化，是不同权益形态的转化，会计等式的平衡总额不会因此而发生变化。企业的权益业务一般较少，主要有：用获得的银行借款直接偿还债务、转销无法支付的应付账款、债权转股权等。

3.同增业务

同增业务是指资金进入企业时，既涉及资产又涉及权益的经济业务。同增业务会引起一种形态的资产增加，同时引起另一种形态的权益等量增加，资产总额和权益总额等量上升，总额仍然平衡。同增业务不属于资金的循环与周转，而是资金进入企业时发生的业务，会计等式的平衡总额会上升。同增业务主要有：赊购材料或商品、赊销或现销商品实现的营业收入、举债筹资、吸收投资等。

4.同减业务

同减业务是指资金退出企业时，既涉及资产又涉及权益的经济业务。同减业务会引起一种形态的资产减少，同时引起另一种形态的权益等量减少，资产总额和权益总额等量下降，总额仍然平衡。同减业务不属于资金的循环与周转，而是资金退出企业时发生的业务，会计等式的平衡总额会下降。同减业务主要有：用货币偿还债务、缴纳税费等。

尽管企业有千变万化的经济业务，但从会计基本等式看，万变不离其宗，全部经济业务都可以归类为上述四类业务。任何一项经济业务都不可能引起资产增加而权益减少，也不可能引起资产减少而权益增加。

上述四类经济业务对会计平衡等式的影响可归纳如图2-1所示。

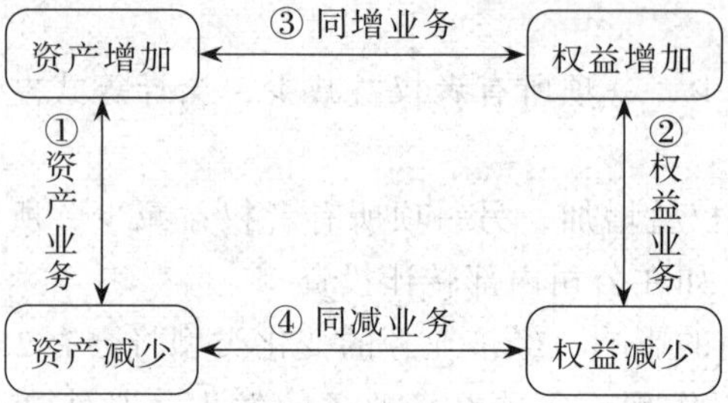

图2-1 四类经济业务对会计等式的影响

第三节 会计科目

一、会计科目的含义

会计科目是按照经济内容对会计要素所做的进一步分类，确定会计科目是正确组织会计核算的一个重要条件。

企业在生产经营过程中不断地发生各种各样的经济业务，经济业务的发生又必然引起各会计要素的增减变动。为了分门别类地核算和监督各项经济业务以及由此引起的各项会计要素的增减变动情况，为经济管理提供有用的核算资料，就必须设计会计科目，对会计对象的具体内容进行科学的分类，根据各类别内容的特征取一个名称。

会计科目就是对会计对象的具体内容进行科学分类的项目。每一个会计科目都应有其特定的经济内容。例如，企业有各种机器设备、房屋、建筑物，这些资产有一个共性，就是劳动资料，它们与生产产品所耗用的材料不同，材料是劳动对象的性质，因此，房屋、建筑物、机器设备与各种材料就不能归为一类，两者必须分开。把房屋、建筑物、机器设备等作为一类，根据其特点取名为“固定资产”。企业的各种材料，虽然具体品种、形态各式各样，但其共性都是劳动对象，因此，把它们归为一类，根据其特点，取名为“原材料”。又如企业的资金来源，有的是投资者投资形成的，有的是企业负债形成的。为了核算投资者实际投入的资本，设置“实收资本”科目；企业负欠其他单位、个人的债务各种各样，为了核算负欠供货单位的债务，设置“应付账款”科目；为了核算企业应交的税费，设置“应交税费”科目等。

会计科目的设置，为全面、系统、分类地核算和监督各项经济业务的发生情况，以及由此而引起的各会计要素的增减变动情况创造了条件。通过会计科目，可以将复杂的经济活动变为系统的容易识别的信息，为其转化为会计信息做好准备，可以为设置账户、填制会计凭证和登记会计账簿提供依据，可以为编制会计报表奠定基础，有助于为企业投资者、管理者和债权人以及各方面提供全面系统的会计信息。

二、会计科目设置的原则

设置会计科目是正确组织会计核算的重要条件。为了使设置的会计科目科学、合理、适用，一般应遵循以下基本原则：

1.必须结合会计对象的特点

由于会计科目是对会计对象的具体内容进行分类的项目，因此，必须结合会计对象的特点来确定应设置的会计科目，所设置的会计科目应能保证全面、系统地反映会计对象的全部内容，不能有任何遗漏，同时，所设置的会计科目还必须体现不同会计主体、会计对象的特点。例如，制造企业是生产产品的单位，根据这一业务特点就必须设置核算和监督生产过程的会计科目，如“生产成本”“制造费用”等；而商业企业的业务特点是进行商品购销，根据其业务特点应设置“商品进销差价”等会计科目；行政事业单位是完成国家赋予的特殊任务的单位，应根据其业务特点设置“拨入经费”“经费支出”等会计科目。

2.必须符合经济管理的要求

设置会计科目，既要结合会计对象的特点，又要符合经济管理的要求。各个会计主体经济管理的要求不同，一个会计主体的内部经济管理的要求与外部有关方面对会计信息的要求也不完全相同，这就要求在设置会计科目时，既要符合不同会计主体经济管理的要求，又要兼顾会计主体内部和外部两方面对会计信息的需要。

3.必须把统一性与灵活性相结合

为了适应宏观经济管理的需要，我国的会计科目是由财政部统一制定的。但在保证统一性和符合有关制度规定的前提下，会计科目的设置还应保持一定的灵活性，以便于企业能根据自己的实际需要，对制度规定的会计科目做必要的增加、减少或合并。

4.必须保持相对稳定

为了便于会计核算资料的综合汇总和不同时期的对比分析，会计科目的名称、核算内容应保持相对稳定。

5.必须含义明确且通俗易懂

为了准确无误地使用会计科目，所设置的会计科目必须含义明确、通俗易懂，对每一个会计科目的特定核算内容必须严格明确地界定。会计科目的名称应与其核算内容一致，各个会计科目的核算内容互相排斥，不同的会计科目不能有相同的核算内容，这是保证会计核算统一性和准确性的重要条件。

三、会计科目的分类

会计科目按不同的标准可以做出不同的分类，主要分类如下：

1.按会计科目反映经济业务详细程度分类

会计科目按其反映经济业务的详细程度不同，分为总分类科目和明细分类科目。总分类科目和所属明细分类科目反映的经济内容相同，但提供指标的详细程度不同；总分类科目对所属明细分类科目起着统驭与控制的作用，明细分类科目对相应的总分类科目起着补充和说明的作用，明细分类科目必须隶属于它的总分类科目。

总分类科目是对经济业务按其经济内容的性质进行的总括分类，亦称一级科目。总分类科目是对会计要素所做的总括分类，反映各类经济业务的综合情况。总分类科目一般由企业会计准则统一规定，在不影响会计核算要求和会计报表汇总以及对外提供财务会计报告的前提下，企业可以根据实际情况自行增设、减少或合并某些总分类科目。明细分类科目是在一级科目规定的范围内进行更详细、具体的分类，以满足核算与管理的需要。明细分类科目是详细具体反映经济内容的科目，其设置视管理需要而定，并不是所有的总分类科目下面都要设置明细分类科目，例如“库存现金”和“银行存款”总分类科目就可以不设置明细分类科目。

2.按会计科目反映的经济内容分类

会计科目按其反映的经济内容不同，可以分为资产类科目、负债类科目、共同类科目、所有者权益类科目、收入类科目、费用类科目等六大类。每一大类会计科目又可按一定标准分为若干小类。资产类科目，按资产的流动性分为流动资产科目和非流动资产（长期资产）科目。流动资产科目有“库存现金”“银行存款”“原材料”“库存商品”“应收账款”“其他应收款”等科目；非流动资产科目有“长期股权投资”“固定资产”“累计折旧”“无形资产”“长期待摊费用”等科目。

负债类科目，按负债偿还期限的长短分为流动负债科目和长期负债科目。流动负债科目有“短期借款”“应付账款”“其他应付款”“应交税费”“应付职工薪酬”“应付股利”等科目；长期负债科目有“长期借款”“应付债券”“长期应付款”等科目。

共同类科目是指既具有资产性质又具有负债性质的总分类科目，具有共同性特征。这类科目包括衍生工具、套期工具等。

所有者权益类科目，按所有者权益的形成和性质分为资本科目和留存收益科目。资本科目有“实收资本”和“资本公积”科目；留存收益科目有“盈余公积”“本年利润”“利润分配”等科目。

收入类科目，按收入的内容不同分为业务收入科目和非业务收入科目。业务收入科目有“主营业务收入”“其他业务收入”等科目；非业务收入科目有“营业外收入”“投资收益”等科目。

费用类科目，按费用的内容和性质不同分为成本科目、期间费用科目和支出科目。成本科目有“生产成本”“制造费用”等科目；期间费用科目有“管理费用”“财务费用”“销售费用”等科目；支出科目有“其他业务成本”“营业外支出”等科目。

3.按会计科目反映会计报表的内容分类

在上述按会计要素分类的六类科目中，资产类、负债类和所有者权益类科目是用来核算企业资产、负债或所有者权益的实有额的，是编制资产负债表的依据，这类科目为资产负债表科目。费用类和收入类科目是用来核算会计期间所发生的费用支出和收入的取得，从而确定其财务成果的，是编制利润表的依据，这类科目为利润表科目。

4.按企业资源的存在方式和取得方式分类

按企业资源的存在和取得方式，会计科目可分为资金占用类科目和资金来源类科目。在上述按会计要素分类的六类科目中，资产类、费用类科目反映企业资源的占用状态，为资金占用类科目；收入类、负债类和所有者权益类科目反映资源的取得渠道，为资金来源类科目。

四、会计科目的编号

为了适应会计电算化的需要，便于编制凭证、记账、查账，提高账务处理效率，应为每一个会计科目编一个代用符号，这个代用符号称为科目编号。会计科目的编号方法有多种，我国现行会计制度规定采用四位数的数字编号法，如1001库存现金、2202应付账款、3101衍生工具、4101盈余公积、4001实收资本、6001主营业务收入等。编号的含义是：

从左至右第一位数码表示会计科目的性质，如“1”表示资产类科目，“2”表示负债类科目，“3”表示共同类科目，“4”表示所有者权益类科目，“5”表示成本类科目，“6”表示损益类科目。其余数码表示会计科目的小类及其顺序号，在某些小类会计科目编号之间预留一定的空号，以便增补新的科目。这种编号方法具有清晰明了和灵活性强的优点。

五、会计科目的内容与级次

会计科目作为一个完整的体系，包括会计科目的内容和会计科目的级次。会计科目的内容反映的是科目之间的横向联系，会计科目的级次反映的是会计内部的纵向联系。

（一）会计科目的内容

根据企业会计准则，会计科目内容见表2-2。

表2-2 **新会计准则会计科目表**

序号	编号	会计科目名称	序号	编号	会计科目名称
		一、资产类	23	1304	贷款损失准备
1	1001	库存现金	24	1311	代理兑付证券
2	1002	银行存款	25	1321	代理业务资产
3	1003	存放中央银行款项	26	1401	材料采购
4	1011	存放同业	27	1402	在途物资
5	1012	其他货币资金	28	1403	原材料
6	1021	结算备付金	29	1404	材料成本差异
7	1031	存出保证金	30	1405	库存商品
8	1101	交易性金融资产	31	1406	发出商品
9	1111	买入返售金融资产	32	1407	商品进销差价
10	1121	应收票据	33	1408	委托加工物资
11	1122	应收账款	34	1411	周转材料
12	1123	预付账款	35	1421	消耗性生物资产
13	1131	应收股利	36	1431	贵金属
14	1132	应收利息	37	1441	抵债资产
15	1201	应收代位追偿款	38	1451	损余物资
16	1211	应收分保账款	39	1461	融资租赁资产
17	1212	应收分保合同准备金	40	1471	存货跌价准备
18	1221	其他应收款	41	1501	债权投资
19	1231	坏账准备	42	1502	债权投资减值准备
20	1301	贴现资产	43	1503	其他债权投资
21	1302	拆出资金	44	1511	长期股权投资
22	1303	贷款	45	1512	长期股权投资减值准备

续表

序号	编号	会计科目名称	序号	编号	会计科目名称
46	1521	投资性房地产	78	2111	卖出回购金融资产款
47	1531	长期应收款	79	2201	应付票据
48	1532	未实现融资收益	80	2202	应付账款
49	1541	存出资本保证金	81	2203	预收账款
50	1601	固定资产	82	2211	应付职工薪酬
51	1602	累计折旧	83	2221	应交税费
52	1603	固定资产减值准备	84	2231	应付利息
53	1604	在建工程	85	2232	应付股利
54	1605	工程物资	86	2241	其他应付款
55	1606	固定资产清理	87	2251	应付保单红利
56	1611	未担保余值	88	2261	应付分保账款
57	1621	生产性生物资产	89	2311	代理买卖证券款
58	1622	生产性生物资产累计折旧	90	2312	代理承销证券款
59	1623	公益性生物资产	91	2313	代理兑付证券款
60	1631	油气资产	92	2314	代理业务负债
61	1632	累计折耗	93	2401	递延收益
62	1701	无形资产	94	2501	长期借款
63	1702	累计摊销	95	2502	应付债券
64	1703	无形资产减值准备	96	2601	未到期责任准备金
65	1711	商誉	97	2602	保险责任准备金
66	1801	长期待摊费用	98	2611	保户储金
67	1811	递延所得税资产	99	2621	独立账户负债
68	1821	独立账户资产	100	2701	长期应付款
69	1901	待处理财产损溢	101	2702	未确认融资费用
		二、负债类	102	2711	专项应付款
70	2001	短期借款	103	2801	预计负债
71	2002	存入保证金	104	2901	递延所得税负债
72	2003	拆入资金			三、共同类
73	2004	向中央银行借款	105	3001	清算资金往来
74	2011	吸收存款	106	3002	货币兑换
75	2012	同业存放	107	3101	衍生工具
76	2021	贴现负债	108	3201	套期工具
77	2101	交易性金融负债	109	3202	被套期项目

续表

序号	编号	会计科目名称	序号	编号	会计科目名称
		四、所有者权益类	132	6111	投资收益
110	4001	实收资本	133	6201	摊回保险责任准备金
111	4002	资本公积	134	6202	摊回赔付支出
112	4101	盈余公积	135	6203	摊回分保费用
113	4102	一般风险准备	136	6301	营业外收入
114	4103	本年利润	137	6401	主营业务成本
115	4104	利润分配	138	6402	其他业务成本
116	4201	库存股	139	6403	税金及附加
		五、成本类	140	6411	利息支出
117	5001	生产成本	141	6421	手续费及佣金支出
118	5101	制造费用	142	6501	提取未到期责任准备金
119	5201	劳务成本	143	6502	提取保险责任准备金
120	5301	研发支出	144	6511	赔付支出
121	5401	工程施工	145	6521	保单红利支出
122	5402	工程结算	146	6531	退保金
123	5403	机械作业	147	6541	分出保费
		六、损益类	148	6542	分保费用
124	6001	主营业务收入	149	6601	销售费用
125	6011	利息收入	150	6602	管理费用
126	6021	手续费及佣金收入	151	6603	财务费用
127	6031	保费收入	152	6604	勘探费用
128	6041	租赁收入	153	6701	资产减值损失
129	6051	其他业务收入	154	6711	营业外支出
130	6061	汇兑损益	155	6801	所得税费用
131	6101	公允价值变动损益	156	6901	以前年度损益调整

（二）会计科目的级次

会计科目按其反映信息的详细程度，可分为总分类科目和明细分类科目。总分类科目是对会计对象的具体内容（即会计要素）进行总括分类、提供综合核算指标的科目，如原材料、应付账款、应收账款等。在我国境内，各企业间为了保证会计核算指标口径一致，便于按部门、行业、地区乃至全国范围内进行汇总，对于总分类科目，会计准则都做了统一规定，规定了统一的科目代号、名称和核算内容。任何企业都要根据本企业的特点选择使用统一的会计科目。明细分类科目是对总分类科目所含内容做进一步分类，反映核算指标详细、具体情况的科目。如在“应付账款”总分类科目下，可按具体单位分设明细分类科目，具体反映应付哪个供货单位的货款。明细分类科目的设置，除会计制度另有规定外，各单位可根据本企业经营管理的需要自行设置。在会计实务中，除个别总分类科目，如“累计折旧”科目，不必设置明细分类科目外，大部分总分类科目下都要设置明细分类科目。

为了适应经营管理工作的需要，有的总分类科目下设的明细分类科目太多，此时可在总分类科目与明细分类科目之间增设二级科目。二级科目（又称子目）是介于总分类科目和明细分类科目之间的科目，它提供比总分类科目详细、比明细分类科目概括的核算指标。下面以企业的“生产成本”科目为例说明总分类科目、二级科目、明细分类科目之间的关系，见表2-3。

表2-3 **“生产成本”科目级次表**

总分类科目（一级科目）	明细分类科目	
	二级科目（子目）	明细分类科目（细目）
生产成本	铸造车间	××产品 ××产品
	机加车间	××产品 ××产品
	成型车间	××产品 ××产品

【本章练习】

（一）单项选择题

1.流动资产是指其变现或耗用期在（　　）。

A.一年以内　　B.一个营业周期内

C.一年内或超过一年的一个营业周期内　　D.超过一年的一个营业周期以上

2.预收账款属于会计要素中的（　　）。

A.资产　　B.负债　　C.费用　　D.所有者权益

3.下列项目中属于流动资产的是（　　）。

A.预收账款　　B.应收账款　　C.未分配利润　　D.短期借款

4.企业向银行借款直接偿还应付购货款，属于哪一种类型变化业务（　　）。

A.资产项目之间此增彼减　　B.负债项目之间此增彼减

C.资产项目和负债项目同增　　D.资产项目和负债项目同减

5.下列各项中引起资产和权益同时减少的经济业务是（　　）。

A.购入材料，货款未付　　B.以银行存款上缴税金

C.上级拨入机器一台　　D.国家投资1 000万元

6.下列各项中引起资产和权益同时增加的经济业务是（　　）。

A.购入材料，货款未付　　B.以银行存款支付采购办公用品款

C.以银行存款偿还银行借款　　D.购入机器一台

7.下列各项中引起权益有增有减的经济业务是（　）。

A.售出机器一台，款项收存银行　　B.向银行取得短期借款转存银行

C.以银行短期借款直接偿还应付账款　　D.以银行存款支付短期借款利息

8.下列各项中引起资产有增有减的经济业务是（　）。

A.收回欠款，存入银行　　B.出售机器设备一台

C.向银行取得短期借款转存银行　　D.销售商品款未收到

9.企业按规定将资本公积金转增资本金，这笔经济业务反映的是（　）。

A.资产内部有关项目之间同时增加　　B.资产和权益有关项目之间同时增加

C.权益内部有关项目之间同时减少　　D.权益内部有关项目之间有增有减

10.下列能够计入产品成本的费用（或不属于期间费用）的是（　）。

A.销售费用　　B.管理费用　　C.制造费用　　D.财务费用

（二）多项选择题

1.引起资产方一个项目增加，另一个项目减少的经济业务有（　）。

A.暂付差旅费　　B.预付财产保险费

C.结转完工产品成本　　D.结转已销产品成本

2.下列资产和权益项目之间的变动符合经济规律，可能合理发生的有（　）。

A.资产某项目增加与权益某项目减少

B.某资产项目与某权益项目等额同增或同减

C.资产某项目减少与另一项目增加

D.权益某项目减少与另一项目增加

3.下列各项中属于所有者权益的是（　）。

A.实收资本　　B.资本公积　　C.盈余公积　　D.未分配利润

4.企业以银行存款偿还债务，会引起（　）。

A.资产总额减少　　B.负债总额减少　　C.负债总额增加　　D.所有者权益减少

5.以下经济业务中不影响会计等式的总金额变化的有（　）。

A.以银行存款支付应交税费　　B.向银行借款存入银行存款账户

C.将资本公积转增股本　　D.以现金购买包装物

（三）判断题

1.资产是企业所拥有或者控制的、能以货币计量并具有实物形态的经济资源。（　）

2.所有者权益是企业投资人对企业资产的所有权。（　）

3.收入、费用和利润三大会计要素又经常被称为资产负债表要素。（　）

4.不论发生什么样的经济业务，会计等式两边会计要素总额的平衡关系都不会被破坏。（　）

5.会计等式揭示了会计要素之间的联系，因而成为会计科目、复式记账、会计报表等会计核算方法建立的理论依据。（　）

（四）简答题

1.什么叫会计要素？会计要素可以分为几类？

2.什么叫会计等式？会计等式有哪几种不同的表示方法？

3. 什么是会计科目？举出常用的流动资产类科目。

4. 设置会计科目的原则是什么？

5. 何谓经济业务？按照对会计要素的影响，经济业务一般有哪几种？

（五）业务题

1. 确认以下所列的各个项目属于哪类会计要素（资产、负债、所有者权益、收入、费用、利润）：

（1）厂部办公大楼；

（2）运输汽车；

（3）未完工产品；

（4）支付的广告费；

（5）应付给供货单位的材料款；

（6）还未上缴的税金；

（7）预收的货物订金；

（8）存在开户银行的存款；

（9）向银行借入的短期借款；

（10）仓库中的商品；

（11）已经实现的产品销售收入；

（12）厂部发生的办公费；

（13）生产产品耗用的原材料；

（14）银行借款的利息支出；

（15）应发给职工的工资；

（16）从利润当中提取的公积金；

（17）由出纳人员保管的现金；

（18）以前年度留存企业的尚未分配利润；

（19）通过债务重组减免的债务；

（20）投资股票遭受的损失。

2. 江华公司设有下列资产、负债和所有者权益项目，各项目的金额列示如下（单位：元）。

（1）存货	46 000
（2）长期借款	50 000
（3）应收账款	58 000
（4）实收资本	150 000
（5）应付票据	65 000
（6）短期借款	40 000
（7）短期投资	50 000
（8）应付账款	38 700
（9）库存现金	3 500
（10）银行存款	69 700
（11）固定资产	200 000

（12）应交税费　　27 500

（13）预收账款　　6 000

（14）留存收益　　50 000

要求：分别列示出资产类、负债类和所有者权益类所属项目。

3. 某企业月初负债总额6 500万元，所有者权益总额8 000万元。本月发生下列经济业务：

（1）购进一批材料，价值100万元，款项尚未支付。

（2）向银行借款500万元，存入银行。

（3）用银行存款3万元上缴未交税金。

（4）以银行存款60万元，偿还银行短期借款。

（5）将库存现金10万元存入银行。

（6）以银行存款400万元购置固定资产。

（7）以资本公积200万元转增资本。

（8）经协商将应付甲公司货款12万元转为甲公司对企业的投资。

要求：

（1）逐项分析上述业务发生后对资产、负债和所有者权益三个要素增减变动的影响；

（2）月末，计算资产、负债和所有者权益三个要素的总额，并列出会计等式。

4. 某企业本期会计记录见表2-4，A、B、C、D四个组合分别代表四个独立的个体。

要求：求出（1）、（2）、（3）、（4）四个未知数字。

表2-4　　**某企业本期会计记录表**　　单位：元

项目	A	B	C	D
期初：				
资产	（1）	388 000	180 000	644 000
负债	90 000	93 120	72 000	92 000
期末：				
资产	440 000	446 200	162 000	828 000
负债	70 000	93 120	36 000	（4）
本期内：				
追加投资	30 000	（2）	37 800	165 600
收入	244 000	182 360	（3）	322 000
抽回投资	12 000	23 280	10 800	92 000
费用	182 000	120 280	59 400	248 400

5. 由江华公司投资成立的搬运公司202×年期初及期末资产负债表上列示的资产总额及负债见表2-5。

表2-5　　**资产总额及负债表**　　单位：元

项目	期初	期末
资产	516 000	696 000
负债	380 000	430 000

要求：根据下列各种情况，计算出本年度搬运公司的利润。

（1）江华公司在年度内既未收回投资，也未增加投资。

（2）江华公司在年度内曾经收回投资64 000元，但又增加投资90 000元。

6.江华公司1月份发生了八笔业务，见表2-6。

表2-6　　**江华公司1月份业务表**　　单位：元

	资产					= 负债		+ 所有者权益
	现金	+银行存款	+应收账款	+原材料	+固定资产	= 应付账款	+应付票据	+ 实收资本
期初：	700	14 000	4 300	15 900	61 000	29 500	6 400	60 000
业务1：		−2 500		+7 500		+5 000		
业务2：		+2 000	−2 000					
业务3：		+39 000			+46 000			+85 000
业务4：		−18 000				−18 000		
业务5：						−10 000	+10 000	
业务6：							−5 000	+5 000
业务7：						+10 000		−10 000
业务8：		−8 000			+20 000			+12 000

要求：根据资料说明业务1~8可能发生的内容。

第三章　会计账户和复式记账

【学习目标】

本章阐述会计账户的基本概念、基本结构和基本分类以及复式记账的概念及内容。本章学习要求掌握账户的概念和设置、账户的基本结构、账户按经济内容和按用途与结构的分类，复式记账的原理，借贷记账法的记账规律和方法，树立公平公正理念。理解复式记账的特点，掌握账户的结构、记账规则和试算平衡的方法，并能熟练地运用借贷记账法编写会计分录。

第一节　会计账户

一、账户的概念

会计科目只是规定了会计对象具体内容的类别名称，是对会计对象静态的分类，还不能进行具体的会计核算。在会计工作中，为了连续、系统、全面地记录经济业务引起的会计要素的增减变动，提供各种会计信息，必须根据规定的会计科目在账簿中开设账户。

账户是根据会计科目开设的，具有一定格式和结构，用于分类核算会计要素增减变动及其结果的一种工具。每个账户所核算的内容都是会计对象的组成部分。所以，各个账户所核算的经济内容，既有严格的界限，又有科学的联系，不能相互混淆。每个账户都有一个简明的名称，用以说明该账户的经济内容，而会计科目就是账户的名称。

账户在会计核算中具有重要作用。首先，系统、连续地记载各项经济业务。通过账户的结构，会计人员可以将企业发生的每笔经济业务登记在各账户中，连续、系统地记载各项经济业务，反映企业资金的取得、使用、耗用、收回和分配。其次，分类储存会计资料。账户是对会计对象的分类项目，通过账户的核算，可以将经济业务分门别类地进行核算和监督，储存一定时期的会计资料，反映企业的资产、负债、所有者权益、收入、费用和利润的增减变动情况。最后，为编制会计报表提供依据。账户的资料是编制会计报表的依据，只有通过账户的记载，才能提供某一特定时点的资产、负债和所有者权益的会计资料，才能提供一定时期收入、费用、利润的会计资料和现金的流入、流出、结余的会计资料。

初学者一般容易混淆账户和会计科目，所以，有必要说明账户和会计科目在会计学中是两个既有区别又有联系的不同会计概念。

账户和会计科目的联系：第一，两者都是对会计对象的具体内容进行分类，其分类的口径、方法和结果相同；第二，账户是根据会计科目设置的，会计科目是账户的名称。也就是说，规定什么会计科目，就要设什么账户，每个账户都要以会计科目作为它的名称，用以说明这个账户反映的经济内容。

会计科目与账户的区别：第一，会计科目只是说明反映的经济内容是什么，而账户不但说明反映的经济内容是什么，而且是系统反映、监督其增减变化和结存情况的工具。第二，会计科目的作用主要是为设置账户、填制凭证所运用；而账户的作用主要是分类提供具体会计对象的会计资料，为编制会计报表和经济管理所运用。第三，会计科目可以脱离账簿而存在，账户则是根据事先确定的会计科目在账簿中开设、具有一定结构格式的账页。

由于会计科目与账户之间存在着密切的联系，因此，在实际工作中，人们往往把会计科目作为账户的同义语使用。

二、账户的基本结构

账户是对会计科目所规定的内容进行核算和监督的工具，为了正确记录各种经济业务的发生，就必须为账户确定相应的格式，这种格式称为账户的结构。

（一）账户的基本结构

由于各项经济业务发生所引起的各项会计要素的变动，从数量上看不外乎是增加和减少两种情况，因此，用来分类记录经济业务的账户在结构上相应地分为两个基本部分，用来记录会计要素的增加和减少，这就形成账户的基本结构：一个账户分为左、右两方，以一方登记增加额，另一方登记减少额。

目前，账户的基本结构有两种表达方式：一种是实际会计工作中的常用账户结构形式；另一种是会计学习和审计工作中使用的账户结构形式（“丁”字或“T”形账户）。

1.常用账户结构

在实际工作中，账户格式多种多样，但反映经济业务基本内容的账户基本结构变化不大，账户的基本格式设计一般应包括以下基本内容：

（1）账户的名称，登记开设账户所使用的会计科目的名称；

（2）日期，记录经济业务到该账户的日期；

（3）凭证类型，登记经济业务所依赖的记账凭证的类型；

（4）凭证编号，登记经济业务所依赖的记账凭证的编号，说明账户记录的依据；

（5）摘要，经济业务内容的简洁文字记录；

（6）金额，登记经济业务到账户中的金额，包括增加额、减少额和余额。

下面以借贷记账法为例，说明账户的基本结构，在实务中账户的基本结构见表3-1。

表3-1 **会计实务中账户的基本结构**

年		凭证编号		摘要	借方金额	贷方金额	借或贷	余额
月	日	字	号					

2.T形账户式结构

为了在理论上清楚地说明问题，也为了方便教学，常用账户结构可以简化为左右两边，如下所示。由于这种账户与英文字母“T”非常相似，所以一般称为“T”形账，在我国，也称为“丁字账”。

借方	账户名称	贷方

（二）账户的核算要素

一个账户的核算内容包括四个要素：期初余额、本期增加发生额、本期减少发生额和期末余额。期初余额是指本期核算开始时的余额，其数额等于上期期末余额。本期增加发生额和本期减少发生额是在一定的会计期间内（月、季或年），账户在左右两方分别登记的增加金额合计数和减少金额合计数，又称为本期增加额和本期减少额。期末余额就是期初余额加本期增加发生额和本期减少发生额相抵后的差额。各个账户的本期增加发生额和本期减少发生额反映的是动态指标，可以提供一定时期内各项会计要素的增减变动情况。各个账户的期末余额反映的是静态指标，可以提供各项会计要素在一定时点的状况，即一定时期内增减变动的结果。账户期末余额的计算公式如下：

期末余额=期初余额+本期增加发生额-本期减少发生额

账户左右两方是按相反方向来记录增加额和减少额的。也就是说，如果规定在左方记录增加额，就应该在右方记录减少额；反之，如果在右方记录增加额，就应该在左方记录减少额。在具体账户的左右两方中究竟哪一方记录增加额，哪一方记录减少额，取决于各账户所记录的经济内容和所采用的记账方法。账户的余额一般与记录的增加额在同一方。

三、账户的分类

企业发生的经济业务都通过账户记录反映，每个账户都从某个特定的角度反映会计要素的变化和经济活动的情况。通过设置一系列账户，可以将企业会计对象的内容全面、完整、系统地反映出来，这一系列的账户就构成了一个完整的账户体系。

每一个账户都反映一类经济内容，表现出它们自身的个性，而账户之间的内在联系又体现了账户的共性，因此，通过账户的分类，可以了解每个账户的核算内容、用途及结构，明确账户之间的联系与区别，掌握各类账户在应用上的规律，以便正确地设置和运用账户。

账户分类有不同的标准，每一个分类标准可以从不同的角度认识账户，并依分类标准把全部账户分为各种类别。账户的分类标准主要有：经济内容、用途和结构、提供指标的详细程度。

（一）账户按经济内容分类

根据我国《企业会计准则》的规定，会计要素分为资产、负债、所有者权益、收入、费用和利润六大类。由于企业实现的净利润归投资人所有，账户按经济内容分类一般分为五大类，即资产类账户、负债类账户、所有者权益类账户、成本类账户和损益类账户。

（二）账户按用途和结构分类

账户的用途，是指通过账户记录能提供什么核算指标，即设置和运用账户的目的是什么；账户的结构是指账户怎样提供指标，即账户的借方登记什么，贷方登记什么，余额在哪一方，表示什么内容。总之，账户的用途是解决提供什么指标的问题；账户的结构是解决如何提供指标的问题。账户按用途和结构分类，就是对用途和结构基本相同的账户进行归类，它是账户按经济内容分类的必要补充。研究账户按用途和结构分类，可以进一步了解和掌握各类账户在提供核算指标方面的规律性。账户按照用途和结构可以分为三大类十四小类，三大类是指基本账户、业务账户和调整账户，十四小类包括盘存账户、结算账户、资本账户、跨期摊配账户、对外投资账户、集合分配账户、成本计算账户、集合配比账户、财务成果账户、暂记账户、计价对比账户、备抵调整账户、附加调整账户和备抵附加调整账户。这些账户的具体用途和结构将在第五章进一步阐述。

（三）账户按提供指标的详细程度分类

账户按提供指标的详细程度不同分为总分类账户和明细分类账户。

总分类账户是总括反映会计要素的账户，简称总账，它是按照一级会计科目设置的账户，主要提供各种资产、负债、所有者权益、收入、费用、利润等方面的总括情况，如“固定资产”“原材料”“应付账款”“生产成本”等账户。总分类账户在记录经济业务时，使用价值量度提供价值指标。

明细分类账户是提供详细反映和核算会计要素的账户，简称明细账，它是按照明细会计科目设置的账户，主要提供与某一个总账有关的详细具体的资料。如在“原材料”总账账户下按类别、品种、规格设明细分类账户，在“应付账款”总账账户下按供应单位的名称设明细分类账户，以提供详细具体的核算资料。明细分类账户有的采用价值量度进行核算，有的采用实物量度进行核算。明细分类账户根据管理上的需要还可增设三级账户，以进行更详细的核算和提供更具体的会计资料。

四、账户的设置原则

账户设置是否合理，对及时清晰地提供管理所需要的信息、简化核算工作和加速编制会计报表等都有重要影响。账户的设置主要涉及两个方面的问题：一是账户本身的设置，包括要设置哪些种类和数量的账户、各种账户之间的关系、账户的设置地点、采用的形式等；二是账户格式的设置，包括账户要提供什么内容的信息、什么时间的信息、采用何种登记方案、信息版式如何安排等。会计账户设置的质量直接影响整个会计信息的质量，因此，会计账户的设置必须做到种类齐全、层次分明、组织严密，各种账户之间的内在联系和钩稽关系严谨、清楚，起到相互制约或补充的作用。为了合理有效地设置账户，会计人员在设置会计账户时应遵循下列原则：

1.账户的种类和数量要与企业经济业务的数量和管理要求相适应，但要避免重复

各企业的规模大小不一，经营活动各有特色，进行会计账户设置时，应该从这些实际情况出发，设计出与实际情况相适应的账户体系。企业经济业务量大，核算的工作量就大，就要考虑合理分工，账户要按业务划分，纳入各业务组的岗位责任范围。在管理工作愈做愈细的情况下，账户还要按管理要求来设置。例如，根据管理要求提供各业务数据时，原材料还需要按类设置二级会计科目来反映等。然而在账户设置时，应避免重复设

账、记账，浪费人力物力。例如材料账，一些企业在财务科设了总账和明细账，在供应科又设一套明细账，在仓库还设三级明细账，这就是重复设账的典型例证。事实上，应在财务科只设总账，供应科设二级明细账（按类别），仓库设三级明细账（按品名规格），一层控制一层，互相核对，数据共享，既省时又省力。

2.对于账户与账户之间的关系，应结合账务处理程序做通盘考虑

账户的组织是一个完整的体系，账户与账户之间、账户与报表之间既要有严密的钩稽关系，又要有统制关系（从属关系）或制约关系（牵制关系），这些关系在账务处理程序中要得到全面体现，因此，在进行账户的具体设计时，应充分关注已选定的账务处理程序。例如，若选择的是日记总账账务处理程序，就必须设计一本日记总账，再考虑其他账户；若选择的是多栏式日记账账务处理程序，就必须设置四本多栏式日记账，分别记录现金收付和银行存款收付业务，然后考虑设计其他账户。

3.账户的设置地点要考虑与信息使用者的关系，以便充分发挥会计信息的作用

账户不一定都设在会计部门，有些账户提供的信息如与某些使用部门关系特别密切，这类账户可考虑设置在有关的使用部门。例如，材料的总分类核算由会计部门进行，材料的明细分类账则可在会计部门的控制下设置在供销部门并由该部门进行登记。

4.会计账户的设计应力求简便易行

会计账户设置应在保证账户记录系统完整的前提下力求精简，以节约人力物力，提高会计工作的效率。账户设置要考虑到简化会计工作的需要，账页的格式应当简单明了，账本册数不宜过多；账页规格不宜过于庞大，栏次也不宜过多。应当尽量避免或减少在账户记录方面的一些不必要的、烦琐的甚至是无效的劳动，尽量减少重复登录，降低出现错弊的可能性，适当简化登录手续，力求轧账简便、对账容易、查账迅速。会计账户设置的最终目的是在会计实务中运用，因而在设置过程中必须把易于操作作为一项重要的原则，既要便于会计人员登记账户，也要便于查对账户，同时还要便于有关部门和人员进行审核、查阅和保管。有些账户信息，如可通过凭证或其他途径取得，就可考虑简化。

5.账页格式的设计要根据信息的数量和时限来决定

账页提供的最基本信息是记账日期、凭证号、摘要和借、贷、余情况，但由于经济业务的多样性，有些账页需要提供的信息内容较多（如材料明细账要提供材料的数量、单价和金额；产品成本明细账要设成本项目来反映成本数据，并要反映在产品成本及产成品的单位成本和总成本中等），因此，需要设置一些专门格式来提供不同的信息。同时，有些信息的时间性也特别强，设置时要考虑及时性问题，如银行对账单可以用复写方式解决及时对账问题；应收、应付票据账可另设到期日期栏以解决及时结算问题等。相反，有些信息只是作为定期分析参考用的，即可按照一般方法设置。

6.账户的设计要便于正确而及时地编制报表，最好能正确而及时地直接提供报表数据

账户是编制会计报表的依据，会计报表所反映的数据一要真实，二要及时。为了保证会计报表的真实性和及时性，设置账户时应尽可能根据会计报表的需要进行。这样做在编制报表时，能从账户上直接找到有关的数据资料，根据账户记录进行汇总、分解等计算工作，加快报表的编制和报送速度；否则，不仅影响编报时间，而且会因汇总、分解等计算差错影响报表的质量。

第二节 复式记账

一、记账方法的概念和种类

记账方法是指将客观发生的经济业务事项登记入账所采用的方法。具体而言，是指以会计凭证为依据，按照一定的原理，运用一定的记账符号和记账规则，用数字和文字把经济业务记入账户中的方法。其主要内容包括记录的方式（单式或复式）、记账符号、记账规则和试算平衡方法。

记账方法按照登记经济业务方式的不同分为单式记账法和复式记账法。单式记账法是指对发生的每一笔经济业务，只在一个账户中进行登记的记账方法。例如，用库存现金支付管理费用，记账时只在"库存现金"账户中记录库存现金的减少，而管理费用的发生情况则忽略不计。单式记账法是比较简单但不完整的记账方法，不能全面、系统地反映经济业务的来龙去脉，不便于检查账户的正确性和完整性，因而它难以适应经济业务比较复杂的企业单位的要求，满足不了加强企业经济核算、提高管理水平的要求，现已逐渐被复式记账法取代。

复式记账法是指对发生的每一笔经济业务所引起的资金增减变动在两个或两个以上相互联系的账户中进行登记的方法。相对于单式记账法，复式记账法最主要的特点是会计记录的双重性，即对发生的每一笔经济业务，都在两个或两个以上的账户中登记，这是由经济业务本身的双重性决定的。每一笔经济业务的发生，一定会引起资金的两个或两个以上项目的增减变动，为了全面地反映资金变动的来龙去脉，必须对其进行双重记录，从而反映其从哪里来和到哪里去。

例如，某部门以银行存款10 000元购进一批材料。该部门对这笔业务不仅要记录"银行存款"减少10 000元（从哪来），而且同时要记录"原材料"增加10 000元（到哪去）。由于对发生的每一笔经济业务都以相等的金额同时在两个或两个以上相互联系的账户中登记，使得各账户之间形成了严密的对应关系，有利于进行试算平衡和检查账户记录的正确性，因此，复式记账法是一种科学合理的记账方法。

二、复式记账法

（一）复式记账法的理论依据

复式记账法是一种比较科学的记账方法，这是因为它以会计等式（资产=负债+所有者权益）为理论依据，能够充分地揭示企业经济活动中资金运动的内在规律。前已述及，企业发生的所有经济业务无非是涉及资金的增加或减少两个方面。某项资金的增加或减少，势必会同时引起另一项资金的增加或减少，并且任何经济业务的发生都不会破坏会计等式。这就要求会计在记录发生的每项经济业务时，必须将该项经济业务所涉及的资金增减变化原因与结果都记录下来，以便全面、完整地反映经济业务所引起的资金运动的来龙去脉。复式记账法及其理论正是体现了资金运动这一内在规律性的客观要求，对于每项经济业务所涉及的资金增减变化，均在两个或两个以上的账户中以相等的金额予以记录，进而通过对全部经济业务的记录，连续、系统地反映企业的全部经济活动和资金运动及其结果，提供企业经营管理所需的全部核算资料。

（二）复式记账法的基本原理

1.以会计等式作为记账基础

会计等式是将会计对象的具体内容即会计要素之间的相互关系，运用数学方程式的原理进行描述而形成的。它是客观存在的必然经济现象，同时也是资金运动规律的具体化。为了揭示资金运动的内在规律，复式记账必须以会计等式作为记账的基础。

2.对每项经济业务，必须在两个或两个以上相互对应的账户中进行等额记录

经济业务的发生必然要引起资金的增减变动，而这种变动势必导致会计等式中至少有两个要素或同一要素中至少有两个项目发生等量变动。为反映这种等量变动关系，会计上就必须在两个或两个以上的账户中进行等额双重记录。

3.必须按经济业务对会计等式的影响类型进行记录

尽管企业单位发生的经济业务复杂多变，但对会计等式的影响无外乎两种类型：一类是影响会计等式两边会计要素同时发生变化的经济业务，这类业务能够改变企业资金总额，会使会计等式两边等额同增或等额同减；另一类是影响会计等式某一边会计要素发生变化的经济业务，这类业务不改变企业资金总额，但会使会计等式的一边等额地有增有减。这就决定了会计上对第一类经济业务，应在会计等式等号两边的账户等额记同增或同减；对第二类业务，应在会计等式某一边的账户中等额登记有增有减。

4.定期汇总的全部账户记录必须平衡

通过复式记账的每笔经济业务的双重等额记录，定期汇总的全部账户的数据必然会保持会计等式的平衡关系。

（三）复式记账法的分类

复式记账法主要有增减记账法、收付记账法和借贷记账法三种。

1.增减记账法

增减记账法是以“增”或“减”作为记账符号的复式记账方法。其特点主要是以“同增同减，有增有减”为记账规则。这种记账方法于1964年我国商业系统改革记账方法时提出，并被商业企业广泛采用。但是，增减记账法也存在着记账规则与理论基础不一致及记账规则不易掌握等缺点。因此，我国1992年颁布的《企业会计准则》规定商业企业从1993年7月1日起采用借贷记账法进行会计核算。至此，增减记账法在我国已经停用。但它确实具有通俗易懂的优点，而且是我国会计学界在总结会计实践基础上的一种创新，曾在特定的时期内从理论上丰富了会计记账方法。

2.收付记账法

收付记账法是以“收”和“付”作为记账符号的一种复式记账方法。其特点主要是用“收”和“付”来表示资金、费用和收益的增减变动。按照反映经济业务的内容不同，收付记账法又可具体划分为现金收付记账法、财产收付记账法和资金收付记账法。收付记账法是我国传统的记账方法。我国行政事业和机关单位曾在一个较长的时期内采用收付记账法进行会计核算。到20世纪90年代中期，我国着手进行预算会计制度改革，财政部于1997年颁布的《事业单位会计准则（试行）》等预算会计法规，要求我国行政事业和机关单位自1998年1月1日起一律采用借贷记账法。至此，收付记账法在我国已经停用，但这种记账方法在我国会计核算中曾发挥过重要的作用。

3.借贷记账法

借贷记账法是以"借"和"贷"作为记账符号，用以指明记账的增减方向、账户之间的对应关系和账户余额的性质等。借贷记账法是我国会计准则规定使用的复式记账法，本章第三节将做专门介绍。

(四) 复式记账法的特点

1.账户体系设置要求完整

复式记账法要求设置一套完整的账户，并形成账户体系，以便将每一项经济业务都登记在相关联的账户中。如果所有的经济业务都能找到应该记入的相应账户，不存在找不到账户记录的经济业务，这时设置的账户就是完整的账户。如果某项经济业务记入这个账户不合适，记入那个账户也不妥当，找不到记入的理想账户，则这时设置的账户就不完整。

2.对应关系账户金额相等

复式记账法要求每一项经济业务都记录在两个或两个以上相关账户中，使账户之间形成相互对应的平衡关系。这种关系可以使会计等式达到试算平衡，可用于检查账户记录的正确性，便于核对、检查账目。

3.资金运动来龙去脉清晰

复式记账法通过账户之间的对应关系，不仅可以完整、清晰地反映出经济业务的来龙去脉，还能全面、系统地反映经济活动的过程和结果，尤其是一定会计期间内汇总所有的经济业务引起的账户对应关系。这样才能说明资金运动的来龙去脉，反映企业重大的理财活动。

第三节 借贷记账法

借贷记账法是世界上通行的应用广泛的一种复式记账方法，它以"借"和"贷"作为记账符号，以"有借必有贷，借贷必相等"为记账原则，对每项经济业务都在两个或两个以上有关账户中相互联系地进行记录。

借贷记账法起源于13—14世纪的意大利。1494年，意大利数学家卢卡·帕乔利的《算术、几何、比及比例概要》一书问世，标志着借贷记账法正式成为大家公认的复式记账法，同时，也标志着近代会计的开始。它适应资本主义经济发展的需要，后经德国、荷兰、英国、法国、美国等国家的发展，到15世纪逐步成为一种比较完善、科学的记账方法。19世纪60—70年代，借贷记账法传入日本，后传入中国。现在借贷记账法的科学性得到了历史的检验，因此，借贷记账法在世界各国得到了广泛应用。

为了同国际惯例一致，适应我国对外开放的需要，我国《企业会计准则——基本准则》中明确规定"企业应当采用借贷记账法记账"，我国所有企业在进行会计核算时都必须统一采用借贷记账法。

一、借贷记账法的理论依据

借贷记账法的理论依据是"资产＝负债＋所有者权益"的平衡关系原理，即资金平衡关系原理。这主要是因为：资金平衡规律所体现的这一会计等式，作为借贷记账法的一个要素，起着制约记账方向、账户结构、记账规则和试算平衡方法等要素的作用。也就是说，借贷记账法的基本要素都是以这一会计等式为出发点和落脚点的。首先，作为会计对象的资金运动由各个具体过程组成，每一项经济业务所引起的资产和负债及所有者权益的增减变动都是资金运动的具体过程。资金运动的每一具体过程都有它的来踪去迹，有来有去地反映有关事物的内在联系，来和去是一个具体过程的两个方面，只有把这两个方面同时记录下来，才能全面反映这一具体过程。资金运动客观存在的这种必然现象要通过借贷记账法全面地反映出来，就需要对每项经济业务在两个或两个以上相互联系的账户中进行等额的登记。因此，在这一会计等式的基础上建立起来的借贷记账法，就体现了资金运动的实际联系和资金平衡的客观规律。其次，经济业务的发生对会计等式的影响不外乎两种情况：一是经济业务的发生同时涉及会计等式两边的项目而影响资金总额的增减变动，这样，不同项目的增减变动必然相同，账户记录是同增或同减；二是经济业务的发生只涉及会计等式一边的项目而不影响资金总额的变动，这样，相同项目的增减变动必然不同，账户记录是有增有减。因此，会计等式中有一个项目发生增减变动，则其他一个或几个项目必然随之发生等量的增减变动，而不会破坏会计等式的平衡关系。这种平衡关系原理就成为借贷记账法的理论依据。

会计等式主要揭示了三个方面的内容：一是会计主体各要素之间的数量平衡关系；二是各会计要素增减变化的相互联系；三是等式中各要素之间的对立统一关系。这三个关系相应地对借贷记账法提出了三个方面的要求：数量平衡关系要求每一次记账的借方、贷方的金额平衡，一定时期账户的借方、贷方的金额平衡，所有账户的借方余额、贷方余额的合计数平衡；增减变化的相互关系要求在一个账户中记录的同时必然要在另一个或一个以上相关账户中进行记录；对立统一关系要求按相反方向记账。

二、借贷记账法的记账符号

任何一种记账方法都必须规定其记账符号。记账符号，是指表示记账方向的记号。

借贷记账法的记账符号是“借”和“贷”。最初的借贷记账法中“借”“贷”两字是以其本来含义记账的，反映的是“债权”和“债务”的关系。随着商品经济的发展，借贷记账法也在不断发展和完善，“借”“贷”两字逐渐失去其本来含义，变成了纯粹的记账符号，变成会计学上的一个专门术语，用来标明记账的方向。现在的“借”“贷”作为一种抽象的记账符号，具有双重含义。在表示资金运动数量变化时，“借”表示资产、费用的增加，负债、所有者权益和收入的减少；“贷”表示负债、所有者权益和收入的增加，资产、费用的减少。在表示资金性质时，“借”表示资产性质，“贷”表示负债、所有者权益性质。在表示账户方向时，“借”表示账户的左方，“贷”表示账户的右方。

三、账户设置和账户结构

账户分为资产类账户、负债类账户、所有者权益类账户、成本类账户和损益类账户。在借贷记账法下，固定地把账户的左方称为借方，右方称为贷方。会计的对象即资金运动的情况有两种：增加和减少。运动的结果表现为余额，那么账户的哪一方登记增加数、哪一方登记减少数、余额在哪方，这与业务所对应的账户类别有直接关系，要看账户反映的经济内容和账户的性质。不同性质的账户，其结构是不同的。现在分别介绍资产类、负债及所有者权益类、成本类和损益类账户的结构。

1.资产类账户

资产通常放在会计等式的左方，资产类账户的结构为：资产的增加记借方，资产的减少记贷方，在一定时期内资产的借方增加额合计称为借方发生额，贷方减少额合计称为贷方发生额，二者的差加上期初余额为期末余额。会计上习惯地认为，本期的期末余额即为下期的期初余额，资产类账户的余额通常在借方。用“T”形账户表示，如下所示：

资产类账户

借方	贷方
期初余额 发生额： 本期增加额 ⋮	发生额： 本期减少额 ⋮
本期借方发生额合计	本期贷方发生额合计
期末余额：期末实有数	

2.负债及所有者权益类账户

根据会计等式，负债和所有者权益同在等式的右方，记账结构相同，与资产类账户正好相反，其贷方记录负债及所有者权益的增加额，借方记录负债及所有者权益的减少额。贷方发生额要大于（或等于）借方发生额，期末余额一般应在贷方。如“短期借款”账户，企业从银行取得借款时应记入贷方，偿还取得的借款时应记入借方，期末余额在贷方，表示实际的借款数。用“T”形账户来表示，如下所示：

负债及所有者权益类账户

借方	贷方
发生额： 本期减少额 ⋮	期初余额 发生额： 本期增加额 ⋮
本期借方发生额合计	本期贷方发生额合计
	期末余额：期末实有数

3.成本类账户

成本类账户的记账结构与资产类账户的记账结构基本相同，账户的借方记录成本的增加额，账户的贷方记录成本转入收益类账户（减少）的数额，由于借方记录的成本的增加额一般都要通过贷方转出，所以成本类账户通常期末没有余额，如果因某种情况有余额，也表现为借方余额。用“T”形账户来表示，如下所示：

成本类账户

借方	贷方
发生额： 本期增加额 ⋮	发生额： 本期减少额或转出额 ⋮
本期借方发生额合计	本期贷方发生额合计

4.损益类账户

损益类账户又可划分为两大类：损益收入类、损益费用类。企业在生产经营过程中，为实现利润，不断地取得收入，同时也发生相关的费用，收入与费用之差即为利润。利润是所有者权益的一个组成内容。根据拓展的会计等式：资产＋费用＝负债＋所有者权益＋收入，可以看出，费用与资产同在等式的左方，因而费用的记账结构与资产相同，借方记费用的增加，贷方记费用的减少，由于本期的费用都要通过贷方转出，以计算利润，因此费用类账户一般没有期末余额，如下所示：

借方　　　　**费用类账户**　　　　贷方

借方	贷方
发生额： 本期增加额 ⋮	发生额： 本期减少额或转出额 ⋮
本期借方发生额合计	本期贷方发生额合计

同样，收入与负债、所有者权益同在会计等式的右方，因而收入的记账结构与负债、所有者权益相同，收入的增加记在贷方，收入的减少记在借方，由于本期增加的收入都要通过借方转出，以计算利润，因此，该类账户一般没有期末余额，如下所示：

借方　　　　**收入类账户**　　　　贷方

借方	贷方
发生额： 本期减少额或转出额 ⋮	发生额： 本期增加额 ⋮
本期借方发生额合计	本期贷方发生额合计

由此可以看出，借贷记账法下的账户结构实际上是前面阐述的会计等式的具体应用。为了便于大家掌握借贷记账法的记账规律，下面将借贷记账法的账户结构进行归纳总结，见表3-2。

表3-2　　**借贷记账法的账户结构规律**

借方	贷方
资产的增加 资产的期初、期末余额 负债的减少 所有者权益的减少 费用的增加 收入的减少	负债的增加 负债的期初、期末余额 所有者权益的增加 所有者权益的期初、期末余额 资产的减少 费用的减少 收入的增加

四、借贷记账法的记账规则

借贷记账法的记账规则是“有借必有贷，借贷必相等”。记账规则中包含了两方面含义：第一，对发生的每一笔经济业务都必须以相等金额，在两个或两个以上相关账户中相互联系地进行登记；第二，对发生的每笔经济业务都应做有借有贷的相应记录。

对于第二章第二节的四种业务类型，如果将它们与具体的账户结构相联系，我们就会发现：资产业务使两个资产项目一增一减，只是影响等式的左边，联系到借贷记账法的账户结构，就是一个资产账户的增加记录在借方，另一个资产账户的减少记录在贷方。权益业务使等式右边一增一减，联系到具体的账户结构，增加将记入一个负债或所有者权益类账户的贷方，减少则记入另外一个负债或所有者权益类账户的借方。同增业务使等式两边同时增加一个等量，等式左边是资产类账户，其增加记录在借方；等式右边是负债和所有者权益类账户，其增加记录在贷方。这样，这一类型的经济业务将影响到至少一个资产类账户的借方和一个负债类（或所有者权益类）账户的贷方。同减业务使等式两边同时减少一个等量，等式左边是资产类账户，减少记在贷方；等式右边是负债和所有者权益类账户，减少记入借方。其结果是至少影响到一个账户的借方（负债或所有者权益类账户）和一个账户的贷方（资产类账户）。根据图2-1中四类经济业务对会计等式的影响和表3-2中的借贷记账法账户结构规律，可以推导出借贷记账法的记账规则，如图3-1所示。

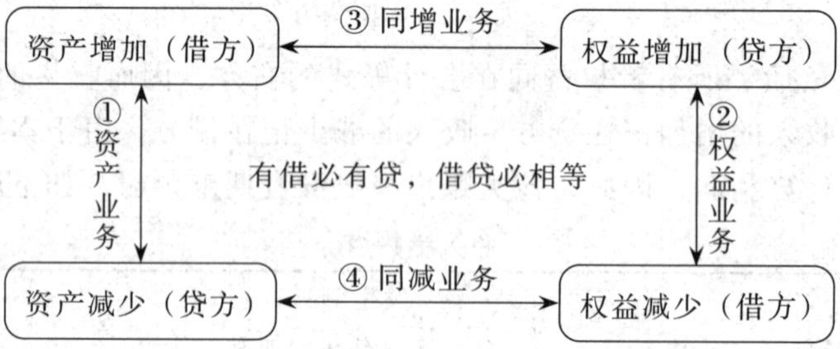

图3-1　借贷记账法下经济业务记账规则

通过图3-1可以看出，借贷记账法的记账规则为“有借必有贷，借贷必相等”。

在实际工作中运用借贷记账法记账时，需要考虑以下三个问题：第一，一笔经济业务发生，在哪两个或两个以上账户中登记；第二，所涉及的账户是属于哪一类会计要素的账户；第三，根据不同会计要素的账户结构，确定经济业务的增加金额和减少金额的记账方向，即记在借方还是记在贷方。

在借贷记账法下，如何记录经济业务呢？下面根据几笔简单的业务实例，说明借贷记账法的具体运用，进而来说明借贷记账法的记账规则。

乙公司202×年5月份发生以下经济业务：

（1）4日，向银行借入短期借款70 000元，存入银行。

这项经济业务的发生，涉及一个资产类账户“银行存款”和一个负债类账户“短期借款”同时发生增加变化。向银行借款70 000元，使银行存款增加，应记入“银行存款”账户借方70 000元；同时，短期借款增加，应记入“短期借款”账户的贷方70 000元。

（2）9日，以银行存款20 000元购入材料。

这项经济业务的发生，涉及“银行存款”和“原材料”两个资产类账户对应发生一个增加一个减少的变化。用银行存款购买材料，一方面银行存款减少20 000元，应记入“银行存款”账户的贷方；另一方面购入材料，材料增加20 000元，应在“原材料”账户的借方登记20 000元。

（3）12日，向银行借入短期借款50 000元，直接归还前欠货款。

这项经济业务的发生，涉及“短期借款”和“应付账款”两个负债类账户对应发生一个增加一个减少的变化。向银行借入款项50 000元，使短期借款增加，应记入“短期借款”账户的贷方50 000元；用银行借款归还前欠货款，使应付账款减少，应记入“应付账款”账户的借方50 000元。

（4）15日，投资者投入资金100 000元存入银行。

这项经济业务的发生，涉及资产类和所有者权益类账户同时发生增加变化。投资者投入资金100 000元，使企业的投入资本增加，应记入“实收资本”账户的贷方100 000元；投入款项存入银行，使银行存款增加100 000元，应记入“银行存款”账户的借方100 000元。

（5）17日，以银行存款50 000元归还短期借款。

这项经济业务的发生，涉及资产类和负债类账户同时发生减少变化。以银行存款归还短期借款50 000元，使银行存款减少，应记入“银行存款”账户的贷方50 000元；归还了短期借款，使短期借款减少，应记入“短期借款”账户的借方50 000元。

（6）18日，向甲公司赊销产品100 000元，应交税费（应交增值税）13 000元。其成本为60 000元。

这项经济业务的发生，涉及一个资产类账户“应收账款”、一个负债类账户“应交税费”、一个损益类账户“主营业务收入”同时增加的变动。一方面“应收账款”增加，应记入“应收账款”的借方113 000元；另一方面“主营业务收入”增加了100 000元，应记入“主营业务收入”的贷方100 000元，同时“应交税费”也增加了，应记入“应交税费”的贷方13 000元。

（7）18日，生产产品领用原材料一批，价值15 000元。

这项经济业务的发生，一方面是成本类账户“生产成本”增加，应记入“生产成本”账户的借方15 000元；另一方面是资产类账户“原材料”减少，应记入“原材料”账户的贷方15 000元。

以上七项经济业务，每一项经济业务都要以相等金额，在两个或者两个以上相关账户中，做应借应贷的会计记录，而且记入借方的金额和记入贷方的金额必然相等，体现了借贷记账法“有借必有贷，借贷必相等”的记账规则。

五、会计分录

在明确了借贷记账法的记账规则后，就可以根据记账规则，对经济业务编制会计分录。

会计分录（简称分录）是指按照借贷记账法记账规则的要求，对经济业务列示应借、应贷的账户名称和金额的一种记录。会计分录是登记账户的依据，会计分录的正确与否直接关系到账户记录的正确性，乃至整个会计信息的质量。

为了能正确编制会计分录，首先必须了解对应账户的概念。应用借贷记账法，在经济业务发生后，必须在两个或两个以上相互联系的账户中进行登记，并且某个（或某些）账户记入借方（或贷方）的同时，其他账户则记入贷方（或借方）。这种经济业务发生所形成的借方账户和贷方账户之间的相互依存关系，称为账户的对应关系。具有对应关系的账户，称为对应账户。通过账户的对应关系，我们可以了解到经济业务发生所引起的资金运动的来龙去脉。

在编制会计分录时，应当注意以下两点：第一，任何会计分录都应该是借方在上，贷方在下；第二，为了便于识别，每一个会计分录都是借方在前，贷方在后。或者说，贷方记账符号、账户、金额，都要比借方退后一至两格。

编制会计分录应当按照以下步骤进行：第一，判断所有处理的经济业务究竟引起哪些账户发生了变化；第二，判断这些账户的性质，即它们各属于什么会计要素，位于等式的左边还是右边；第三，确定这些账户受影响的方向，即是增加还是减少；第四，根据这些账户的性质和增减方向，确定账户是借记还是贷记；第五，根据会计分录的格式要求，编制完整的会计分录。

现仍以上述七笔经济业务为例，说明会计分录的编制方法。

（1）借：银行存款	70 000	
贷：短期借款		70 000
（2）借：原材料	20 000	
贷：银行存款		20 000
（3）借：应付账款	50 000	
贷：短期借款		50 000
（4）借：银行存款	100 000	
贷：实收资本		100 000
（5）借：短期借款	50 000	
贷：银行存款		50 000
（6）借：应收账款	113 000	
贷：主营业务收入		100 000
应交税费——应交增值税（销项税额）		13 000
（7）借：生产成本	15 000	
贷：原材料		15 000

会计分录按其所涉及账户的多少分为简单会计分录和复合会计分录。简单会计分录，是指由两个账户所组成的会计分录。以上前五笔和第七笔会计分录都只有一借一贷，故均属于简单会计分录。有些会计分录则是以一借多贷或一贷多借形式相对应组成，这种复杂型会计分录就是复合会计分录。编制复合会计分录，既可以简化记账手续，又能集中反映某项经济业务的全面情况。第六笔会计分录就是复合会计分录。一笔复合会计分录可以分解为若干笔简单会计分录，或视同若干笔简单会计分录。因此，可以认为“一借一贷”是会计分录的基本形式。反映相关内容的几笔简单会计分录，也可以合并成一笔复合会计分录。不过，在实际会计处理中，为了清晰地反映账户的对应关系，一般不要编制多借多贷的会计分录，必要时可将其分解为若干个简单会计分录。

六、借贷记账法的试算平衡

借贷记账法的试算平衡，就是在期末对所有账户的发生额和余额进行加总，以确定借贷是否相等，检查记账、过账过程中是否存在差错。

在会计期末，将记账凭证过到分类账之后，为了检查过账是否正确，往往要编制试算平衡表。试算平衡表是列示分类账中各有关账户的名称及余额是否平衡的表格。它的用途主要有两个：第一，通过检查借、贷方总计是否相等来检验过账是否正确；第二，为正式编制财务报表提供一个账户余额，以方便检索。试算平衡表是一份内部报表，会计信息使用者看到的是公开发布的财务报表，而不是试算平衡表。

如上所述，借贷记账法的记账规则是“有借必有贷，借贷必相等”。其中，借贷必相等指每一笔交易或事项发生引起的账户借方变动金额和贷方变动金额相等。如果将本期发生的全部交易或事项的金额加总，所有账户本期借方发生额合计与所有账户本期贷方发生额合计也必定相等，这就形成借贷记账法的第一个试算平衡公式：

所有账户本期借方发生额合计=所有账户本期贷方发生额合计

"资产=负债+所有者权益"是最基本的会计等式，它可以用来反映任何一个时点某一会计主体的全部资产及其来源情况。同时，收入类和费用类账户一般没有余额，利润类账户的余额本身是所有者权益的组成内容之一，应当归入所有者权益要素之内。这样，"资产＝所有者权益＋负债"等式可以用来概括某一时点会计主体的全部账户余额。而按照余额的正常方向，资产类账户余额在借方，负债和所有者权益类账户余额在贷方，这就形成借贷记账法的第二个试算平衡公式：

所有账户借方余额合计=所有账户贷方余额合计

一般在月末结出各个账户的本月发生额和月末余额后，通过编制总分类账户发生额试算平衡表和总分类账户余额试算平衡表来进行试算平衡工作。

现将乙公司的七笔经济业务记入相关总分类账户，并结出各账户本期发生额和期末余额，结合表3-3的资产负债表提供的数据，分别编制总分类账户发生额试算平衡表（见表3-4）和总分类账户余额试算平衡表（见表3-5）。

乙企业202×年4月30日资产负债表见表3-3。

表3-3　**资产负债表**[①]

202×年4月30日　　单位：元

资产	金额	负债及所有者权益	金额
库存现金	1 000	短期借款	70 000
银行存款	84 000	应付账款	50 000
应收账款	15 000	应付票据	40 000
原材料	200 000	长期借款	15 000
生产成本	5 000	实收资本	600 000
库存商品	70 000		
固定资产	400 000		
合计	775 000	合计	775 000

借方	**银行存款**	贷方
期初余额　84 000		
（1）　70 000		（2）20 000
（4）　100 000		（5）50 000
本期借方发生额合计　170 000		本期贷方发生额合计　70 000
期末余额　184 000		

① 为了易于学生理解，本书中的财务报表暂时未按照《关于修订印发2019年度一般企业财务报表格式的通知》进行调整，不影响所讲授内容。

应付账款

借方	贷方
	期初余额 50 000
（3）50 000	
本期借方发生额合计 50 000	本期贷方发生额合计 0
	期末余额 0

短期借款

借方	贷方
	期初余额 70 000
（5）50 000	（1） 70 000
	（3） 50 000
本期借方发生额合计 50 000	本期贷方发生额合计 120 000
	期末余额 140 000

原材料

借方	贷方
期初余额 200 000	
（2） 20 000	（7）15 000
本期借方发生额合计 20 000	本期贷方发生额合计 15 000
期末余额 205 000	

实收资本

借方	贷方
	期初余额 600 000
	（4） 100 000
本期借方发生额合计 0	本期贷方发生额合计 100 000
	期末余额 700 000

应收账款

借方	贷方
期初余额 15 000	
（6） 113 000	
本期借方发生额合计 113 000	本期贷方发生额合计 0
期末余额 128 000	

主营业务收入

借方	贷方
	发生额 （6）100 000
本期借方发生额合计 0	本期贷方发生额合计 100 000

应交税费

借方	贷方
	发生额 （6）13 000
本期借方发生额合计 0	本期贷方发生额合计 13 000

借方	生产成本	贷方
期初余额 5 000		
（7） 15 000		
本期借方发生额合计 15 000	本期贷方发生额合计 0	
期末余额 20 000		

借方	库存商品	贷方
期初余额 70 000		
本期借方发生额合计 0	本期贷方发生额合计 0	
期末余额 70 000		

借方	库存现金	贷方
期初余额 1 000		
本期借方发生额合计 0	本期贷方发生额合计 0	
期末余额 1 000		

借方	固定资产	贷方
期初余额 400 000		
本期借方发生额合计 0	本期贷方发生额合计 0	
期末余额 400 000		

借方	应付票据	贷方
	期初余额 40 000	
本期借方发生额合计 0	本期贷方发生额合计 0	
	期末余额 40 000	

借方	长期借款	贷方
	期初余额 15 000	
本期借方发生额合计 0	本期贷方发生额合计 0	
	期末余额 15 000	

表 3-4 **总分类账户发生额试算平衡表**

202×年 5 月 31 日 单位：元

账户名称	本期发生额	
	借方	贷方
库存现金	0	0
银行存款	170 000	70 000
应收账款	113 000	0
原材料	20 000	15 000
生产成本	15 000	0
库存商品	0	0
固定资产	0	0
短期借款	50 000	120 000
应付账款	50 000	0
长期借款	0	0
应付票据	0	0
应交税费	0	13 000
主营业务收入	0	100 000
实收资本	0	100 000
合　计	418 000	418000

表3-5 **总分类账户余额试算平衡表**

202×年5月31日 单位：元

账户名称	期末余额	
	借方	贷方
库存现金	1 000	0
银行存款	184 000	0
应收账款	128 000	0
原材料	205 000	0
生产成本	20 000	0
库存商品	70 000	0
固定资产	400 000	0
短期借款	0	140 000
应付账款	0	0
长期借款	0	15 000
应付票据	0	40 000
应交税费	0	13 000
主营业务收入	0	100 000
主营业务成本	0	0
实收资本	0	700 000
合 计	1 008 000	1 008 000

在实际工作中，为了方便起见，还可将总分类账户发生额试算平衡表和总分类账户余额试算平衡表合并在一起，并结合各账户的期初余额数，编制总分类账户发生额及余额试算平衡表（见表3-6）。这样，在一张表上既可进行总分类账户借贷发生额平衡的试算，又能进行总分类账户借贷余额平衡的试算。

表3-6 **总分类账户发生额及余额试算平衡表**

202×年5月31日 单位：元

账户名称	期初余额		本期发生额		期末余额	
	借方	贷方	借方	贷方	借方	贷方
库存现金	1 000	0	0	0	1 000	0
银行存款	84 000	0	170 000	70 000	184 000	0
应收账款	15 000	0	113 000	0	128 000	0
原材料	200 000	0	20 000	15 000	205 000	0
生产成本	5 000	0	15 000	0	20 000	0
库存商品	70 000	0	0	0	70 000	0
固定资产	400 000	0	0	0	400 000	0
短期借款	0	70 000	50 000	120 000	0	140 000
应付账款	0	50 000	50 000	0	0	0
长期借款	0	15 000	0	0	0	15 000
应付票据	0	40 000	0	0	0	40 000
应交税费	0	0	0	13 000	0	13 000
主营业务收入	0	0	0	100 000	0	100 000
主营业务成本	0	0	0	0	0	0
实收资本	0	600 000	0	100 000	0	700 000
合 计	775 000	775 000	418 000	418 000	1 008 000	1 008 000

【本章练习】

（一）单项选择题

1.在复式记账法下，对每项经济业务都必须以相等金额，在（　　）。

A.不同的账户中进行登记　　B.两个账户中进行登记

C.一个或一个以上账户中进行登记　　D.两个或两个以上账户中进行登记

2.在借贷记账法下，将账户划分为借、贷两方，哪一方记增加额，哪一方记减少额，是根据（　　）。

A.凡借方都记增加额，贷方都记减少额

B.账户的性质决定的

C.记账方法决定的

D.核算方法决定的

3.在账户中，用借方和贷方登记资产、负债和所有者权益的增加和减少数额，一般来说（　　）。

A.借方登记资产、负债及所有者权益的增加，贷方则登记其减少

B.借方登记资产的增加、负债及所有者权益的减少，贷方反之

C.借方登记资产、负债及所有者权益的减少，贷方则登记其增加

D.借方登记资产的减少、负债及所有者权益的增加，贷方反之

4.采用借贷记账法时，费用类账户的结构特点是（　　）。

A.借记增加，贷记减少，余额在借方　　B.与A相反

C.借记增加，贷记减少，一般无余额　　D.借记减少，贷记增加，一般无余额

5.下列会计分录中，属于简单会计分录的是（　　）的会计分录。

A.一借一贷　　B.一借多贷　　C.多借一贷　　D.多借多贷

6.复合会计分录是指（　）。

A.涉及两个或两个以上账户的会计分录

B.涉及三个或三个以上账户的会计分录

C.涉及四个或四个以上账户的会计分录

D.涉及四个账户的会计分录

7.资产类账户期末余额的计算公式是（　　）。

A.期初借方余额+本期借方发生额-本期贷方发生额

B.期初借方余额+本期贷方发生额-本期借方发生额

C.期初借方余额+本期借方发生额

D.期初贷方余额+本期借方发生额

8.账户发生额试算平衡是根据（　　）确定的。

A.借贷记账法的记账规则

B.经济业务的内容

C.“资产=负债+所有者权益”的恒等关系

D.经济业务类型

（二）多项选择题

1.账户的内容一般包括（　　）。

A.账户的名称　　B.凭证号数

C.日期和摘要　　D.增加和减少的金额及余额

E.金额

2.在借贷记账法下，账户贷方记录的内容是（　　）。

A.资产的增加及收入的增加　　B.资产及费用的减少

C.负债及所有者权益的增加　　D.负债及所有者权益的减少

E.收入的增加

3.对于负债类账户，下列说法中正确的是（　　）。

A.借方登记增加数　　B.借方登记减少数

C.期末余额在贷方　　D.贷方登记增加额

E.贷方登记减少额

4.复式记账法的优点包括（　　）。

A.进行试算平衡　　B.了解经济业务的来龙去脉

C.简化账簿登记工作　　D.检查账户记录的正确性

5.应用借贷记账法登记经济业务时，必须考虑（　　）。

A.经济业务涉及哪些账户

B.所用账户属于哪一类别

C.经济业务引起的会计要素是增加还是减少

D.在账户上登记借方还是贷方

E.账户的金额在借方还是贷方

（三）判断题

1.“借”“贷”二字的含义是：借为借入，表示债务增加；贷为贷出，表示债权增加。（　　）

2.在任何会计期间，各个账户的借方发生额合计必然等于各个账户的贷方发生额合计。（　　）

3.凡是余额在借方的账户，称为资产账户；凡是余额在贷方的账户，称为负债账户。（　　）

4.在某个账户中，如果贷方用来登记某项要素的增加额，其借方则一定用来登记该项要素的减少额。（　　）

5.一般来说，账户期末余额的方向（借方或贷方）与本期增加额登记的方向是一致的。（　　）

6.复合会计分录不能分解为几个简单会计分录。（　　）

（四）简答题

1.什么是账户？账户和会计科目的关系如何？

2.什么是复式记账法？有何特点？

3.什么是会计分录？什么是账户的对应关系和对应账户？

4.借贷记账法的理解要点是什么？

（五）业务题

1.某公司总分类账账户202×年4月1日期初余额见表3-7。

表3-7 资产负债表

202×年4月1日 单位：元

资产	金额	负债及所有者权益	金额
库存现金	700	短期借款	200 000
银行存款	600 000	应付账款	54 600
原材料	3 400	应交税费	3 500
库存商品	15 000	实收资本	650 000
固定资产	289 000		
合　计	908 100	合　计	908 100

该企业202×年4月份发生下列经济业务：

（1）从银行提取现金600元；

（2）购买原材料3 000元，增值税为390元，货款未付，材料已验收入库；

（3）用银行存款100 000元偿还短期借款；

（4）接受外商捐赠设备一台，价值50 000元；

（5）生产产品领用原材料1 200元；

（6）开出支票3 500元缴纳税金；

（7）用支票5 000元支付本月电话费；

（8）销售商品18 000元，货款存入银行，按13%计算销项税额2 340元，成本为12 000元。

要求：运用借贷记账法，为以上业务编制会计分录，并且根据以上账户记录，编制总分类账户发生额试算平衡表和总分类账户余额试算平衡表。

2.某企业202×年4月30日资产负债表见表3-8。

表3-8 资产负债表

202×年4月30日 单位：元

资产	金额	负债及所有者权益	金额
库存现金	2 000	短期借款	70 000
银行存款	280 000	应付账款	20 000
应收账款	38 000	应付票据	38 000
原材料	32 000	长期借款	50 000
生产成本	5 000	实收资本	600 000
库存商品	20 000		
固定资产	400 000		
其他应收款	1 000		
合　计	778 000	合　计	778 000

该企业202×年5月份发生下列经济业务：

（1）2日，收到国家投入的货币资金200 000元，存入银行。

（2）4日，收到大华公司投入使用过的设备一台，该设备现行市价及税金合计为120 000元，经双方协商作价110 000元。

（3）8日，购入A材料10吨，货款为20 000元，运费为800元，装卸搬运费为200元，增值税进项税额为2 600元，货款已于上月预付20 000元，当即用银行存款补付4 400元，材料尚未到达。

（4）15日，结算本月应付生产工人工资。其中：甲产品工人工资18 000元，乙产品工人工资16 000元，车间管理人员工资7 000元，行政管理人员工资5 000元，合计46 000元。

（5）15日，开出现金支票从银行提取现金46 000元，当即支付工资。

（6）18日，张亮报销差旅费750元，张亮出差时预借差旅费1 000元，余额退回现金。

（7）20日，开出转账支票一张，购买办公用品，价值320元，交厂部使用。

（8）21日，收到购货单位归还以前所欠货款18 000元，存入银行。

（9）28日，以银行存款支付广告费1 500元。

要求：运用借贷记账法，为以上业务编制会计分录，并且根据以上账户记录，编制总分类账户发生额试算平衡表和总分类账户余额试算平衡表。

（六）案例分析

刚大学毕业的林红，应聘为富达公司的会计员，上班没几天就赶上月末结账。会计部经理安排她手工编制该公司这个月的试算平衡表。林红根据本公司所有的总账账簿，花了快一个下午的时间，编制出“总分类账户发生额及余额试算平衡表”，表格上的3组数字相互平衡。林红正打算交差，忽然，会计员李明说：“呀，月底太忙了，昨天车间的几张领料凭证还没记到账上去呢，你别急着交表啊！”这时，另一个会计员张雷又过来说：“有笔凭证我刚核对了一下，发现过账数字有问题。应当记入‘原材料’和‘生产成本’账户的是19 000元，而不是1 900元，要更正。”林红疑惑了：“试算平衡表不是已经平衡了吗？怎么还有错账呢？还有，我忙了一下午不是白忙活了吗？什么时候才能编制试算平衡表啊？”

请问：你能帮林红解开疑惑吗？

第四章 企业主要经济业务的核算

【学习目标】

本章运用借贷记账法围绕企业的基本经济业务进行全面系统的会计处理。本章要求了解企业主要的经济业务内容及其关系；熟练掌握各经营过程的业务内容与核算要求；掌握材料采购成本和产品生产成本的计算，理解劳动创造价值的内涵；掌握销售过程业务以及经营成果的具体核算内容及核算方法，树立企业社会责任意识。

为了全面理解和系统掌握借贷记账法，本章围绕企业基本经济业务，进一步阐述账户和借贷记账法的具体运用。

企业基本经济业务具体表现在经营业务过程中，如工业企业的日常经营过程包括供应、生产和销售三个主要阶段，而资金运动过程包括资金投入、资金周转和资金退出三个基本环节。综合工业企业日常经营过程和资金运动环节，资金周转涉及工业企业的主要经营过程，即供应过程、生产过程和销售过程。随着企业供、产、销过程的持续进行，企业的资金在不断地循环和周转，货币资金通过供应过程转化为固定资金或储备资金，再通过生产转化为生产资金和成品资金，最后通过销售又回到货币资金。工业企业的资金运动过程归纳如图4-1所示。

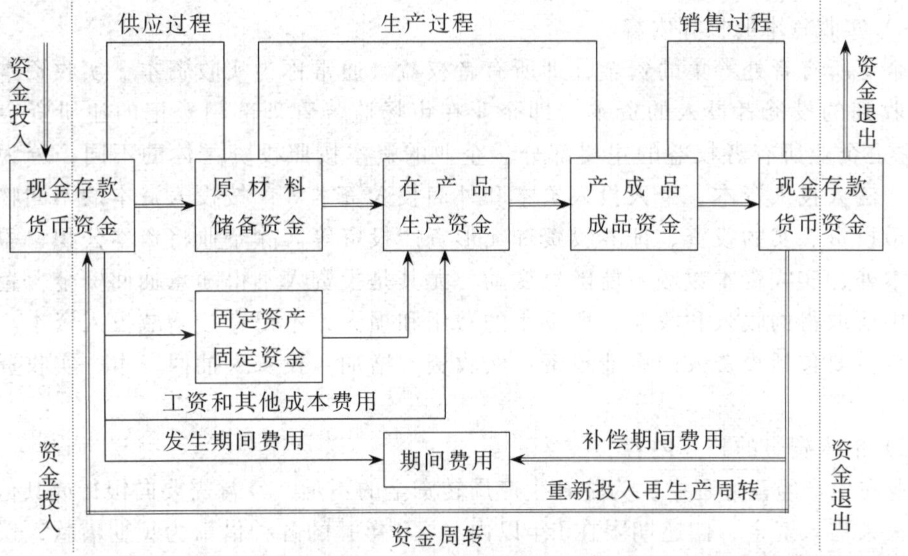

图4-1 工业企业资金运动环节与日常经营业务过程图

在这三个阶段中，企业的资金价值形态不断地改变，并周而复始，形成资金循环。从各种渠道以各种方式筹集的资金进入企业时，一般首先表现为货币资金的形态，接着依次进入供应、生产和销售阶段。在供应阶段，企业必须进行生产准备，支付货币资金以取得产品生产所必需的各项生产资料，包括劳动对象（原材料）和劳动手段（固定资产），此时货币资金价值形态转化为固定资金和储备资金的价值形态。在生产阶段，企业运用各项生产资料，如领用材料、耗费人工及支付各项生产费用，通过劳动者使用劳动手段（工具）作用于劳动对象（材料）制造产品。生产过程中的各种耗费表现为生产费用，此时固定资金（转移）、储备资金（耗用）和货币资金（支付）的价值形态转化为生产资金价值形态。通过对生产费用进行归集、分配与汇总，最终形成完工产品的制造成本，这时生产资金价值形态转化为成品资金价值形态。在销售阶段，企业出售产品实现营业收入，成品资金价值形态又重新转化为货币资金价值形态。同时支付销售费用、管理费用和财务费用，计算应交税费，结转营业成本，从而补偿生产经营过程中的各种耗费，进而计算出营业利润。将企业一定期间的全部收入补偿全部成本、费用和支出后形成财务成果净利润。最后对实现的净利润进行分配，一部分资金退出企业，另一部分资金重新参与生产经营周转，进入下一轮的资金循环。

结合企业供应、生产和销售三个经营阶段和资金运动过程，企业基本经济业务主要有筹资业务、采购业务、生产业务、销售业务、财务成果形成及利润分配和资金退出业务。

第一节　筹资业务的核算

筹集资金是企业生产经营的首要环节，企业可以通过不同的渠道筹集所需资金。企业筹集资金渠道包括投资者的投入资本和债权人的借入资金。

一、筹资业务核算的内容

（一）实收资本的核算内容

从企业所有者处筹集的资金，即所有者权益，通常称为实收资本。实收资本是指企业实际收到的投资者投入的资本，即企业在市场监督管理部门登记的注册资金（资本金），它是企业所有者权益的主要部分。企业的资本按照投资主体的不同，分为国家投入资本、法人投入资本、个人投入资本和外商投入资本等；按投入资本的不同物质形态分为货币投资、实物投资、证券投资和无形资产投资等。除企业将资本公积、盈余公积转作资本外，实收资本数额不能随意变动，尤其是投资人不得随意抽回资金。企业在生产经营中所取得的收入和收益、所发生的费用和损失，不得直接增减投入资本。投入资本的核算主要包括投资人向企业投资、实收资本增加、投资人抽回资本、实收资本减少的核算。

（二）借入资金的核算内容

企业在生产经营过程中，为弥补生产周转资金的不足，经常需要向银行或其他金融机构等债权人借入资金，偿还期限在1年以内（含1年）的各种借款为短期借款，偿还期限在1年以上的各种借款为长期借款。借入资金的核算包括借入本金、分期计息或支付利息和归还借款本金的核算。

二、筹资业务核算的账户设置

筹集资金的核算需要设置“实收资本”“短期借款”“长期借款”“财务费用”“应付利息”等主要账户，并涉及“固定资产”“原材料”“无形资产”“银行存款”“库存现金”等账户。

1.“实收资本”账户

“实收资本”账户属于所有者权益类账户，用以核算和监督企业实际收到的投资人投入的资本。该账户贷方登记投资人的投资增加额，借方登记投资人的投资减少额，期末余额在贷方，表示期末投资人的投资实有额。“实收资本”账户应按投资人设置明细账。

2.“短期借款”账户

“短期借款”账户属于负债类账户，用以核算和监督短期借款的借入和归还情况。该账户贷方登记企业借入的短期借款的金额，借方登记归还的短期借款的金额，期末余额在贷方，表示期末尚未偿还的短期借款的金额。该账户应按债权人设置明细账，并按借款种类进行明细核算。

3.“长期借款”账户

“长期借款”账户属于负债类账户，用以核算和监督长期借款的借入、归还及结欠情况。该账户贷方登记企业取得的各种长期借款及应付未付的利息，借方登记归还的各种长期借款的本金和利息，期末余额在贷方，表示期末尚未偿还的长期借款的本金和利息。该账户应按债权人设置明细账，并按借款种类进行明细核算。

4.“财务费用”账户

“财务费用”账户属于损益类账户，用以核算和监督企业在筹集资金等财务活动中发生的费用，如借款利息、银行手续费等。该账户借方登记发生的各种财务费用，贷方登记期末结转至“本年利润”账户的数额，结转后本账户应无余额。该账户应按费用项目设置明细账，并进行明细分类核算。

5.“应付利息”账户

“应付利息”账户属于负债类账户，用以核算和监督企业按照合同约定应支付的利息。该账户借方登记实际支付的利息，贷方登记应付的利息，期末余额在贷方，反映企业应付未付的利息。

三、筹资业务的会计处理

为了方便理解和掌握会计核算，本章选取A公司202×年12月份的经济业务，按资金运动过程举例。

【例4-1】A公司收到国家投入资金100 000元。

该项业务的发生，一方面使企业的银行存款增加100 000元，应记入“银行存款”账户的借方；另一方面使企业接受投资者投入的资本增加100 000元，应记入“实收资本”（股份有限公司记入“股本”）账户的贷方，因此，会计分录为：

借：银行存款　　100 000

　贷：实收资本　　100 000

【例4-2】A公司收到其他单位投入的生产设备，设备原价200 000元，双方评估价为160 000元。

该项业务的发生，一方面使企业的固定资产增加160 000元，应记入“固定资产”账户的借方；另一方面使企业接受投资者投入的资本增加160 000元，应记入“实收资本”账户的贷方，因此，会计分录为：

借：固定资产　　160 000

　贷：实收资本　　160 000

【例4-3】A公司向银行借入期限为6个月的生产周转借款300 000元，款项已存入企业银行存款账户中，到期还本付息。

该项业务的发生，一方面使企业的银行存款增加300 000元，应记入“银行存款”账户的借方；另一方面使企业向银行取得的短期借款增加300 000元，应记入“短期借款”账户的贷方，因此，会计分录为：

借：银行存款　　300 000

　贷：短期借款　　300 000

【例4-4】A公司向银行借入期限为2年的借款500 000元，款项已存入企业银行存款账户中。

该项业务的发生，一方面使企业的银行存款增加500 000元，应记入“银行存款”账户的借方；另一方面使企业向银行取得的长期借款增加500 000元，应记入“长期借款”账户的贷方，因此，会计分录为：

借：银行存款　　500 000

　贷：长期借款　　500 000

【例4-5】A公司本月短期借款应付利息为5 000元。

企业应支付的短期借款利息一般是集中与银行进行结算，可分期支付，也可在借款到期时一次性支付，但利息费用应按权责发生制的原则由使用借款的各个月份共同负担，因此，企业应在平时预先计提各月应负担的利息费用，提取的利息费用属于财务费用。所以，该项业务的发生，一方面使企业的利息费用增加5 000元，应记入“财务费用”账户的借方；另一方面使企业应付的利息增加5 000元，应记入“应付利息”账户的贷方，因此，会计分录为：

借：财务费用　　5 000

　贷：应付利息　　5 000

【例4-6】A公司原借入8个月的短期借款现已到期，原借款额为600 000元，每月利息均为3 000元，本金和利息全部以银行存款支付。

A公司的该短期借款利息属于借款到期一次性支付。前7个月的利息按权责发生制原则已由各月负担，本月利息可直接支付。所以，该项业务的发生，一方面使企业的利息费用增加3 000元，应记入“财务费用”账户的借方，原借入的短期借款额减少600 000元，应记入“短期借款”账户的借方，应付未付的利息减少21 000元，应记入“应付利息”账户的借方；另一方面使企业银行存款减少624 000元，应记入“银行存款”账户的贷方，因此，会计分录为：

借：短期借款　　600 000

　　财务费用　　3 000

　　应付利息　　21 000

　贷：银行存款　　624 000

第二节　采购业务的核算

一、材料采购业务核算的内容

材料采购业务是企业在生产经营过程中发生的主要经济业务。采购过程是企业经营过程的第一个阶段。在采购过程中，企业一方面从供货单位购进各种材料物资，以满足生产经营的需要；另一方面要支付材料的买价和各种采购费用，与供货单位进行货款的结算。购买材料所支付的买价和采购费用是材料采购成本的主要构成内容。买价是指企业采购材料物资时，按发票价格支付的货款。采购费用是企业在采购材料过程中发生的各项费用，具体包括运杂费（装卸费、保险费、包装费、仓储费等）以及运输途中的合理损耗、入库前的挑选整理费用等。对于发生的材料采购业务，会计部门一方面要反映各种款项的实际支付情况以及因采购材料而引起的库存材料物资的增加；另一方面，应将采购材料支付的买价和发生的采购费用按照购入材料的种类加以归集，计算各种材料的实际采购成本。在归集费用时，凡能分清是为采购哪种材料所支付的费用的，应直接计入该种材料的采购成本；凡不能分清的，应采用合理的分配标准（如可按采购材料的重量或买价的比例）将费用分配计入各种采购成本中。另外，在材料采购业务中，企业有时还需支付增值税，支付的增值税单独核算。为了简化核算，在实际工作中对某些本应计入材料采购成本的采购费用，如采购人员的差旅费、采购材料的运杂费等，不计入材料采购成本，而是列入管理费用支出。

综上所述，材料采购业务核算的主要内容为：核算和监督材料的买价和采购费用，计算各种材料的实际采购成本，检查材料采购计划执行情况，反映储备资金占用量，考核储备资金使用情况。

二、材料采购业务核算需要设置的主要账户

为加强对材料采购业务的管理，计算确定材料的采购成本，核算和监督库存材料的增减变动和结存情况以及企业因采购材料而与供应单位发生的货款结算关系，材料采购业务的核算应设置“在途物资（材料采购）”“原材料”“应付账款”“应付票据”“预付账款”“应交税费”等主要账户，核算中还涉及“银行存款”“库存现金”等账户。

1.“在途物资”账户

“在途物资”账户是资产类账户，用来核算和监督企业采用实际成本（或进价）进行日常核算、货款已付尚未验收入库的材料物资等在途物资的采购成本。该账户的借方登记购入材料物资支付的买价和采购费用，贷方登记已验收入库材料物资的实际采购成本，期末如有借方余额，表示尚未验收入库材料物资的实际采购成本。“在途物资”账户应按采购材料物资的品种、规格或类别设置明细账，进行明细分类核算。

2.“原材料”账户

“原材料”账户是资产类账户，用来核算和监督企业库存材料的增减变动和结存情况。该账户的借方登记已验收入库材料的实际成本，贷方登记发出材料的实际成本，期末余额在借方，表示库存材料的实际成本。“原材料”账户应按材料的品种设置明细账，进

行明细分类核算。

3.“应付账款”账户

“应付账款”账户是负债类账户，用来核算和监督企业因采购材料物资和接受劳务供应而与供应单位发生的结算债务的增减变动情况。该账户贷方登记应付供应单位的款项，借方登记已偿还供应单位的款项，期末余额在贷方，表示尚未偿还的应付账款。“应付账款”账户应按供应单位设置明细账，进行明细分类核算。

4.“应付票据”账户

“应付票据”账户是负债类账户，反映和监督与供应单位结算债务的情况，用来核算企业购买材料、商品和接受劳务供应等开出、承兑的商业汇票（商业承兑汇票或银行承兑汇票）。企业开出承兑汇票时，贷记本账户；偿还应付票据时，借记本账户；期末如有贷方余额，表示持有的尚未到期的应付票据票面金额。本账户可按债权人进行明细分类核算。

5.“预付账款”账户

“预付账款”账户是资产类账户，用来反映和监督企业按照购货合同规定预付给供应单位的款项。企业向供应单位预付款项，表明企业债权增加，应记入本账户的借方；收到供应单位提供的材料，冲销预付款时，表明企业债权的减少，应记入本账户的贷方。期末如有借方余额，表示实际预付而尚未结算的款项；如为贷方余额，表示应付大于预付，应向供应单位补付的款项。该账户应按供应单位设置明细账，进行明细分类核算。

6.“应交税费”账户

“应交税费”账户是负债类账户，是反映和监督企业与税务机关之间有关税金结算情况的账户。该账户核算企业按照税法等规定计算应缴纳的各种税费，包括增值税、消费税、所得税、资源税、土地增值税、城市维护建设税、房产税、城镇土地使用税、车船税、教育费附加等，企业代扣代缴的个人所得税等也通过本账户核算。该账户贷方登记应缴纳的各种税金，借方登记实际上缴的各种税金，期末余额可能在贷方也可能在借方，如为贷方余额表示应缴未缴的税金，如为借方余额表示多缴的税金。该账户可按应缴的税费项目进行明细分类核算。

在中华人民共和国境内销售货物或者加工、修理修配劳务（以下简称劳务），销售服务、无形资产、不动产以及进口货物的单位和个人，为增值税的纳税人，应当依照增值税暂行条例缴纳增值税。为此，在“应交税费”账户下应设“应交增值税”明细账户，借方发生额反映企业购进货物及进口货物的单位和个人，应缴纳增值税的进项税额，贷方发生额反映企业销售货物或提供应税劳务应缴纳的销项税额，以及转出已支付或应分担的增值税。纳税人从销项税额中抵扣进项税额后向税务部门缴纳增值税。期末借方余额，反映多上缴或尚未抵扣的增值税；期末贷方余额，反映企业尚未缴纳的增值税，即：应交增值税=销项税额-进项税额。

增值税纳税人分为一般纳税人和小规模纳税人，增值税税率一般纳税人为13%及9%，小规模纳税人销售货物或应税劳务的增值税税率为3%，不抵扣进项税额。

三、材料采购业务的会计处理

【例4-7】A公司向安泰公司购入A材料10吨，单价20 000元/吨，共计买价200 000

元，增值税税率为13%，发生运输费8 000元。上述款项尚未支付，材料未到。（注：本书中的运输费用暂不考虑增值税）

该项A材料采购业务发生的买价和运输费是材料采购成本的构成内容，应计入A材料的实际采购成本中，即可直接记入“在途物资”账户的借方，购货应纳增值税为货款的13%，应记入“应交税费”账户的借方，由于上述款项尚未支付，引起企业应付账款的增加，应记入“应付账款”账户的贷方，因此，会计分录为：

借：在途物资——A材料　　208 000

　　应交税费——应交增值税（进项税额）　　26 000

　贷：应付账款——安泰公司　　234 000

【例4-8】上述A材料已验收入库，计算并结算其实际采购成本。

A材料采购成本=买价+运输费=200 000+8 000=208 000（元）

应将A材料采购成本208 000元由“在途物资”账户的贷方转入“原材料”账户的借方，以反映库存A材料的增加，因此，会计分录为：

借：原材料——A材料　　208 000

　贷：在途物资——A材料　　208 000

【例4-9】A公司向信达公司采购B、C两种材料，B材料20吨，单价20 000元/吨，共计400 000元；C材料30吨，单价10 000元/吨，共计买价300 000元；增值税税率13%，上述款项由银行存款支付，材料尚未入库。

上述采购材料支付的买价是材料采购成本的构成内容，应将其分别计入B、C两种材料的采购成本中，即记入“在途物资”账户的借方，材料的应交增值税应记入“应交税费”账户的借方，上述材料买价及税款已由银行存款支付，应记入“银行存款”账户的贷方。因此，会计分录为：

借：在途物资——B材料　　400 000

　　　　　　——C材料　　300 000

　　应交税费——应交增值税（进项税额）　　91 000

　贷：银行存款　　791 000

【例4-10】A公司用银行存款支付上述B、C材料的运输费20 000元，按B、C材料重量比例进行分配。

上述采购材料支付的运输费属于材料采购成本的构成内容，应将其计入B、C两种材料的采购成本中。但由于该运输费是为B、C两种材料发生的，属于共同费用，应选择一定的标准在B、C两种材料之间进行分配，由B、C材料分别承担运输成本，分配的标准可选择所采购材料的重量、体积或买价等。本例以B、C两种材料的重量为分配标准，具体分配过程如下：

$$\text{运输费分配率}=\frac{\text{运输费}}{\text{B、C材料重量之和}}=\frac{20\ 000}{20+30}=400\text{（元/吨）}$$

B材料应负担运输费=20×400=8 000（元）

C材料应负担运输费=30×400=12 000（元）

根据分配结果将其分别计入B、C材料的采购成本中，即“在途物资”账户的借方，由于上述运输费已用银行存款支付，应记入“银行存款”账户的贷方。因此，会计分录为：

借：在途物资——B材料 8 000

——C材料 12 000

贷：银行存款 20 000

【例4-11】上述B、C材料已验收入库，计算并结转其实际采购成本。

B材料采购成本=买价+运输费=400 000+8 000=408 000（元）

C材料采购成本=买价+运输费=300 000+12 000=312 000（元）

应将B、C材料的采购成本由“在途物资”账户的贷方转入“原材料”账户的借方，以反映库存材料的增加，因此，会计分录为：

借：原材料——B材料 408 000

——C材料 312 000

贷：在途物资——B材料 408 000

——C材料 312 000

【例4-12】A公司以银行存款归还之前欠光源公司的购料款158 000元。

该项经济业务的发生，一方面使企业应付账款减少，应记入“应付账款”账户的借方；另一方面，引起企业银行存款减少，应记入“银行存款”账户的贷方，因此，会计分录为：

借：应付账款——光源公司 158 000

贷：银行存款 158 000

【例4-13】A公司以银行存款预付宏丰工厂购料款20 000元。

该项经济业务的发生，一方面使企业预付账款增加，应记入“预付账款”账户的借方；另一方面，引起企业银行存款减少，应记入“银行存款”账户的贷方，因此，会计分录为：

借：预付账款——宏丰工厂 20 000

贷：银行存款 20 000

【例4-14】A公司将已验收入库的A材料按其实际采购成本323 800元予以转账。

该项经济业务的发生，一方面使企业“原材料”增加，应记入“原材料”账户的借方；另一方面，引起企业在途材料减少，应记入“在途物资”账户的贷方，因此，会计分录为：

借：原材料——A材料 323 800

贷：在途物资——A材料 323 800

【例4-15】A公司向本地某单位购入C材料10吨，单价10 000元/吨，共计买价100 000元，增值税税率13%，增值税税额13 000元。材料已验收入库，货款以银行存款支付。

该项经济业务的发生，一方面使企业“原材料”增加，应记入“原材料”账户的借方，已纳的增值税应记入“应交税费”账户的借方；另一方面，引起银行存款减少，应记入“银行存款”账户的贷方，因此，会计分录为：

借：原材料——C材料 100 000

应交税费——应交增值税（进项税额） 13 000

贷：银行存款　113 000

【例4-16】商业汇票到期，A公司以银行存款归还外地某工厂材料款46 800元。

该项经济业务的发生，一方面使企业应付票据减少，应记入“应付票据”账户的借方；另一方面，引起企业银行存款减少，应记入“银行存款”账户的贷方，因此，会计分录为：

借：应付票据　46 800

贷：银行存款　46 800

第三节　生产业务的核算

一、生产业务核算的主要内容

生产过程是企业再生产的中心环节，也是工业企业资金循环周转的第二阶段，企业的全部经济业务活动都是围绕着生产过程进行的。在此过程中，生产工人运用劳动资料对劳动对象进行生产加工，生产制造出各种产品。因此，生产过程既是新产品的制造过程，又是生产费用的耗费过程。这些耗费可分为生产费用和期间费用两部分。

（一）生产费用的含义及内容

产品生产过程中发生的一切资金耗费称为生产费用。企业在一定会计期间发生的生产费用，先按一定的标准和方法进行归集，再分配计入一定种类和品种的产品中，从而形成各种产品的生产成本。因此，生产费用的发生过程就是产品成本的形成过程。生产费用按经济用途的分类被称为成本项目，它包括直接材料费用、直接人工费用和间接费用，其中直接材料费用、直接人工费用为直接费用，间接费用又称为制造费用。各成本项目的具体内容分述如下：

1.直接材料费

直接材料费指企业在产品生产和提供劳务过程中消耗的，直接用于产品生产，并构成产品实体的原材料及主要材料、外购半成品和辅助材料。

2.直接人工费

直接人工费指企业在生产产品和提供劳务过程中发生的，直接从事产品生产的工人工资及其他各种形式的职工薪酬。

3.制造费用

制造费用指企业各个生产车间为组织和管理生产而发生的各项间接费用，包括生产车间管理人员的工资等职工薪酬、生产车间固定资产折旧费、办公费、差旅费、水电费、劳动保护费、机物料消耗、季节性和修理期间的停工损失等。

（二）期间费用的含义及内容

期间费用是指企业在生产经营过程中发生的与特定产品生产没有直接关系，不能直接归属于某种产品成本，而应计入当期损益的各种费用，包括管理费用、销售费用和财务费用。

1.管理费用

管理费用指企业为组织和管理生产经营活动而发生的各种资金耗费，包括企业在筹建期间发生的开办费，董事会和行政管理部门在经营管理中发生的或者应由企业统一负担的公司经费（包括行政管理部门职工薪酬、物料消耗、低值易耗品摊销、办公费和差旅费等）、工会经费、董事会费（包括董事会成员津贴、会议费和差旅费等）、聘请中介机构费、咨询费（含顾问费）、诉讼费、业务招待费、房产税、车船税、城镇土地使用税、印花税、技术转让费、矿产资源补偿费、研究费用以及企业生产车间（部门）和行政管理部门发生的固定资产修理费等。

2. 销售费用

销售费用指企业在销售商品和材料、提供劳务过程中发生的各项费用，包括企业在销售商品过程中发生的运输费、装卸费、包装费、保险费、广告费、商品维修费、预计产品质量保证损失、展览费，以及为销售本企业商品而专设的销售机构的职工薪酬、业务费、折旧费等费用。

3. 财务费用

财务费用指企业为筹集生产经营资金而发生的各项费用，包括利息支出（减利息收入）、汇兑损失（减汇兑收益）和支付给金融机构的手续费等。

以上所述的工业企业在生产过程中各项费用的发生、归集和分配，产品成本的形成和结转，共同构成工业企业生产过程业务核算的主要内容。

（三）生产过程核算应设置的主要账户

为了正确核算和监督生产过程中企业各项费用的发生情况，正确计算产品生产成本，在产品生产过程中应设置“生产成本”“制造费用”“应付职工薪酬”“累计折旧”“库存商品”“管理费用”等账户。

1. “生产成本”账户

该账户属于成本类账户，用来归集和分配企业在产品生产过程中发生的各项生产费用。其借方登记产品生产过程中发生的直接材料费用、直接人工费用和分配结转的制造费用，贷方登记验收入库的完工产品生产成本的结转数；期末余额在借方，表示尚未完工的在产品生产成本。该账户应按产品品种或类别设置明细账，并按成本项目设置专栏进行明细分类核算。

2. “制造费用”账户

该账户属于成本类账户，用来归集企业为组织和管理生产而发生的各项间接费用。其借方登记实际发生的各项间接费用数额；贷方登记分配转入“生产成本”账户的、应由各受益对象负担的间接费用数额；该账户期末结转后一般无余额。该账户应按生产车间设置明细账，并按费用项目设置专栏进行明细分类核算。

3. “应付职工薪酬”账户

该账户属于负债类账户，用来核算和监督企业应付职工薪酬的提取、结算、使用等情况。其贷方登记已分配计入有关成本费用项目的职工薪酬的数额，借方登记实际发放职工薪酬的数额；期末余额在贷方，反映企业应付未付的职工薪酬，包括工资、职工福利费、社会保险费、住房公积金、工会经费、职工教育经费、非货币性福利等（外商投资企业按规定从净利润中提取的职工奖励及福利基金，也在本账户核算）。该账户应按相关内容设置明细账，进行明细分类核算。

4.“累计折旧”账户

该账户属于资产类账户，也是“固定资产”账户的备抵调整账户，用来核算和监督固定资产因磨损等原因而减少的价值。固定资产在使用过程中虽然其实物形态保持不变，但其价值会因磨损、技术进步等原因而不断减少。由于管理的需要，“固定资产”账户只核算固定资产的原始价值，固定资产因损耗而减少的价值需要通过设置“累计折旧”账户来核算。该账户借方登记固定资产折旧的减少数额或转销数额，贷方登记固定资产因使用而磨损的数额；期末余额在贷方，表示企业现有固定资产已计提的累计折旧数额。该账户一般只进行总分类核算。

5.“库存商品”账户

该账户属于资产类账户，用来核算企业完工入库的库存商品增减变动及结存情况。其借方登记完工入库的产品的生产成本，贷方登记销售商品的生产成本；期末余额在借方，表示库存商品的生产成本。该账户应按库存商品的种类、名称和存放地点设置明细账，进行明细分类核算。

6.“管理费用”账户

该账户属于损益类账户，用来核算和监督企业行政管理部门为组织和管理生产经营活动发生的各项费用。其借方登记企业发生的各项管理费用数额，贷方登记期末结转至“本年利润”账户的管理费用数额，结转后应无余额。该账户应按费用种类设置明细账，进行明细分类核算。

二、生产过程中主要经济业务的核算

（一）生产费用的归集和分配

1.材料费用的归集和分配

工业企业在生产经营过程中，车间生产产品和其他部门领用材料形成材料费用的耗费。为了对其进行核算，一般应按领用部门和用途进行归集，并按其用途分配计入产品成本或期间费用。生产某种产品领用的材料，可直接计入该产品生产成本明细账中的“直接材料”成本项目；对于几种产品共同耗用的原材料，应采用适当的方法，将材料费用在各种产品之间进行分配，分别计入各产品生产成本明细账中；生产车间用于间接消耗的材料，应记入“制造费用”账户；企业行政管理部门消耗的材料，应记入“管理费用”账户。

【例4-17】A公司根据发料凭证编制发出材料汇总表，见表4-1。

表4-1 **发出材料汇总表** 单位：元

项　目	A材料	B材料	C材料	合计
生产甲产品领用	382 334	190 000	210 000	782 334
生产乙产品领用	112 000	51 000		163 000
车间一般耗用	5 000			5 000
行政管理部门耗用		4 000		4 000
合　计	499 334	245 000	210 000	954 334

这项经济业务的发生，一方面，生产甲、乙产品耗用材料，使得产品生产成本增加，应记入“生产成本”账户的借方，车间一般耗用材料，使得间接费用增加，应记入“制造费用”账户的借方，行政管理部门耗用材料，使得期间费用增加，应记入“管理费用”账户的借方；另一方面，仓库发出材料，使得原材料减少，应记入“原材料”账户的贷方。因此，会计分录为：

借：生产成本——甲产品　　782 334
　　　　　　——乙产品　　163 000
　　制造费用　　5 000
　　管理费用　　4 000
　贷：原材料——A材料　　499 334
　　　　　　——B材料　　245 000
　　　　　　——C材料　　210 000

2.人工费用的归集和分配

人工费用是产品生产成本和期间费用的重要组成部分，应按其发生地点进行归集，并按其用途分别计入产品生产成本和期间费用。直接从事产品生产的工人工资及各种职工薪酬等应记入“生产成本”账户，对几种产品共同发生的人工费用，应采用适当的标准和方法，将人工费用在各种产品之间进行分配，分别计入各产品生产成本明细账中；其中，生产部门管理人员的工资及职工薪酬应记入“制造费用”账户；企业管理人员的工资及职工薪酬等应记入“管理费用”账户；销售机构人员的工资及职工薪酬等应记入“销售费用”账户。

【例4-18】A公司计提本月应付职工工资500 000元，其中：甲产品生产工人工资200 000元，乙产品生产工人工资100 000元，车间管理人员工资50 000元，企业管理人员工资150 000元。

计提当期职工工资费用时，一方面，使产品成本中的人工费用增加，其中：计提生产工人的工资，生产成本增加，计提车间管理人员的工资，制造费用增加，计提行政管理人员的工资，管理费用增加，应分别记入“生产成本”“制造费用”“管理费用”账户的借方；另一方面，计提应付未付的工资，使企业的负债增加，应记入“应付职工薪酬”账户的贷方。因此，会计分录为：

借：生产成本——甲产品　　200 000
　　　　　　——乙产品　　100 000
　　制造费用　　50 000
　　管理费用　　150 000
　贷：应付职工薪酬　　500 000

【例4-19】依【例4-18】，A公司以银行存款支付职工工资时，会计分录为：

借：应付职工薪酬　　500 000
　贷：银行存款　　500 000

3.制造费用的归集和分配

制造费用是企业为生产产品发生的间接费用。制造费用在发生时，一般无法直接判定其应归属的成本核算对象，因此，不能直接计入产品生产成本中，而应先在“制造费用”

账户进行归集汇总，期末再采用适当的分配标准和方法，分别计入有关产品的生产成本中。制造费用是产品生产成本的重要组成部分，正确地归集、分配制造费用，关系到产品生产成本计算的准确性。

【例4-20】A公司计提当月固定资产折旧18 000元，其中：生产车间固定资产折旧10 000元，企业管理部门固定资产折旧8 000元。

固定资产在使用过程中由于磨损而逐步损耗的价值称为固定资产折旧。企业应按月计提固定资产折旧，其中生产车间使用的固定资产计提的折旧，应记入“制造费用”账户的借方，企业管理部门使用的固定资产计提的折旧，应记入“管理费用”账户的借方，同时，企业计提的固定资产折旧，不直接冲减“固定资产”账户的账面价值，而是记入“累计折旧”账户的贷方。因此，会计分录为：

借：制造费用　　10 000
　　管理费用　　8 000
　贷：累计折旧　　18 000

【例4-21】A公司以现金支付生产车间办公用品费用200元、厂部办公用品费用300元。

这项经济业务的发生，一方面，使得间接费用增加，应记入“制造费用”账户的借方，同时，期间费用增加，应记入“管理费用”账户的借方；另一方面，企业用现金支付办公用品费用，使得资产减少，应记入“库存现金”账户的贷方。因此，会计分录为：

借：制造费用　　200
　　管理费用　　300
　贷：库存现金　　500

【例4-22】A公司以现金600元支付生产车间本月水费。

这项经济业务的发生，一方面，使得间接费用增加，应记入“制造费用”账户的借方；另一方面，企业用现金支付生产车间本月水费，使得资产减少，应记入“库存现金”账户的贷方。因此，会计分录为：

借：制造费用　　600
　贷：库存现金　　600

【例4-23】A公司以银行存款支付生产车间本月电费2 000元。

这项经济业务的发生，一方面，生产车间耗用电费使间接费用增加，应记入“制造费用”账户的借方；另一方面，企业用银行存款支付，使得资产减少，应记入“银行存款”账户的贷方。因此，会计分录为：

借：制造费用　　2 000
　贷：银行存款　　2 000

【例4-24】A公司将本月发生的制造费用按生产工人工时比例分配计入甲、乙产品的生产成本。甲产品生产工时为2 500工时，乙产品生产工时为2 000工时。

制造费用属于间接费用，月末应按照各种产品的生产工人工资比例、生产工人工时比例、产品产量比例等标准在各种产品之间进行分配，分别计入各种产品的生产成本中。

对于这项经济业务，首先应计算制造费用总额。根据前述相关资料，计算出本期的制造费用总额为67 800元（5 000+50 000+10 000+200+600+2 000）。然后按生产工人的工时比例进行分配，计算制造费用分配率。最后确定每种产品应负担的制造费用数额。具体计算如下：

制造费用分配率=制造费用总额÷生产工人工时之和

=67 800÷（2 500+2 000）

=15.0667（元／工时）

甲产品负担的制造费用=2 500×15.0667=37 667（元）

乙产品负担的制造费用=2 000×15.0667=30 133（元）

将分配结果计入甲产品和乙产品的生产成本，使得甲产品和乙产品的成本增加，记入“生产成本”账户的借方；同时，制造费用分配数额结转至产品生产成本后，使得制造费用减少，应记入“制造费用”账户的贷方。因此，会计分录为：

借：生产成本——甲产品 37 667

——乙产品 30 133

贷：制造费用 67 800

（二）产品生产成本的计算和结转

在制造费用分配至各种产品的生产成本中后，应计入产品生产成本的直接材料费用、直接人工费用和制造费用等都已归集在“生产成本”账户的借方，在此基础上就可以进行产品生产成本的计算。产品生产成本计算是指在产品生产完工之后，编制产品生产成本计算表，计算验收入库的完工产品生产总成本和单位成本。

企业应按产品品种设置生产成本明细账，用来核算、归集应计入各种产品生产成本的各项生产费用。月末，如果某种产品全部完工，该产品生产成本明细账所归集的费用总额即为该种完工产品的生产总成本；如果某种产品全部没有完工，该产品生产成本明细账所归集的费用总额即为该种在产品的生产总成本；如果某种产品部分完工，该产品生产成本明细账所归集的费用总额还应采用一定的方法在完工产品和在产品之间进行分配，然后计算出完工产品的生产总成本和单位成本。

【例4-25】12月31日，A公司生产的甲产品200件全部完工验收入库，乙产品100件全部未完工，则为计算完工产品和未完工产品的生产成本可编制成本计算表，见表4-2、表4-3。

表4-2 **甲产品生产成本计算表** 完工产量：200件

成本项目	直接材料	直接人工	制造费用	合计
本月生产费用（元）	782 334	200 000	37 667	1 020 000
结转完工产品成本（元）	782 334	200 000	37 667	1 020 000
完工产品单位成本（元/件）	3 911.67	1 000	188.33	5 100

注：本表数据有尾差调整。

表4-3 **乙产品生产成本计算表**

成本项目	直接材料	直接人工	制造费用	合计
本月生产费用（元）	163 000	100 000	30 133	293 133
在产品单位成本（元/件）	1 630	1 000	301.33	2 931.33

甲产品生产完工验收入库后，其生产成本的结转会计分录如下：

借：库存商品——甲产品　　　　1 020 000

　贷：生产成本——甲产品　　　　1 020 000

由于乙产品尚未完工，故不结转其生产成本，“生产成本——乙产品”明细账中的余额293 133元为在产品成本。

第四节　销售业务的核算

一、销售业务核算的内容

销售过程是企业生产经营活动的最后一个环节。在市场经济中，企业的产品只有被市场认可，能够实现销售，取得销售收入，获取货币资金，才能补偿产品生产的耗费，保障企业再生产过程的进行。在销售过程中，企业还会发生销售费用，如运输费、广告宣传费、专设销售机构经费等，这些销售费用应当计入当期损益，在取得的销售收入中得到补偿。

围绕销售收入和成本的确认和计量，销售过程的主要经济业务包括：出售产品，取得销售收入并办理结算，确定产品销售成本，计算流转税金，支付各项销售费用，最后确定产品销售的利润。

二、销售业务核算需要设置的主要账户

1.“主营业务收入”账户

该账户是损益类账户，用以核算企业销售产品或提供劳务取得的收入。贷方登记取得的产品销售收入或劳务收入；借方登记期末转入“本年利润”账户的数额。期末一般无余额。

2.“主营业务成本”账户

该账户是损益类账户，用以核算企业销售产品或提供劳务的成本。借方登记已售产品的实际成本或劳务成本；贷方登记期末转入“本年利润”账户的数额。期末一般无余额。

3.“税金及附加”账户

该账户是损益类账户，用以核算根据企业销售的产品或提供的劳务等计算出的应缴纳的城市维护建设税、教育费附加等。借方登记按规定税率计算应负担的销售税金及附加；贷方登记期末转入“本年利润”账户的数额。期末一般无余额。

4.“销售费用”账户

该账户是损益类账户，用以核算企业在产品销售过程中所发生的各种销售费用。借方登记本期发生的销售费用；贷方登记期末转入“本年利润”账户的数额。期末一般无余额。

5.“应收账款”账户

该账户是资产类账户，用以核算企业因销售产品、提供劳务而形成的应收款项。借方登记应收账款的增加数；贷方登记应收账款的减少数。期末余额在借方，表示应收账款的结余数。

三、销售过程中主要经济业务的会计处理

【例4-26】A公司销售甲产品80件，每件售价8 000元，计640 000元，以13%的税率计算增值税，计83 200元，全部款项收到存入银行。

此项业务的发生引起企业销售收入增加，应记入“主营业务收入”账户的贷方，同时银行存款增加，应记入“银行存款”账户的借方。增值税作为销项税额，不计入销售收入。其会计分录为：

借：银行存款 723 200

　贷：主营业务收入 640 000

　　应交税费——应交增值税（销项税额） 83 200

【例4-27】销售乙产品30件，每件售价9 600元，计288 000元，以13%的税率计算增值税，计37440元，产品已发出，货款尚未收到。

此项业务发生时企业尚未收到货款，但按权责发生制会计处理原则，仍应确认为本期的收入，记入“主营业务收入”账户的贷方，同时将应收的货款和税款记入“应收账款”账户的借方。其会计分录为：

借：应收账款 325 440

　贷：主营业务收入 288 000

　　应交税费——应交增值税（销项税额） 37 440

【例4-28】结转已销甲产品80件、乙产品30件的销售成本。甲产品实际生产成本为每件5 100元，乙产品为每件6 500元。

此项业务的发生，引起库存商品减少，应记入“库存商品”账户的贷方，同时已销商品成本增加，应记入“主营业务成本”账户的借方。其会计分录为：

借：主营业务成本 603 000

　贷：库存商品——甲产品 408 000

　　　　——乙产品 195 000

【例4-29】计算公司本月应缴纳的城市维护建设税2 300元。

此项业务的发生，引起税金增加，应记入“税金及附加”账户的借方，同时这项税金尚未缴纳，应记入“应交税费”账户的贷方。其会计分录为：

借：税金及附加 2 300

　贷：应交税费——应交城市维护建设税 2 300

【例4-30】以银行存款支付广告费1 500元，以现金支付销售部业务费320元。

此项业务的发生，引起销售费用增加，应记入“销售费用”账户的借方，同时银行存款和现金减少，应分别记入“银行存款”和“库存现金”账户的贷方。其会计分录为：

借：销售费用 1 820

　贷：银行存款 1 500

　　库存现金 320

第五节　财务成果形成及利润分配的核算

一、财务成果的形成

企业的财务成果用综合收益表示，综合收益是企业在一定时期内全部经营活动反映在财务上的最终结果，它是对企业生产经营活动的经济效益和资金使用效果的一种综合反映，包括营业利润、利润总额、净利润和综合收益总额。

1.营业利润

营业利润是企业所获得的经营业务范围内的利润，用公式表示如下：

营业利润=营业收入-营业成本-税金及附加-销售费用-管理费用-财务费用-资产减值损失+公允价值变动收益(-损失)+投资收益(-损失)

投资收益是指企业投资于股票、债券等所取得的收益，投资收益是营业利润的组成部分。

2.利润总额

利润总额指的是税前会计利润。用公式表示如下：

利润总额=营业利润+营业外收入-营业外支出

营业外收入是指与企业正常生产经营活动没有直接关系的各项收入，如固定资产盘盈收入、罚款收入等。

营业外支出是指与企业正常生产经营活动没有直接关系的各项支出，如固定资产盘亏损失、罚款支出等。

3.净利润

净利润指的是扣除所得税之后的利润。用公式表示如下：

净利润=利润总额-所得税费用

所得税是企业按照国家规定的应纳税所得额及税率计算的税金。所得税作为一项费用应计入企业的当期损益，以便计算企业的净利润。

4.综合收益总额

综合收益总额项目反映净利润和其他综合收益扣除所得税影响后的净额相加后的合计金额。用公式表示如下：

综合收益总额=净利润+其他综合收益的税后净额

其他综合收益是企业根据相关会计准则规定未在当期损益中确认的各项利得和损失。

二、利润的分配

党的二十大报告要求完善分配制度，坚持按劳分配为主体、多种分配方式并存，坚持多劳多得，鼓励勤劳致富，促进机会公平，增加低收入者收入，扩大中等收入群体，规范收入分配秩序，规范财富积累机制。这是社会主义现代化国家企业利润分配的前提。

企业实现的综合收益可以用来向相关权益人进行分配。对会计初学者来说，企业的其他综合收益相对复杂，本书用净利润作为可供分配的收益。根据规定，净利润应按法定的顺序和比例进行分配。除国家另有规定外，利润分配的主要内容包括：提取盈余公积（包括法定盈余公积和任意盈余公积）和向投资者分配利润等。利润分配后的剩余部分为未分配利润，可留待以后年度进行分配，未分配利润是所有者权益的重要组成部分。

三、财务成果形成及利润分配业务核算需要设置的主要账户

企业财务成果核算的经济业务主要包括收入与费用的配比、利润的形成、利润的分配等内容。为了正确反映、监督企业的财务成果，考核目标利润的执行情况，反映、监督利润的分配情况，需要设置“本年利润”和“利润分配”账户。

1.“本年利润”账户

该账户是所有者权益类账户，用以核算企业实现的利润或发生的亏损。贷方登记由损益类账户中各收入、收益类账户转入的各项收入、收益数；借方登记由损益类账户中各成本、费用、支出类账户转入的成本、费用、支出等。若期末余额在贷方，表示企业累计实现的净利润；若期末余额在借方，表示企业累计发生的亏损数。年末，应将企业全年净利润转入“利润分配”账户，年末结转后，“本年利润”账户无余额。

2.“利润分配”账户

该账户是所有者权益类账户，用以核算企业利润的分配（或亏损的弥补）和分配（弥补）后的结余数。借方登记利润的分配数；贷方登记从“本年利润”账户转入的利润数。年末余额如果在借方，表示未弥补的亏损；年末余额如果在贷方，表示未分配的利润。

“利润分配”账户应设置有关明细账户，反映利润分配情况，主要有“提取法定盈余公积”“提取任意盈余公积”“应付股利”“未分配利润”等，年终结转后，除“未分配利润”明细账户外，其他各明细账户无余额。

四、财务成果及利润分配的核算举例

（一）各损益类账户的核算

构成财务成果的内容，除主营业务利润外，还有其他业务利润、投资收益、营业外收支净额等，现举例说明。

【例4-31】出售C材料一批，售价5 500元，增值税税率13%，增值税税额计715元，款项已收到，存入银行。该项业务属于其他销售业务，账务处理过程与产品销售业务类似。其会计分录为：

借：银行存款	6 215	
贷：其他业务收入		5 500
应交税费——应交增值税（销项税额）		715

【例4-32】结转上述材料的实际销售成本5 000元。

此项业务的发生，引起库存材料减少，应记入“原材料”账户的贷方，同时已销材料成本增加，应记入“其他业务成本”账户的借方。其会计分录为：

借：其他业务成本	5 000	
贷：原材料——C材料		5 000

【例4-33】以现金支付罚款150元。

此项业务的发生，引起现金减少，应记入“库存现金”账户的贷方，同时营业外支出增加，应记入“营业外支出”账户的借方。其会计分录为：

借：营业外支出　　150

　贷：库存现金　　150

【例4-34】取得罚款收入300元，存入银行。

此项业务的发生，引起银行存款增加，应记入“银行存款”账户的借方，同时罚款收入应作为营业外收入，记入“营业外收入”账户的贷方。其会计分录为：

借：银行存款　　300

　贷：营业外收入　　300

（二）利润形成的核算

期末，企业应对各损益类账户进行结转，即将其中各项收入、收益转入“本年利润”账户的贷方，同时将其中各项成本、费用、支出等转入“本年利润”账户的借方。经过结转，全部收支集中反映到“本年利润”账户中，并据此结算出企业本期的利润总额和净利润额。经过结转后，各损益类账户期末均无余额。

【例4-35】将损益类账户的发生额进行结转，计算企业本期的利润总额。

此项业务的发生，应将企业本期的各项收入、收益转入“本年利润”账户的贷方，同时应将企业本期各项成本、费用、支出等转入“本年利润”账户的借方。其会计分录为：

借：主营业务收入　　928 000

　　其他业务收入　　5 500

　　营业外收入　　300

　贷：本年利润　　933 800

借：本年利润　　782 570

　贷：主营业务成本　　603 000

　　　税金及附加　　2 300

　　　其他业务成本　　5 000

　　　管理费用　　162 300

　　　销售费用　　1 820

　　　财务费用　　8 000

　　　营业外支出　　150

计算企业本期的利润总额如下：

$$\text{利润总额}=\text{营业收入}-\text{营业成本}-\text{税金及附加}-\text{销售费用}-\text{管理费用}-\text{财务费用}+\text{营业外收入}-\text{营业外支出}$$

$$=(928\,000+5\,500)-(603\,000+5\,000)-2\,300-1\,820-162\,300-8\,000+300-150$$

$$=151\,230(\text{元})$$

【例4-36】企业所得税税率为25%，计算应缴纳的所得税税额，并进行结转。

应交企业所得税=应纳税所得额×25%=151 230 ×25%=37 807.5（元）

此项业务的发生表明企业应缴纳的所得税税额为37 807.5元，但尚未缴纳，应记入“应交税费”账户的贷方和“所得税费用”账户的借方。同时，所得税作为一项费用，应转入“本年利润”账户的借方，以核算净利润。其会计分录为：

借：所得税费用　　37 807.5

　贷：应交税费——应交所得税　　37 807.5

借：本年利润 37 807.5

贷：所得税费用 37 807.5

计算企业本期的净利润如下：

净利润=利润总额-所得税=151 230-37 807.5=113 422.5（元）

（三）利润分配的核算

利润分配的主要内容应通过“利润分配”账户进行核算，以反映利润的分配情况。除“利润分配”账户外，还涉及“盈余公积”“应付股利”账户。

1.“盈余公积”账户

该账户是所有者权益类账户，用以核算企业盈余公积的形成、使用情况。贷方登记从税后利润中提取的盈余公积数，借方登记以盈余公积转增资本或弥补亏损的数额；期末余额在贷方，表示盈余公积结余数。该账户应设置“法定盈余公积”“任意盈余公积”等明细账户。

2.“应付股利”账户

该账户是负债类账户，用以核算应付给各投资人的利润。贷方登记应付的利润数，借方登记实际已付的利润数；期末余额在贷方，表示尚未支付的利润数。

【例4-37】年终，A公司应结转全年实现的净利润，将本月实现的净利润额113 422.5元连同1—11月累计实现的利润总额1 200 000元全部转入“利润分配”账户的贷方。其会计分录为：

借：本年利润 1 313 422.5

贷：利润分配 1 313 422.5

【例4-38】根据全年净利润额，按10%提取法定盈余公积，按5%提取任意盈余公积。

此项业务的发生，引起A公司盈余公积增加，应记入“盈余公积”账户的贷方，同时利润分配数增加，应记入“利润分配”账户的借方。其会计分录为：

借：利润分配 197 013.4

贷：盈余公积 197 013.4

【例4-39】A公司决定向投资者分配利润75 000元。

此项业务的发生，引起应付股利增加，应记入“应付股利”账户的贷方，同时利润分配数增加，应记入“利润分配”账户的借方。其会计分录为：

借：利润分配 75 000

贷：应付股利 75 000

第六节 资金退出的核算

在企业的生产经营过程中，除了会发生筹资业务、材料采购业务、产品生产业务、销售业务及财务成果业务之外，还会发生资金退出企业的业务，如归还借款、上缴税金、支付股利等。下面仍以A公司为例，分别说明这些业务的总分类核算。

【例4-40】A公司用银行存款向投资者支付股利75 000元。

此项业务的发生，引起银行存款减少，应记入“银行存款”账户的贷方，同时“应付股利”减少，应记入“应付股利”账户的借方。其会计分录为：

借：应付股利 75 000

贷：银行存款 75 000

【例4-41】用银行存款缴纳增值税16 000元、城市维护建设税1 320元。

此项业务的发生，引起银行存款减少，应记入“银行存款”账户的贷方；同时，应交税费减少，应记入“应交税费”的借方。其会计分录为：

借：应交税费——应交增值税 16 000

——应交城市维护建设税 1 320

贷：银行存款 17 320

【例4-42】用银行存款归还短期借款10 000元。

此项业务的发生，引起企业的短期借款减少，应记入“短期借款”账户的借方，同时银行存款减少，应记入“银行存款”账户的贷方。其会计分录为：

借：短期借款 10 000

贷：银行存款 10 000

【本章练习】

（一）单项选择题

1.购买的原材料，当其验收入库后，其实际成本在（ ）账户核算。

A.在途物资 B.原材料 C.库存商品 D.产成品

2.车间管理人员福利费应该记入（ ）账户。

A.管理费用 B.制造费用 C.生产成本 D.营业费用

3.用来反映和监督企业库存产品增减变动和结存情况的账户是（ ）。

A.产品销售成本 B.产成品 C.制造费用 D.财务费用

4.与“本年利润”账户的贷方对应的账户是（ ）。

A.管理费用 B.主营业务收入 C.应付职工薪酬 D.应交税费

5.下列项目中，不属于管理费用的有（ ）。

A.车间管理人员工资 B.厂部管理人员工资

C.厂部耗用材料 D.厂部办公用房的租金

6.发放的职工生活困难补助应通过（ ）账户进行核算。

A.应付职工薪酬 B.管理费用 C.营业外支出 D.销售费用

7.常与“主营业务成本”账户借方相对应的账户是（ ）。

A.材料采购 B.库存商品

C.原材料 D.应交税费——应交增值税

8.通过银行收到销货款62 000元，其中属于上月应收12 000元，本月应收40 000元，预收下月10 000元。在权责发生制下，本月的收入应为（ ）。

A.50 000元 B.62 000元 C.40 000元 D.52 000元

9.年末结转后，“利润分配”账户的贷方余额表示（ ）。

A.利润实现额　B.利润分配额　C.未分配利润　D.未弥补亏损

10.下列采购费用中应计入采购成本的是（　）。

A.市内采购材料的运杂费　B.运输途中的合理损耗

C.采购人员的差旅费　D.专设采购机构的经费

11.下列各项目中，应记入“制造费用”账户的是（　）。

A.生产产品耗用的材料　B.机器设备的折旧费

C.生产工人的工资　D.行政管理人员的工资

（二）多项选择题

1.经济业务与会计要素、会计等式的关系可以表述为（　）。

A.任何经济业务的发生至少要影响会计要素的两个具体项目发生增减变化

B.经济业务的发生不会破坏会计等式的平衡关系

C.只有涉及会计等式两边的经济业务才会引起资金总额的变化

D.只涉及会计等式一边的经济业务不会引起资金总额的变化

E.涉及会计等式两边的经济业务不会引起资金总额的变化

2.“生产成本”账户的借方应登记（　）。

A.管理费用　B.直接人工费用

C.分配计入的制造费用　D.直接材料费用

E.间接材料耗费

3.下列经济业务的发生会引起资金总额变化的有（　）。

A.销售产品，货款未收　B.以银行存款支付办公费

C.以银行存款偿还购货欠款　D.收到投资者投入的无形资产

E.将现金存入银行

4.（　）属于“利润分配”账户核算的内容。

A.提取法定盈余公积　B.提取任意盈余公积

C.分配给投资者利润　D.计提所得税

E.转增资本

5.（　）是企业销售过程中所使用的账户。

A.税金及附加　B.应收账款

C.应收票据　D.销售费用

E.主营业务成本

6.“材料采购”账户的借方应登记（　）。

A.材料买价　B.材料的增值税

C.材料的运费　D.材料仓库保管人员的工资

E.材料仓库保管人员的福利费

7.下列支出应当在“营业外支出”账户中核算的有（　）。

A.固定资产盘亏　B.销售材料的成本

C.处理固定资产净损失　D.支付的包装物押金

E.非常损失

8.“销售费用”账户的内容包括（　）。

A.商业企业进货运杂费　　B.销售广告费
C.销售网点人员工资　　D.销售网点人员福利费
E.销售过程中的保险费

9.下列费用中，属于生产过程中发生的费用有（　　）。
A.车间机器设备折旧费　　B.材料采购费用
C.生产工人工资　　D.生产产品耗用的材料
E.车间照明用电费

（三）判断题

1.“营业外收入”账户是用来核算企业发生的与企业生产经营无直接关系的各项收入的账户。（　　）

2.“利润分配”账户期末贷方余额为多付的利润。（　　）

3.企业销售商品应缴纳的增值税，应记入“税金及附加”账户。（　　）

4.车间管理人员的工资及福利费不属于直接人工费。（　　）

5.收付实现制不考虑收入和费用的收支期间与其归属期间是否一致的问题。（　　）

6.期末，结转完工入库产品的生产成本以后，“生产成本”总账及所属明细分类账户应均无余额。（　　）

7.盈余公积是从销售收入中提取的公积金。（　　）

8.一般来说，对新加入的投资者的出资额，应全部作为实收资本处理。（　　）

9.“制造费用”账户属费用成本类即损益类，故期末必定没有余额。（　　）

（四）简答题

1.资金筹集的核算主要设置哪些账户？如何进行账务处理？

2.采购过程的核算主要设置哪些账户？如何进行账务处理？

3.生产过程的核算主要设置哪些账户？如何进行账务处理？

4.销售过程的核算主要设置哪些账户？如何进行账务处理？

5.简述成本计算的内容与程序。

（五）业务题

1.目的：掌握采用不同会计基础对经济业务进行账务处理的区别。

资料：某企业202×年6月发生下列经济业务：

（1）1日，出售产品一批，价值90 000元，货款尚未收到。

（2）2日，收到购买单位A预付货款36 000元，款项已存入银行。

（3）15日，以银行存款1 000元支付本月的水电费。

（4）18日，收到6—8月份出租固定资产的租金2 700元，款项已存入银行。

（5）25日，收到上月出租包装物租金180元，款项已存入银行。

（6）30日，本月应收银行存款利息2 000元。

（7）30日，本月出租固定资产已用满一月，应将本期预收租金的1/3转作本期收入，见业务（4）。

（8）30日，按规定税率计算本月应缴纳销售税金4 500元。

（9）30日，以银行存款2 000元支付上月所欠税金。

（10）30日，本月应收对外劳务收入10 000元。

（11）30日，本月已售产品的成本为50 000元。

要求：按两种会计基础分别编制会计分录，并计算出生产企业本期的收入和费用。

2.目的：练习资金筹集、采购过程、生产过程的核算。（增值税税率13%，运费暂不考虑抵扣增值税）

资料：某企业202×年6月发生以下经济业务：

（1）企业收到投资人投入资金200 000元，款项已存入银行。

（2）企业收到投资人投入材料400 000元。

（3）企业收到投资人投入的不需要安装的设备一台，该设备原值为70 000元，评估确认作价为45 000元。

（4）企业从银行借入流动资金借款50 000元，期限半年，年利率为6%，款项已存入银行。

（5）从M公司购进甲材料5吨，单价1 200元/吨，该公司代垫运费300元，材料已到，尚未验收入库，材料价款及代垫运费暂欠。

（6）以现金支付甲材料检验费47元。

（7）开出转账支票支付前欠M公司货款。

（8）以银行存款5 000元预付供应单位乙材料购料款。

（9）购进甲材料8吨，单价1 200元/吨，供货单位代垫运费400元，材料未到，开出本单位承兑的商业汇票抵付。

（10）从供应单位购进乙材料5吨，单价1 000元/吨，以原预付款抵付。

（11）根据仓库领料单汇总，本月上旬材料耗用甲材料26 000元，其中，A产品生产耗用25 600元，厂部管理部门耗用400元；乙材料9 000元，其中，B产品生产耗用7 820元，车间耗用1 180元。

（12）分配本月工资，其中，A产品工人工资30 000元，B产品工人工资15 000元，厂部管理人员工资12 000元，车间管理人员工资7 000元。

（13）按工资总额的14%计提职工福利费。

（14）从银行提取现金64 000元，发放职工工资。

（15）职工报销医疗费65元，以现金付讫。

（16）以现金支付业务招待费200元。

要求：根据以上资料，编制会计分录。

3.目的：练习制造费用的归集和分配。

资料：某企业202×年6月发生了以下费用：

（1）生产产品耗用原材料3 000元。

（2）生产工人工资2 000元，车间一般管理人员工资800元。

（3）车间发生固定资产折旧费1 500元。

（4）本月发生财务费用800元。

（5）车间发生水电费700元。

要求：根据以上资料，计算本期的制造费用，并按生产工人工资比例在甲、乙产品之间分配制造费用（甲产品生产工人工资为1 200元）。

4.目的：练习财务成果的核算。

资料：某公司202×年12月份发生以下经济业务：

（1）出售产品一批，售价50 000元，按13%税率计算增值税。货款收到，存入银行。

（2）按出售产品的实际销售成本35 000元转账。

（3）以现金支付产品销售过程中的运杂费、包装费500元。

（4）以银行存款支付厂部办公费300元。

（5）以银行存款支付银行借款利息1 200元，前两个月已预提利息1 000元。

（6）以银行存款支付违约罚金500元。

（7）没收××公司逾期未还包装物的押金300元。

要求：计算、结转和分配利润。

（1）按12月份利润总额的25%计算应交所得税。

（2）将12月份各损益类账户余额转入“本年利润”账户。

（3）将12月份实现的净利润自“本年利润”账户转入“利润分配”账户。

（4）按12月份净利润的10%计算应提法定盈余公积。

（5）按12月份净利润的5%计算应提任意盈余公积。

（6）按12月份净利润的10%计算应付投资者利润。

（7）根据上列资料的各项经济业务内容编制会计分录，同时登记“本年利润”和“利润分配”总分类账。

第五章　会计账户分类

【学习目标】

本章阐述不同分类标准下账户的分类与使用。本章学习要求掌握账户按经济内容的分类，熟练掌握账户按经济用途和结构的分类，掌握重要的基本账户、业务账户和调整账户，能够正确运用各类账户登记经济业务。

为了更好地掌握账户的设置和运用，有必要对账户进行适当分类。账户分类有助于建立完善的账户体系，进一步掌握各类账户的运用，提供核算指标的规律性。账户分类主要取决于账户的经济内容、经济用途和结构。

第一节　会计账户按经济内容分类

会计账户的经济内容是指账户所核算和监督的具体内容。会计账户按经济内容分类就是按会计核算和监督的会计对象的具体内容进行分类。会计对象的具体内容实际上包括了资产、负债、所有者权益、收入、费用和利润六大会计要素，因此，账户按经济内容分类可分为资产账户、负债账户、共同账户、所有者权益账户、成本账户和损益账户等六类。

一、资产账户

资产账户是核算企业资产要素的增减变动及结存情况的账户，按资产的流动性又分为流动资产账户和非流动资产账户两类。

1.流动资产账户

流动资产账户是指可以在一年或者超过一年的一个营业周期内变现或者耗用的资产账户，主要包括：货币资金的账户，如“库存现金”“银行存款”等账户；金融资产的账户，如“交易性金融资产”账户；结算债权的账户，如“应收票据”“应收股利”“应收账款”“坏账准备”等账户；存货资产的账户，如“材料采购”“原材料”“材料成本差异”等账户。

2.非流动资产账户

非流动资产账户包括反映企业的长期股权投资、固定资产、无形资产和其他资产等企业的财产、债权和其他权利的账户。

资产账户的特点是：账户一般都有余额，且在借方。

二、负债账户

负债账户用来核算企业负债要素的增减变动及结存情况的账户。按照负债的偿还期的长短或流动性分为流动负债账户和非流动负债账户。

1.流动负债账户

流动负债账户核算企业将在一年或者超过一年的一个营业周期内需要偿还的债务账户，如“应付账款”“应付职工薪酬”“短期借款”“应交税费”“其他应付款”等账户。

2.非流动负债账户

非流动负债账户核算企业将在一年或者超过一年的一个营业周期以上需要偿还的债务账户，如“长期借款”“应付债券”“长期应付款”“专项应付款”“预计负债”等账户。

负债账户的特点是：账户一般都有余额，且在贷方。

三、共同账户

共同账户是指具有双重性质的账户，既具有资产账户性质又具有负债账户性质。期末出现借方余额时，是形成的资产价值；期末出现贷方余额时，是形成的负债价值。这类账户有“衍生工具”和“被套期项目”等。按是否有期末余额分类，共同账户可分为过渡账户和非过渡账户两类。

1.过渡账户

过渡账户是指期末没有余额的共同账户，如金融企业使用的“货币兑换”账户，该账户核算外币交易所产生的不同币种之间的兑换，期末没有余额。

2.非过渡账户

非过渡账户是指期末有余额的共同账户，如“清算”“衍生工具”“套期工具”等账户，这些账户期末借方余额反映资产价值，期末贷方余额反映负债价值。

四、所有者权益账户

所有者权益账户是用来核算企业所有者权益增减变动及结存情况的账户。按照所有者权益来源的性质，所有者权益账户可分为两类：核算所有者原始投资的账户，如“实收资本”账户；核算所有者投资收益的账户，如“本年利润”“利润分配”“盈余公积”等账户。

五、成本账户

成本账户是用来核算企业生产费用，计算产品成本的账户。在工业企业，按照生产经营过程的阶段划分，用来归集费用、计算成本的账户又可以分为采购成本计算账户和生产成本计算账户两类。采购成本计算账户指在供应过程中用来归集购入材料价款和采购费用，计算材料采购成本的账户，如“材料采购”账户。生产成本计算账户指在生产过程中用来归集制造产品的生产费用、计算产品生产成本的账户，如“制造费用”和“生产成本”账户。

成本账户与资产账户有着密切的联系。资产一经耗用就转化为费用成本，成本账户的期末借方余额属于企业的资产，如“材料采购”账户的借方余额为在途材料的成本，“生产成本”账户的借方余额为在产品的成本，都是企业的流动资产。从这个意义上来说，成本账户也是资产账户。在分类时，有的账户，如“材料采购”账户，既可以归入资产账户，也可以归入成本账户。

六、损益账户

损益账户是指核算与损益的确定直接有关的账户，主要是指那些用来反映企业收入和费用的账户。这类账户按其与损益组成内容的关系，可以分为以下三类：用来反映营业损益的账户，如“主营业务收入”“主营业务成本”“销售费用”“税金及附加”“管理费用”“财务费用”等账户，这些收入和费用之间有着直接配比或间接配比的关系；用来反映营业外收支的账户，如“营业外收入”“营业外支出”账户；用来反映所得税的账户，如“所得税费用”账户。

第二节　会计账户按经济用途和结构分类

账户按经济用途和结构分类，是指在账户按经济内容分类的基础上，对经济用途和结构基本相同的账户进行适当的归类。账户的经济用途，是指通过账户的记录能够提供什么核算指标。账户的结构，是指在账户中如何提供核算指标，借方登记什么，贷方登记什么，怎样进行登记，其余额反映什么内容。按账户的经济用途和结构分类，可以使我们明确各个账户的不同使用方法和具体作用。

账户按经济用途和结构分类，可以分为三大类十四小类，如图5-1所示。

由图5-1可知，三大类账户是基本账户、业务账户和调整账户，十四小类账户为盘存账户、结算账户、资本账户、跨期摊配账户、对外投资账户、集合分配账户、成本计算账户、集合配比账户、财务成果账户、计价对比账户、暂记账户、备抵调整账户、附加调整账户和备抵附加调整账户。

一、基本账户

基本账户是用来核算和监督资产、负债和所有者权益的增减变动和实有情况的账户。这类账户的特点是其所反映的内容都是经济活动的基础，因而称为基本账户。基本账户一般都有余额，期末应分别列入资产负债表的资产、负债和所有者权益项目。

基本账户可分为盘存账户、结算账户、资本账户、跨期摊配账户和对外投资账户三类。

（一）盘存账户

盘存账户是用来核算和监督可以进行实物盘点的各种财产物资和货币资金增减变动及其实有数额的账户。这类账户包括了企业主要的资产账户，如“库存现金”“银行存款”“原材料”“库存商品”“固定资产”等账户。盘存账户的结构特点是：借方登记各种财产物资或货币资金的增加数，贷方登记各种财产物资或货币资金的减少数；余额在借方，表示各种财产物资或货币资金的实有数。这类账户可以通过实物盘点方式进行财产清查，核对账实是否相符。“生产成本”账户的期初、期末借方余额表示在产品；“材料采购”账户的期初、期末借方余额表示在途材料；“在建工程”账户的期初、期末借方余额表示未完工程成本和工程物资。这些账户都具有盘存账户的性质。

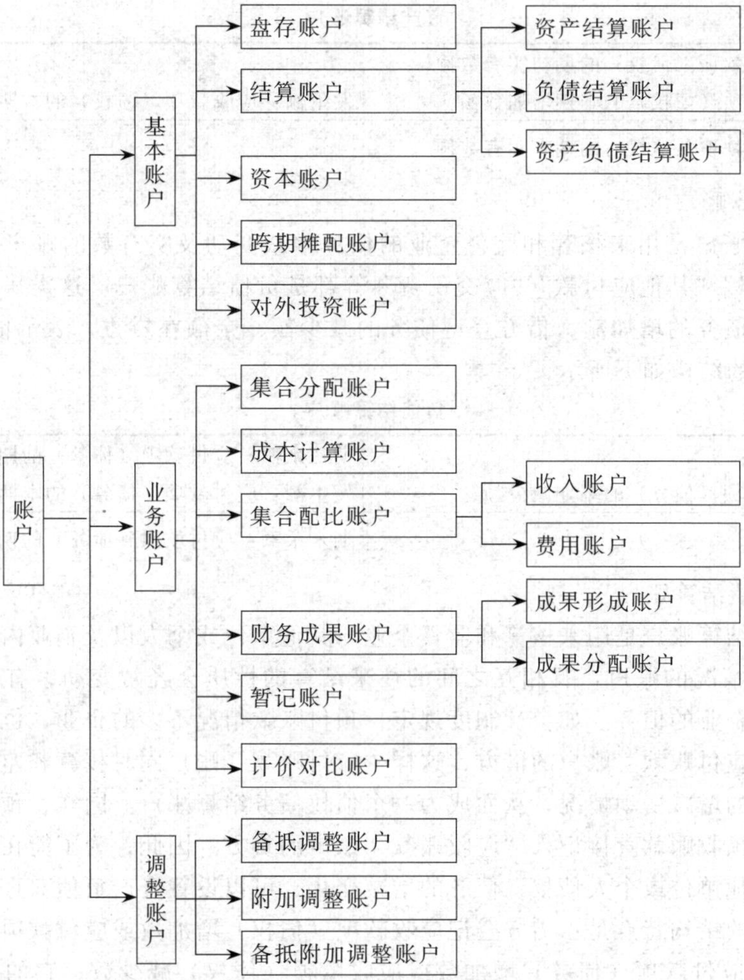

图 5-1 账户按经济用途和结构分类图

盘存账户的结构如下所示：

借方 **盘存账户** 贷方

期初余额：财产物资或货币资金期初实有数额 发生额：财产物资或货币资金的本期增加数额	发生额：财产物资或货币资金的本期减少数额
期末余额：财产物资或货币资金的期末实有数额	

（二）结算账户

结算账户是用来核算和监督企业同其他单位或个人以及企业内部之间债权（应收）、债务（应付）结算关系的账户。按照其具体的经济用途和结构又可分为资产结算账户、负债结算账户和资产负债结算账户三类。

1.资产结算账户

资产结算账户是用来核算和监督企业的债权增减变动及实有数的账户，如“应收账款”“应收票据”“其他应收款”等都属于资产结算账户。这类账户的结构特点是：借方登记债权的增加额，贷方登记债权的减少额；余额在借方，表示债权的实有数额。资产结算账户的结构如下所示：

资产结算账户

借方	贷方
期初余额：应收款项（债权）的期初实有数额 发生额：应收款项（债权）的本期增加数额	发生额：应收款项（债权）的本期减少额
期末余额：应收款项（债权）的期末实有数额	

2.负债结算账户

负债结算账户是用来核算和监督企业的债务增减变动及实有数的账户，如“应付账款”“应付票据”“其他应付款”“应交税费”等都是负债结算账户。这类账户的结构特点是：贷方登记债务的增加额，借方登记债务的减少额；余额在贷方，表示债务实有数额。负债结算账户的结构如下所示：

负债结算账户

借方	贷方
发生额：应付款项（债务）的本期减少额	期初余额：应付款项（债务）的期初实有数额 发生额：应付款项（债务）的本期增加额
	期末余额：应付款项（债务）的期末实有数额

3.资产负债结算账户

资产负债结算账户是用来核算和监督企业与其他单位或个人以及企业内部之间的一般款项往来结算情况的账户，且相互之间的往来结算的性质会经常变动，有时是企业的债权，有时则是企业的债务。如会计制度规定，预付账款情况不多的企业，也可以将预付账款直接记入“应付账款”账户的借方，这样“应付账款”账户同时核算和监督企业应付账款和预付账款的增减变动情况，从而成为一个债权债务结算账户。同样，预收账款不多的企业，也可将预收账款直接记入“应收账款”账户的贷方。因此，为了能在同一账户中反映本企业与其他单位或个人债权、债务的增减变化，可以设置资产负债双重性质的结算账户。这类账户的结构特点是：借方登记应收款项（债权）增加数或应付款项（债务）减少数，贷方登记应付款项（债务）增加数或应收款项（债权）减少数；它的余额有时在借方，有时在贷方。资产负债结算账户各明细账的借方余额表示应收款项（债权）的实有数；贷方余额表示应付款项（债务）的实有数。资产负债结算账户总账的借方余额为应收款项大于应付款项的差额；贷方余额为应付款项大于应收款项的差额。另外，我们还可以将“其他应收款”“其他应付款”合并设置“其他往来”账户，同理，可设置“供应单位往来”“内部往来”等账户。这些均属于资产负债结算账户，其优点在于可以减少往来账目的对账工作量，集中反映双方的债权、债务情况，缺点是账务处理不直观，初学者不易掌握。资产负债结算账户的结构如下所示：

资产负债结算账户

借方	贷方
期初余额：应收款项大于应付款项的差额 发生额：应收款项的增加数或应付款项的减少数	期初余额：应付款项大于应收款项的差额 发生额：应付款项的增加数或应收款项的减少数
期末余额：应收款项大于应付款项的差额	期末余额：应付款项大于应收款项的差额

（三）资本账户

资本账户是用来核算和监督企业资本的所有者权益账户，如“实收资本”“资本公积”“盈余公积”“利润分配——未分配利润”等账户。资本账户的结构特点是：贷方登记各项资本的增加额；借方登记各项资本的减少额；余额在贷方，表示各项资本的实有数。资本账户的结构如下所示：

资本账户

借方	贷方
发生额：资本的减少额	期初余额：期初结存的各项资本实存额 发生额：资本的增加额
	期末余额：资本期末的结存额

（四）跨期摊配账户

跨期摊配账户是用来核算和监督应由若干个成本计算期共同负担的费用，并将这些费用在各个成本计算期进行分摊，借以正确计算产品成本的账户。设置跨期摊配账户的目的在于按照配比原则和权责发生制原则准确计算各成本计算期的产品成本。具有资产性质的跨期摊配费用和负债性质的跨期摊配费用，前者如“长期待摊费用”，后者如“应付利息”，都属于跨期摊配账户。

“长期待摊费用”账户用来核算本期已经支付，但应分摊计入本期和以后各期产品成本的费用。其账户结构如下所示：

长期待摊费用

借方	贷方
期初余额：反映已经支付，但尚未分摊的数额 发生额：反映本期发生的待摊费用	发生额：应由本期分摊（负担）的数额
期末余额：已经支付但尚未分摊的应由以后各期负担的数额	

“应付利息”账户用来核算企业按照合同约定应支付的利息，包括吸收存款、分期付息到期还本的长期借款、企业债券等应支付的利息。其账户结构如下所示：

应付利息

借方	贷方
发生额：已经提取，本期实际支付的数额	期初余额：已提取而尚未实际支付的数额 发生额：本期提取数额
	期末余额：已提取而尚未实际支付的数额

（五）对外投资账户

对外投资账户是用来核算企业对外投资所形成投资资产的增加和减少的账户，如“交易性金融资产”“债权投资”“长期股权投资”“投资性房地产”等账户。这类账户的结构特征是：借方登记对外投资资产的增加；贷方登记对外投资资产的减少和投资期满对外投资资产的收回；余额一般在借方，表示企业对外投资的实有数额。对外投资账户的结构如下所示：

对外投资账户

借方	贷方
期初余额：期初对外投资资产实有数额 发生额：对外投资资产的增加	发生额：对外投资资产的减少或收回
期末余额：期末对外投资资产实有数额	期末余额：已提取而尚未实际支付的数额

二、业务账户

业务账户是用来核算和监督企业在采购、生产、销售过程中业务活动的账户。其特点是能及时考核企业财务和成本计划的完成情况，对企业经济效益做全面评价。

业务账户可分为集合分配账户、成本计算账户、集合配比账户、财务成果账户、暂记账户和计价对比账户等六类。

（一）集合分配账户

集合分配账户是用来汇集和分配生产经营过程中某一阶段所发生的有关费用，借以反映和监督有关费用计划的执行情况及分配情况的账户。设置这类账户便于将这些费用进行分配。集合分配账户的特点是：借方登记费用的发生额，贷方登记费用的分配额，期末一般无余额。“制造费用”就属于此类账户。其账户结构如下所示：

借方 集合分配账户	贷方
发生额：汇集经营过程中某种费用的数额	发生额：分配给应负担该项费用的成本对象的数额

（二）成本计算账户

成本计算账户是用来归集生产经营过程中某一阶段所发生的全部费用，并据以计算、确定各个成本计算对象的实际成本的账户。“生产成本”账户就属于成本计算账户。这类账户的结构特点是：借方登记已发生的各项费用，贷方登记结转出的实际成本，期末如有借方余额，则表示尚未完成生产经营过程某一阶段的各个成本计算对象已发生的费用。“材料采购”和“在建工程”也属于这类账户。成本计算账户的结构如下所示：

借方 成本计算账户	贷方
期初余额：尚未完成生产经营过程某一阶段的成本计算对象的实际成本 发生额：归集生产经营过程某一阶段所发生的全部费用数额	发生额：结转已完成某一阶段的成本计算对象的实际成本
期末余额：尚未完成生产经营过程某一阶段的成本计算对象的实际成本	

（三）集合配比账户

集合配比账户是用来计算和归集企业损益核算阶段的各项收入和费用，以便确定财务成果的账户。对于企业会计信息系统来说，仅仅计算收入总额和费用总额是不够的，还应按经营项目反映收入和费用情况。集合配比账户的结构特点是：平时一般只要在账户的一方（借方或贷方）做记录，期末再从账户的另一方（贷方或借方）结转到“本年利润”账户，以对比计算财务成果，并且期末结转后账户没有余额。按经济利益流入和流出分类，集合配比账户又可以分为收入账户和费用账户两类。

1.收入账户

收入账户是用来归集生产经营过程中所取得的收入，借以在期末计算确定经营期内财务成果的账户。属于这类账户的有“主营业务收入”“投资收益”“其他业务收入”等。企业的所有收入都在期末结转至“本年利润”账户，收入账户期末一般无余额。收入账户的结构如下所示：

借方　　收入账户	贷方
发生额：收入或收益的减少数和结转至“本年利润”账户数	发生额：收入或收益的增加数

2.费用账户

费用账户是用来归集生产经营过程中发生的费用，借以在期末计算确定经营期内财务成果的账户。属于这类账户的有“主营业务成本”“税金及附加”“销售费用”“其他业务成本”“营业外支出”“管理费用”“财务费用”“所得税费用”等。企业的所有费用都在期末结转至“本年利润”账户，费用账户期末一般没有余额。费用账户的结构如下所示：

借方　　费用账户	贷方
发生额：本期费用支出的增加数	发生额：本期费用支出的减少数和结转至“本年利润”账户数

(四）财务成果账户

财务成果账户是用来核算和监督企业在一定时期内财务成果的形成，计算最终成果的账户。“本年利润”是财务成果计算的典型账户。该账户的结构特点是：贷方登记一定时期内的主营业务收入、其他业务收入、营业外收入、投资收益等；借方登记一定时期内的主营业务成本、期间费用、其他业务成本、税金及附加、营业外支出和所得税费用等。期末将借方发生额和贷方发生额进行比较，就可以得出本计算期的最终财务成果，如为贷方余额表示实现的利润，如为借方余额则表示发生的亏损。因“本年利润”账户贷方的收入和收益按售价计算，而借方的成本、费用按成本价计算，双方计价基础不同，所以也可以称为计价对比账户。财务成果（“本年利润”）账户的结构如下所示：

借方　　财务成果账户	贷方
发生额：反映计算期的主营业务成本、税金及附加、期间费用、其他业务成本、营业外支出和所得税费用等应计入当期损益的各项成本费用的数额	发生额：反映计算期的主营业务收入、其他业务收入、营业外收入等收入与投资收益的数额
期末余额：亏损总额 (年终结转到“利润分配——未分配利润”账户的借方）	或，期末余额：盈利总额 (年终结转到“利润分配——未分配利润”账户的贷方）

(五）暂记账户

在核算和监督某些经济业务时，这些经济业务的应借账户或应贷账户的一方能立刻确定，而另一方一时难以确定，此时可将另一方暂记为某个账户，一旦确定另一方的账户后，则进行转账，这种用于暂时登记、具有过渡性质的账户，称为暂记账户。常见的暂记账户是“待处理财产损溢”账户。

该账户借方登记财产物资盘亏、毁损的实际数或报经批准转账的财产物资盘盈数；贷方登记财产物资的盘盈数或报经批准转账的财产物资盘亏、毁损数。余额如在借方，表示期末尚未批准转账的财产物资的盘亏、毁损数减去盘盈数的净损耗；余额如在贷方，表示尚未批准转账的财产物资盘盈数减去盘亏、毁损数的净溢余。期末处理后本账户一般无余额。“待处理财产损溢”账户结构如下所示：

借方 **待处理财产损溢** 贷方

期初余额：期初尚未批准转账的财产物资盘亏、毁损数减去盘盈数的净损耗 发生额：本期发生财产物资的盘亏、毁损数；报经批准转账的财产物资盘盈数	或，期初余额：期初尚未批准转账的财产物资盘盈数减去盘亏、毁损数的净溢余 发生额：本期发生财产物资的盘盈数；报经批准转账的财产物资盘亏、毁损数
期末余额：期末尚未批准转账的财产物资盘亏、毁损数减去盘盈数的净损耗	或，期末余额：期末尚未批准转账的财产物资盘盈数减去盘亏、毁损数的净溢余

（六）计价对比账户

计价对比账户，也称对比账户，是用来对某项经济业务按照两种不同的计价标准进行对比，借以确定其业务成果的账户。按计划成本计价进行物资日常核算的企业所设置的“材料采购”账户就是属于计价对比账户。该账户的借方登记物资的实际采购成本，贷方登记按照计划单价核算的物资的计划采购成本，通过借贷双方两种计价的对比，可以确定材料采购的业务成果。“本年利润”账户的贷方登记按售价计算的收入和收益，借方登记按成本价计算的成本、费用等，通过借贷双方两种计价的对比，可以确定企业的财务成果（净利润）。

计价对比账户的特点是在同一账户的借贷两方采用不同的计价标准来反映有关经济指标，而调整账户则是通过两个成对设置的账户来反映有关经济指标。

以“材料采购”账户为例，计价对比账户的结构如下所示：

借方 **材料采购** 贷方

期初余额：期初在途物资的实际成本大于货到款未付的计划成本的差额 发生额：外购物资的实际成本；贷差（计划成本大于实际成本的差额，即材料节约差异，转入“材料成本差异”账户贷方）	或，期初余额：期初货到款未付的计划成本大于在途物资的实际成本的差额 发生额：外购物资的计划成本；借差（计划成本小于实际成本的差额，即材料超支差异，转入“材料成本差异”账户借方）
期末余额：期末在途物资的实际成本大于货到款未付的计划成本的差额	或，期末余额：期末货到款未付的计划成本大于在途物资的实际成本的差额

当然，我们应该注意到“材料采购”账户体现的是计价对比账户的传统思想，也存在某些不足。因为，此时的余额（期初或期末）的含义比较令人费解（发生额也令人费解，不利于经济分析），应将其余额理解为在途物资的实际成本与货到款未付物资的计划成本的差额。实际成本与计划成本毕竟是不同“质”的量，不能相加减。为了避免出现这个问题，我们可以将“材料采购”账户借贷方均按实际成本计价，不认为“材料成本差异”是由“材料采购”账户借贷方计价不同所产生的，而认为“材料成本差异”是“材料采购”的实际成本与“原材料”等账户的计划成本不同所造成的。事实上，“材料采购”的计划

成本是由入库的“原材料”等的计划成本决定的。或者说，如果没有“原材料”等的计划成本，根本就不会有“材料采购”的计划成本，脱离了“原材料”等的计划成本，就只会有“材料采购”的实际成本。这样做对会计电算化是极为有利的，但需对“材料采购”明细账的格式做相应变化（即将贷方栏目下的计划成本改为实际成本，另外再单独设置计划成本和成本差异栏目），以满足管理的需要。

三、调整账户

调整账户是用来调整有关账户的账面余额而设置的账户。在会计核算中，由于管理上的需要或其他原因，对于某些资产或负债、所有者权益，有的需要用两种不同的数字，开设两个账户来进行记录反映。其中，一个账户用来记录反映原始数字，另一个账户用来记录反映对原始数字的调整数字。记录反映原始数字的账户称为被调整账户；记录反映调整数字的账户称为调整账户。将原始数字同调整数字相加或相减，就可以求得某项指标的现有实存数字。调整账户和被调整账户相互配合，既能全面、完整地反映同一个会计对象，又能满足管理上对不同指标的需要。

调整账户按其调整方式的不同，可以分为备抵（或称抵减）调整账户、附加调整账户和备抵附加调整账户三种。调整账户往往随同被调整账户成对设置。

（一）备抵调整账户

备抵调整账户是用来抵减被调整账户的余额以求得被调整账户调整后实际余额的账户。例如，“累计折旧”账户是“固定资产”账户的备抵调整账户；“坏账准备”是“应收账款”的备抵调整账户；“产品成本差异”（或商品流通企业的“商品进销差价”）是“库存商品”的备抵调整账户；“利润分配”是“本年利润”的备抵调整账户。其调整方式是以被调整账户的期末余额减去调整账户的期末余额，以求得被调整账户调整后的现有实际数额。备抵调整账户的特点是调整账户与被调整账户的性质是相同的，两个账户的余额方向相反。例如，“固定资产”账户的期末借方余额表示固定资产的原始价值，“累计折旧”账户的期末贷方余额表示固定资产的累计折旧额，两者相抵，即可求得固定资产的现有净值。尽管这两个账户余额的方向相反，借贷方登记增减也相反，但这两个账户是同一性质的账户。正因为它们是同一性质的账户，才可以抵减，否则不能相加减。同时也正是因为“固定资产”账户与“累计折旧”账户的余额方向相反，它们才能互相备抵。

根据被调整账户的性质，又可将备抵调整账户分为资产备抵账户（如“累计折旧”“坏账准备”）和权益备抵账户（如“利润分配”）。

1.资产备抵账户

资产备抵账户是用来抵减某一资产账户（被调整账户）的余额以求得该资产账户调整后实际余额的账户。例如，“累计折旧”账户就是“固定资产”账户的资产备抵账户，两者的关系如下所示。另外，“固定资产减值准备”账户也是“固定资产”账户的资产备抵账户，“长期投资减值准备”账户是“长期股权投资”和“长期债权投资”账户的资产备抵账户，“存货跌价准备”账户是“原材料”“包装物”“低值易耗品”“库存商品”等账户的资产备抵账户，“在建工程减值准备”账户是“在建工程”账户的资产备抵账户。

借方	固定资产	贷方
期末余额 500 000		

借方	累计折旧	贷方
		期末余额 12 500

固定资产原始价值	500 000
减：累计折旧额	12 500
固定资产净值	487 500

2.权益备抵账户

权益备抵账户是用来抵减某一权益账户（被调整账户）的余额以求得该权益账户调整后实际余额的账户。例如，“利润分配”账户就是“本年利润”账户的权益备抵账户，两者的关系如下所示：

借方	本年利润	贷方
		期末余额 800 000

借方	利润分配	贷方
期末余额 600 000		

本期已实现的利润额	800 000
减：本期已实现利润分配额	600 000
期末未分配的利润额	200 000

（二）附加调整账户

附加调整账户是用来增加被调整账户的余额，以求得被调整账户调整后实际余额的账户。这类账户同备抵调整账户的调整方式恰好相反，是将被调整账户的期末余额与调整账户的期末余额相加，得出被调整账户调整后的实际余额。附加调整账户的特点是被调整账户的性质和期末余额方向与调整账户一致。例如，企业溢价发行债券，发行时按债券的票面金额贷记“应付债券——债券面值”账户，按溢价金额贷记“应付债券——债券溢价”账户。“债券溢价”二级账户是“债券面值”二级账户的附加调整账户，两者期末贷方余额之和表示该项债券的实际余额。两者的关系如下所示：

借方	应付债券——债券面值	贷方
		期末余额 100 000

借方	应付债券——债券溢价	贷方
		期末余额 10 000

债券发行总额	100 000
加：债券溢价总额	10 000
债券实际发行金额	110 000

（三）备抵附加调整账户

备抵附加调整账户是同时具有备抵和附加两种调整功能的账户。如“材料成本差异”是备抵附加调整账户，当其余额与被调整账户的余额方向相同时，其调整的方式与附加调整账户相同；当其余额与被调整账户的余额方向相反时，其调整的方式与备抵调整账户相同。

如果企业的材料、物资核算采用计划成本计价，就必须设置“材料采购”和“材料成本差异”账户，并按“原材料”“包装物”“低值易耗品”“工程物资”等分类核算差异率，一般不得使用一个综合差异率；然后，按“原材料”“包装物”“低值易耗品”“工程物资”等有关账户来分别计算物资的实际采购成本和计划成本，以及实际采购成本同计划成本的差异额。通过“材料采购”账户，将材料采购的实际采购成本大于计划成本的差额记入“材料成本差异”及其明细账户的借方（即超支额），将材料采购的实际采购成本小于计划成本的差额记入“材料成本差异”及其明细账户的贷方（即节约额）。月末填制会计报表时，需将“原材料”“包装物”“低值易耗品”“工程物资”等账户反映的计划成本调整为实际成本。这时“材料成本差异”及其明细账户的期末余额如在借方，则与“原材料”“包装物”“低值易耗品”“工程物资”等账户的期末借方余额相加（附加调整账户性质）；如果“材料成本差异”及其明细账户的期末余额在贷方，则与“原材料”“包装物”“低值易耗品”“工程物资”等账户的期末借方余额相减（备抵调整账户性质），就可以将物资计划成本调整为实际成本，如下所示：

被调整账户

借方	原材料	贷方
期末余额	246 000	

调整账户

借方	材料成本差异——原材料	贷方
期末余额	3 200	

“原材料”账户的借方余额（计划成本）	246 000
加：“材料成本差异——原材料”账户借方余额（超支数）	3 200
原材料的实际成本	249 200

被调整账户

借方	原材料	贷方
期末余额	246 000	

调整账户

借方	材料成本差异——原材料	贷方
	期末余额	3 200

“原材料”账户的借方余额（计划成本）	246 000
减：“材料成本差异——原材料”账户贷方余额（节约数）	3 200
原材料的实际成本	242 800

除了上述分类以外，账户还可分为实账户和虚账户两类。实账户是指反映企业资产、负债和所有者权益的账户，这些账户在期末结账后通常都有余额，以后各期都要连续登记，所以也称永久性账户。同时，由于这些账户是编制资产负债表的依据，所以又称为资产负债表账户。虚账户是指反映企业生产经营过程中发生的收入、成本、费用、成果的账户，这些账户在期末结账后通常没有余额，下一会计期间开始时需另行开设，所以也称临时性账户。同时，由于这些账户是编制利润表的依据，又称利润表账户。将账户分为实账户和虚账户，可以进一步了解账户的经济内容和经济用途与结构，以便更好地运用各种账户进行结账，编制会计报表。

以上14个分类是按照不同的标志来进行的，同一账户可能既属于这一类账户，又属于其他类别的账户，即各种分类划分之间会有交叉。例如，“材料采购”既是资产账户，又是成本计算账户，还是计价对比账户。而且，账户既有按总账来确定分类的，也有少数按明细账来确定分类的。例如，“应付债券——债券溢价”是“应付债券——债券面值”的附加调整账户。虽然这些账户在基础会计学中并不要求全部掌握，但随着财务会计学等的进一步学习，我们将会接触到这些账户。因此，我们在学习中应灵活掌握上述账户分类，切忌生搬硬套。

【本章练习】

（一）单项选择题

1.建立账户体系的基础是（　　）。

A.账户的用途　B.账户的经济内容　C.账表关系　D.账户的结构

2.盘存类账户属于（　　）。

A.负债账户　B.资产账户　C.收入账户　D.利润账户

3.（　　）账户具有明显的过渡性质。

A.集合分配类　B.财务成果类　C.计价对比类　D.结算类

4.资产结算账户的贷方，登记（　　）。

A.应收账款的减少　B.应收账款的增加

C.预收账款的增加　D.预收账款的减少

5.财务成果账户的余额在贷方表示（　　）。

A.实现的利润总额　B.发生的费用总额

C.实现的净利润　D.发生的亏损总额

6.下列账户中属于资产负债结算账户的是（　　）。

A.“应付股利”账户　B.“预收账款”账户

C.“其他应收款”账户　D.“其他往来”账户

7.下列账户中属于集合分配账户的是（　　）。

A.“利润分配”账户　B.“制造费用”账户

C.“管理费用”账户　D.“材料采购”账户

8.下列账户中属于计价对比账户的是（　　）。

A.“材料成本差异”账户　B.“坏账准备”账户

C.“材料采购”账户　D.“主营业务成本”账户

9.下列账户中，（　　）不属于调整账户。

A.“利润分配”账户　B.“坏账准备”账户

C.“累计折旧”账户　D.“应收账款”账户

10.当调整账户的余额与被调整账户的余额在相同的方向时，应属于（　　）。

A.附加调整账户　B.备抵附加调整账户

C.备抵调整账户　D.资产账户

11.“累计折旧”账户按用途和结构分类属于（　　）。

A.成本计算账户　B.费用账户

C.附加调整账户　　D.资产备抵账户

（二）多项选择题

1.账户的结构应该包括（　　）。

A.账户借方登记的内容　　B.账户贷方登记的内容

C.账户期末余额的方向　　D.账户余额反映的内容

2.调整账户按调整方式的不同，可分为（　　）。

A.附加调整账户　　B.备抵附加调整账户

C.备抵调整账户　　D.资产账户

3.下列盘存账户中，（　　）通过设置和运用明细账可以提供数量和金额两种指标。

A.“银行存款”账户　　B.“原材料”账户

C.“库存商品”账户　　D.“库存现金”账户

4.下列账户中，属于资产备抵账户的有（　　）。

A.“累计摊销”账户　　B.“坏账准备”账户

C.“利润分配”账户　　D.“累计折旧”账户

5.“材料成本差异”账户是（　　）。

A.资产账户　　B.负债账户

C.备抵附加调整账户　　D.利润表账户

6.在生产过程中，用来归集制造产品的生产费用、计算产品成本的账户，有（　　）账户。

A.“制造费用”　　B.“库存商品”　　C.“生产成本”　　D.“主营业务成本”

7.账户按经济用途和结构分类，属于成本计算账户的有（　　）。

A.“制造费用”账户　　B.“材料采购”账户

C.“生产成本”账户　　D.“主营业务成本”账户

（三）判断题

1.账户之间最本质的差别在于其用途和结构的不同。（　　）

2.“材料采购”账户既可以归入资产账户，也可以归入成本账户。（　　）

3.“存货跌价准备”账户属于损益类账户。（　　）

4.“累计摊销”账户的本期发生增加额及余额在贷方，所以是负债类账户。（　　）

5.资产负债结算账户的借方余额，表示尚未收到的债权。（　　）

6.“税金及附加”“所得税费用”账户按用途和结构分类，都属于费用类账户。（　　）

7.“本年利润”账户，年度中间的余额可能在借方也可能在贷方，但年终结转后，该账户的余额只在贷方。（　　）

8.备抵附加调整账户属于双重性质的结算账户。（　　）

9.调整账户与被调整账户的用途和结构是相同的，但反映的经济内容不同。（　　）

（四）简答题

1.账户的经济内容是什么？账户按经济内容分为哪几类？

2.账户按用途和结构分为哪几类？

3.比较资产结算账户、负债结算账户及资产负债结算账户结构的特点。

4.属于成本计算账户的有哪些账户？这类账户的结构特点是什么？

5.举例说明备抵调整账户与被调整账户的关系。

（五）业务题

1.目的：练习资产负债结算账户的应用。

资料：卫华公司有关会计核算资料如下：

卫华公司在材料采购核算中设置“应付账款”和“预付账款”两个账户。202×年3月份“应付账款”和“预付账款”两个账户及其所属明细账户的期初余额如下：

“应付账款”贷方余额43 000元。其中：“应付账款——A公司”余额21 000元；“应付账款——B公司”余额22 000元；

“预付账款”借方余额33 600元。其中：“预付账款——C公司”余额11 600元；“预付账款——D公司”余额22 000元。

该公司3月份发生下列经济业务：

（1）以银行存款21 000元归还所欠A公司的货款；

（2）收到C公司发来的材料共计12 000元，其中材料款10 000元，增值税进项税额1 300元，代垫运输费700元，材料已验收入库，款项已于上月预付12 000元；

（3）从B公司购入材料一批，买价20 000元，增值税进项税额2 600元，款项尚未支付，材料尚未验收入库；

（4）以银行存款22 000元归还所欠B公司的货款。

要求：根据上述业务编制会计分录并开设“应付账款”及“预付账款”账户及明细账户，根据所编分录登记入账并结账。

2.目的：练习集合配比账户及成本计算类账户的应用。

资料：光明公司202×年5月有关会计核算资料如下：

（1）生产A产品耗用甲材料500吨，计40 000元；生产B产品耗用乙材料200吨，计20 000元。车间耗用甲材料50吨、乙材料10吨，共计5 000元。

（2）计算应付职工工资及福利费：A产品生产工人工资51 300元，B产品生产工人工资34 200元，车间人员工资3 420元。

（3）计提生产用固定资产折旧5 000元。

（4）全月投产的A产品10台、B产品5台，已全部完工。

要求：

（1）根据上述资料汇集全月制造费用；

（2）将制造费用按工资比例在A、B产品之间分配；

（3）计算完工A产品、B产品的总成本及单位成本。

3.目的：练习账户按经济内容和用途结构的分类。

要求：将下列账户名称填入表5-1的相应栏目内：应收账款、应付账款、短期借款、制造费用、银行存款、应付票据、预付账款、本年利润、实收资本、财务费用、管理费用、长期待摊费用、库存现金、生产成本、累计折旧、盈余公积、库存商品、利润分配、应交税费、固定资产、主营业务收入、主营业务成本、其他业务成本。

表5-1

账户分类表

	资产账户	负债账户	所有者权益账户	成本账户	损益账户
盘存账户					
结算账户					
跨期摊配账户					
资本账户					
调整账户					
集合分配账户					
成本计算账户					
财务成果账户					

第六章　会计凭证

【学习目标】

取得和填制会计凭证是会计工作的基础内容，对会计核算和会计信息质量具有重要的影响和作用。本章的学习要求熟悉会计凭证的意义和种类，掌握原始凭证和记账凭证的填制与审核，养成实事求是的会计工作作风。熟悉会计凭证的传递和保管，重点掌握原始凭证和记账凭证的填制和审核的方法及内容。

第一节　会计凭证的概念、意义和种类

一、会计凭证的概念

会计凭证是记录经济业务发生或完成情况，明确经济责任的书面证明，也是登记账簿的依据。根据《企业会计准则——基本准则》对会计信息质量的要求，会计人员在账簿中所做的每一笔记录，在报表中所提供的每一项经济信息，都必须以真实、合法的会计凭证为依据。任何单位对于发生的每一笔经济业务，都必须首先填制或取得会计凭证，经审核无误后，才能作为记账的依据，才能进行记账、算账和编报会计报表等核算工作。可见，填制和审核会计凭证是会计核算工作的始端，也是对经济业务进行日常监督的重要环节。为此，会计工作要在经济业务发生时，由执行或完成该项经济业务的有关人员从外部取得或自行填制适当的会计凭证作为证明文件，说明经济业务的内容、数量和金额，并在凭证上签名或盖章，对经济业务的真实性负责。因此，在会计核算中必须运用填制和审核会计凭证这一专门的会计核算方法。

二、会计凭证的意义

合法取得、正确填制和严格审核会计凭证，是会计核算的基本方法之一，也是会计核算工作的起点，在会计核算中具有以下重要意义：

1.记录经济业务，提供记账依据

会计凭证是提供经济信息和会计信息的主要载体，会计人员根据日常经济业务填制或取得大量、分散的会计凭证，进行分类、整理、汇总，真实、准确地记录和反映企业（单位）经济活动情况，为经济管理决策提供有用的会计信息。同时，通过会计凭证的填制和审核，为账簿登记提供可靠的依据，确保账簿记录的真实、准确，做到实事求是。

2.明确经济责任，强化内部控制

所有会计凭证除记录经济业务的基本内容外，还必须有有关部门和人员的签章，对会

计凭证所记录的经济业务的真实性、正确性、合法性、合理性负责，以防止舞弊行为，强化内部控制。

3.监督经济活动，控制经济运行

通过会计凭证的审核，可以查明每一项经济业务是否符合国家有关法律法规及国家统一会计制度的规定，是否符合单位计划和预算的要求，是否存在贪污、挪用、铺张浪费的行为等。对于检查出来的问题，会计人员应当及时向单位有关领导报告，并采取有效措施予以纠正，确保会计管理对经济活动的有效控制，促进经济活动稳健运行。

三、会计凭证的种类

会计凭证的形状格式、大小繁简各不相同，可以按照不同的标准予以分类，最基本的是按其填制程序和用途分类。会计凭证按其填制程序和用途，可分为原始凭证和记账凭证两大类。原始凭证又可以按其来源、内容和格式进行进一步分类。记账凭证也可按其用途、填列会计科目的数目及所包含的内容进行进一步分类。

（一）原始凭证

原始凭证是指在经济业务发生或完成时取得或编制的载明经济业务的具体内容、明确经济责任、具有法律效力的书面证明。它是组织会计核算的原始资料和重要依据。各单位在经济业务发生时，不但必须取得或填制原始凭证，还应该及时地将原始凭证送交本单位会计机构或专职会计人员，以保证会计工作的顺利进行。

原始凭证主要起到证明会计事项的经济业务实际发生和完成情况的作用，因此，凡是不能起这种作用的一切单据，如材料或商品请购单、经济合同、派工单等，均不能作为进行会计核算的原始凭证，而只能作为原始凭证的附件。

原始凭证可以按不同的标准分类。

1.原始凭证按其来源不同分为外来原始凭证和自制原始凭证

（1）外来原始凭证。它是指在同外单位发生经济业务往来时，由业务经办人在业务发生或者完成时从外单位取得的原始凭证，例如供应单位销售发票、增值税专用发票等。

（2）自制原始凭证。它是指单位自行制作并由本单位有关部门或人员在发生经济业务时填制的原始凭证，例如收料单、领料单、工资结算单、收款收据、成本计算单等。

2.原始凭证按其填制手续和内容的不同分为一次性原始凭证、累计原始凭证、汇总原始凭证

（1）一次性原始凭证。一次性原始凭证是指只记载一项经济业务或同时记载若干项同类经济业务，填制手续一次完成的凭证。一次性原始凭证是一次有效的凭证，所有的外来原始凭证和大部分自制原始凭证都属于一次性原始凭证，例如收料单、领料单、发票等。

（2）累计原始凭证。累计原始凭证是指连续记载一定时期内不断重复发生的同类经济业务，填制手续是在一张凭证中多次进行才能完成的凭证。累计原始凭证是多次有效的原始凭证，它属于自制原始凭证，例如工业企业使用的限额领料单、费用限额卡等。

（3）汇总原始凭证。汇总原始凭证又称原始凭证汇总表，是根据许多同类经济业务的原始凭证定期加以汇总而重新编制的凭证，例如收入材料汇总表、发出材料汇总表、工资汇总表等。

3.原始凭证按其格式不同分为通用原始凭证和专用原始凭证

（1）通用原始凭证。通用原始凭证是指由有关部门统一印制、在一定范围内使用、具有统一格式和使用方法的原始凭证。通用原始凭证的使用范围因制作部门的不同而有所不同，可以在某一地区、某一行业内使用，也可以在全国通用。如某省印制的发票，在该省通用；由中国人民银行印制的银行转账结算凭证，在全国通用。

（2）专用原始凭证。专用原始凭证是指由单位自行印制、仅在本单位内部使用的原始凭证，如领料单、折旧计算表等。

（二）记账凭证

记账凭证是会计部门根据原始凭证填制，记载经济业务简要内容，确定会计分录，作为记账依据的会计凭证。

记账凭证亦称分录凭证，又称记账凭单，是由会计部门根据审核无误的原始凭证或原始凭证汇总表编制，按照登记账簿的要求，确定账户名称、记账方向（应借、应贷）和金额的一种记录，是登记明细分类账和总分类账的依据。

记账凭证可以按不同的标准分类。

1.记账凭证按其用途可以分为通用记账凭证和专用记账凭证

（1）通用记账凭证。它是一种适合于任何经济业务的记账凭证，其格式见表6-1。

表6-1　**记账凭证**

年　月　日　　　　通字第　号

摘要	会计科目		借方金额								贷方金额								记账符号
	总账科目	明细科目	十	万	千	百	十	元	角	分	十	万	千	百	十	元	角	分	
合计																			

附件　张

会计主管　　记账　　复核　　出纳　　制单

（2）专用记账凭证。它是指分类反映经济业务的记账凭证。这种记账凭证按其反映经济业务的内容不同，又可以分为收款凭证、付款凭证和转账凭证三种。

收款凭证是用来记录现金或银行存款收入业务的记账凭证。收款凭证根据借方科目分别为库存现金和银行存款，又具体分为现金收款凭证和银行存款收款凭证。收款凭证的格式见表6-2。

表6-2　**收款凭证**

借方科目：　　年　月　日　　　　收字第　号

摘要	贷方科目		金额									记账符号
	总账科目	明细科目	百	十	万	千	百	十	元	角	分	
合计												

附件　张

会计主管　　记账　　复核　　出纳　　制单

付款凭证是用来记录现金或银行存款支付业务的记账凭证。付款凭证根据贷方科目分别为库存现金和银行存款，又具体分为现金付款凭证和银行存款付款凭证。付款凭证的格式见表6-3。

表6-3 **付款凭证**

贷方科目： 年 月 日 付字第 号

摘要	借方科目		金额									记账符号
	总账科目	明细科目	百	十	万	千	百	十	元	角	分	
合计												

附件 张

会计主管 记账 复核 出纳 制单

转账凭证是用来记录非货币资金收付业务的记账凭证。凡是不涉及现金和银行存款收付的其他经济业务，均为转账业务，据此编制转账凭证。转账凭证的格式见表6-4。

表6-4 **转账凭证**

年 月 日 转字第 号

摘要	会计科目		借方金额								贷方金额								记账符号
	总账科目	明细科目	十	万	千	百	十	元	角	分	十	万	千	百	十	元	角	分	
合计																			

附件 张

会计主管 记账 复核 出纳 制单

2.记账凭证按其是否经过汇总可分为汇总记账凭证和非汇总记账凭证

（1）汇总记账凭证。它是根据非汇总记账凭证按一定的方法汇总填制的记账凭证。汇总记账凭证按汇总方法不同，可分为分类汇总凭证和全部汇总凭证两种。

分类汇总凭证是根据一定期间的记账凭证的种类分别填制的，如根据收款凭证汇总填制的“现金汇总收款凭证”和“银行存款汇总收款凭证”，根据付款凭证汇总填制的“现金汇总付款凭证”和“银行存款汇总付款凭证”，以及根据转账凭证汇总填制的“汇总转账凭证”都是分类汇总凭证。

全部汇总凭证是根据一定期间的记账凭证全部汇总填制的，如“记账凭证（科目）汇总表”就是全部汇总凭证。

（2）非汇总记账凭证。它是指没有经过汇总的记账凭证，前面介绍的收款凭证、付款凭证、转账凭证及通用记账凭证都是非汇总记账凭证。

3.记账凭证按其编制方式不同可分为单式记账凭证和复式记账凭证

（1）单式记账凭证是在每张凭证上只填列一个账户名称，而对应账户的名称仅作参考，不据以记账的凭证。填列借方账户的称为借项记账凭证，填列贷方账户的称为贷项记账凭证。一项经济业务涉及几个账户，就分别填制几张凭证，并采用一定的编号方法将它们联系起来。单式记账凭证的格式见表6-5和表6-6。

表6-5　　借项记账凭证

对应科目：　　年　月　日　　第　号

摘要	总账科目	明细科目	金额									记账符号
			百	十	万	千	百	十	元	角	分	
合计												

附件　张

会计主管　　记账　　复核　　出纳　　制单

表6-6　　贷项记账凭证

对应科目：　　年　月　日　　第　号

摘要	总账科目	明细科目	金额									记账符号
			百	十	万	千	百	十	元	角	分	
合计												

附件　张

会计主管　　记账　　复核　　出纳　　制单

（2）复式记账凭证是在每张凭证上填列一笔会计分录的全部账户名称的凭证。格式同通用记账凭证。

第二节　原始凭证的填制和审核

一、原始凭证的基本内容

企业经济业务的多样性和复杂性，使得取得或填制的原始凭证的种类繁多，来源广泛，格式各异。为了能够客观反映经济业务的发生或完成情况，表明经济业务的性质，无论原始凭证之间有何差异，都必须具有下列内容：

（1）原始凭证的名称；

（2）填制原始凭证的日期和凭证的编号；

（3）填制和接受原始凭证的单位名称；

（4）经济业务的基本内容，包括经济业务所涉及的实物或劳务的品种（种类）、数量、计量单位、单位价格和金额等；

（5）填制原始凭证的单位签章；

（6）有关人员签章；

（7）原始凭证的附件，如与业务有关的经济合同、费用预算等。

除此之外，某些原始凭证为了满足计划、统计或其他业务工作的需要，还可列入计划指标、合同号码等相关内容，以使原始凭证发挥更多的作用。

二、原始凭证的填制

（一）原始凭证填制的基本要求

原始凭证是进行会计核算工作的原始资料和重要依据，是有效提供会计信息的基础。原始凭证的填制是一项重要的工作，它必须符合以下基本要求：

（1）真实可靠。要求严肃认真地记录各项经济业务的实际发生或完成情况，原始凭证上的日期、经济业务内容、所有数据都必须真实、可靠。

（2）内容完整。要求严格按规定的格式和内容逐项填写经济业务的完成情况。所有的项目必须填写齐全，不得省略或漏填。有关人员的签名和盖章必须齐全。

（3）填制及时。每一项经济业务发生或完成时，都要立即填制原始凭证，做到不积压、不误时、不事后补制，按规定的程序及时将原始凭证送交会计部门。

（4）书写清楚。原始凭证上的文字要工整、清晰，易于辨认，不使用未经国务院公布的简化汉字。阿拉伯数字应当逐个书写清楚，不得连笔写；在阿拉伯数字前，应填写相应的货币符号，如人民币元的符号“¥”，人民币符号“¥”与阿拉伯数字之间不得留有空白，阿拉伯数字前有人民币符号“¥”的，数字后面不再写“元”字；所有以元为单位的阿拉伯数字，除表示单价等情况外，一律写到角、分，无角、分的，角位和分位应写“00”或者符号“-”，有角无分的，分位应写“0”，不得用符号“-”表示。汉字大写数字金额如零、壹、贰、叁、肆、伍、陆、柒、捌、玖、拾、佰、仟、万、亿等，一律用正楷或者行书书写，大写金额写到元或者角为止，在“元”或者“角”字之后应当写“整”字；大写金额数字有“分”的，“分”字后面不写“整”字。阿拉伯数字中间有“0”时，汉字大写金额要写“零”字；阿拉伯数字中间连续有几个“0”时，汉字大写金额中可以只写一个“零”字。

（5）连续编号。各种凭证都必须连续编号，以备查考。一些事先印好编号的重要凭证作废时，在作废的凭证上应加盖“作废”戳记，连同存根一起保存，不得随意撕毁。

（二）原始凭证填制的附加要求

（1）从外单位取得的原始凭证，必须盖有填制单位的公章；从个人取得的原始凭证，必须有填制人员的签名或者盖章。自制原始凭证必须有经办部门负责人或其指定人员的签名或盖章。对外开出的原始凭证，必须加盖本单位公章。公章，应是具有法律效力和规定用途，能够证明单位身份和性质的印鉴，如业务公章、财务专用章、发票专用章或收款专用章。

（2）凡是填写大写和小写金额的原始凭证，大写和小写的金额必须相符。

（3）购买实物的原始凭证，必须有验收证明。实物购入后要按照规定办理验收手续。需要入库的实物，必须填写入库验收单，由仓库保管员按照采购计划或供货合同验证后，在入库单上如实填写实收数额，并签名或盖章。

（4）一式几联的原始凭证，必须注明各联的用途，并且只能以一联用作报销凭证；一式几联的发票和收据，必须用双面复写纸套写，或本身具备复写功能，并连续编号，作废时应加盖“作废”戳记，连同存根一起保存。

（5）发生销货退回及退还货款时，必须填制退货发票，附有退货验收证明和对方单位的收款收据，不得以退货发票代替收据。

（6）职工因公出差的借款收据，必须附在记账凭证之后。在收回借款时，应当另开收据或者退还借款收据的副本，不得退还原借款收据。因为借款和收回借款虽有联系，但又有区别，在会计上需要分别进行处理。

（7）经上级有关部门批准的经济业务，应将批文作为原始凭证附件。如果批准文件需要归档的，应当在凭证上注明批准机关名称、日期和文件字号。

（8）发现原始凭证有错误的，应当由开出单位重开或者更正，在更正处应当加盖开出单位的公章。

（三）几种常见原始凭证填制举例

1.收料单的填制

收料单是在外购的材料物资验收入库时填制的凭证，一般一式三联，一联验收人员留底，一联交仓库保管人员据以登记明细账，一联连同发票交会计部门办理结算。收料单的格式见表6-7。

表6-7 **收料单**

202×年3月9日 第一仓库收料第8号

供应者：华维公司			发票：18号		202×年2月22日收到		
编号	材料名称	规格	送验数	实收数	单位	单价	金额
112	钢材	2号	60	60	吨	3 000	180 000
备注				验收人盖章		合计	

第一联

核算［印］ 主管［印］ 保管［印］ 检验［印］ 交库［印］

2.领料单的填制

为了便于分类汇总，领料单要"一料一单"地填制，即一种原材料填写一张单据。领用原材料时，需经领料车间负责人批准后，方可填制领料单；车间负责人、领料人、仓库保管员和发料人均需在领料单上签名或盖章。领料单的格式见表6-8。

表6-8 **领料单**

领料部门：第二车间

生产通知单号：6 202×年3月 第一仓库发料第9号

产品名称：塔吊			制造数量：20台			领料用途：生产产品		
编号	品名	规格	单位	请领数	实发数	单价	金额	备注
112	钢材	2号	吨	8	8	3 000	24 000	
合计								

第　号

核算［印］ 主管［印］ 保管［印］ 检验［印］ 交库［印］

3.限额领料单的填制

限额领料单是一种一次开设、多次使用、领用限额已定的累计凭证，在有效期（最长1个月）内，只要领用数量累计不超过限额就可以连续使用。限额领料单的格式见表6-9。

表6-9 **限额领料单**

领料部门：第一车间　　发料仓库：第一号仓库

生产通知单：8　　202×年3月　　编号：

材料编号	材料名称	规格	计量单位	计划投产量	单位消耗量	领用限额	实领		
							数量	单价	金额
113	木材		立方米	20	2	40	40	800	32 000

领料日期	领用			退料			限额结余
	数量	领料人	发料人	数量	退料人	收料人	
1	15	[印]	[印]				
12	15	[印]	[印]				
25	10	[印]	[印]				

供应部门负责人［印］　　生产部门负责人［印］　　仓库保管员［印］

每月开始以前，应由供应部门根据生产计划、材料耗用定额等有关资料，按照产品和材料分别填制限额领料单。在限额领料单中，要填明领料部门、材料用途、发料仓库和材料名称，并根据本月产品计划产量和材料耗用定额计算确定全月领料限额等项目。限额领料单一般一式两联，经生产计划部门和供应部门负责人审核签名或盖章后，一联送交仓库据以发料，登记材料明细账，一联送交领料单位据以领料。

4.普通发票的填制

填制普通发票首先要写清购货单位的全称，不能过于简略，然后按凭证格式和内容逐项填列齐全。普通发票要如实填写，不能按购货人的要求填写。经办人的签章和单位的公章都要盖全。普通发票的格式见表6-10。

表6-10 **××市工商业销售发票**

发　票　联

NO.116789

购货单位：大和机械制造有限公司　　202×年3月9日

货号	品名规格	单位	数量	单价	金额	备注
016	扳手	15	把	18	270	
017	钳子	20	把	20	400	

合计人民币（大写）陆佰柒拾元整

单位盖章［印］　　收款员［印］　　营业员［印］

5.增值税专用发票的填制

增值税专用发票是一般纳税人销售货物时开具的销货发票，一式三联，其中，发票联供购货单位记账，抵扣联用于购货单位抵扣增值税，记账联用于销货单位记账。购货单位向一般纳税人购货，应取得增值税专用发票，因为购货单位只有取得增值税专用发票税款抵扣联，其支付的进项税才能作为进项税额抵扣。增值税专用发票的格式见表6-11。

表6-11 **增值税专用发票**

开票日期：202×年3月9日　　此联不作报销、扣税凭证使用　　NO.00222468

<table>
<tr><td>购买方</td><td colspan="4">名　　称：大和机械制造有限公司
纳税人识别号：××010011089
地址电话：××市中山南路189号
开户行及账号：××行××市××支行　1905××××××××</td><td>密码区</td><td colspan="2">（略）</td></tr>
<tr><td>货物或应税劳务、服务名称</td><td>规格型号</td><td>单位</td><td>数量</td><td>单价</td><td>金额</td><td>税率</td><td>税额</td></tr>
<tr><td>A材料</td><td></td><td>kg</td><td>400</td><td>500.00</td><td>200 000.00</td><td>13%</td><td>26 000.00</td></tr>
<tr><td></td><td></td><td></td><td></td><td></td><td></td><td></td><td></td></tr>
<tr><td></td><td></td><td></td><td></td><td></td><td></td><td></td><td></td></tr>
<tr><td>合　计</td><td></td><td></td><td></td><td></td><td>¥200 000.00</td><td></td><td>¥26 000.00</td></tr>
<tr><td>价税合计（大写）</td><td colspan="7">贰拾贰万陆仟元整　　（小写）¥226 000.00</td></tr>
<tr><td>销售方</td><td colspan="4">名　　称：华维公司
纳税人识别号：××0101000758
地址电话：××市建国路28号
开户行及账号：××行××市××支行　2108××××××××</td><td>备　注</td><td colspan="2"></td></tr>
</table>

第一联：记账联　销售方记账凭证

收款人：　　复核：　　开票人：　　销售方：

6.发料凭证汇总表的填制

工业企业在生产过程中领发材料比较频繁，同类凭证也较多，为了简化核算手续，需要填制发料凭证汇总表。其编制时间根据业务量的大小确定，可5天、10天、15天或1个月汇总编制一次。汇总时要根据实际成本计价（或计划成本计价）的发料凭证、领料部门及材料用途分类进行。发料凭证汇总表的格式见表6-12。

表6-12 **发料凭证汇总表**

202×年3月8日　　金额单位：元

领料单位	材料名称	用途	单位	数量	单价	总成本
一车间	A材料	甲产品	千克	350	60	21 000
二车间	A材料	乙产品	千克	80	60	4 800
管理部门	B材料	一般耗用	千克	30	50	1 500
销售部门	C材料	一般耗用	千克	50	25	1 250
维修车间	C材料	维修机器	千克	40	25	1 000
合计						29 550

主管［印］　　审核［印］　　保管［印］　　制表［印］

三、原始凭证的审核

《会计法》第十四条规定："会计机构、会计人员必须按照国家统一的会计制度的规定对原始凭证进行审核，对不真实、不合法的原始凭证有权不予接受，并向单位负责人报告；对记载不准确、不完整的原始凭证予以退回，并要求按照国家统一的会计制度的规定更正、补充。"为了保证原始凭证的记录真实可靠，会计人员必须履行会计的监督职能，对原始凭证的合法性、完整性、正确性进行审核。在会计核算工作中，只有审核无误的原始凭证才能作为编制记账凭证的依据。审核原始凭证是会计人员的一项重要工作，是会计工作的一项重要内容，是保证会计核算资料合法、真实、正确的基础。原始凭证的审核主要包括以下三个内容：

1.合法性的审核

原始凭证合法性的审核，包括内容的合法性和形式的合法性两个方面。审核原始凭证内容的合法性，主要审查原始凭证所反映的经济业务内容是否符合国家的方针、政策、法律、法规及财政、财务、会计制度的规定；审核原始凭证形式上的合法性，主要审查原始凭证的形式是否符合《中华人民共和国发票管理办法》等的规定。对于违法违规的原始凭证，会计人员应拒绝受理。在审核中如发现弄虚作假、营私舞弊、伪造涂改原始凭证等违法乱纪行为，应立即扣留凭证，及时向上级有关人员汇报，以便严肃处理。

2.正确性的审核

原始凭证正确性的审核，主要包括原始凭证的填制方法和数字的计算是否正确。例如，原始凭证中的数量乘上单价是否等于金额，分项金额之和是否等于合计金额；差旅费报销时有关补助的计算是否正确；工资结算单中工资的计算是否正确等。对于填写内容不正确的原始凭证，应退还给经办人员进行更正后再予以办理。

3.完整性的审核

原始凭证完整性的审核，主要包括原始凭证中的所有项目是否填列齐全，手续是否完备，有关经办人员是否都已签名或盖章，主管人员是否审核批准。在审核中如发现原始凭证项目不全、手续不完备、签名或盖章有遗漏或不清晰、主管人员未批准等情况，会计人员应将该原始凭证退还经办人员，待其补办完整后再予以受理。

第三节 记账凭证的内容和填制

一、记账凭证的基本内容

记账凭证是会计人员根据审核无误的原始凭证，按照经济业务事项的内容归类，并据以确定会计分录后所填制的会计凭证。各个会计主体使用的记账凭证虽然种类、格式不尽相同，但通常应具备以下基本内容：

（1）记账凭证的名称；

（2）填制单位的名称；

（3）填制凭证的日期和编号；

（4）经济业务的内容摘要；

（5）应借应贷的账户名称（包括总分类账户和明细分类账户）和金额；

（6）所附原始凭证张数；

（7）制单、审核、记账、会计主管等有关人员的签名或盖章，收、付款凭证还应有出纳人员的签名和/或盖章。

二、记账凭证的填制

（一）记账凭证填制的基本要求

记账凭证必须根据原始凭证或原始凭证汇总表按规定程序编制。编制记账凭证的程序是：第一，应对原始凭证的合法性、正确性、完整性等进行审核，只有经审核无误的原始凭证才能据以编制记账凭证；第二，要分析原始凭证记载的经济业务内容，确定应借应贷的会计科目和金额；第三，按照记账凭证中的内容逐项编制，并且做到要素齐全、内容完整、书写清楚、手续完备；第四，将编制完成的记账凭证交稽核人员审核，确认审核无误以后，再交记账人员据以登记账簿。

填制记账凭证应符合以下基本要求：

（1）审核无误。在对原始凭证审核无误的基础上填制记账凭证，这是内部牵制制度的一个重要环节。

（2）内容完整。记账凭证应该包括的内容都要具备。应该注意的是：记账凭证的日期，一般为填制记账凭证当天的日期；对于按权责发生制原则计算收益、分配费用、结转成本利润等调整分录和结账分录的记账凭证，虽然需要到下个月才能填制，但仍应填写当月月末的日期，以便在当月的账内进行登记。

（3）分类正确。根据经济业务的内容，正确区别不同类型的凭证，正确应用会计科目。在此基础上，记账凭证可以根据每一张原始凭证填制，或者根据若干张同类原始凭证汇总填制，也可以根据原始凭证汇总表填制，但不能将不同内容和类别的原始凭证汇总填制在一张记账凭证上。

（4）连续编号。记账凭证应连续编号。这有利于分清会计事项处理的先后顺序，便于记账凭证与会计账簿之间的核对，确保记账凭证的完整。

（二）记账凭证填制的具体要求

（1）除结账和更正错误外，记账凭证必须附有原始凭证并注明所附原始凭证的张数。与记账凭证中的经济业务记录有关的每一张单据，都应当作为记账凭证的附件。一张原始凭证如涉及几张记账凭证，可以将该原始凭证附在一张主要的记账凭证后面，在其他记账凭证上注明该主要记账凭证的编号或者附上该原始凭证的复印件。

（2）一张原始凭证所列的支出需要由两个以上的单位共同负担时，应当由保存该原始凭证的单位开给其他应负担单位原始凭证分割单。原始凭证分割单具备原始凭证的基本内容，包括凭证的名称、填制凭证的日期、填制凭证单位的名称或填制人的姓名、经办人员的签名或盖章、接受凭证单位的名称、经济业务内容等。原始凭证分割单的格式见表6-13。

表6-13 原始凭证分割单

年 月 日 编号

接受单位名称				地址	
原始凭证	单位名称			地址	
	名称		日期		号码
总金额	人民币（大写）				千 百 十 万 千 百 十 元 角 分
分割金额	人民币（大写）				千 百 十 万 千 百 十 元 角 分
原始凭证主要内容，分割原因					
备注					

单位名称（公章）： 会计： 制单：

（3）记账凭证编号的方法有多种，可以按现金收付、银行存款收付和转账业务三类分别编号，即“现字第×号”、“银字第×号”和“转字第×号”；也可以按现金收入、现金支出、银行存款收入、银行存款支出和转账五类进行编号，即“现收字第×号”、“银收字第×号”、“现付字第×号”、“银付字第×号”和“转字第×号”。会计主体若采用通用记账凭证（不分收、付、转凭证），可以将所有的记账凭证统一编号，不标“字”。记账凭证编号要以月为单位，即每月月初从1号编起，复杂的会计事项需要填制两张或两张以上记账凭证的，应另编分号，即在原编号后面用分数形式表示。例如，第5号凭证编有两张记账凭证，则第一张编号为$5\frac{1}{2}$，第二张编号为$5\frac{2}{2}$。

（4）填制记账凭证时如果发生错误，应当根据发现错误的时间和错误类型，采用恰当的更正方法更正。

（5）实行会计电算化的单位，其机制记账凭证应当符合填制记账凭证的一般要求，并应认真审核，做到会计科目使用正确、数字正确无误。打印出来的机制记账凭证上，要由制单人员、审核人员、记账人员和会计主管人员加盖印章或者签字，以明确责任。

（6）摘要应与原始凭证内容一致，表述简单精练，并能正确反映经济业务的主要内容。

（7）正确编制会计分录并保证借贷平衡。会计人员应根据经济业务的内容和国家统一会计制度的相关规定，正确使用会计科目编制会计分录，每笔经济业务编制的记账凭证中的借、贷发生额合计数必须相等。

（8）记账凭证填制完经济业务事项后，如有空行，应当在金额栏最后一笔金额数字下空行处至合计数上的空行处划线注销。

（9）在填制收款凭证和付款凭证时，对于现金与银行存款之间以及不同的银行存款账户之间的相互划转，一般只编制付款凭证，不编制收款凭证，以避免重复记账。例如，将现金存入银行，只编制现金付款凭证，不编制银行存款的收款凭证，如果同时编制现金付款凭证和银行存款收款凭证，就可能重复记账。

（三）记账凭证填制举例

1.专用记账凭证的填制

（1）收款凭证的填制。收款凭证根据现金和银行存款收款业务的原始凭证填制，凡是涉及增加库存现金或者银行存款账户金额的，都必须填制收款凭证。收款凭证左上方的"借方科目（或账户）"，应填写"库存现金"或"银行存款"；右上方应填写凭证编号。收款凭证的编号一般按"现收字第×号"和"银收字第×号"分类。"摘要"栏内填写经济业务的内容梗概；"贷方科目（或账户）"栏内填写与"库存现金"或"银行存款"相对应的总账（一级）科目及所属明细（二级）科目；"金额"栏内填写实际收到的现金或银行存款数额；"记账符号"栏供记账员在根据收款凭证登记有关账簿以后做记号用，表示该金额已记入有关账簿，避免重记或漏记。收款凭证的格式见表6-14。

表6-14 **收款凭证**

借方科目：银行存款　　202×年3月9日　　银收字第1号

摘要	贷方科目		金额									记账符号
	总账科目	明细科目	百	十	万	千	百	十	元	角	分	
投入资金	实收资本	华维公司		8	0	0	0	0	0	0	0	√
合计			¥	8	0	0	0	0	0	0	0	

附件1张

会计主管［印］　记账［印］　复核［印］　出纳［印］　制单［印］

（2）付款凭证的填制。付款凭证根据现金和银行存款付款业务的原始凭证填制，凡是涉及减少库存现金或银行存款账户金额的，都必须填制付款凭证。付款凭证的填制方法和要求与收款凭证基本相同，不同的只是在付款凭证的左上方应填写"贷方科目（或账户）"，因为现金和银行存款的减少应记在账户的贷方；付款凭证的对应科目为"借方科目（或账户）"，需填写与现金或银行存款支出业务有关的总账（一级）科目和明细（二级）科目。付款凭证的格式见表6-15。

表6-15 **付款凭证**

贷方科目：库存现金　　202×年3月8日　　现付字第2号

摘要	借方科目		金额									记账符号
	总账科目	明细科目	百	十	万	千	百	十	元	角	分	
张亮预借差旅费	其他应收款	张亮				2	0	0	0	0	0	√
合计					¥	2	0	0	0	0	0	

附件1张

会计主管［印］　记账［印］　复核［印］　出纳［印］　制单［印］

（3）转账凭证的填制。转账凭证根据不涉及现金和银行存款收付业务的转账业务的原始凭证填制。凡是不涉及现金和银行存款增加或减少的业务，都必须填制转账凭证。转账业务没有固定的账户对应关系，因此在转账凭证中，要按“借方科目（或账户）”和“贷方科目（或账户）”分别填列有关总账（一级）科目和明细（二级）科目。转账凭证的格式见表6-16。

表6-16

转账凭证

202×年3月5日　　　　转字第12号

摘要	会计科目		借方金额								贷方金额								记账符号
	总账科目	明细科目	十	万	千	百	十	元	角	分	十	万	千	百	十	元	角	分	
计提折旧	制造费用				6	0	0	0	0	0									√
	管理费用				3	0	0	0	0	0									√
	累计折旧												9	0	0	0	0	0	√
合 计				¥	9	0	0	0	0	0		¥	9	0	0	0	0	0	

附件1张

会计主管［印］　　记账［印］　　复核［印］　　制单［印］

2.通用记账凭证的填制

通用记账凭证的名称为“记账凭证”或“记账凭单”。它集收款、付款和转账凭证于一身，通用于收款、付款和转账等各种类型的经济业务。其格式及填制方法与转账凭证完全相同，见表6-17。

表6-17

记账凭证

202×年3月7日　　　　通字第19号

摘要	会计科目		借方金额									贷方金额									记账符号
	总账科目	明细科目	百	十	万	千	百	十	元	角	分	百	十	万	千	百	十	元	角	分	
分配工资	生产成本	甲产品			6	0	0	0	0	0	0										√
	制造费用					7	0	0	0	0	0										√
	管理费用					8	0	0	0	0	0										√
	应付职工薪酬													7	5	0	0	0	0	0	√
合 计				¥	7	5	0	0	0	0	0		¥	7	5	0	0	0	0	0	

附件1张

会计主管［印］　　记账［印］　　复核［印］　　制单［印］

3.汇总记账凭证的填制

（1）汇总收款凭证的填制。汇总收款凭证根据现金或银行存款的收款凭证，按库存现金或银行存款科目的借方分别设置，并按贷方科目加以归类汇总，定期（5天或10天）填列一次，每月填制一张。月份终了，计算出汇总收款凭证的合计数后，分别登记库存现金和银行存款总账的借方，以及各个对应账户的贷方。汇总收款凭证的格式见表6-18。

表6-18 汇总收款凭证

借方科目：银行存款 202×年3月 汇收字第4号

贷方科目	金额				总账页数	
	1—10日银收字第1~5号	11—20日银收字第6~8号	21—30日银收字第9~12号	合计	借方	贷方
库存现金	3 600	2 000	500	6 100		
应收账款	35 000	10 000	25 000	70 000		
短期借款		50 000		50 000		
实收资本			200 000	200 000		
合计	38 600	62 000	225 500	326 100		

会计主管［印］ 记账［印］ 复核［印］ 出纳［印］ 制单［印］

（2）汇总付款凭证的填制。汇总付款凭证根据现金或银行存款的付款凭证，按库存现金或银行存款科目的贷方分别设置，并按借方科目加以归类汇总，定期（5天或10天）填列一次，每月填制一张。月份终了，计算出汇总付款凭证的合计数后，分别登记库存现金或银行存款总账的贷方，以及各个对应账户的借方。汇总付款凭证的格式见表6-19。

表6-19 汇总付款凭证

贷方科目：库存现金 202×年3月 汇付字第4号

借方科目	金额				总账页数	
	1—10日现付字第1~6号	11—20日现付字第7~8号	21—30日现付字第9~14号	合计	借方	贷方
银行存款	3 600	2 000	500	6 100		
其他应收款	1 000			1 000		
管理费用	480	1 260	2 580	4 320		
合计	5 080	3 260	3 080	11 420		

会计主管［印］ 记账［印］ 复核［印］ 出纳［印］ 制单［印］

（3）汇总转账凭证的填制。汇总转账凭证根据转账凭证按每个科目的贷方分别设置，并按对应的借方科目归类汇总，定期（5天或10天）填列一次，每月填制一张。月份终了，计算出汇总转账凭证的合计数后，分别登记各有关总账的贷方或借方。汇总转账凭证的格式见表6-20。

表6-20 汇总转账凭证

贷方科目：原材料 202×年3月 汇转字第4号

借方科目	金额				总账页数	
	1—10日转字第1~12号	11—20日转字第13~25号	21—30日转字第26~35号	合计	借方	贷方
生产成本	89 000	75 000	80 000	244 000		
制造费用	3 000	2 000	1 500	6 500		
管理费用	4 000	3 500	3 800	11 300		
合计	96 000	80 500	85 300	261 800		

会计主管［印］ 记账［印］ 复核［印］ 制单［印］

（4）记账凭证（科目）汇总表的填制。如果根据记账凭证逐笔登记总账的工作量很大，可以先填制记账凭证汇总表，然后根据记账凭证汇总表登记总账。填制方法一般如下：

① 填制记账凭证汇总表的日期、编号和会计科目的名称。汇总表的编号一般按年顺序编列，汇总表上会计科目名称的排列应与总账科目的序号一致。

② 将需要汇总的记账凭证，按照相同的会计科目名称进行归类。

③ 将相同会计科目的本期借方发生额和本期贷方发生额分别加总，求出合计金额。

④ 计算汇总表的本期借方发生额和本期贷方发生额的合计数，双方合计数应相等。

记账凭证汇总表的格式见表6-21。

表6-21　　　　**记账凭证（科目）汇总表**

202×年3月　　　　汇字第5号

会计科目	账页	1—10日		11—20日		21—30日		合计数	
		借方	贷方	借方	贷方	借方	贷方	借方	贷方
库存现金		8 000	6 800	9 000	10 000	5 000	4 800	22 000	21 600
银行存款		55 000	20 000	30 000	40 000	95 000	80 000	180 000	140 000
应收账款		46 000	30 000	87 000	63 000	56 100	81 500	189 100	174 500
原材料		94 000	84 000	76 000	80 000	13 000	34 000	183 000	198 000
固定资产		120 000		50 000		50 000		220 000	
累计折旧					95 000		110 000		205 000
短期借款			80 000	95 000	12 000	105 000	16 000	200 000	108 000
应付账款		50 000	60 000		20 000	30 000	10 000	80 000	90 000
应付职工薪酬		20 000		50 000	74 000	64 000	39 000	134 000	113 000
应交税费		32 000					32 000	32 000	32 000
实收资本			150 000						150 000
本年利润						118 000	126 000	118 000	126 000
生产成本		24 000		12 000		37 000	73 000	73 000	73 000
制造费用		3 000		8 000		3 500	14 500	14 500	14 500
管理费用		5 000		25 000		24 000	54 000	54 000	54 000
主营业务收入			30 000		50 000	126 000	46 000	126 000	126 000
主营业务成本						57 000	57 000	57 000	57 000
销售费用		3 800		2 000		1 200	7 000	7 000	7 000
合计		460 800	460 800	444 000	444 000	784 800	784 800	1 689 600	1 689 600

第四节 会计凭证的传递与保管

一、会计凭证的传递

会计凭证的传递是指会计凭证从填制或取得起，经过审核、记账、装订，到归档为止，在本单位内部各有关部门和人员之间按规定的时间、路线办理业务手续和进行处理的过程。

由于各种经济业务的性质不同，经办各项业务的部门和人员以及办理凭证手续所需时间也不一样，因此各种会计凭证的传递程序和时间也不尽相同。但是，对于经常发生的需要有关部门共同办理的主要经济业务，由会计部门会同其他部门，明确规定凭证的传递程序和时间，可以提高办事效率，从而及时核算和监督经济业务。

按照合理的程序和时间组织会计凭证的传递，可以将一个会计主体内部各有关部门和人员的业务活动紧密地联系起来，有利于协调有关各方的行动，搞好分工协作；有利于经办业务的各个部门和有关人员之间形成一种相互牵制、相互督促的良好机制，进而督促经办业务的各有关部门和人员能及时、正确地完成各自承办的工作。

会计凭证的传递主要包括凭证的传递路线、传递时间和传递手续三个方面的内容。

各单位应根据经济业务的特点、机构设置、人员分工情况以及经营管理上的需要，明确规定会计凭证的联次及其流程，既要使会计凭证经过必要的环节进行审核和处理，又要避免会计凭证在不必要的环节停留，从而保证会计凭证沿着最简捷、最合理的路线传递。

会计凭证的传递时间是指各种凭证在各经办部门、环节所停留的最长时间。它应根据各部门和有关人员在正常情况下办理经济业务所需时间来合理确定。明确会计凭证的传递时间，能防止拖延处理和积压凭证，保证会计工作的正常秩序，提高工作效率。一切会计凭证的传递和处理都应在报告期内完成，否则将会影响会计核算的及时性。

会计凭证的传递手续是指在凭证传递过程中的衔接手续，应该做到既完备严密，又简便易行。凭证的收发、交接都应按一定的手续和制度办理，以保证会计凭证的安全和完整。

会计凭证的传递路线、传递时间和传递手续，还应根据实际情况的变化及时加以修改，以确保会计凭证传递的科学化、制度化。

对会计凭证传递的总的要求是必须满足内部控制制度的要求，使传递程序合理有效，同时尽量节约传递时间，减少传递的工作量。

二、会计凭证的保管

会计凭证的保管，是指会计凭证在登记入账后的整理、装订和归档存查。会计凭证是重要的经济档案，各单位必须对其加以妥善保管，不得丢失或任意销毁，以备日后查阅。会计凭证的保管方法和要求如下：

（1）分类和编号。会计凭证登记完毕后，应当按照分类和编号顺序保管，不得散乱丢失。分类和编号是保管会计凭证的重要方法和手段，也是方便检索的有效措施。

（2）对于某些重要的原始凭证，如合同等，为便于日后查阅，可另行归档保管；对于某些数量较多的原始凭证，如发货票、收货单等，可以不附在记账凭证后面，单独装订保管，在封面注明记账凭证日期、编号、种类，同时在记账凭证上注明“附件另订”及原始凭证的名称及编号。

（3）装订会计凭证。应定期将记账凭证按编号顺序整理，检查有无缺号和附件是否齐全，然后加上封面和封底，装订成册。为了防止失散，应在装订线上贴上封签，加盖会计人员印章，不得任意拆装。在封面上应注明单位名称、所属年度和月份、起讫日期、记账凭证种类、张数、起止编号等。会计凭证装订封面格式见表6-22。

表6-22 会 计 凭 证 封 面

册号数	本月共 册
	本册第 册

自 年 月 日起至 月 日止

记账凭证种类	凭 单 起 讫 号 数	附原始凭证张数
收款凭证	共 张自第 号至第 号	共 张
付款凭证	共 张自第 号至第 号	共 张
转账凭证	共 张自第 号至第 号	共 张
记账凭证	共 张自第 号至第 号	共 张
备 注		

年 月 日装订

会计主管人员 复核 装订员

（4）装订成册的会计凭证应由专人负责集中保管，按年分月顺序排列，以便查阅。查阅会计凭证应有一定的手续制度。作为会计档案，会计凭证不得外借，其他单位如因特殊原因需要使用原始凭证时，经本单位领导批准可以复制。向外单位提供的会计凭证的复制件，应在备查簿中登记，由提供人和收取人共同签名和盖章。

（5）从外单位取得的原始凭证如有遗失，应当取得原开出单位盖有公章的证明，并注明原来凭证的编号、金额和内容等，由经办单位会计机构负责人、会计主管人员和单位领导人批准后，才能代作原始凭证。如果确实无法取得证明的，如火车、轮船、飞机票等凭证，由当事人写出详细情况，由经办单位会计机构负责人、会计主管人员和单位领导人批准后，代作原始凭证。

（6）会计凭证的保管期限，应严格按照《会计档案管理办法》的有关规定执行。未满保管期限的会计凭证不得任意销毁。保管期满后，必须按照规定的审批手续，报经批准后才能销毁。

【本章练习】

（一）单项选择题

1.会计凭证按其（ ）不同，可以分为原始凭证和记账凭证两类。

A.反映经济业务的方法　　B.填制方式

C.取得的来源　　D.填制的程序和用途

2.限额领料单按其填制方法属于（　　）。

A.记账凭证　B.累计凭证　C.汇总凭证　D.一次凭证

3.原始凭证按其取得的来源不同，可以分为（　　）。

A.外来原始凭证和自制原始凭证　B.收款凭证和付款凭证

C.汇总原始凭证和非汇总原始凭证　D.一次凭证和累计凭证

4.职工出差填制的差旅费报销单属于（　　）。

A.自制原始凭证　B.外来原始凭证　C.汇总凭证　D.收款凭证

5.下列不属于会计凭证的项目是（　　）。

A.收料单　B.转账凭证　C.购料申请书　D.增值税专用发票

6.对从银行提取现金业务应编制的记账凭证是（　　）。

A.现金付款凭证　B.现金收款凭证

C.银行存款收款凭证　D.银行存款付款凭证

7.销售发票上金额为¥800 503.60，汉字大写应为（　　）。

A.捌拾万零零伍佰零叁元陆角整　B.捌拾万零伍佰零叁元陆角整

C.捌拾万伍佰零叁元陆角整　D.捌拾万伍佰零叁元陆角

8.收款凭证中，金额栏合计数表示（　　）。

A.贷方发生额扣减借方发生额后的净额　B.借方发生额

C.贷方发生额　D.借、贷双方的记账金额

9.下列业务应编制转账凭证的是（　　）。

A.支付购买材料价款　B.支付材料运杂费

C.收回出售材料款　D.车间领用材料

10.通用记账凭证的填制方法与（　　）的填制方法相同。

A.收款凭证　B.付款凭证　C.转账凭证　D.累计凭证

11.以下各项中，不属于原始凭证的是（　　）。

A.借款单　B.付款收据　C.领料单　D.公司营业执照

12.会计凭证的传递，是指从（　　）时止。

A.会计凭证的填制到记账

B.会计凭证的填制或取得时起，经审核、记账、装订到归档保管

C.会计凭证经审核、记账到装订保管

D.会计凭证经记账到装订保管

13.下列内容中，不属于记账凭证审核内容的是（　　）。

A.凭证是否符合有关的计划和预算

B.会计科目使用是否正确

C.凭证的金额与所附原始凭证的金额是否一致

D.凭证的内容与所附原始凭证的内容是否一致

14.在审核原始凭证时，对于内容不完整、填制有错误或手续不完备的原始凭证，应该（　　）。

A.拒绝办理，并向本单位负责人报告

B.予以抵制，对经办人员进行批评

C.由会计人员重新填制或予以更正

D.予以退回，要求更正、补充，以至重新填制

15.出纳人员付出货币资金的依据是（ ）。

A.收款凭证 B.付款凭证 C.转账凭证 D.原始凭证

（二）多项选择题

1.原始凭证的内容有（ ）。

A.凭证的名称、日期、编号 B.接受凭证的单位名称

C.会计科目 D.数量、单价、金额

2.收料单属于（ ）。

A.原始凭证 B.一次凭证 C.累计凭证 D.自制原始凭证

3.以下各项中，属于一次凭证的有（ ）。

A.收料单 B.销货发票 C.购货发票 D.领料单汇总表

E.限额领料单

4.付款凭证的特点是（ ）。

A.贷方科目固定为库存现金 B.贷方科目固定为银行存款

C.借方科目固定为库存现金 D.借方科目固定为银行存款

5.涉及现金与银行存款之间划转业务时，可以编制的记账凭证有（ ）。

A.现金收款凭证 B.银行存款收款凭证

C.银行存款付款凭证 D.现金付款凭证

6.下面科目中可能成为付款凭证借方科目的有（ ）。

A.库存现金 B.应付账款 C.销售费用 D.银行存款

7.企业接受某投资者投资，其中银行存款200 000元，固定资产100 000元，该企业应编制（ ）。

A.付款凭证一张 B.转账凭证一张 C.收款凭证一张 D.累计凭证一张

8.记账凭证的审核内容包括（ ）。

A.填写项目是否齐全和书写是否清楚 B.编制依据是否真实

C.使用会计科目是否准确 D.金额计算是否正确

9.科学合理地组织会计凭证的传递一般包括规定凭证的（ ）的内容。

A.传递路线 B.传递时间 C.传递手续 D.传递内容

10.对原始凭证发生的错误，正确的更正方法是（ ）。

A.由出具单位重开或更正

B.由本单位的会计人员代为更正

C.金额发生错误的，可由出具单位在原始凭证上更正

D.金额发生错误的，应当由出具单位重开

11.在原始凭证上书写阿拉伯数字，正确的是（ ）。

A.金额数字一律填写到角、分

B.无角、分的，角位和分位可写“00”或者符号“-”

C.有角无分的，分位应当写“0”

D.有角无分的，分位也可以用符号“-”代替

12.下列属于外来原始凭证的有（　　）。

A.本单位开具的销售发票　　B.供货单位开具的发票

C.职工出差取得的飞机票和火车票　　D.银行收付款通知单

13.下列说法正确的是（　　）。

A.记账凭证上的日期指的是经济业务发生的日期

B.对于涉及现金和银行存款之间的经济业务，一般只编制收款凭证

C.出纳人员不能直接依据有关收、付款业务的原始凭证办理收、付款业务

D.出纳人员必须根据经会计主管或其指定人员审核无误的收、付款凭证办理收、付款业务

14.关于收款凭证，下列说法中正确的是（　　）。

A.收款凭证是指用于记录现金和银行存款收款业务的会计凭证

B.收款凭证分为现金收款凭证和银行存款收款凭证两种

C.从银行提取现金的业务应该编制现金收款凭证

D.从银行提取现金的业务应该编制银行存款付款凭证

（三）判断题

1.一次凭证是指只反映一项经济业务的凭证，如“领料单”。（　　）

2.所有的会计凭证，都能作为登记总账账簿的直接依据。（　　）

3.转账凭证只登记与银行存款收付无关的凭证。（　　）

4.制造费用分配表是记账凭证。（　　）

5.现金和银行存款之间的收付业务只编制付款凭证。（　　）

6.对不真实、不合法的原始凭证，会计人员有权不予接受，对记载不准确、不完整的原始凭证，会计人员有权要求其重填。（　　）

7.一张原始凭证所列支出需要几个单位共同负担的，应当将其他单位负担的部分用复印件提供给其他单位。（　　）

8.会计凭证的传递是指会计凭证从取得或填制时起至归档保管过程中，在单位内部会计部门和人员之间的传递程序。（　　）

（四）简答题

1.什么是会计凭证？填制和审核会计凭证有何意义？

2.什么是原始凭证？它应具备哪些基本内容？

3.什么是记账凭证？它应具备哪些基本内容？

4.什么是收款凭证、付款凭证和转账凭证？它们之间的主要区别是什么？

5.原始凭证的填写有哪些要求？

6.记账凭证的填制应符合哪些要求？

（五）业务题

目的：练习收款凭证、付款凭证和转账凭证的填制。

资料：某企业202×年4月份发生下列经济业务：

（1）4月3日，从天星公司购入甲、乙两种材料，货款共计22 500元，其中：甲材料15 000元，乙材料7 500元，增值税共计2 925元，已用银行存款支付，材料已验收入库。

（2）4月5日，仓库发出甲材料1 000千克，每千克15元，发出乙材料200千克，每千

克7元，用于A产品生产。

（3）4月6日，销售A产品500件，每件售价60元，共30 000元，货款收到并存入银行。

（4）4月7日，收到上月应收销货款13 400元并存入银行。

（5）4月9日，以银行存款支付上月的应付购货款15 000元。

（6）4月12日，售出B产品100件，每件200元，货款尚未收到。

（7）4月15日，向银行提取现金5 600元，以备发放工资。

（8）4月16日，以现金支付职工本月工资5 600元。

（9）4月17日，收到销售A产品货款20 000元，存入银行。

（10）4月18日，以现金支付A产品的销售费580元。

（11）4月20日，用现金支付厂部办公用品费200元。

（12）4月21日，购入甲材料1 000千克，每千克14元，乙材料6 000千克，每千克6元，共计50 000元，以银行存款支付。

（13）4月28日，按规定提取固定资产折旧5 000元，其中生产车间固定资产折旧3 600元，管理部门固定资产折旧1 400元。

（14）4月29日，摊销本月应负担的保险费400元。

（15）4月30日，结转本月职工工资5 600元，其中，A产品生产工人工资3 000元，车间管理人员工资1 500元，厂部管理人员工资1 100元。

要求：根据上述经济业务填制记账凭证。

（六）案例分析

1.小林是大鹏公司的会计，负责办理各项报销业务。在处理公司新来职工报销出差票据过程中，小林发现：火车票（只有返程票，去程票丢失）350元、住宿发票（出差期间）660元、会务费1 200元、旅游景点门票2张200元。

请问：这些票据有什么作用？小林在接到这些应如何处理？

2.小王是大鹏公司的销售业务员，202×年4月从公司借支差旅费4 000元参加订货会，回来整理出差票据过程中，小王发现：火车票1 100元（只有返程票550元，去程票丢失）、酒店住宿发票（出差时间3天）900元、参会费800元、餐费400元、陪客户去旅游景点门票3张300元。单位财务制度规定公差期间餐费补贴标准100元/天。

请问：小王能顺利到财务部门销账吗？如果不能，该怎么处理手上的票据？

第七章 会计账簿

【学习目标】

本章阐述会计账簿的设置和登记。本章的学习要求了解会计账簿的概念和设置账簿的意义，熟悉会计账簿的种类，掌握会计账簿的设置及账簿的登记规则和方法，能够正确地登记各种账簿，理解对账的内容和结账的概念及方法，掌握错账的更正原理及三种更正错账的方法，坚决不做假账。

第一节 会计账簿的意义和种类

一、会计账簿的意义

会计账簿，简称账簿，是由具有一定格式、互有联系的若干账页所组成，以会计凭证为登记依据，用以连续、系统、分类地记录各项经济业务的簿籍。账簿也是保存会计数据的重要工具。

设置账簿是会计工作的一个重要环节，登记账簿是一种专门的会计核算方法。从原始凭证到记账凭证，实现了从经济信息向会计信息的转化，但是，记录在会计凭证上的信息是分散的、非系统的，为了把这些分散的核算资料加以集中归类反映，为经营管理提供系统、完整的核算资料，并为编制会计报表提供依据，就必须设置和登记账簿。各单位应当按照国家统一的会计制度的规定和会计业务的需要设置会计账簿。科学地设置和正确地登记账簿，对于加强经济管理、发挥会计的职能作用有着重要的意义。

1.可以为企业经营管理提供系统、完整的会计信息

通过设置和登记账簿，可以把会计凭证所提供的大量核算资料归类到各种账簿中，提供总括指标和详细指标，并进行序时记录和反映，为经营管理提供比较系统、完整的会计信息。

2.可以保证本单位财产物资的安全完整

通过设置和登记账簿，可以连续反映各项财产物资的增减变动及结存情况，还可以通过财产清查、核对账目，反映各项财产物资的具体情况，保证财产物资的安全完整。

3.可以为考核经营成果、实施会计监督提供依据

通过设置和登记账簿，可以确定财务成果的形成，而且利用账簿提供的核算资料，还可以加强会计的日常监督，监督经济活动的合理、合法性，促进企业不断完善经营管理。

4.可以为定期编制会计报表提供数据资料

通过设置和登记账簿，可以正确反映各项会计信息的具体情况，为定期编制会计报表

提供数据资料。账簿反映的数据真实与否，直接影响会计报表的质量。

二、会计账簿的种类

会计账簿的种类和结构是各种各样的，为了便于了解和运用各种账簿，有必要对账簿进行分类。账簿通常按其用途、外表形式和账页格式分类。

（一）账簿按其用途分类

账簿的用途，是指某一本账簿用来登记什么经济业务以及如何进行登记。账簿按其用途分类，一般可以分为序时账簿、分类账簿和备查账簿。

1.序时账簿

序时账簿通常称为日记账，是对各项经济业务按时间发生的先后顺序，逐日逐笔连续进行登记的账簿。在会计核算工作中，序时账簿是根据会计部门收到会计凭证的先后顺序，即记账凭证编号的先后顺序，逐日逐笔进行登记，每日结出余额。序时账簿可以用来及时、详细地反映经济业务的发生和完成情况，提供连续系统的会计资料，也可以用来与分类账的有关账户进行相互核对。序时账簿按其记录经济业务范围的不同，又可以分为普通序时账簿和特种序时账簿。

（1）普通序时账簿。这种账簿也称普通日记账，是用来记录全部经济业务完成情况的账簿。它的特点是按每日的全部经济业务发生时间的先后顺序，根据原始凭证在账簿中逐笔编制会计分录，也可称为分录日记账。在会计实务中，由于经济业务的复杂多样性，采用一本账簿逐日逐笔序时地记录全部的经济业务显然比较困难，也不利于分工，因此现在很少采用。这种账簿适用于会计电算化。

（2）特种序时账簿。这种账簿也称为特种日记账，是用来记录某一类经济业务完成情况的账簿。它的特点是对某一类重要的、发生频繁的经济业务进行序时登记。例如，对现金和银行存款的收付业务，各单位必须设置库存现金日记账和银行存款日记账，以便加强货币资金的管理，提供货币资金收付业务的详细、及时的会计信息。

2.分类账簿

分类账簿又称为分类账。它是对各项经济业务按照账户进行分类登记的账簿。分类账簿按其反映经济内容详细程度的不同，又分为总分类账簿和明细分类账簿。

（1）总分类账簿。总分类账簿又称为总分类账，简称总账，是根据总分类科目开设账户，用来分类登记全部经济业务，提供总括核算资料的分类账簿。

（2）明细分类账簿。明细分类账簿又称明细分类账，简称明细账，通常是根据总账科目设置，按其所属二级或明细科目开设账户，用来分类登记某一类经济业务，提供明细核算资料的分类账簿。

分类账簿所提供的各项资产、负债、所有者权益、收入、费用和利润的总括和明细核算资料，是编制会计报表的重要依据。

3.备查账簿

备查账簿又称辅助账簿，是对某些在序时账簿和分类账簿等主要账簿中未能记录或记录不全的经济业务，为便于备查而进行补充登记的账簿。其主要作用是为某些经济业务提供必要的参考资料，如经营租赁方式租入固定资产的登记簿、委托加工材料登记簿等。备查账簿没有固定的格式，可以根据各个单位的实际需要灵活设置，并非每个单位都必须设置。备查账簿的记录与编制会计报表无直接关系，它是一种表外账簿。

（二）账簿按其外表形式分类

账簿的外表形式，是指将组成账簿的账页是固定地装订成册，还是采取散页不加以固定的方式。账簿按其外表形式分类，一般可以分为订本式账簿、活页式账簿和卡片式账簿。

1.订本式账簿

订本式账簿简称订本账。它是在启用前就将若干顺序编号的账页固定装订成册的账簿。采用订本式账簿，可以避免账页散失和抽换账页，从而能够保证账簿资料的安全与完整。其不足之处在于，同一本账簿在同一时间内只能由一人登记，不能分工记账。另外，订本式账簿账页固定，不能根据需要增减，因而必须预先估计每一个账户需要的页数，以此来保留空白账页，如果保留空白账页过多，就会造成浪费。订本式账簿一般用于重要账簿（如库存现金日记账和银行存款日记账）以及具有统驭作用的总分类账。

2.活页式账簿

活页式账簿简称活页账，它是将分散的账页装存在账夹内而不固定，可以随时增减账页的账簿。活页式账簿的优点是可以随时加入空白账页，便于分工记账，提高工作效率。它的缺点在于，如果管理不善，账页容易散失或被抽换。为保证账簿资料的安全与完整，在使用时应注意按顺序编号，在使用完毕不再继续登记时，应装订成册并妥善保管。在会计实务中，活页式账簿主要用于各种明细分类账。

3.卡片式账簿

卡片式账簿简称卡片账，它是由许多具有账页格式的卡片组成的账簿。卡片式账簿在使用之前不装订，根据记录需要随时增添卡片数量，为便于保管，通常将卡片存放于卡片箱中。卡片式账簿的优缺点与活页式账簿相同。它不需要每年更换，可以跨年度使用。在使用卡片账时，为防止散失和抽换，应按顺序编号，并由有关人员在卡片上签章，同时存入卡片箱中由专人保管。在会计实务中，卡片式账簿主要用于财产明细账，如材料卡片账、固定资产卡片账等。

（三）账簿按其账页格式分类

账簿按账页格式可以分为四大类：两栏式账簿、三栏式账簿、多栏式账簿和数量金额式账簿。

1.两栏式账簿

两栏式账簿是指只有借方和贷方两个基本金额栏目的账簿。

2.三栏式账簿

三栏式账簿是设有借方、贷方和余额三个基本栏目的账簿。各种日记账、总分类账以及资本、债权、债务明细账都可以采用三栏式账簿。三栏式账簿又分为设对方科目和不设对方科目两种，区别是在摘要栏和借方科目栏之间是否有一栏“对方科目”。有“对方科目”栏的，称为设对方科目的三栏式账簿；没有“对方科目”栏的，称为不设对方科目的三栏式账簿。

3.多栏式账簿

多栏式账簿是在账簿的借方和贷方两个基本栏目中按需要分设若干专栏的账簿。收入、成本、费用、利润和利润分配明细账一般均采用这种格式的账簿。

4.数量金额式账簿

数量金额式账簿的借方、贷方和余额三个栏目内都分设数量、单价和金额三小栏，借以反映财产物资的实物数量和价值量。原材料、库存商品、产成品等存货明细账一般都采用数量金额式账簿。

第二节 账簿的设置和登记方法

各单位应当按照国家统一会计制度的规定和会计业务的需要设置会计账簿。具有不同用途和形式的账簿，用来登记不同的经济业务，但无论账簿采取何种格式，各种主要账簿应具有以下基本内容：

（1）封面。封面主要用来载明账簿的名称和记账单位名称。

（2）扉页。扉页主要用来登载经管人员一览表，其主要内容是：①单位名称；②账簿名称；③起止页数；④启用日期；⑤单位领导人；⑥会计主管人员；⑦经管人员；⑧移交人和移交日期；⑨接管人和接管日期。

（3）账页。账页是账簿的主体。因为反映经济业务内容的不同，账页的格式有所不同，但基本内容应包括：①账户的名称；②记账日期栏；③记账凭证的种类和号数；④摘要栏；⑤金额栏；⑥总页数和分户页数。

下面分别介绍各种主要账簿的设置和登记方法。

一、日记账的设置和登记方法

各单位根据会计业务的需要，可设置普通日记账和特种日记账。

1.普通日记账

这种日记账是用来记录全部经济业务的日记账，在账中，按照每日发生的经济业务的先后顺序编制会计分录，因此，也称分录日记账。它的格式采用两栏式，即只设有借方和贷方两个金额栏。普通日记账的格式见表7-1。

表7-1 **普通日记账** 第 页

年		账户名称	摘要	总账页数	借方金额	贷方金额
月	日					

普通日记账的登记方法如下：

日期栏：登记经济业务发生的日期；

账户名称：登记会计分录的应借、应贷的账户名称；

摘要栏：对经济业务做简要说明；

总账页数栏：每日应根据日记账中的会计分录登记总分类账，并将总分类账的账页数记入此栏；

金额栏：登记会计分录的借方金额和贷方金额。

2.特种日记账

这种日记账用来记录某一类经济业务。为了加强对货币资金的管理，各个单位都应设置库存现金日记账和银行存款日记账，用以序时反映现金和银行存款收入的来源、支出的去向或用途以及每日结存金额。根据各单位的实际需要，库存现金日记账和银行存款日记账可以采用三栏式格式或者多栏式格式。

（1）三栏式库存现金日记账和银行存款日记账。三栏式日记账，是指其格式设有“借方”、“贷方”和“余额”三个金额栏。

库存现金日记账是用来登记库存现金每日收入、付出和结存情况的账簿。它由出纳人员根据审核后的现金收款凭证和现金付款凭证，逐日逐笔顺序登记。对于从银行提取现金的业务，为防止重复记账，只填制银行存款付款凭证，不填制现金收款凭证，因而从银行提取现金引起的现金数额变动，应根据审核后的银行存款付款凭证登记库存现金日记账。每日终了，应结出库存现金日记账账面余额，并将其与库存现金实存金额相核对。三栏式库存现金日记账的一般格式见表7-2。

表7-2 库存现金日记账 第 页

年		凭证字号	对方科目	摘要	分类账页	借方						贷方						余额						核对
月	日					千	百	十	元	角	分	千	百	十	元	角	分	千	百	十	元	角	分	

三栏式库存现金日记账的登记方法如下：

日期栏：登记现金收付业务发生的实际日期；

凭证字号栏：登记收款凭证或付款凭证的种类和编号，如现金收款凭证第8号可简写为“现收8”；

对方科目栏：登记现金收入或支出的对应账户名称；

摘要栏：登记经济业务的简要说明；

借方及贷方栏：登记现金的收入金额和付出金额，每日终了，应计算当日的现金收入及现金付出的合计数；

余额栏：在登记每笔现金收入或现金支出金额后，应逐笔结出现金余额，每日终了，应结出当日现金余额。

银行存款日记账是用来登记银行存款的存入、支取及结余情况的账簿。银行存款日记账的登记方法与库存现金日记账的登记方法基本相同，是由出纳人员根据审核后的银行存款收款凭证和付款凭证，逐日逐笔按照经济业务发生的先后顺序进行登记。对于将现金存入银行的业务，为防止重复记账，只填制现金付款凭证，因此将现金存入银行引起的银行存款金额变动，应根据审核后的现金付款凭证登记银行存款日记账。每日终了，应分别计算银行存款收入及付出的合计数并结出当日余额，以便于检查和监督各项收支款项，并便于定期同银行送来的对账单逐笔核对。三栏式银行存款日记账的一般格式见表7-3。

表7-3 **银行存款日记账** 第 页

年		凭证字号	对方科目	摘要	分类账页	借方						贷方						余额						核对
月	日					千	百	十	元	角	分	千	百	十	元	角	分	千	百	十	元	角	分	

库存现金日记账和银行存款日记账必须采用订本式账簿，并从第一张账页开始按顺序编号，防止账页散失或随意抽换，也便于日后查阅。

（2）多栏式库存现金日记账和银行存款日记账。多栏式日记账，就是将借方栏和贷方栏分别按照对应科目设置若干专栏，即将借方栏按贷方科目设置若干专栏，贷方栏按借方科目设置若干专栏。

在会计实务中，采用多栏式库存现金日记账和银行存款日记账，可以将多栏式日记账各科目发生额作为登记总分类账的依据。在收款凭证和付款凭证较多时，采用多栏式日记账可以减少收款凭证和付款凭证的汇总编制手续，简化总分类账簿的登记工作，还可以清晰地反映账户的对应关系，了解货币资金的每项收支的来源和用途。多栏式库存现金日记账和银行存款日记账的格式见表7-4。

表7-4 **多栏式库存现金（银行存款）日记账** 第 页

年		凭证字号	摘要	借方（贷记下列科目）						贷方（借记下列科目）						余额
月	日								合计						合计	

在采用表7-4的多栏式日记账格式时，如果对应账户较多，账页篇幅必然过大，会登记不便，容易发生错栏串行的错误。为解决这一问题，可以分别设置库存现金收入日记账、银行存款收入日记账、库存现金支出日记账和银行存款支出日记账。多栏式收入日记账与支出日记账的格式见表7-5和表7-6。

表7-5 **库存现金（银行存款）收入日记账** 第 页

年		凭证字号	摘要	贷方科目					借方合计	贷方合计	余额
月	日										

表 7-6 库存现金（银行存款）支出日记账 第 页

年		凭证字号	摘要	借方科目					借方合计	贷方合计	余额
月	日										

由于多栏式日记账各科目发生额可以作为登记总分类账的依据，因此，根据内部牵制原则，应实行钱、账分开管理，并采取相应的监督和控制措施，保证会计人员所登记的总分类账的正确性和可靠性。在具体操作时，先由出纳人员根据审核后的收款凭证和付款凭证逐日逐笔顺序登记库存现金和银行存款的收入日记账与支出日记账，每日应将支出日记账当日贷方合计转入收入日记账中当日贷方合计栏内，以便结出账面余额。然后，会计人员应对多栏式库存现金日记账和银行存款日记账的记录进行审核，并在月末根据多栏式库存现金日记账和银行存款日记账各专栏的合计数分别登记总分类账的有关账户。这样可以简化核算工作，但必须加强对多栏式日记账登记的监督和检查。

另一种方法是：单位可设置库存现金和银行存款出纳登记簿，由出纳人员根据审核后的收款凭证和付款凭证逐日逐笔登记，以便逐笔掌握库存现金和银行存款的收付情况，并进行现金账实核对和银行存款单核对。出纳人员登记完出纳登记簿后，将收款凭证和付款凭证交给会计人员，由会计人员据以逐日汇总登记多栏式库存现金日记账、银行存款日记账和总分类账。出纳登记簿与多栏式日记账应相互核对，以保证账簿记录的真实性与正确性。这种做法符合内部牵制原则，但增设出纳登记簿后，加大了记账工作量。

二、总分类账的设置和登记方法

为了全面、总括地反映经济活动情况，并为编制会计报表提供核算资料，任何单位都应设置总分类账。在总分类账中，应按照一级科目的编码顺序分设账户，并为每个账户预留若干账页，以集中登记各账户发生的经济业务及其发生的金额变动。总分类账的核算只运用货币度量，采用三栏式账页和多栏式账页两种格式记录各账户的增减金额，其中以三栏式最为常用。

1. 三栏式总分类账

三栏式总分类账，是指设有“借方”、“贷方”和“余额”三个金额栏的总分类账。三栏式总分类账的格式设计通常有两种。

第一种是对某一账户只设有借、贷、余三栏，而不反映对方科目，其格式见表 7-7。

表 7-7 总账（三栏式）

会计科目： 第 页

年		凭证字号	摘要	借方	贷方	借或贷	余额
月	日						

第二种是在总分类账的借方和贷方两栏内，分别设置“对方科目”栏，以便反映设账科目的对方科目，使账户对应关系更加清晰。这种格式的总分类账见表7-8。

表7-8 **总账（三栏式）**

会计科目： 第 页

年		凭证字号	摘要	借方		贷方		借或贷	余额
月	日			对方科目	金额	对方科目	金额		

2. 多栏式总分类账

多栏式总分类账将所有的总账科目合并设在一张账页上。典型的多栏式总分类账是一种序时账与分类账相结合的联合账簿，也称日记总账，其格式见表7-9。

表7-9 **日记总账（多栏式）** 第 页

年		凭证字号	摘要	发生额	科目		科目		科目		……
月	日				借方	贷方	借方	贷方	借方	贷方	……

总分类账登记的依据和方法取决于所采用的会计账务处理程序。在不同的会计账务处理程序下，总分类账可以直接根据各种记账凭证逐笔进行登记；也可以将各种记账凭证先汇总编制成科目汇总表或汇总记账凭证，再据以登记总账；还可能根据多栏式日记账登记。无论采取哪一种方式，会计人员每月都应将本月已发生的经济业务全部登记入账，并于月末结出总分类账各个账户的本期发生额和期末余额，作为编制会计报表的主要依据。

三、明细账的设置

为了详细地反映经济活动情况，并为编制会计报表提供详细的核算资料，各单位应在设置总分类账的基础上，根据经营管理的需要，设置必要的明细分类账。明细分类账应分别按照二级科目或明细科目开设账户，用以分类、连续地记录有关资产、负债、所有者权益、收入、费用和利润的详细资料。明细分类账的设置对于加强对财产物资的收发和保管、资金的管理和使用、收入的取得和分配、往来款项的结算及费用的开支等方面经济活动的监督起着重要的作用。

各个单位应根据经营管理的需要，为各种财产物资、债权债务、收入、费用及利润等有关总分类账户设置各种明细分类账，如材料明细账、应收账款明细账等。明细分类账一般采用活页账簿，也有的采用卡片账，如固定资产卡片账可作为固定资产明细账。明细分类的格式应根据它所反映经济业务内容的特点以及实物管理的不同要求来设计，一般有三栏式、数量金额式和多栏式三种。

1.三栏式明细分类账

三栏式明细分类账的账页格式与三栏式总分类账格式基本相同，账页内只设有借方、贷方和余额三个金额栏，不设数量栏。这种格式适用于那些只需要进行金额核算的资本、债权、债务等类科目，如“应收账款”“应付账款”“其他应收款”“短期借款”“长期借款”“实收资本”等科目的明细分类核算。三栏式明细分类账的格式见表7-10。

表7-10 **三栏式明细分类账**

会计科目：

二级或明细科目：

年		凭证字号	摘要	借方	贷方	借或贷	余额
月	日						

2.数量金额式明细分类账

数量金额式明细分类账的账页在收入、发出和结存栏内，分别设有数量栏、单价栏和金额栏。这种格式适用于既要进行金额核算，又要进行实物数量核算的各种财产物资科目，如“原材料”“库存商品”等科目的明细分类核算。数量金额式明细分类账的格式见7-11。

表7-11 **数量金额式明细分类账**

类别：

品名或规格：

储备定额：

年		凭证字号	摘要	借（收入）方			贷（发出）方			结存		
月	日			数量	单价	金额	数量	单价	金额	数量	单价	金额

3.多栏式明细分类账

多栏式明细分类账是根据经济业务的特点和管理需要，在一张账页内按某一总账科目所属明细科目或明细项目分设若干专栏，用以在同一张账页上集中反映某一总账科目所属各有关明细科目或明细项目的核算资料。前述的三栏式和数量金额式明细分类账则是按有关的明细科目分设账页，这一点与多栏式明细分类账有所不同。多栏式明细分类账适用于只需要进行金额核算而不需要数量核算，在管理上要求反映项目构成情况的成本费用支出、收入、财务成果类科目，如“生产成本”“制造费用”“管理费用”“财务费用”“营业外收入”“本年利润”等科目的明细分类核算。多栏式明细分类账的格式设计及登记方法因科目类别及核算内容不同而分为以下三种情况：

（1）成本费用支出类科目。在每一成本费用支出类总账科目下，都设若干明细科目或明细项目，反映成本费用支出的构成。由于这类科目在会计期间内发生的经济业务主要都应登记在该账户的借方，因此成本费用支出类明细分类账借方设多栏，反映各明细科目或明细项目本月借方发生额，如发生冲减事项则用红字在借方登记。月末，将借方发生额合计数从贷方一笔转出，记入有关账户。成本费用支出类明细分类账的格式见表7-12。

表7-12 **成本费用支出类明细分类账**

会计科目： 第 页

年		凭证字号	摘要	借方（项目）					贷方	余额
月	日							合计		

（2）收入类科目。收入类总账科目下的所属明细科目或明细项目，反映某一收入指标的构成。由于这类科目在会计期间内发生的经济业务主要都应登记在该账户的贷方，因此收入类明细分类账按贷方设多栏，反映各明细科目或明细项目本月贷方发生额，如发生冲减有关收入的事项用红字在贷方登记。月末，将贷方发生额合计数从借方一笔转出，记入有关账户。收入类明细分类账的格式见表7-13。

表7-13 **收入类明细分类账**

会计科目： 第 页

年		凭证字号	摘要	贷方（项目）					借方	余额
月	日							合计		

（3）财务成果类科目。这类科目在会计期间内既发生贷方业务，也发生借方业务。为反映财务成果的构成，借方和贷方都要设多栏，登记各明细科目或明细项目本月发生额。财务成果类明细分类账的格式见表7-14。

表7-14 **财务成果类明细分类账**

年		凭证字号	摘要	借方（项目）				贷方（项目）				借或贷	余额
月	日						合计				合计		

各种明细分类账的登记方法，应根据各个单位业务量的大小、经营管理上的需要以及所记录的经济内容加以确定。登记明细分类账的依据主要为原始凭证或记账凭证。一般情况下应逐笔登记经济业务，也可定期汇总登记。

四、总分类账和明细分类账的平行登记

如前所述，总分类账和明细分类账所记录的经济业务内容相同，登记的依据相同，只是提供核算资料的详细程度有所差别，并且所起的作用不同。因此，在会计核算中，为了便于进行账户记录的核对，保证核算资料的完整性和正确性，总分类账与其所属的明细分

类账必须采取平行登记的方法。平行登记是指在经济业务发生后，以会计凭证为依据，一方面要在有关的总分类账户进行总括登记；另一方面要在总分类账户所属的明细分类账户进行详细登记。

平行登记的要点有：

（1）记账的时间相同。对于发生的每一项经济业务，一方面要在有关的总分类账中进行登记，另一方面要在其所属的明细分类账中进行登记。如同时涉及几个明细账，则应在有关的几个明细账中进行登记。

（2）记账的方向相同。如果在总分类账中记借方，则在其所属明细账中也应记借方；如果在总分类账中记贷方，则在其所属明细账中也应记贷方。

（3）记账的金额相同。记入总分类账的金额与其所属明细分类账的金额应当相等。如果同时涉及一个总分类账所属的几个明细分类账，则记入总分类账的金额与其所属的几个明细分类账的金额之和应当相等。

总分类账和明细分类账平行登记之后可产生如下数量关系：

总分类账本期发生额=所属明细分类账本期发生额合计

总分类账期末余额=所属明细分类账期末余额合计

在会计核算过程中，通常利用这种相等关系来检查总分类账和明细分类账记录的完整性和正确性。

下面以“原材料”和“应付账款”账户为例，说明总分类账和明细分类账平行登记的方法。

某企业202×年4月份“原材料”和“应付账款”两个总分类账和所属各明细分类账的月初余额如下：

“原材料”总分类账户月初余额为68 000元，其所属明细分类账户的月初余额见表7-15。

表7-15　**原材料所属明细分类账户的月初余额**

名称	数量（千克）	单价（元/千克）	金额（元）
A材料	2 000	25	50 000
B材料	600	30	18 000
合计			68 000

“应付账款”总分类账户贷方余额为50 000元，其所属明细分类账户余额为：天成公司贷方余额40 000元，红星公司贷方余额10 000元。

假设本月发生的材料收发业务与供应单位的结算业务如下：

（1）4月3日，仓库发出A材料1 000千克，单价25元/千克，计25 000元；B材料300千克，单价30元/千克，计9 000元。共计34 000元。上述材料直接用于产品生产。

（2）4月11日，向天成公司购入A材料1 500千克，单价25元/千克，共计37 500元，材料已验收入库，货款未付。

（3）4月15日，向红星公司购入B材料500千克，单价30元/千克，共计15 000元，货款未付。

（4）4月20日，通过银行偿还天成公司37 500元、红星公司15 000元，共计52 500元。

根据上述资料，采用平行登记的方法登记“原材料”总分类账户和“应付账款”总分类账户及所属明细分类账户。具体做法如下：

首先，将月初余额分别记入“原材料”和“应付账款”两个总分类账户及所属各明细分类账户。

然后，根据上述有关经济业务编制会计分录如下：

（1）借：生产成本　34 000
　　　贷：原材料——A材料　25 000
　　　　　　　　——B材料　9 000
（2）借：原材料——A材料　37 500
　　　贷：应付账款——天成公司　37 500
（3）借：原材料——B材料　15 000
　　　贷：应付账款——红星公司　15 000
（4）借：应付账款——天成公司　37 500
　　　　　　　　——红星公司　15 000
　　　贷：银行存款　52 500

最后，根据上述会计分录平行登记“原材料”和“应付账款”两个总分类账户及其所属的明细分类账户，并分别计算本期发生额和期末余额。登账结果分别见表7-16、表7-17、表7-18、表7-19、表7-20、表7-21。

表7-16　**原材料总分类账**

会计科目：原材料　第　页

202×年		凭证字号	摘要	借方	贷方	借或贷	余额
月	日						
4	1		月初余额			借	68 000
	3	（1）	生产领用		34 000	借	34 000
	11	（2）	购进	37 500		借	71 500
	15	（3）	购进	15 000		借	86 500
	30		本期发生额及余额	52 500	34 000	借	86 500

表7-17　**原材料明细分类账**

材料名称：A材料　第　页

202×年		凭证字号	摘要	收入			发出			结存		
月	日			数量	单价	金额	数量	单价	金额	数量	单价	金额
4	1		月初余额							2 000	25	50 000
	3	（1）	生产领用				1 000	25	25 000	1 000	25	25 000
	11	（2）	购进	1 500	25	37 500				2 500	25	62 500
	30		本月发生额	1 500	25	37 500	1 000	25	25 000	2 500	25	62 500

表 7-18 **原材料明细分类账**

材料名称：B材料 第 页

202×年		凭证字号	摘要	收入			发出			结存		
月	日			数量	单价	金额	数量	单价	金额	数量	单价	金额
4	1		月初余额							600	30	18 000
	3	（1）	生产领用				300	30	9 000	300	30	9 000
	15	（3）	购进	500	30	15 000				800	30	24 000
	30		本月发生额	500	30	15 000	300	30	9 000	800	30	24 000

表 7-19 **应付账款总分类账**

会计科目：应付账款 第 页

202×年		凭证字号	摘要	借方	贷方	借或贷	余额
月	日						
4	1		月初余额			贷	50 000
	11	（2）	购进材料		37 500	贷	87 500
	15	（3）	购进材料		15 000	贷	102 500
	20	（4）	偿还货款	52 500		贷	50 000
	30		本期发生额及余额	52 500	52 500	贷	50 000

表 7-20 **应付账款明细分类账**

明细科目：天成公司 第 页

202×年		凭证字号	摘要	借方	贷方	借或贷	余额
月	日						
4	1		月初余额			贷	40 000
	11	（2）	购进材料		37 500	贷	77 500
	20	（4）	偿还货款	37 500		贷	40 000
	30		本期发生额及余额	37 500	37 500	贷	40 000

表 7-21 **应付账款明细分类账**

明细科目：红星公司 第 页

202×年		凭证字号	摘要	借方	贷方	借或贷	余额
月	日						
4	1		月初余额			贷	10 000
	15	（3）	购进材料		15 000	贷	25 000
	20	（4）	偿还货款	15 000		贷	10 000
	30		本期发生额及余额	15 000	15 000	贷	10 000

第三节 登记账簿的规则

账簿记录是重要的会计资料，为了保证会计资料的可靠性，需要规范账簿的登记，各单位在登记账簿时必须遵循以下基本规则。

一、账簿启用

为了保证会计账簿记录的合法性和资料的完整性，明确记账责任，会计账簿应当有专人负责登记。在账簿启用时，应当在账簿封面上写明单位名称和账簿名称，填写账簿扉页上的“账簿启用登记表”，内容包括单位名称、账簿名称、账簿编号、启用日期、账簿册数、账簿页数等，并加盖单位公章和记账人员名章。“账簿启用登记表”的格式见表7-22。

表7-22 **账簿启用登记表**

<table>
<tr><td colspan="2">账簿名称</td><td colspan="2"></td><td colspan="2">单位名称</td><td></td></tr>
<tr><td colspan="2">账簿编号</td><td colspan="2"></td><td colspan="2" rowspan="6">单位公章</td><td rowspan="6"></td></tr>
<tr><td colspan="2">账簿册数</td><td colspan="2"></td></tr>
<tr><td colspan="2">账簿页数</td><td colspan="2"></td></tr>
<tr><td colspan="2">启用日期</td><td colspan="2"></td></tr>
<tr><td colspan="2">记账人员</td><td colspan="2">（签章）</td></tr>
<tr><td colspan="2">会计主管</td><td colspan="2">（签章）</td></tr>
<tr><td colspan="3">交接日期</td><td colspan="2">移交人</td><td>接管人</td><td>会计主管</td></tr>
<tr><td>年</td><td>月</td><td>日</td><td colspan="2"></td><td></td><td></td></tr>
</table>

二、记账规则

（1）登记会计账簿时，应当将会计凭证日期、编号、业务内容摘要、金额和其他有关资料逐项记入账内，做到数字准确、摘要清楚、登记及时、字迹工整。登记完毕后，要在记账凭证上签名或盖章并注明已经登账的符号，即在记账凭证上所设的专门栏目中注明“√”，表示已经记账，以避免发生重记或漏记。

（2）账簿中书写的文字或数字应紧靠底线书写，上面要留有适当的空格，不要写满格，一般应占格距的1/2。这样，在一旦发生登记错误时，能比较容易地进行更正。

（3）登记账簿要用蓝黑墨水或者碳素墨水书写，不得用圆珠笔（银行的复写账簿除外）或者铅笔书写。红色墨水只能在结账划线、改错和冲账时使用。下列情况可以用红色墨水记账：

① 按照红字冲账的记账凭证，冲销错误记录；

② 在不设借贷等栏的多栏式账页中，登记减少数；

③ 在三栏式账户的余额栏前，如未注明余额方向的，在余额栏内登记负数余额；

④ 根据国家统一会计制度的规定可以用红字登记的其他会计记录。

（4）各种账簿必须按事先编写的页码逐页逐行顺序连续登记，不得跳行、隔页。如果发生跳行、隔页，应当将空行空页划线注销，或者注明“此行空白”“此页空白”字样，并由记账人员签名或盖章。

（5）凡需要结出余额的账户，结出余额后，应当在“借或贷”栏写明“借”或者“贷”等字样，没有余额的账户，应当在“借或贷”栏写“平”字，并在“余额”栏内的“元”位上用“θ”表示。

（6）每一账页登记完毕结转下页时，应当结出本页合计数及余额，写在本页最后一行和下页第一行有关栏内，并在摘要栏内注明“过次页”和“承前页”字样；也可以将本页合计数及金额只写在下页第一行有关栏内，并在摘要栏内注明“承前页”字样。

对需要结计本月发生额的账户，结计“过次页”的本页合计数应当为自本月初起至本页末止的发生额合计数；对需要结计本年累计发生额的账户，结计“过次页”的本页合计数应当为自年初起至本页末止的累计数；对既不需要结计本月发生额，也不需要结计本年累计发生额的账户，可以只将每页末的余额结转次页。

（7）账簿记录发生错误时，不得刮、擦、挖、补，随意涂改或用褪色药水更改字迹，应根据错误的情况，按规定的方法进行更正。

三、错账的更正

在各种账簿中，如果在记账过程中发生了差错，应根据差错的性质和发现的时间等具体情况，按规定的具体更正错账方法进行更正。更正错账的方法一般有三种：

1.划线更正法

在结账之前，如果发现账簿记录有文字或数字错误，而记账凭证无错误，即只是在过账时发生了文字或数字上的笔误，可采用划线更正法进行更正。

具体更正方法是：首先将错误的文字或数字划一条红线予以注销；然后将正确的文字或数字用蓝黑字体写在所划红线的文字或数字的上面，并在划线更正处加盖记账人员名章，以示负责。采用划线更正法时应注意：对于数字差错必须将错误数额全部划去，不允许只划线更正错误数额中的个别数字，并要保持划去的字迹仍可清晰辨认以备日后查考。例如，记账人员在根据记账凭证登记账簿时，将7 540元错记为7 450元，不能只划去错误数字“45”改为“54”，而应将错误金额“7 450”全部用红线划去，并在划线上方书写正确金额“7 540”。

2.红字更正法

红字更正法是会计核算中用红字冲销或冲减原记数额，以更正或调整账簿记录的一种方法。这种方法用于下列两种错账情况的更正。

（1）在登账之后，如果发现记账凭证中的应借、应贷方向或会计科目发生错误，可用红字更正法进行更正。具体更正方法是：首先用红字金额填制一张与原错误记账凭证内容完全相同的记账凭证，并用红字金额登记入账，以示冲销原错误记录，同时在摘要栏注明“冲销×月×日第×号凭证错误”，然后用蓝字填制一张正确的记账凭证，在摘要栏注明“更正×月×日第×号凭证错误”，并据以用蓝字登记入账。

例如，某公司业务员出差预借差旅费7 000元，开出现金支票付讫。在填制记账凭证时，误编为下列分录，并已登记入账：

借：管理费用　　7 000

　贷：银行存款　　7 000

以上分录中，应借科目为“其他应收款——××”，当发现错误予以更正时，先用红字金额编制如下记账凭证并据以用红字金额登记入账，用以冲销原有错误的账簿记录：

借：管理费用　　$\boxed{7\,000}$

　贷：银行存款　　$\boxed{7\,000}$

然后用蓝字编制正确的记账凭证，并据以登记入账：

借：其他应收款——××　　7 000

　贷：银行存款　　7 000

注：上述分录中，$\boxed{}$内的数字表示红字（下同）。

（2）在记账之后，如果发现记账凭证的应借应贷方向和会计科目正确，而所记金额大于应记金额，也可采用红字更正法予以更正。具体更正方法是：只将正确数字与错误数字之间的差额，用红字金额填制一张应借、应贷科目与错误凭证相同的记账凭证，并在摘要栏注明“冲销×月×日第×号凭证多记金额”，并据以过账，以示冲销多记的金额。

例如，企业某车间为生产产品领用A材料2 000元。在填制记账凭证时，误将金额写成20 000元，并据以登记入账：

借：生产成本　　20 000

　贷：原材料——A材料　　20 000

更正时，应将多记金额18 000元（20 000－2 000）用红字填制一张记账凭证，并以红字金额登记入账，以示冲销多记金额。

借：生产成本　　$\boxed{18\,000}$

　贷：原材料——A材料　　$\boxed{18\,000}$

3.补充登记法

补充登记法是用增记差额更正账簿记录错误的一种方法。记账以后，如发现记账凭证中科目正确，但金额有错误（所记金额小于应记金额），应将少记金额用蓝字填制一张记账凭证，并登记入账。具体更正方法是：将少记的金额，即错误金额小于正确金额的差额，用蓝字填制一张与原错误记账凭证应借、应贷的会计科目完全相同的记账凭证，并在摘要栏注明“补充×月×日第×号凭证少记金额”，然后据以登记入账。

例如，企业根据折旧计划，计提行政管理部门使用固定资产的折旧费8 700元。在填制记账凭证时，误将金额填写成7 800元，并据以登记入账：

借：管理费用　　7 800

　贷：累计折旧　　7 800

更正时，应将少记金额900元（8 700-7 800）用蓝字填制一张应借、应贷会计科目与原记账凭证相同的记账凭证，并登记入账：

借：管理费用　　900

　贷：累计折旧　　900

采用红字更正法和补充登记法，应在重新填制的记账凭证摘要栏内注明原记账凭证的日期、编号及更正原因，以便查阅核实。

第四节 对账和结账

一、对账

对账，就是核对账目，是指会计人员对账簿记录进行核对的工作。通过对账，及时发现记账过程中的错误，以保证账簿记录的真实、完整和正确，最终为编制会计报表提供可靠的会计核算资料。各单位应当定期将会计账簿记录的有关数字与实物、款项及有关资料等进行相互核对，保证账证相符、账账相符和账实相符。

（一）账证核对

账证核对就是核对会计账簿记录与原始凭证、记账凭证的时间、凭证字号、内容、金额是否一致，记账方向是否相符。账证核对的目的是保证账簿与凭证记录相符。由于原始凭证和记账凭证种类多、数量大，因此，账证核对一般在日常核算工作中进行，通过会计人员在填制记账凭证和登记账簿的过程中进行核对。如果在月末发现账账不符，为查找原因，也要进行账证核对。账证核对必须注意以下环节：

（1）严格凭证编号，按日控制查对。会计凭证完整无缺、不错不漏，是保证各级账簿正确登记的首要前提。不论采用何种记账形式，对每日填制的会计凭证必须按月从小到大顺序编号。各种日记账应按记账凭证的编号顺序及时登记。日记账登记的发生额，必须按日结算，按日与记账凭证的发生额核对，如发现数字不符，应核对查清。库存现金与银行存款日记账还必须每日结出余额并与记账凭证核对相符。

（2）随时登账，随时查对。除必须按日查对的账簿外，其余账簿应做到随时登账，随时查对，随时发现错误，随时查明纠正。同一记账凭证所列对应会计科目由两个以上登账人员分别登账的，登账后，登账人员要各自在记账凭证中盖章，使对应的账簿登记不致遗漏。

（二）账账核对

账账核对就是核对不同会计账簿记录是否相符。账账核对一般是在账证核对基础上进行的，其目的是保证账账相符。这种核对至少每月末进行一次。账账核对的主要内容包括：

（1）所有总分类账户的借方余额合计数与贷方余额合计数应核对相符。

（2）“库存现金”和“银行存款”总分类账的期末余额，分别与库存现金日记账和银行存款日记账的期末余额核对相符。

（3）总分类账各账户的期末余额与其所属的各明细分类账的期末余额合计数核对相符。

（4）会计部门的各种财产物资明细分类账的期末余额，与财产物资保管和使用部门的有关财产物资明细分类账的期末余额核对相符。

（三）账实核对

账实核对是指各种财产物资的账面余额与实存数额的核对。账实核对是在账账核对的基础上，结合财产清查进行的，其目的是保证账实相符。账实核对的主要内容包括：

（1）库存现金日记账的账面余额应每日与现金实际库存数额核对相符。

（2）银行存款日记账的账面余额与银行对账单核对相符，每月至少核对一次。

（3）财产物资明细分类账的账面余额与财产物资的实存数额核对相符。

（4）各种应收、应付账款的明细分类账的账面余额与有关债务、债权单位或个人核对相符。

二、结账

结账，就是在把一定时期内所发生的经济业务全部登记入账的基础上，将各种账簿的记录结算清楚，为正确编制财务会计报告提供资料。月度、季度和半年度结账称为会计结算，年度结账称为会计决算。

（一）结账的方式

结账的方式按各种账簿的结账时间分类，有定期结账和不定期结账两种方法。

1.定期结账

单位必须按月、按季、按半年、按年结账，以便按规定编报月、季、半年度、年度会计报表。所以，单位所有的会计账簿必须按月、按季、按半年与按年办理结账工作，通称定期结账。

有些账簿，如专用的日记账簿，为了便于统计每日填制的记账凭证数量和发生的金额，保证不缺不漏、准确无误，必须办理日结。对于库存现金和银行存款日记账，因收支频繁，余额变动较大，为了检查和掌握现金和银行存款的数额，也应按日结账，做到日结月清，这也是定期结账的一种。

2.不定期结账

对于各种结算类科目的明细分类账，如备用金，应收、应付款等，为了随时掌握账目动态，便于及时清理，在每笔业务登记后，应随时前后查对。对于收回的应收款、已付清的应付款与已报销的备用金等已清账款，应在前后两笔账目标明“√”符号，表示账款已清，再结出未清账款的余额。

（二）结账的内容

（1）结算各种收入、费用类账户，并据以计算确定本期利润。

（2）结算各资产、负债和所有者权益类账户，分别结出本期发生额合计数和余额。

（三）结账的程序

（1）将本期发生的经济业务全部登记入账，并保证其正确性。

（2）根据权责发生制的要求，调整有关账户，合理确定本期应计的收入和费用。

（3）将有关收入（收益）、费用（损失）转入“本年利润”账户，结平所有损益类账户。

（4）结算出资产、负债和所有者权益类账户的本期发生额和余额，并结转至下期。

（四）结账的方法

对不需按月结计本期发生额的账户，如各项应收、应付款明细账和各项财产物资明细账等，每次记账以后，都要随时结出余额，每月最后一笔余额即为月末余额。也就是说，月末余额就是本月最后一笔经济业务记录的同一行内余额。月末结账时，只需在最后一笔经济业务记录之下通栏划单红线，不需再结计一次余额。

库存现金、银行存款日记账和需要按月结计发生额的收入、费用等明细账，每月结账时，要在最后一笔经济业务记录下面通栏划单红线，结出本月发生额和余额，在摘要栏内注明“本月合计”字样，在下面通栏划单红线。需要结计本年累计发生额的某些明细账户，每月结账时，应在“本月合计”行下结出自年初起至本月末止的累计发生额，登记在月份发生额下面，在摘要栏内注明“本年累计”字样，并在下面通栏划单红线。12月末的“本年累计”就是全年累计发生额，全年累计发生额下通栏划双红线。

总账账户平时只需结出月末余额。年终结账时，为了总括地反映全年各项资金运动情况的全貌和核对账目，要将所有总账账户结出全年发生额和年末余额，在摘要栏内注明“本年合计”字样，并在合计数下通栏划红双线。年度终了结账时有余额的账户，要将其余额结转至下年，并在摘要栏内注明“结转下年”字样；在下一会计年度新建有关会计账户的第一行余额栏内填写上年结转的余额，并在摘要栏内注明“上年结转”字样。年度结账不需要编制记账凭证，也不必将余额再记入本年账户的借方或贷方。因为既然年末是有余额的账户，其余额应当如实地在账户中加以反映，否则容易混淆有余额的账户和没有余额的账户之间的区别。结账方法举例见表7-23。

表7-23 **总分类账**

会计科目：应收账款

202×年		凭证字号	摘要	借方	贷方	借或贷	余额
月	日						
1	1		年初余额			借	1 280 000
	31		1月份发生额及余额	476 000	650 000	借	1 106 000
2	1						
	28		2月份发生额及余额	290 000	500 000	借	896 000
12	31		12月份发生额及余额	350 000	460 000	借	67 000
	31		年度发生额及余额	720 000	841 300	借	67 000

注：本表以浪线代替红线。

【本章练习】

（一）单项选择题

1.下列记账凭证中，不能据以登记库存现金日记账的是（　　）。

A.银行存款收款凭证　　B.银行存款付款凭证

C.现金收款凭证　　D.现金付款凭证

2.库存商品明细分类账的格式一般采用（ ）。

A.三栏式 B.数量金额式 C.多栏式 D.卡片式

3.记账以后，如果发现凭证中应借应贷的会计科目或金额发生错误，采用（ ）进行更正。

A.划线更正法 B.红字更正法 C.9除法 D.补充登记法

4.下列各项中，属于账实核对的是（ ）。

A.总账和日记账的核对 B.银行存款日记账和银行对账单余额核对

C.总账和明细账的核对 D.总账各账户的核对

5.下列说法正确的是（ ）。

A.结账前，应将本期全部经济业务全部入账

B.可以提前或推后结账

C.必须结出期末余额，本期发生额可结可不结

D.最后一笔账下面划双红线

6.固定资产明细账采用（ ）。

A.订本式 B.活页式 C.卡片式 D.辅助式

7.记账以后，如果发现记账凭证中应借应贷的会计科目正确，但所记金额大于应记金额，则采用（ ）更正。

A.划线更正法 B.红字更正法 C.补充登记法 D.2除法

8.库存现金日记账属于（ ）。

A.序时账 B.分类账 C.备查账 D.卡片账

9.制造费用明细账采用（ ）。

A.三栏式 B.多栏式 C.数量金额式 D.都不可以

10.采用补充登记法更正错账时，应编（ ）记账凭证。

A.红字 B.蓝字 C.红字和蓝字 D.红字或蓝字

11.记账凭证上记账栏目中的“√”记号表示（ ）。

A.已经登记入账 B.不需登记入账 C.此凭证作废 D.此凭证编制正确

12.（ ）账户期末一般无余额。

A.实收资本 B.短期借款 C.应交税费 D.主营业务收入

13.序时账簿和分类账簿一般采用（ ）。

A.订本式 B.活页式 C.卡片式 D.辅助式

14.没有余额的账户，应在“借或贷”栏内写（ ）。

A.“借” B.“贷” C.“平” D.“0”

15.三栏式账簿不设（ ）。

A.借方栏 B.贷方栏 C.余额栏 D.数量栏

（二）多项选择题

1.（ ）情况下可采用红字记账。

A.对错账采用补充登记法更正

B.按照红字冲账的记账凭证冲销错误记录

C.在不设借贷等栏的多栏式账页中登记减少数

D.在三栏式账户的余额栏前未注明金额方向的，在余额栏内登记负数余额

2.下列各项中，属于序时账簿的有（　　）。

A.库存现金日记账　　B.银行存款日记账

C.转账日记账　　D.普通日记账

3.库存现金日记账和银行存款日记账的登记要求主要包括（　　）。

A.由出纳人员负责登记　　B.以审核无误的收、付款凭证为依据

C.应逐日逐笔顺序登记　　D.必须逐日结出余额

4.下列各项中，采用多栏式明细账的有（　　）。

A.制造费用　　B.管理费用　　C.销售费用　　D.应收账款

5.对账的主要内容包括（　　）。

A.账表核对　　B.账账核对　　C.账证核对　　D.账实核对

6.通常情况下，结账工作一般包括（　　）。

A.季结　　B.半年结　　C.月结　　D.年结

7.账簿启用登记表应载明的事项有（　　）。

A.启用日期　　B.经管人员的姓名　　C.加盖公章　　D.会计科目名称

8.会计账簿按用途可分为（　　）。

A.序时账簿　　B.订本账簿　　C.分类账簿　　D.备查账簿

9.下列采用数量金额式明细账的账户有（　　）。

A.生产成本　　B.库存商品　　C.原材料　　D.固定资产

10.下列采用订本式账簿的有（　　）。

A.库存现金日记账　　B.银行存款日记账　　C.原材料明细账　　D.总分类账

（三）判断题

1.企业除设置法定的会计账簿外，也可以另立会计册。（　　）

2.序时账簿是按经济业务发生时间的先后顺序逐日逐笔连续登记的账簿。（　　）

3.年度终了时，更换新账页后，应将活页式账簿装订成册、存档，并由专人保管。（　　）

4.只要到会计期末，就必须结账，不管本期业务是否全部登记入账。（　　）

5.总分类账簿一般采用订本式账簿、三栏式账页，运用货币量度进行核算。（　　）

6.备查账簿没有固定的格式，一般根据各单位会计核算和经营管理的需要而设置。（　　）

7.为了保证账簿记录的合法性和完整性，明确记账责任，在账簿启用时，填写“账簿启用登记表”。（　　）

8.记账人员调动工作或因故离职时，可以不办理交接手续。（　　）

9.记账时必须根据审核无误的会计凭证进行登记。（　　）

10.账证核对，是将账簿记录与原始凭证进行核对。（　　）

11.一般来说，总分类账、日记账和大多数明细账，每年应更换一次新账。（　　）

12.“原材料”的核算应采用多栏式明细账的格式。（　　）

（四）简答题

1.什么是账簿？设置和登记账簿有何意义？

2.账簿应具备哪些基本内容？

3.明细分类账主要有哪几种格式？它们各自的适用范围是什么？

4.账簿登记规则的主要内容是什么？

5.更正错账有哪几种方法？它们各自的适用条件是什么？

（五）业务题

1.目的：练习三栏式库存现金日记账和银行存款日记账的登记方法。

资料：某企业202×年5月31日库存现金日记账的余额为1 200元，银行存款日记账的余额为856 000元。6月份发生下列经济业务：

（1）6月2日，职工李林出差借差旅费2 000元，经审核开出现金支票。

（2）6月3日，行政管理部门报销购买办公用品费650元，经审核以现金付讫。

（3）6月4日，签发现金支票5 000元，从银行提取现金，以备日常开支需要。

（4）6月5日，用银行存款40 000元偿还上月所欠天星公司货款。

（5）6月7日，签发现金支票350 000元，从银行提取现金，以备发放工资。

（6）6月8日，以现金350 000元发放本月职工工资。

（7）6月10日，购入材料一批，用银行存款支付货款及代垫运费275 000元，材料已验收入库。

（8）6月11日，用银行存款归还到期的短期借款100 000元和利息3 750元（利息已按月预提）。

（9）6月12日，销售产品一批，货款共计55 000元，已收到并存入银行。

（10）6月25日，生产车间报销日常开支费用1 650元，经审核以现金付讫。

（11）6月26日，收到华夏公司前欠的货款18 000元，并存入银行。

（12）6月26日，以现金500元支付职工困难补助费。

（13）6月27日，用银行存款12 000元支付广告费。

（14）6月28日，用银行存款28 000元缴纳税金。

（15）6月29日，接到银行通知，第二季度实际借款利息为7 500元，已用结算中存款划账支付（企业按月预提2 500元）。

（16）6月30日，职工李林出差回厂报销差旅费1 920元，余额退回。

（17）6月30日，接到银行通知，支付本月生产用电费6 000元。

（18）6月30日，从银行借入3个月期的短期借款8 000元，存入开户行。

要求：

（1）编制会计分录，并按经济业务顺序编号；

（2）设置“库存现金日记账”和“银行存款日记账”，登记并结出发生额和余额。

2.目的：练习错账的更正方法。

资料：某企业在账证核对过程中，发现下列经济业务的凭证内容或账簿记录有误：

（1）职工李林借支差旅费2 000元，开出现金支票，原记账凭证的会计分录为：

借：其他应收款　　2 000

　贷：库存现金　　2 000

（2）企业预提本月银行短期贷款利息6 500元，原记账凭证的会计分录为：

借：管理费用　　6 500

贷：其他应付款 6 500

（3）结转本月已售产品成本750 000元，原记账凭证的会计分录是：

借：主营业务成本 70 000

贷：库存商品 70 000

（4）企业结转本月发生制造费用6 800元，原记账凭证的会计分录为：

借：生产成本 8 600

贷：制造费用 8 600

（5）企业计算本月应交税费为34 000元，原记账凭证的会计分录为：

借：税金及附加 34 000

贷：应交税费 34 000

该记账凭证登记账簿时，其“应交税费”科目的贷方所记金额为3 400元。

要求：将上列各项经济业务的错误记录分别采用适当的更正错账方法予以更正。

第八章　账务处理程序

【学习目标】

本章阐述常见的几种账务处理程序。本章的学习要求了解账务处理程序的概念、意义及分类，熟悉账务处理程序的几种类型和基本流程，熟练掌握记账凭证账务处理程序、科目汇总表账务处理程序和汇总记账凭证账务处理程序等几种常用的账务处理程序。把握各程序中的分工与合作，理解各程序的责任与权力，增强担当意识。

第一节　账务处理程序概述

一、账务处理程序的概念及意义

账务处理程序是指会计凭证、会计账簿、财务报表相结合的方式。账务处理程序包括从审核原始凭证开始，经过编制记账凭证、登记账簿，直至编制出财务报告的方法和步骤。

会计凭证、会计账簿、财务报表之间的结合方式不同，就形成了不同的账务处理程序，不同的账务处理程序又有不同的方法、特点和适用范围。科学、合理地选择适用于本单位的账务处理程序，对于有效组织会计核算具有重要的意义。

（1）有利于规范会计工作，提高会计核算工作质量。采用适当的账务处理程序，科学地组织记账工作，可使企业的日常会计核算工作按规定的程序有条不紊地进行，且有利于会计合理分工，加强岗位责任制以明确责任，健全企业的内部控制制度，最大限度地预防和杜绝各种错弊现象的发生，从而使会计核算能正确地反映情况，及时提供信息，大大提高会计信息的真实性、清晰性和完整性，更好地完成会计所担负的任务。

（2）有利于提高会计工作效率，节约核算费用。账务处理程序合理地解决了从记账的准备工作到编制会计报表资料这一过程中会计工作的技术组织问题，因而，一个科学的账务处理程序可以在保证对企业经济活动及其结果做出及时、客观、正确、真实反映的前提下，尽可能地简化会计核算手续，避免多余环节，减少重复劳动，从而提高会计工作效率，节约核算费用开支。

（3）有利于加强对单位经济活动的监督，改善财产物资的管理，提高会计管理的水平。恰当地设计或选用科学合理的账务处理程序，对提高会计工作效率、保证会计工作质量、改善企业经营管理必然会带来积极的影响。一方面，由于能够正确及时地进行信息反馈和内部会计控制，可以加强对企业经济活动及其结果的反映和监督、计划和控制以及预测和决策；另一方面，有利于会计工作合理分工协作，会计人员能够有更多的时间和精力深入实际调查情况，切实地加强会计工作，从而提高企业会计管理的水平。

二、合理设计和选择账务处理程序的要求

为了把会计核算工作科学地组织起来，保证及时编制会计报表和提供经济管理所需资料，所有单位都应根据《企业会计准则》、《企业财务通则》和新会计制度的有关规定，遵循国际惯例，结合本单位的具体情况，采用适当的账务处理程序，其基本要求应包括：

1.必须满足经营管理的需要

账务处理程序的建立，从填制凭证到登记账簿和编制会计报表，都必须根据会计核算工作一般原则和岗位责任制的要求，安排组织会计核算工作，及时准确提供会计信息，为企业经营决策提供必要的依据，以便计划和控制企业经济活动，满足企业经营管理的需要。

2.要适应本单位经济活动特点

不同经营规模、性质的企业，所选用的账务处理程序的内容及处理方法不一样。企业应在会计制度的统一要求下，从实际出发，选择最适合本单位特点的账务处理程序，以提高会计核算工作效率。

3.要合理简化会计核算手续

在保证会计核算资料及时、正确和完整的前提下，力求简化核算手续，节约会计核算成本，提高会计工作质量和效率。

第二节　账务处理程序的分类

账务处理程序的分类就是对不同的账务处理方法进行区分和归纳。根据登记总分类账的依据不同，账务处理程序有记账凭证账务处理程序、科目汇总表账务处理程序、汇总记账凭证账务处理程序、日记总账账务处理程序、多栏式日记账账务处理程序。

一、记账凭证账务处理程序

1.记账凭证账务处理程序的概念

记账凭证账务处理程序是指对发生的经济业务，都要根据原始凭证或汇总原始凭证编制记账凭证，然后直接根据记账凭证逐笔登记总分类账的一种账务处理程序。它的主要特点是：各种记账凭证不需汇总，而是直接逐笔登记总分类账。

记账凭证账务处理程序是最基本的一种账务处理程序，在一定意义上，其他账务处理程序都是在这种账务处理程序基础上的延伸和发展。在记账凭证账务处理程序下，记账凭证一般采用收款凭证、付款凭证和转账凭证三种格式，也可采用通用记账凭证。对于账簿而言，可设置库存现金日记账、银行存款日记账、总分类账和明细分类账。日记账和总分类账一般采用三栏式，明细分类账可根据管理的需要分别采用三栏式、数量金额式或多栏式等。

2.记账凭证账务处理程序的一般程序

（1）根据原始凭证编制汇总原始凭证。

（2）根据原始凭证或汇总原始凭证，编制记账凭证。

（3）根据收、付款凭证逐笔登记库存现金日记账和银行存款日记账。

（4）根据原始凭证、汇总原始凭证和记账凭证，登记各种明细分类账。

（5）根据记账凭证逐笔登记总分类账。

（6）期末，根据对账的要求，将库存现金日记账、银行存款日记账和各种明细分类账的余额与总分类账有关账户的余额核对。

（7）期末，根据总分类账和明细分类账的资料编制会计报表。

记账凭证账务处理程序如图8-1所示。

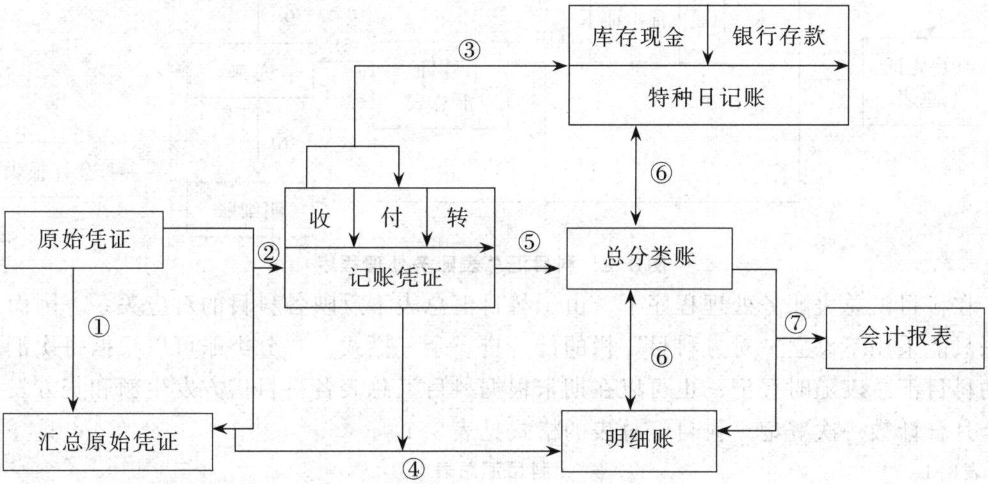

图8-1　记账凭证账务处理程序

3.记账凭证账务处理程序的优缺点及适用范围

记账凭证账务处理程序的主要优点是：记账凭证无须汇总，直接据以登记总账，因而简单明了，易于理解，总分类账可以较详细地反映经济业务的内容。其缺点是：登记总分类账的工作量较大。因此，这种账务处理程序一般只适用于规模较小、业务量少、凭证不多的单位。

二、科目汇总表账务处理程序

1.科目汇总表账务处理程序的概念

科目汇总表账务处理程序又称为记账凭证汇总表账务处理程序。它是根据记账凭证定期编制科目汇总表，再根据科目汇总表登记总分类账的一种账务处理程序。其主要特点是：先定期将记账凭证进行汇总，编制科目汇总表，然后根据科目汇总表登记总分类账。

2.科目汇总表账务处理程序的一般程序

（1）根据原始凭证或汇总原始凭证，编制记账凭证。

（2）根据收、付款凭证逐笔登记库存现金日记账和银行存款日记账。

（3）根据原始凭证、汇总原始凭证和记账凭证，登记各种明细分类账。

（4）根据各种记账凭证编制科目汇总表。

（5）根据科目汇总表登记总分类账。

（6）期末，根据对账的要求，将库存现金日记账、银行存款日记账和各种明细分类账的余额与总分类账有关账户的余额核对。

（7）期末，根据总分类账和明细分类账的资料编制会计报表。

科目汇总表账务处理程序如图8-2所示。

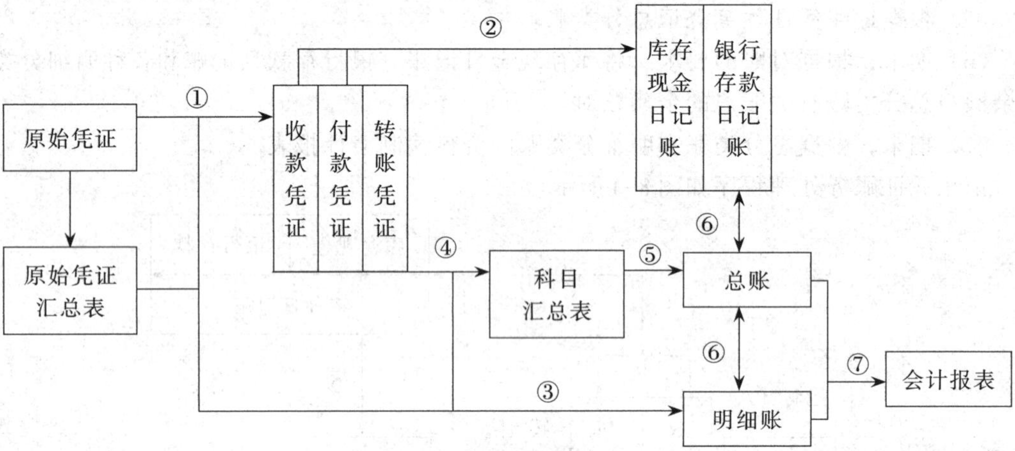

图8-2　科目汇总表账务处理程序

在科目汇总表账务处理程序下，由于科目汇总表不反映各科目的对应关系，因而总分类账只能采用不设立“对方科目”栏的借、贷、余三栏式。总分类账可以根据每次汇总编制的科目汇总表随时登记，也可以在期末根据科目汇总表各科目借方发生额和贷方发生额的全月合计数一次登记。科目汇总表的格式见表8-1。

表8-1　**科目汇总表**

年　月　日至　日　　　　第　号

<table>
<tr><td>凭证</td><td colspan="2">号至　号</td><td>张</td><td></td></tr>
<tr><td>凭证</td><td colspan="2">号至　号</td><td>张</td><td></td></tr>
<tr><td>凭证</td><td colspan="2">号至　号</td><td>张</td><td></td></tr>
<tr><td rowspan="2">会计科目</td><td colspan="4">本期发生额</td></tr>
<tr><td>借方金额</td><td>账页或√</td><td>贷方金额</td><td>账页或√</td></tr>
<tr><td></td><td></td><td></td><td></td><td></td></tr>
<tr><td></td><td></td><td></td><td></td><td></td></tr>
<tr><td></td><td></td><td></td><td></td><td></td></tr>
<tr><td>合计</td><td></td><td></td><td></td><td></td></tr>
</table>

会计主管：　　　　记账：　　　　审核：　　　　制表：

3.科目汇总表账务处理程序的优缺点及适用范围

科目汇总表账务处理程序的优点是：科目汇总表的编制和使用比较简便，大大减轻了登记总分类账的工作量，并可做到试算平衡，简明易懂，方便学习。其缺点是：科目汇总表不能反映科目之间的对应关系，不便于分析经济业务的来龙去脉，不便于查对账目。科目汇总表账务处理程序一般适用于经济业务较多的单位。

三、汇总记账凭证账务处理程序

1.汇总记账凭证账务处理程序的概念

汇总记账凭证账务处理程序是指把记账凭证按收款凭证、付款凭证和转账凭证分别归类汇总编制成汇总记账凭证，然后以汇总记账凭证登记总分类账的一种账务处理程序。它的主要特点是：定期根据收款凭证、付款凭证和转账凭证分别汇总编制汇总收款凭证、汇总付款凭证和汇总转账凭证，然后根据各种汇总记账凭证登记总分类账。

2.汇总记账凭证的编制

汇总记账凭证一般分为汇总收款凭证、汇总付款凭证、汇总转账凭证三种，下面分别介绍它们的编制方法。

（1）汇总收款凭证的编制。汇总收款凭证是根据一定时期内的收款凭证，按借方科目（库存现金或银行存款）设置，按贷方科目汇总，计算出每一贷方科目相对应的发生额合计数。

在实际操作中，应根据经济业务的多少确定汇总期限的长短，一般每旬汇总一次，每期编制一张，期末计算出每一贷方科目发生额合计数。可以每汇总一次，就登记总分类账一次；也可以每期期末，根据本月合计数，登记总分类账一次。汇总收款凭证的格式见表8-2。

表8-2 **汇总收款凭证**

借方科目： 年 月 第 号

贷方科目	1—10日凭证 第 号至第 号	11—20日凭证 第 号至第 号	21—31日凭证 第 号至第 号	本月合计	总账页数	
					借方	贷方
合计						

由于汇总收款凭证是按照收款凭证的借方科目设置的，因此，为了便于汇总收款凭证的编制，收款凭证应采用一借一贷或一借多贷的形式，而不能采用多借一贷的形式。

（2）汇总付款凭证的编制。汇总付款凭证是根据一定时期内的付款凭证，按贷方科目（库存现金或银行存款）设置，按借方科目汇总，计算出每一借方科目相对应的发生额合计数。

在实际操作中，应根据经济业务的多少确定汇总期限的长短，一般每旬汇总一次，每期编制一张，期末计算出每一借方科目发生额合计数。可以每汇总一次，就登记总分类账一次；也可以每期期末，根据本月合计数，登记总分类账一次。汇总付款凭证的格式见表8-3。

表8-3 汇总付款凭证

贷方科目: 年 月 第 号

借方科目	1—10日凭证 第 号至第 号	11—20日凭证 第 号至第 号	21—31日凭证 第 号至第 号	本月合计	总账页数	
					借方	贷方
合计						

由于汇总付款凭证是按照付款凭证的贷方科目设置的，因此，为了便于汇总付款凭证的编制，付款凭证应采用一借一贷或多借一贷的形式，而不能采用一借多贷的形式。

(3) 汇总转账凭证的编制。汇总转账凭证是根据一定时期内的转账凭证编制的，但由于转账凭证借贷双方科目都不是主体科目，故在具体操作时规定以贷方科目作为主体科目。也就是说，汇总转账凭证是按转账凭证的贷方科目设置，按借方科目予以汇总，计算出每一借方科目相对应的发生额合计数。

在实际操作中，应根据经济业务的多少确定汇总期限的长短，一般每旬汇总一次，每期编制一张，期末计算出每一借方科目发生额合计数。可以每汇总一次，就登记总分类账一次；也可以每期期末，根据本月合计数，登记总分类账一次。汇总转账凭证的格式见表8-4。

表8-4 汇总转账凭证

贷方科目: 年 月 第 号

借方科目	1—10日凭证 第 号至第 号	11—20日凭证 第 号至第 号	21—31日凭证 第 号至第 号	本月合计	总账页数	
					借方	贷方
合计						

汇总转账凭证的格式与汇总付款凭证的格式相似，由于汇总转账凭证是按照每一份转账凭证的贷方科目设置的，因此，为了便于汇总转账凭证的编制，转账凭证应采用一借一贷或多借一贷的形式，而不能采用一借多贷的形式。

汇总转账凭证对一定时期内的转账凭证进行了汇总，据以登记总分类账时，减少了总分类账的登记工作量，但同时又增加了编制汇总转账凭证的工作量，而且汇总转账凭证的编制非常复杂，数量也非常多。因此，在某些贷方科目对应的转账凭证数量较少时，可以不再编制汇总转账凭证，而是直接根据转账凭证登记总分类账。

3.汇总记账凭证账务处理程序的一般程序

(1) 根据原始凭证或汇总原始凭证，编制记账凭证。

（2）根据收、付款凭证逐笔登记库存现金日记账和银行存款日记账。

（3）根据原始凭证、汇总原始凭证和记账凭证，登记各种明细分类账。

（4）根据各种记账凭证分别编制汇总收款凭证、汇总付款凭证和汇总转账凭证。

（5）根据各种汇总记账凭证登记总分类账。

（6）期末，根据对账的要求，将库存现金日记账、银行存款日记账和各种明细分类账的余额与总分类账有关账户的余额核对。

（7）期末，根据总分类账和明细分类账的资料编制会计报表。

汇总记账凭证账务处理程序的具体步骤如图8-3所示。

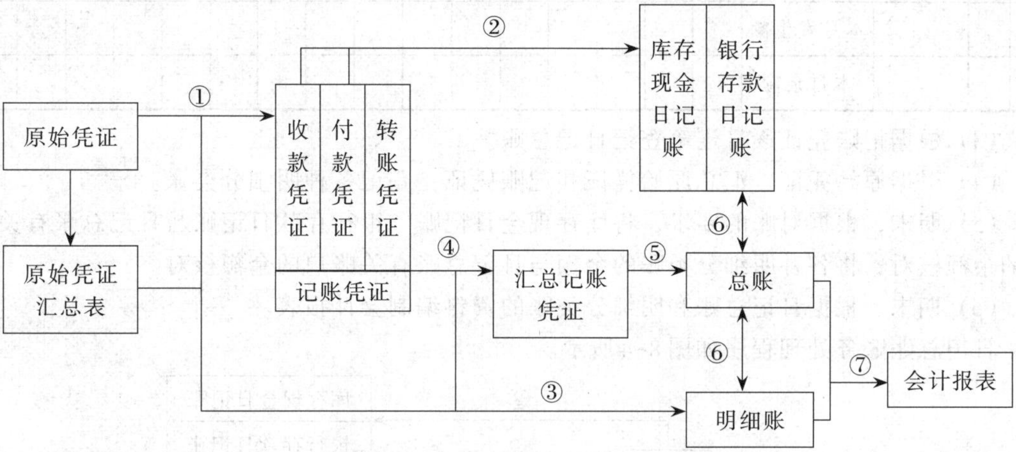

图8-3 汇总记账凭证账务处理程序

4.汇总记账凭证账务处理程序的优缺点和适用范围

汇总记账凭证账务处理程序的优点是：在汇总记账凭证上能够清晰地反映账户之间的对应关系，并可以大大减少登记总分类账的工作量。缺点是：定期编制汇总记账凭证的工作量比较大，在汇总过程中难以发现可能存在的错误。它一般只适用于规模较大、经济业务量较多、专用记账凭证也比较多的会计主体。

四、日记总账账务处理程序

1.日记总账账务处理程序的概念

日记总账账务处理程序是指根据记账凭证直接登记日记总账的一种账务处理程序。它的主要特点是：设置一本既是日记账又是总分类账的联合账簿——日记总账，并根据所有经济业务编制的记账凭证直接登记日记总账。

日记总账账务处理程序也是在记账凭证账务处理程序基础上的进一步拓展，在日记总账账务处理程序下，记账凭证仍需采用收款凭证、付款凭证和转账凭证或通用格式的记账凭证，设置三栏式、数量金额式、多栏式明细分类账，库存现金日记账和银行存款日记账采用三栏式，也有的企业运用日记总账账务处理程序时，不再单设库存现金和银行存款日记账。日记总账的格式见表8-5。

2.日记总账账务处理程序的一般程序

（1）根据原始凭证或汇总原始凭证，编制记账凭证。

（2）根据收、付款凭证逐笔登记库存现金日记账和银行存款日记账。

表8-5 **日记总账（简表）**

202×年××月 第×页

年		凭证号数	摘要	库存现金		银行存款		应收账款		库存商品		短期借款		制造费用		生产成本		销售收入	
月	日			借	贷	借	贷	借	贷	借	贷	借	贷	借	贷	借	贷	借	贷
			本月发生额																
			本月余额																

（3）根据记账凭证逐日逐笔登记日记总账。

（4）根据原始凭证、汇总原始凭证和记账凭证，登记各种明细分类账。

（5）期末，根据对账的要求，将库存现金日记账、银行存款日记账与日记总账有关账户的余额核对；将各种明细分类账的余额与日记总账有关账户的余额核对。

（6）期末，根据日记总账和明细分类账的资料编制会计报表。

日记总账账务处理程序如图8-4所示。

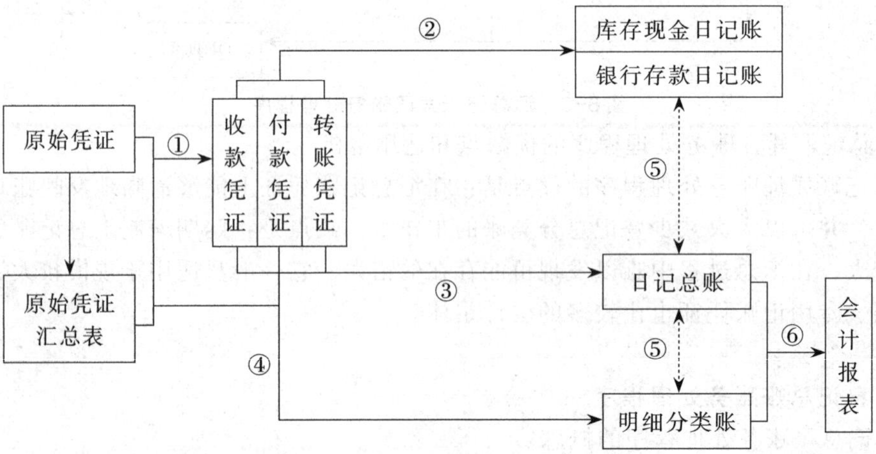

图8-4 日记总账账务处理程序

3.日记总账账务处理程序的优缺点及适用范围

这种账务处理程序的主要优点是：账务处理程序较简单，日记总账按全部总账科目分借贷方设置，且直接根据记账凭证逐日逐笔进行登记，便于了解各项经济业务的来龙去脉，有利于会计资料的分析和运用。但由于所有会计科目都集中在一张账页上，日记总账的账页过长，不便于记账的分工与查阅。因而，其主要适用于规模小、经济业务简单、使用会计科目不多的企业。

五、多栏式日记账账务处理程序

1.多栏式日记账账务处理程序的概念

多栏式日记账账务处理程序是根据多栏式库存现金日记账、多栏式银行存款日记账及转账凭证（或转账凭证科目汇总表）登记总分类账的一种账务处理程序。其主要特点是：要设置多栏式库存现金日记账、多栏式银行存款日记账，分别汇总库存现金、银行存款的收、付款业务，月末，根据多栏式日记账一次登记总分类账。对于转账业务，可以根据转账凭证逐笔登记总分类账，也可根据转账凭证编制转账凭证科目汇总表，据以登记总分类账。

多栏式日记账账务处理程序也是在记账凭证账务处理程序的基础上发展而来的，在多栏式日记账账务处理程序下，在凭证方面，如有必要应增加转账凭证科目汇总表，按月汇总编制一次过入总账，以减少登记总账的工作量，其他设置与记账凭证账务处理程序相类似。在账簿方面，应将库存现金日记账和银行存款日记账的收入栏和支出栏按对应关系分别设置若干专栏，由原来的三栏式改为多栏式库存现金日记账和多栏式银行存款日记账，将一切库存现金、银行存款的收付业务记入多栏式日记账后在月末汇总，并据以登记总分类账。总分类账可采用多栏式或汇总式，明细分类账格式可根据需要而设置。多栏式日记账格式见表8-6。

表8-6 **多栏式现金（银行存款）日记账**

年		凭证号数	摘要	收入					支出					余额
				对应账户贷方				贷方合计	对应账户借方				借方合计	
月	日			主营业务收入	投资收益	营业外收入	……		材料采购	销售费用	管理费用	……		

2.多栏式日记账账务处理程序的一般程序

（1）根据原始凭证或汇总原始凭证，编制收款凭证、付款凭证和转账凭证。

（2）根据收款凭证、付款凭证逐笔登记多栏式库存现金日记账和银行存款日记账；根据转账凭证编制汇总转账凭证或转账凭证科目汇总表。

（3）根据原始凭证、汇总原始凭证和记账凭证，登记各种明细分类账。

（4）根据多栏式日记账和汇总转账凭证（或转账凭证科目汇总表）登记总分类账。

（5）期末，将总分类账与明细分类账核对。

（6）期末，根据总分类账和明细分类账编制会计报表。

多栏式日记账账务处理程序如图8-5所示。

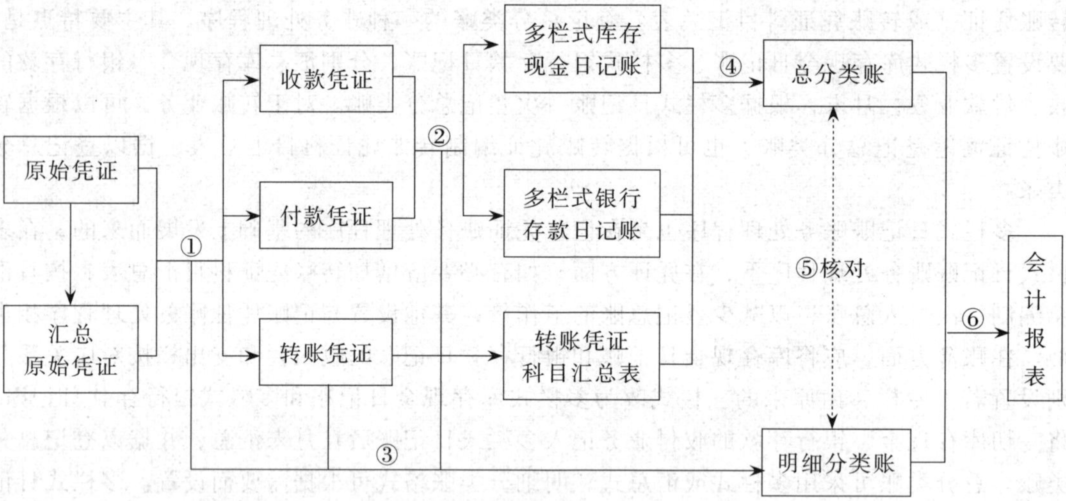

图8-5 多栏式日记账账务处理程序

3.多栏式日记账账务处理程序的优缺点和适用范围

多栏式日记账账务处理程序的主要优点是：由于各种收付款业务是经过多栏式日记账汇总后才登记总账的，所以减少了登记总账的工作量；在库存现金、银行存款日记账中列示了若干对应栏目，清楚地反映了货币资金的来龙去脉，便于加强货币资金的监督与管理。其缺点是：多栏式日记账的登记工作量比三栏式日记账大，在业务较多的企业，日记账的专栏势必较多，会使账页过长，不便于记账。因此，这种账务处理程序适用于规模不是很大、收付款业务又较多的企业和单位，转账业务较多的单位不宜采用这种账务处理程序。

第三节 财务处理程序应用举例

一、记账凭证账务处理程序应用举例

现以某工业企业为例，介绍记账凭证账务处理程序的具体操作。

（一）资料

1.某企业202×年11月末总分类账户、部分明细分类账户余额见表8-7。

表8-7 科目余额表 单位：元

科目名称	借方金额	科目名称	贷方金额
库存现金	1 000	短期借款	430 000
银行存款	560 000	应付票据	55 000
短期投资	30 000	应付账款	72 000
应收票据	35 000	预收账款	5 000
应收账款	160 000	其他应付款	100
坏账准备	-780	应付职工薪酬	59 000
预付账款	7 800	应交税费	9 000

续表

科目名称	借方金额	科目名称	贷方金额
其他应收款	1 000	应付利息	16 000
原材料	290 000	长期借款	260 000
库存商品	890 000	实收资本	2 435 000
长期股权投资	50 000	盈余公积	20 920
固定资产	1 638 000		
累计折旧	-300 000		
合计	3 362 020	合计	3 362 020

原材料——甲材料200吨，单价320元/吨，计64 000元；

原材料——乙材料565吨，单价400元/吨，计226 000元；

库存商品——A产品，2 100件，单位成本100元/件，计210 000元，A产品单位工时10小时；

库存商品——B产品，1 700件，单位成本400元/件，计680 000元，B产品单位工时40小时；

应收账款——A公司150 000元；

　　　　——B工厂10 000元；

应付账款——C公司72 000元。

2.该企业202×年12月份发生如下经济业务（代原始凭证）：

（1）1日，从银行提取现金6 000元备用。

（2）3日，接银行收款通知，A公司偿还购货欠款50 000元已经存入银行。

（3）4日，为生产A产品领用甲材料20吨，单价320元/吨，计6 400元；生产B产品领用乙材料40吨，单价400元/吨，计16 000元。

（4）7日，采购员刘××出差借差旅费1 200元，开出现金支票付讫。

（5）9日，用银行存款归还部分银行短期借款50 000元。

（6）10日，从C公司购入甲材料30吨，单价320元/吨，计9 600元，货款未付。

（7）10日，用银行存款支付上月应交税费9 000元。

（8）13日，上述甲材料验收入库，按实际成本9 600元结转。

（9）15日，购入不需要安装设备一台，价款82 000元，款项用银行存款支付。

（10）16日，销售A产品150件，单价540元/件，计81 000元；销售B产品50件，单价420元/件，计21 000元。货款已全部收到并存入银行。

（11）19日，从银行提取现金120 000元，准备发放工资。

（12）19日，发放职工工资120 000元。

（13）20日，分配本月应付职工工资，其中，生产A产品工人工资19 000元，生产B产品工人工资76 000元，车间管理人员工资10 000元，厂部行政管理人员工资15 000元。

（14）20日，按工资总额的14%计提职工福利费。

（15）21日，用银行存款支付业务招待费1 200元、广告费5 000元。

（16）24日，用现金250元购入厂部办公用品。

（17）25日，收到D公司投资款200 000元，已存入银行。

（18）28日，用银行存款归还原欠C公司的56 000元材料款。

（19）31日，计提本月固定资产折旧6 500元，其中，生产车间计提折旧费5 000元，厂部管理部门计提折旧费1 500元。

（20）31日，用银行存款支付本月水电费4 000元，其中，车间耗用3 000元，厂部耗用1 000元。

（21）31日，摊销本月应负担的车间大修理费300元。

（22）31日，预提本月银行借款利息4 300元。

（23）31日，结转本月制造费用（按产品工时分配）。

（24）31日，结转本月完工产品成本（假设本月无月初、月末在产品，全部投产全部完工）。

（25）31日，结转本月销售产品成本。

（26）31日，按税率25%计算应缴纳所得税为9 162.5元。

（27）31日，将本月收入账户金额结转至“本年利润”账户。

（28）31日，将本月费用账户金额结转至“本年利润”账户。

（二）根据上述资料，采用记账凭证账务处理程序对本月经济业务进行核算

1.填制记账凭证（收款凭证、付款凭证、转账凭证），为了简化凭证编制手续，本例特以会计分录代替记账凭证，见表8-8。

表8-8 **会计分录（代记账凭证）** 单位：元

202×年		凭证字号	摘要	借方		贷方	
月	日			会计科目	金额	会计科目	金额
12	1	银付1	提取现金	库存现金	6 000	银行存款	6 000
	3	银收1	收回A公司欠款	银行存款	50 000	应收账款	50 000
	4	转1	结转耗用材料成本	生产成本 ——A产品 ——B产品	 6 400 16 000	原材料 ——甲材料 ——乙材料	 6 400 16 000
	7	银付2	刘××借差旅费	其他应收款 ——刘××	 1 200	银行存款	1 200
	9	银付3	还银行借款	短期借款	50 000	银行存款	50 000
	10	转2	从C公司购入甲材料30吨	在途物资 ——甲材料 应交税费	 9 600 1 248	应付账款 ——C公司	 10 848
	10	银付4	交上月税金	应交税费	9 000	银行存款	9 000
	13	转3	转2凭证：甲	原材料		在途物资	

续表

202×年		凭证字号	摘要	借方		贷方	
月	日			会计科目	金额	会计科目	金额
			材料入库	——甲材料	9 600	——甲材料	9 600
	15	银付5	购买设备	固定资产——××设备	82 000	银行存款	92 660
				应交税费	10 660		
	16	银收2	销售A、B产品	银行存款	115 260	主营业务收入	
						——A产品	81 000
						——B产品	21 000
						应交税费	13 260
	19	银付6	提取现金	库存现金	120 000	银行存款	120 000
	19	现付1	发工资	应付职工薪酬	120 000	库存现金	120 000
	20	转4	计算分配工资费用	生产成本		应付职工薪酬	120 000
				——A产品	19 000		
				——B产品	76 000		
				制造费用	10 000		
				管理费用	15 000		
	20	转5	提取福利费	生产成本		应付职工薪酬	16 800
				——A产品	2 660		
				——B产品	10 640		
				制造费用	1 400		
				管理费用	2 100		
	21	银付7	支付业务招待费及广告费	管理费用	1 200	银行存款	6 200
				销售费用	5 000		
	24	现付2	购厂部办公用品	管理费用	250	库存现金	250
	25	银收3	收到D公司投资款	银行存款	200 000	实收资本	
						——D公司	200 000
	28	银付8	付C公司材料款	应付账款		银行存款	56 000
				——C公司	56 000		
	31	转6	提取折旧费	制造费用	5 000	累计折旧	6 500
				管理费用	1 500		
	31	银付9	支付水电费	制造费用	3 000	银行存款	4 000
				管理费用	1 000		
	31	转7	摊销大修理费用	制造费用	300	预付账款	300

续表

202×年		凭证字号	摘要	借方		贷方	
月	日			会计科目	金额	会计科目	金额
	31	转8	预提借款利息	财务费用	4 300	应付利息	4 300
	31	转9	结转本月制造费用	生产成本		制造费用	19 700
				——A产品	3 940		
				——B产品	15 760		
	31	转10	结转完工产品成本	库存商品		生产成本	
				——A产品	32 000	——A产品	32 000
				——B产品	118 400	——B产品	118 400
	31	转11	结转本月销售产品成本	主营业务成本		库存商品	
				——A产品	15 000	——A产品	15 000
				——B产品	20 000	——B产品	20 000
	31	转12	应交所得税	所得税费用	9 162.5	应交税费	9 162.5
	31	转13	结清收入账户	主营业务收入	102 000	本年利润	102 000
	31	转14	结清费用账户	本年利润	74 512.5	主营业务成本	35 000
						销售费用	5 000
						管理费用	21 050
						财务费用	4 300
						所得税费用	9 162.5

2.根据记账凭证，并参考有关原始凭证登记账簿。

（1）根据收、付款凭证登记库存现金日记账和银行存款日记账，见表8-9、表8-10。

表8-9 **库存现金日记账** 单位：元

202×年		凭证字号	摘要	对方科目	借方（收入）	贷方（支出）	借或贷	余额
月	日							
12	1		上月结余				借	1 000
	1	银付1	提取现金	银行存款	6 000		借	7 000
	19	银付6	提取现金	银行存款	120 000		借	127 000
	19	现付1	发工资	应付职工薪酬		120 000	借	7 000
	24	现付2	购厂部办公用品	管理费用		250	借	6 750
	31		本月发生额及余额		126 000	120 250	借	6 750

表8-10　　**银行存款日记账**　　单位：元

202×年		凭证字号	摘要	对方科目	借方（收入）	贷方（支出）	借或贷	余额
月	日							
12	1		上月结余				借	560 000
	1	银付1	提取现金	库存现金		6 000	借	554 000
	3	银收1	收回A公司欠款	应收账款	50 000		借	604 000
	7	银付2	刘××借差旅费	其他应收款——刘××		1 200	借	602 800
	9	银付3	还银行借款	短期借款		50 000	借	552 800
	10	银付4	交上月税金	应交税费		9 000	借	543 800
	15	银付5	购买设备	固定资产——××设备 应交税费		82 000 10 660	借	451 140
	16	银收2	销售A、B产品	主营业务收入 应交税费	102 000 13 260		借	566 400
	19	银付6	提取现金	库存现金		120 000	借	446 400
	21	银付7	支付业务招待费及广告费	管理费用 销售费用		1 200 5 000	借	440 200
	25	银收3	收到D公司投资款	实收资本——D公司	200 000		借	640 200
	28	银付8	付C公司材料款	应付账款——C公司		56 000	借	584 200
	31	银付9	支付水电费	制造费用 管理费用		3 000 1 000	借	580 200
	31		本月发生额及余额		365 260	345 060	借	580 200

（2）根据收款凭证、付款凭证、转账凭证逐笔登记总分类账，见表8-11至表8-35。

表8-11　　**总分类账**

会计科目：库存现金　　单位：元

202×年		凭证字号	摘要	借方	贷方	借或贷	余额
月	日						
12	1		上月结余			借	1 000
	1	银付1	提取现金	6 000		借	7 000
	19	银付6	提取现金	120 000		借	127 000
	19	现付1	发工资		120 000	借	7 000
	24	现付2	购厂部办公用品		250	借	6 750
	31		本月发生额及余额	126 000	120 250	借	6 750

表 8-12

总分类账

会计科目：银行存款　　单位：元

202×年		凭证字号	摘要	借方	贷方	借或贷	余额
月	日						
12	1		月初余额			借	560 000
	1	银付 1	提取现金		6 000	借	554 000
	3	银收 1	收回 A 公司欠款	50 000		借	604 000
	7	银付 2	刘××借差旅费		1 200	借	602 800
	9	银付 3	还银行借款		50 000	借	552 800
	10	银付 4	交上月税金		9 000	借	543 800
	15	银付 5	购买设备		92 660	借	451 140
	16	银收 2	销售 A、B 产品	115 260		借	566 400
	19	银付 6	提取现金		120 000	借	446 400
	21	银付 7	支付业务招待费及广告费		1 200 5 000	借	440 200
	25	银收 3	收到 D 公司投资款	200 000		借	640 200
	28	银付 8	付 C 公司材料款		56 000	借	584 200
	31	银付 9	支付水电费		3 000 1 000	借	580 200
	31		本月发生额及余额	365 260	345 060	借	580 200

表 8-13

总分类账

会计科目：应收账款　　单位：元

202×年		凭证字号	摘要	借方	贷方	借或贷	余额
月	日						
12	1		月初余额			借	160 000
	3	银收 1	收回 A 公司欠款		50 000	借	110 000
	31		本月发生额及余额		50 000	借	110 000

表 8-14

总分类账

会计科目：其他应收款　　单位：元

202×年		凭证字号	摘要	借方	贷方	借或贷	余额
月	日						
12	1		月初余额			借	1 000
	7	银付 2	刘××借差旅费	1 200		借	2 200
	31		本月发生额及余额	1 200		借	2 200

表8-15

总分类账

会计科目：在途物资

单位：元

202×年		凭证字号	摘要	借方	贷方	借或贷	余额
月	日						
12	1		月初余额			平	0
	10	转2	从C公司购入甲材料30吨	9 600		借	9 600
	13	转3	转2凭证：甲材料入库		9 600	平	0
	31		本月发生额及余额	9 600	9 600	平	0

表8-16

总分类账

会计科目：原材料

单位：元

202×年		凭证字号	摘要	借方	贷方	借或贷	余额
月	日						
12	1		月初余额			借	290 000
	4	转1	结转耗用材料成本		22 400	借	267 600
	13	转3	转2凭证：甲材料入库	9 600		借	277 200
	31		本月发生额及余额	9 600	22 400	借	277 200

表8-17

总分类账

会计科目：库存商品

单位：元

202×年		凭证字号	摘要	借方	贷方	借或贷	余额
月	日						
12	1		月初余额			借	890 000
	31	转10	结转完工产品成本	150 400		借	1 040 400
	31	转11	结转本月销售产品成本		35 000	借	1 005 400
	31		本月发生额及余额	150 400	35 000	借	1 005 400

表8-18

总分类账

会计科目：预付账款

单位：元

202×年		凭证字号	摘要	借方	贷方	借或贷	余额
月	日						
12	1		月初余额			借	7 800
	31	转7	摊销大修理费用		300	借	7 500
	31		本月发生额及余额		300	借	7 500

表8-19 **总分类账**

会计科目：固定资产 单位：元

202×年		凭证字号	摘要	借方	贷方	借或贷	余额
月	日						
12	1		月初余额			借	1 638 000
	15	银付5	购买设备	82 000		借	1 720 000
	31		本月发生额及余额	82 000		借	1 720 000

表8-20 **总分类账**

会计科目：累计折旧 单位：元

202×年		凭证字号	摘要	借方	贷方	借或贷	余额
月	日						
12	1		月初余额			借	-300 000
	31	转6	提取折旧费		6 500	借	-306 500
	31		本月发生额及余额		6 500	借	-306 500

表8-21 **总分类账**

会计科目：短期借款 单位：元

202×年		凭证字号	摘要	借方	贷方	借或贷	余额
月	日						
12	1		月初余额			贷	430 000
	9	银付3	还银行借款	50 000		贷	380 000
	31		本月发生额及余额	50 000		贷	380 000

表8-22 **总分类账**

会计科目：应付账款 单位：元

202×年		凭证字号	摘要	借方	贷方	借或贷	余额
月	日						
12	1		月初余额			贷	72 000
	10	转2	从C公司购入甲材料30吨		10 848	贷	82 848
	28	银付8	付C公司材料款	56 000		贷	26 848
	31		本月发生额及余额	56 000	10 848	贷	26 848

表 8-23

总分类账

会计科目：应付职工薪酬 单位：元

202×年		凭证字号	摘要	借方	贷方	借或贷	余额
月	日						
12	1		月初余额			贷	59 000
	19	现付1	发工资	120 000		借	61 000
	20	转4	计算分配工资费用		120 000	贷	59 000
	20	转5	提取福利费		16 800	贷	75 800
	31		本月发生额及余额	120 000	136 800	贷	75 800

表 8-24

总分类账

会计科目：应交税费 单位：元

202×年		凭证字号	摘要	借方	贷方	借或贷	余额
月	日						
12	1		月初余额			贷	9 000
	10	转2	从C公司购入甲材料30吨	1 248		贷	7 752
	10	银付4	交上月税金	9 000		借	1 248
	15	银付5	购买设备	10 660		借	11 908
	16	银收2	销售A、B产品		13 260	贷	1 352
	31	转12	应交所得税		9 162.5	贷	10 514.5
	31		本月发生额及余额	20 908	22 422.5	贷	10 514.5

表 8-25

总分类账

会计科目：应付利息 单位：元

202×年		凭证字号	摘要	借方	贷方	借或贷	余额
月	日						
12	1		月初余额			贷	16 000
	31	转8	预提借款利息		4 300	贷	20 300
	31		本月发生额及余额		4 300	贷	20 300

表 8-26

总分类账

会计科目：实收资本 单位：元

202×年		凭证字号	摘要	借方	贷方	借或贷	余额
月	日						
12	1		月初余额			贷	2 435 000
	25	银收3	收到D公司投资款		200 000	贷	2 635 000
	31		本月发生额及余额		200 000	贷	2 635 000

表 8-27 **总分类账**

会计科目：生产成本 单位：元

202×年		凭证字号	摘要	借方	贷方	借或贷	余额
月	日						
12	4	转 1	结转耗用材料成本	22 400		借	22 400
	20	转 4	计算分配工资费用	95 000		借	117 400
	20	转 5	提取福利费	13 300		借	130 700
	31	转 9	结转本月制造费用	19 700		借	150 400
	31	转 10	结转完工产品成本		150 400	平	0
	31		本月发生额及余额	150 400	150 400	平	0

表 8-28 **总分类账**

会计科目：制造费用 单位：元

202×年		凭证字号	摘要	借方	贷方	借或贷	余额
月	日						
12	20	转 4	计算分配工资费用	10 000		借	10 000
	20	转 5	提取福利费	1 400		借	11 400
	31	转 6	提取折旧费	5 000		借	16 400
	31	银付 9	支付水电费	3 000		借	19 400
	31	转 7	摊销大修理费用	300		借	19 700
	31	转 9	结转本月制造费用		19 700	平	0
	31		本月发生额及余额	19 700	19 700	平	0

表 8-29 **总分类账**

会计科目：管理费用 单位：元

202×年		凭证字号	摘要	借方	贷方	借或贷	余额
月	日						
12	20	转 4	计算分配工资费用	15 000		借	15 000
	20	转 5	提取福利费	2 100		借	17 100
	21	银付 7	支付业务招待费	1 200		借	18 300
	24	现付 2	购厂部办公用品	250		借	18 550
	31	转 6	提取折旧费	1 500		借	20 050
	31	银付 9	支付水电费	1 000		借	21 050
	31	转 14	结清费用账户		21 050	平	0
	31		本月发生额及余额	21 050	21 050	平	0

表 8-30

总分类账

会计科目：财务费用 单位：元

202×年		凭证字号	摘要	借方	贷方	借或贷	余额
月	日						
12	31	转 8	预提借款利息	4 300		借	4 300
	31	转 14	结清费用账户		4 300	平	0
	31		本月发生额及余额	4 300	4 300	平	0

表 8-31

总分类账

会计科目：主营业务收入 单位：元

202×年		凭证字号	摘要	借方	贷方	借或贷	余额
月	日						
12	16	银收 2	销售 A、B 产品		102 000	贷	102 000
	31	转 13	结清收入账户	102 000		平	0
	31		本月发生额及余额	102 000	102 000	平	0

表 8-32

总分类账

会计科目：销售费用 单位：元

202×年		凭证字号	摘要	借方	贷方	借或贷	余额
月	日						
12	21	银付 7	支付广告费	5 000		借	5 000
	31	转 14	结清费用账户		5 000	平	0
	31		本月发生额及余额	5 000	5 000	平	0

表 8-33

总分类账

会计科目：主营业务成本 单位：元

202×年		凭证字号	摘要	借方	贷方	借或贷	余额
月	日						
12	31	转 11	结转本月销售产品成本	35 000		借	35 000
	31	转 14	结清费用账户		35 000	平	0
	31		本月发生额及余额	35 000	35 000	平	0

表 8-34

总分类账

会计科目：所得税费用 单位：元

202×年		凭证字号	摘要	借方	贷方	借或贷	余额
月	日						
12	31	转 12	应交所得税	9 162.5		借	9 162.5
	31	转 14	结清费用账户		9 162.5	平	0
	31		本月发生额及余额	9 162.5	9 162.5	平	0

表8-35 **总分类账**

会计科目：本年利润 单位：元

202×年		凭证字号	摘要	借方	贷方	借或贷	余额
月	日						
12	31	转13	结清收入账户		102 000	贷	102 000
	31	转14	结清费用账户	74 512.5		贷	27 487.5
	31		本月发生额及余额	74 512.5	102 000	贷	27 487.5

（3）根据记账凭证和有关原始凭证逐笔登记各种明细分类账（为了简化起见，此处仅列示“原材料”“应收账款”两个账户的明细账），见表8-36至表8-40，其他明细账从略。

表8-36 **原材料明细账**

材料编号： 计量单位：吨

材料类别： 最高储量：

材料名称及规格：甲材料 最低储量：

202×年		凭证		摘要	收入			发出			结存		
月	日	种类	号数		数量	单价	金额	数量	单价	金额	数量	单价	金额
12	1			月初余额							200	320	64 000
	4	转	1	结转耗用材料成本				20	320	6 400	180	320	57 600
	13	转	3	转2凭证：甲材料入库	30	320	9 600				210	320	67 200
	31			本月发生额及余额	30	320	9 600	20	320	6 400	210	320	67 200

表8-37 **原材料明细账**

材料编号： 计量单位：吨

材料类别： 最高储量：

材料名称及规格：乙材料 最低储量：

202×年		凭证		摘要	收入			发出			结存		
月	日	种类	号数		数量	单价	金额	数量	单价	金额	数量	单价	金额
12	1			月初余额							565	400	226 000
	4	转	1	结转耗用材料成本				40	400	16 000	525	400	210 000
	31			本月发生额及余额				40	400	16 000	525	400	210 000

表8-38 **应收账款明细账**

户名：A公司 单位：元

202×年		凭证字号	摘要	借方	贷方	借或贷	余额
月	日						
12	1		月初余额			借	150 000
	3	银收1	收回A公司欠款		50 000	借	100 000
	31		本月发生额及余额		50 000	借	100 000

表8-39 **应收账款明细账**

户名：B工厂 单位：元

202×年		凭证字号	摘要	借方	贷方	借或贷	余额
月	日						
12	1		月初余额			借	10 000
	31		本月发生额及余额			借	10 000

3.核对总分类账与日记账、总分类账与所属明细账，做到账账相符。

4.编制试算平衡表及资产负债表等会计报表，在此仅根据总分类账的记录编制“总分类账户期末余额试算表”，见表8-40，作为编制会计报表的依据之一（为了简化起见，资产负债表等会计报表从略）。

表8-40 **总分类账户期末余额试算表** 单位：元

科目名称	借方余额	科目名称	贷方余额
库存现金	6 750	短期借款	380 000
银行存款	580 200	应付票据	55 000
短期投资	30 000	应付账款	26 848
应收票据	35 000	预收账款	5 000
应收账款	110 000	其他应付款	100
坏账准备	-780	应付职工薪酬	75 800
预付账款	7 500	应交税费	10 514.5
其他应收款	2 200	应付利息	20 300
原材料	277 200	长期借款	260 000
库存商品	1 005 400	实收资本	2 635 000
长期股权投资	50 000	盈余公积	20 920
固定资产	1 720 000	本年利润	27 487.50
累计折旧	-306 500		
合计	3 516 970	合计	3 516 970

二、科目汇总表账务处理程序应用举例

沿用记账凭证账务处理程序应用举例中的有关资料。

第一步，与记账凭证账务处理程序相同，填制记账凭证（收款凭证、付款凭证、转账凭证），见表8-8。

第二步，根据收款凭证、付款凭证和转账凭证分别编制上旬、中旬和下旬的科目汇总表，见表8-41至表8-43。

表 8-41

科目汇总表

202×年 12 月 1 日至 10 日　　第 1 号

凭证	号至　号	张
凭证	号至　号	张
凭证	号至　号	张

单位：元

会计科目	本期发生额			
	借方金额	账页或√	贷方金额	账页或√
库存现金	6 000	√		
银行存款	50 000	√	66 200	√
应收账款			50 000	√
其他应收款	1 200	√		
原材料			22 400	√
在途物资	9 600	√		
生产成本	22 400	√		
短期借款	50 000	√		
应付账款			10 848	√
应交税费	10 248	√		
合计	149 448		149 448	

会计主管：　　记账：　　审核：　　制表：

表 8-42

科目汇总表

202×年 12 月 11 日至 20 日　　第 2 号

凭证	号至　号	张
凭证	号至　号	张
凭证	号至　号	张

单位：元

会计科目	本期发生额			
	借方金额	账页或√	贷方金额	账页或√
库存现金	120 000	√	120 000	√
银行存款	115260	√	212 660	√
在途物资			9 600	√
原材料	9 600	√		
生产成本	108 300	√		
固定资产	82 000	√		
制造费用	11 400	√		
管理费用	17 100	√		
应付职工薪酬	120 000	√	136 800	√
应交税费	10 660	√	13 260	√
主营业务收入			102 000	√
合计	594 320		594 320	

会计主管：　　记账：　　审核：　　制表：

表8-43

科目汇总表

202×年12月21日至31日 第3号

凭证	号至 号	张
凭证	号至 号	张
凭证	号至 号	张

单位：元

会计科目	本期发生额			
	借方金额	账页或√	贷方金额	账页或√
库存现金			250	√
银行存款	200 000	√	66 200	√
库存商品	150 400	√	35 000	√
生产成本	19 700	√	150 400	√
制造费用	8 300	√	19 700	√
管理费用	3 950	√	21 050	√
销售费用	5 000	√	5 000	√
财务费用	4 300	√	4 300	√
预付账款			300	√
累计折旧			6 500	√
应付账款	56 000	√		
应付利息			4 300	√
应交税费			9 162.5	√
实收资本			200 000	√
主营业务收入	102 000	√		
主营业务成本	35 000	√	35 000	√
所得税费用	9 162.5	√	9 162.5	√
本年利润	74 512.5	√	102 000	√
合计	668 325		668 325	

会计主管： 记账： 审核： 制表：

第三步，根据收、付款凭证登记库存现金日记账和银行存款日记账，见表8-9、表8-10。

第四步，根据科目汇总表登记相关总分类账，见表8-44至表8-68。

表8-44

总分类账

会计科目：库存现金 单位：元

202×年		凭证字号	摘要	借方	贷方	借或贷	余额
月	日						
12	1		上月结余			借	1 000
	10	科汇1		6 000		借	7 000
	20	科汇2		120 000	120 000	借	7 000
	31	科汇3			250	借	6 750
	31		本月发生额及余额	126 000	120 250	借	6 750

表 8-45 **总分类账**

会计科目：银行存款 单位：元

202×年		凭证字号	摘要	借方	贷方	借或贷	余额
月	日						
12	1		月初余额			借	560 000
	10	科汇 1		50 000	66 200	借	543 800
	20	科汇 2		115 260	212 660	借	446 400
	31	科汇 3		200 000	66 200	借	580 200
	31		本月发生额及余额	365 260	345 060	借	580 200

表 8-46 **总分类账**

会计科目：应收账款 单位：元

202×年		凭证字号	摘要	借方	贷方	借或贷	余额
月	日						
12	1		月初余额			借	160 000
	3	科汇 1			50 000	借	110 000
	31		本月发生额及余额		50 000	借	110 000

表 8-47 **总分类账**

会计科目：其他应收款 单位：元

202×年		凭证字号	摘要	借方	贷方	借或贷	余额
月	日						
12	1		月初余额			借	1 000
	10	科汇 1		1 200		借	2 200
	31		本月发生额及余额	1 200		借	2 200

表 8-48 **总分类账**

会计科目：在途物资 单位：元

202×年		凭证字号	摘要	借方	贷方	借或贷	余额
月	日						
12	1		月初余额			平	0
	10	科汇 1		9 600		借	9 600
	20	科汇 2			9 600	平	0
	31		本月发生额及余额	9 600	9 600	平	0

表 8-49 **总分类账**

会计科目：原材料 单位：元

202×年		凭证字号	摘要	借方	贷方	借或贷	余额
月	日						
12	1		月初余额			借	290 000
	10	科汇 1			22 400	借	267 600
	20	科汇 2		9 600		借	277 200
	31		本月发生额及余额	9 600	22 400	借	277 200

表 8-50 **总分类账**

会计科目：库存商品 单位：元

202×年		凭证字号	摘要	借方	贷方	借或贷	余额
月	日						
12	1		月初余额			借	890 000
	31	科汇 3		150 400	35 000	借	1 005 400
	31		本月发生额及余额	150 400	35 000	借	1 005 400

表 8-51 **总分类账**

会计科目：预付账款 单位：元

202×年		凭证字号	摘要	借方	贷方	借或贷	余额
月	日						
12	1		月初余额			借	7 800
	31	科汇 3			300	借	7 500
	31		本月发生额及余额		300	借	7 500

表 8-52 **总分类账**

会计科目：固定资产 单位：元

202×年		凭证字号	摘要	借方	贷方	借或贷	余额
月	日						
12	1		月初余额			借	1 638 000
	20	科汇 2		82 000		借	1 720 000
	31		本月发生额及余额	82 000		借	1 720 000

表 8-53 **总分类账**

会计科目：累计折旧 单位：元

202×年		凭证字号	摘要	借方	贷方	借或贷	余额
月	日						
12	1		月初余额			借	-300 000
	31	科汇 3			6 500	借	-306 500
	31		本月发生额及余额		6 500	借	-306 500

表 8-54 **总分类账**

会计科目：短期借款 单位：元

202×年		凭证字号	摘要	借方	贷方	借或贷	余额
月	日						
12	1		月初余额			贷	430 000
	10	科汇 1		50 000		贷	380 000
	31		本月发生额及余额	50 000		贷	380 000

表 8-55 **总分类账**

会计科目：应付账款 单位：元

202×年		凭证字号	摘要	借方	贷方	借或贷	余额
月	日						
12	1		月初余额			贷	72 000
	10	科汇 1			10 848	贷	82 848
	31	科汇 3		56 000		贷	26 848
	31	银付 8	本月发生额及余额	56 000	10 848	贷	26 848

表 8-56 **总分类账**

会计科目：应付职工薪酬 单位：元

202×年		凭证字号	摘要	借方	贷方	借或贷	余额
月	日						
12	1		月初余额			贷	59 000
	20	科汇 2		120 000	136 800	借	75 800
	31		本月发生额及余额	120 000	136 800	贷	75 800

表 8-57 **总分类账**

会计科目：应交税费 单位：元

202×年		凭证字号	摘要	借方	贷方	借或贷	余额
月	日						
12	1		月初余额			贷	9 000
	10	科汇 1		10 248		借	1 248
	20	科汇 2		10 660	13 260	贷	1 352
	31	科汇 3			9 162.5	贷	10 514.5
	31		本月发生额及余额	20 908	22 422.5	贷	10 514.5

表 8-58 **总分类账**

会计科目：应付利息 单位：元

202×年		凭证字号	摘要	借方	贷方	借或贷	余额
月	日						
12	1		月初余额			贷	16 000
	31	科汇 3			4 300	贷	20 300
	31		本月发生额及余额		4 300	贷	20 300

表 8-59 **总分类账**

会计科目：实收资本 单位：元

202×年		凭证字号	摘要	借方	贷方	借或贷	余额
月	日						
12	1		月初余额			贷	2 435 000
	31	科汇 3			200 000	贷	2 635 000
	31		本月发生额及余额		200 000	贷	2 635 000

表 8-60 **总分类账**

会计科目：生产成本 单位：元

202×年		凭证字号	摘要	借方	贷方	借或贷	余额
月	日						
12	10	科汇 1		22 400		借	22 400
	20	科汇 2		108 300		借	130 700
	31	科汇 3		19 700	150 400	平	0
	31		本月发生额及余额	150 400	150 400	平	0

表 8-61 **总分类账**

会计科目：制造费用 单位：元

202×年		凭证字号	摘要	借方	贷方	借或贷	余额
月	日						
12	20	科汇 2		11 400		借	11 400
	31	科汇 3		8 300	19 700	平	0
	30		本月发生额及余额	19 700	19 700	平	0

表 8-62 **总分类账**

会计科目：管理费用 单位：元

202×年		凭证字号	摘要	借方	贷方	借或贷	余额
月	日						
12	20	科汇 2		17 100		借	17 100
	31	科汇 3		3 950	21 050	平	0
	31		本月发生额及余额	21 050	21 050	平	0

表 8-63 **总分类账**

会计科目：财务费用 单位：元

202×年		凭证字号	摘要	借方	贷方	借或贷	余额
月	日						
12	31	科汇 3		4 300	4 300	平	0
	31		本月发生额及余额	4 300	4 300	平	0

表 8-64 **总分类账**

会计科目：主营业务收入 单位：元

202×年		凭证字号	摘要	借方	贷方	借或贷	余额
月	日						
12	20	科汇 2			102 000	贷	102 000
	31	科汇 3		102 000		平	0
	31		本月发生额及余额	102 000	102 000	平	0

表 8-65 **总分类账**

会计科目：销售费用 单位：元

202×年		凭证字号	摘要	借方	贷方	借或贷	余额
月	日						
12	31	科汇 3		5 000	5 000	平	0
	31		本月发生额及余额	5 000	5 000	平	0

表 8-66 **总分类账**

会计科目：主营业务成本 单位：元

202×年		凭证字号	摘要	借方	贷方	借或贷	余额
月	日						
12	31	科汇 3		35 000	35 000	平	0
	31		本月发生额及余额	35 000	35 000	平	0

表 8-67 **总分类账**

会计科目：所得税费用 单位：元

202×年		凭证字号	摘要	借方	贷方	借或贷	余额
月	日						
12	31	科汇 3		9 162.5	9 162.5	平	0
	31		本月发生额及余额	9 162.5	9 162.5	平	0

表 8-68 **总分类账**

会计科目：本年利润 单位：元

202×年		凭证字号	摘要	借方	贷方	借或贷	余额
月	日						
12	31	科汇 3		74 512.5	102 000	贷	27 487.5
	31		本月发生额及余额	74 512.5	102 000	贷	27 487.5

【本章练习】

（一）单项选择题

1.根据记账凭证逐笔登记总分类账户是（　　）账务处理程序的主要特点。

A.汇总记账凭证　　B.多栏式日记账　　C.科目汇总表　　D.记账凭证

2.各种账务处理程序的主要区别是（　　）。

A.登记明细账的依据不同　　B.登记总分类账的依据不同

C.总账日记账的依据不同　　D.编制会计报表的依据不同

3.（　　）账务处理程序是最基本的会计核算形式。

A.汇总记账凭证　　B.记账凭证　　C.科目汇总表　　D.多栏式日记账

4.汇总记账凭证账务处理程序的缺点是（　　）。

A. 登记总分类账的工作量较大

B. 编制汇总记账凭证的工作量较大

C. 总分类账中不能反映有关科目之间的对应关系

D. 不便于查对账目

5.科目汇总表账务处理程序的优点是（　　）。

A. 可以减少登记总分类账的工作量

B. 便于分析经济业务的来龙去脉

C. 查明原因后再调整账面记录

D. 便于查对账目

6.在科目汇总表核算形式中，据以登记总分类账的依据是（　　）。

A.汇总记账凭证　　B.试算平衡表　　C.科目汇总表　　D.记账凭证

（二）多项选择题

1.在各种账务处理程序下，明细分类账可以根据（　　）登记。

A.记账凭证　　B.汇总记账凭证　　C.科目汇总表　　D.原始凭证

2.在科目汇总表账务处理程序下，记账凭证是用来（　　）的依据。

A.登记明细分类账　　B.登记总分类账

C.登记库存现金日记账　　D.登记银行存款日记账

3.科目汇总表和记账凭证两种账务处理程序的共同特点是（　　）。

A. 根据原始凭证编制记账凭证

B. 根据记账凭证或原始凭证登记明细账

C. 根据总账和明细账的有关资料编制会计报表

D. 根据收付款凭证登记日记账

4.（　　）账务处理程序适用于规模大、业务量较多的单位。

A.记账凭证　　B.汇总记账凭证　　C.科目汇总表　　D.多栏式日记账

5.我国常用的账务处理程序主要有（　　）。

A.记账凭证账务处理程序　　B.汇总记账凭证账务处理程序

C.科目汇总表账务处理程序　　D.多栏式日记账账务处理程序

（三）判断题

1. 不论采用哪种账务处理程序，都必须设置日记账、总分类账和明细分类账。（　）

2. 编制会计报表是账务处理程序的组成部分。（　）

3. 科目汇总表不仅可以起到试算平衡的作用，而且可以反映账户之间的对应关系。（　）

4. 汇总记账凭证账务处理程序的缺点在于保持账户之间的对应关系。（　）

5. 记账凭证账务处理程序的特点是直接根据记账凭证逐笔登记总分类账，是最基本的账务处理程序。（　）

6. 库存现金日记账和银行存款日记账不论在何种账务处理程序下，都是根据收款凭证和付款凭证逐日逐笔顺序登记的。（　）

7. 科目汇总表可以每汇总一次编制一张，也可以按旬汇总一次，每月编制一张。（　）

8. 在不同的账务处理程序中，登记总账的依据相同。（　）

（四）简答题

1. 什么是账务处理程序？选择账务处理程序有何基本要求？

2. 简述记账凭证账务处理程序的特点、核算的基本步骤、优缺点和适用范围。

3. 简述科目汇总表账务处理程序的特点、核算的基本步骤、优缺点和适用范围。

（五）案例分析

华新商场是一家综合性购物商城，202×年12月18日，一顾客在该商场办公用品柜台买了一台小型复印机，价格为2 800元。收银台收到顾客支付的现金并开具了增值税专用发票，柜台将复印机交付给该顾客。

请问：本次经济业务将按怎样的流程最终反映在华新商场的月末会计报表中？

第九章　财产清查

【学习目标】

本章阐述财产清查的基本概念、分类、方法和财产清查结果的账务处理。本章的学习要求理解财产清查的意义和种类，掌握各种财产物资、货币资金、往来账项的清查方法，掌握银行存款的清查方法和银行存款余额调节表的编制方法，掌握财产清查结果的账务处理方法。

第一节　财产清查概述

一、财产清查的含义

资源是有限的，物尽其用、勤俭持家是会计人的基本素养。会计核算的一项重要任务就是要反映和监督会计主体的财产保管和使用情况，保护财产的安全与完整，提高各种资产的使用效率。会计主体的财产通常包括其所拥有的各项财产物资、货币资金及债权债务结算款项，根据各单位财产管理的要求，各单位应通过账簿记录来反映和监督上述各项资产的增减变化和结存情况。因此，各单位应加强会计凭证的日常审核，定期核对各账簿记录，做到账证相符、账账相符。应该说，这一过程能保证账簿记录的正确性，也能真实反映企业各项财产的实有数，各项财产的账实应该是一致的。但在实际工作中，由于种种原因，账簿记录会发生差错，各项财产的实际结存数也会发生差错，最终导致账存数与实存数发生差异。造成账存数与实存数不符的原因是多方面的，概括起来主要有以下两方面。

首先是客观因素，其中包括：①财产物资在保管和运输过程中发生自然损耗，如燃煤在运输过程中的撒漏；②由于不可抗力而导致的非常损失；③由于有关凭证未到，形成未达账项，造成结算双方账实不符。

其次是主观因素，其中包括：①在财产收发过程中，由于计量或检验不准确而造成多收或少收的差错，以及品种、质量上的差错；②由于管理不善或制度不严、工作人员失职造成的财物损坏、丢失、被盗等；③在账簿记录中发生的重记、漏记和错记；④由于取得财产、领用财产等经济业务发生后没有填制或取得凭证而造成账簿无记录。

前面提到的账实不符的原因中，少数是受客观因素影响造成的，不能完全避免，而大部分是人为主观造成的，是可以避免的。

由于存在上述各种原因，影响了账实的一致性，我国《会计法》明确规定：各单位应当定期将会计账簿记录与实物、款项及有关资料相互核对，保证会计账簿记录与实物及款项的实有数额相符、会计账簿记录与会计凭证的有关内容相符、会计账簿之间相对应的记录相符、会计账簿记录与会计报表的有关内容相符。因此，为了保证会计账簿记录的真实、正确、可靠，必须在账簿记录的基础上运用“财产清查”这一会计核算方法，对会计主体的各种财产物资进行定期或不定期的清查，并与账簿记录核对，做到账实相符。

财产清查是指通过对货币资金、实物资产和往来款项等财产物资的盘点和核对，确定其实存数，查明账存数与实存数是否相符的一种专门方法。如果账实不符，应根据具体情况，查明责任，进行处理。财产清查是保证会计资料正确性的一种有效手段，财产清查的范围极为广泛，从形态上看，既包括各种实物的清点，也包括各种债权债务和结算款项的查询核对；从存放地点上看，既包括存放在本单位的财产物资的清查，也包括对存放在其他单位的实物和款项的清查。另外，对其他单位委托代为保管或加工的材料物资同样要进行清查。

二、财产清查的意义

为了保证会计账簿记录的真实、准确，建立健全财产物资管理制度，确保财产物资的安全与完整，就必须运用财产清查这一行之有效的会计核算方法，对本单位的各项财产物资进行定期或不定期的清查，以保证账实相符，提高各项财产物资的使用效率。因此，加强财产清查对加强企业管理、充分发挥会计的监督作用具有重要意义。

（1）通过财产清查，可以保证核算资料的真实可靠。会计核算是通过填制会计凭证、严格审核凭证，然后据以登记入账的一种程序。在实际工作中由于各种人为的或自然的原因，可能会使财产物资的实际结存数与账面结存数发生差异，通过财产清查，可以确定各项财产的实存数，将实存数与账存数进行对比，确定盘盈、盘亏数，及时调整账簿记录，做到账实相符，以保证账簿记录的真实、准确，提高会计资料的可信度，为经济管理提供可靠的数据资料。

（2）通过财产清查，可以保护财产的安全完整，加强经济责任。通过财产清查，可以查明各项财产物资的收发、领退或保管情况，有没有由于管理不善造成的收发差错、财产霉烂、损坏丢失或非法挪用、贪污、盗窃等情况，以便采取相应的措施，加强财产物资的管理，保护本单位的财产物资的安全完整。

（3）通过财产清查，可以保证财经法律和结算制度的贯彻执行。开展清查活动，可以查明有关财产验收、保管、收发、调拨、报废、账款结算等环节中规章制度的贯彻执行情况，查明各项资金是否合理、合法，各种往来款项有无逾期拖欠等情况，以便企业建立和完善各项管理和核算制度，从而促使企业严格遵守各项财经制度和纪律，按财务制度和财经纪律进行正常的经济活动。

（4）通过财产清查，可以挖掘财产物资的潜力，提高物资使用效率。在清查过程中，可以了解财产物资的储备和利用情况，了解是否有超储积压或者储备不足，是否有财产物资大幅度贬值，是否有长期拖欠、拒付往来款项及未达账项等情况，以便及时为经营管理提供信息资料，充分发挥物资潜力，减少资金占用，加速资金周转，提高资金使用效率。

（5）通过财产清查，可以促进经营管理水平的提高。通过清查了解有关物资验收、保管、收发、调拨、报废以及往来款项制度的执行情况，以便及时发现问题，促使企业采取有效措施，建立健全有关规章制度，提高经营管理水平。

三、财产清查的分类

财产清查可以按不同的标准进行分类，主要有按照清查对象的范围和清查时间两种标准。

（一）按照清查对象的范围分类

财产清查按照清查对象的范围大小，可以分为全面清查和局部清查。

1.全面清查

全面清查是指对企业的全部财产进行盘点和核对，包括属于本单位和存放在本单位的所有财产物资、货币资金和各项债权债务。全面清查的对象一般包括：

（1）货币资金，包括现金、银行存款、其他货币资金等。

（2）财产物资，包括本单位的所有固定资产、库存商品、原材料、包装物、低值易耗品、在产品、在建工程等；属于本单位但在途中的各种在途物资；委托其他单位加工、保管的材料物资；存放在本单位的代销商品、材料物资等。

（3）债权债务，包括各项应收款项、应付和应交款项以及银行借款等。

通过全面清查，可以准确地掌握本单位各项财产物资、货币资金、债权债务等的真实情况；但全面清查内容多、范围广，参加的人员多，花费的时间长，一般适用于以下几种情况：

（1）年终决算前，为确保年终决算会计资料的真实、正确，需进行全面清查。

（2）单位撤销、合并或改变隶属关系前，中外合资、国内企业联营前以及企业实行股份制改造前，为了明确经济责任，需进行全面清查。

（3）开展全面清产核资、资产评估等活动，为了摸清家底、准确地核定资产，需进行全面清查。

（4）单位负责人调离工作岗位前。单位负责人是指单位法定代表人或法律、行政法规规定代表单位行使职权的主要负责人，按《会计法》的规定，其对本单位的会计工作和会计资料的真实性、完整性负责。单位负责人在调离工作岗位前需进行离任审计，其中包括全面经济责任审计，为此需进行全面清查。

2.局部清查

局部清查是指根据需要对一部分财产进行的清查。局部清查范围小，涉及人员少，但专业性较强，其清查对象主要是流动性较强的财产，一般包括：

（1）现金，出纳人员应于每日业务终了时清点核对。

（2）银行存款，出纳人员每月至少应同银行核对一次。

（3）库存商品、原材料、包装物等，年内应轮流盘点或重点抽查；对各种贵重物资，每月应盘点一次。

（4）债权债务，每年至少应同对方核对一至两次。

（二）按照清查时间分类

财产清查按照清查时间是否事先有计划，可分为定期清查和不定期清查。

1.定期清查

定期清查是指根据事先计划或管理制度规定的时间安排对财产所进行的清查。这种清查对象的范围可以是全面清查，也可以是局部清查。例如，在年末、季末、月末结账前定期进行财产清查，可以在编制会计报表前对所发现的账实不符的情况，调整有关账簿记录，使账实相符，从而保证会计报表资料的客观真实性。

2.不定期清查

不定期清查是指事先没有安排计划，而是根据需要所进行的临时性清查。这种清查对象的范围可以是局部清查，也可以是全面清查。一般适用于以下几种情况：

（1）更换财产物资、现金保管人员，为了分清经济责任，要对其所保管的财产物资、现金进行清查。

（2）发生自然灾害或意外损失，为了查明损失情况，要对受损财产物资进行清查。

（3）有关财政、审计、银行等部门对本单位进行会计检查，为了验证会计资料的可靠性，要按检查的要求和范围进行清查。

（4）进行临时性清产核资，对某些要求清查的资产进行清查。

第二节　财产清查的内容和方法

一、财产清查的内容

财产清查既是一种专门的会计核算方法，又是财产管理工作的一项重要内容，各单位都应根据管理的需要，采用不同的方法认真进行财产清查。财产清查的具体内容有：

（1）现金、银行存款等货币资金；

（2）房屋建筑物、机器设备等所有固定资产；

（3）原材料、燃料、低值易耗品等各种储备物资；

（4）各种在产品、半成品、未完工产品和产成品；

（5）各种在途材料、在途商品及其他在途物资；

（6）委托外单位加工、保管的材料、物资和出租的固定资产、包装物；

（7）受托加工的材料物资和租入的固定资产、包装物；

（8）应收、应付款，预收、预付款等各种往来结算款项和预算资金缴拨款项等。

二、财产清查的准备工作

财产清查是一项复杂、细致、量大的工作，它不仅涉及有关财产物资的保管部门，而且涉及各生产车间和各个职能部门乃至个人。因此，在进行财产清查前，必须有组织、有计划、有步骤地认真做好各项准备工作，这些准备工作一般包括组织准备和业务准备等。

（一）组织准备

为了使财产清查工作能顺利进行，首先要得到全员的支持，包括领导支持和非领导支持两个方面。

（1）领导支持，即在企业、事业、机关等单位团体的总部成立财产清查领导小组，具体负责财产清查的领导工作。领导小组的组长由本单位负责人担任，组员由会计、业务、仓库部门的负责人担任。财产清查领导小组的主要任务是制订清查计划、组织清查工作和提交清查报告。

（2）非领导支持，财产清查工作涉及很多部门和岗位，因此要使财产清查顺利进行，必须得到相关部门和岗位人员的大力支持。相关会计人员、技术人员、业务人员和仓库保管人员在清查过程中要求保证不离岗。

（二）业务准备

为了做好财产清查工作，各有关部门特别是财产物资管理部门和会计部门，应根据财产清查领导小组下达的计划，布置好清查前的业务准备工作。主要有：

（1）账簿准备。会计部门和会计人员应在财产清查前，将有关账簿登记齐全，结出余额，核对清楚，做到账簿记录正确、完整、及时，为账实核对提供正确的账簿资料，对于银行存款和结算款项，应及时核对凭据。

（2）实物准备。财产物资管理部门和保管人员应将截至清查日止的所有经济业务全部登记入账，并结出余额。对所保管的各种财产物资，应整理、摆放整齐，挂上标签，标明编号、品种、规格和结存数量，以便盘点核对。

（3）工具准备。清查人员应根据需要，准备好各种必要的计量器具和清查用的有关登记表册。

三、财产清查的方法

（一）实物财产盘存制度

一般来说，财产物资的盘存制度有永续盘存制和实地盘存制两种。这是企业用来确定财产物资账面结存数量的依据。

1.永续盘存制

永续盘存制也称账面盘存制，是指通过设置各种财产物资明细账，对财产物资的收入与发出逐笔或逐日连续登记，并随时结出账面结存数的核算方法。采用这种方法时，财产物资的明细账应按每一种品名规格设置，在明细账中，平时要登记各项财产物资的增加数、减少数，并随时结出账面余额。

在永续盘存制下，根据下述公式结出账面余额：

期末账面余额＝期初账面余额＋本期增加数－本期减少（发出）数

永续盘存制要求对财产物资有严格的进出管理手续，它的优点是：便于加强会计监督，随时掌握财产物资的占用情况及其动态，有利于加强对财产物资的管理；另外，在这种制度下，还可以将明细账上的结存数与预定的最高和最低库存限额进行比较，以便取得库存不足或积压的详细资料，及时组织库存财产物资的购销或处理，加速资金周转。永续盘存制的缺点是登记明细账的工作量大。但是，永续盘存制具有的严格控制、保护财产安全的优点，使其在实际工作中得到了广泛运用。

运用这一方法需要定期进行实物盘点，以便核对账存数和实存数是否相符，如出现账实不符，应查明原因，及时进行处理。

2.实地盘存制

实地盘存制是通过设置各种财产物资明细账，平时在明细账上登记收入数，不登记发出数，期末结账时，根据实际盘点的结存数倒推出发出数，并据以登记入账的核算方法。在这种方法下，实际盘点的结存数就是期末账存数。

采用这种方法时，平时只根据会计凭证在账簿中登记财产物资的增加数，不登记减少数，会计期末，对各项财产物资进行实地盘点，根据实地盘点所确定的实存数，确定本期各项财产物资的发出数，即：

本期减少（发出）数=期初账面余额+本期增加数-期末实际结存数

实地盘存制的优点是：根据期末实际盘点得出的财产物资结存数作为账存数，倒推出本期减少（发出）数并登记有关账簿，不会出现账实不符的情况，可以简化会计核算工作。但是，实地盘存制的缺点也十分明显：一是在这种方法下，账存数实际上也就是实存数，两者之间无法进行控制与核对；二是实地盘存不能随时进行，因而无法随时反映库存财产物资的收入、发出与结存的动态情况；三是由于是以存计耗或以存计销，倒推计算耗用成本或销售成本时，容易将非耗用或非销售的存货损耗全部计入耗用成本或销售成本中，从而削弱了对存货的控制，影响了成本计算的正确性；四是它只适用于定期结转耗用成本或销售成本，不能随时结转耗用成本和销售成本。

由于实地盘存制存在上述缺点，因此，其适用范围窄，一般只适用于一些价值低、品种杂、交易频繁的财产物资和一些损耗大、数量不稳定的鲜活商品。如果采用实地盘存制，也应注意在使用时采取相应的管理措施。

（二）财产清查的一般方法

财产清查首先要查清各项财产物资的实存数量和金额，并确定账存数量和金额，将两者进行比较，便可以查明实存数与账存数是否相符。财产清查的一般方法是指清查财产物资的实存数量和金额的方法。

1.财产物资实际结存数量的清查方法

清查财产物资的实存数量，是指对固定资产、材料、库存商品、在产品、包装物等实物资产，在数量和质量上所进行的清查。不同品种的财产物资，由于实物形态、体积、重量、堆放方式不同，应采用不同的清查方法，一般采用实地盘点法和技术推算盘点法。

（1）实地盘点法，是指在财产物资堆放现场进行逐一点数或用过磅、量尺等计量仪器来确定实存数量的一种方法。这种方法也适用于现金等货币资金的清查。它的适用范围较广，要求严格，数字准确可靠，清查质量高，但工作量大，要求事先根据财产物资的实物形态进行科学的码放。

（2）技术推算盘点法，是指利用技术方法，对大量成堆难以逐一清点的财产物资的实存数量进行推算的一种方法。例如，露天存放的煤、矿石等的实存数量可以采用这种方法进行清查。另外，对于价值小、数量多、重量比较均匀的已经包装好的材料和商品等，一般不便于逐一点数，可以采用抽查盘点的方法，然后确定其总数量。在清查过程中，还要检查财产物资的质量，了解其储存、利用情况，以及在收发、保管等方面是否存在问题。

2.财产物资实际结存金额的确定方法

实物资产实存金额的确定方法一般采用账面价值法、评估确认法和协商议价法等。对于没有实物数量只有金额的财产，如现金，应直接确定其金额；对于银行存款、债权债务则可以采用查询核实法或函证核对法等。

（1）账面价值法，是根据各项财产物资的实存数量乘以账面单位价值来确定实存金额的一种方法。账面单位价值的确定可以采用先进先出法、全月一次加权平均法、移动加权平均法等。这种方法一般为企业在正常生产经营条件下所普遍采用。

（2）评估确认法，是根据资产的特点，由专门的评估机构依据资产评估方法对有关的财产物资进行评估确定其实存金额的一种方法。这种方法适用于企业改组、隶属关系改变、联营、单位撤销、清产核资等情况。

（3）协商议价法，是根据涉及资产利益的有关各方，按照互惠互利原则，参考目前市场价格进行协商确定财产物资实存金额的一种方法。这种方法适用于企业以资产对外投资的情况。

（4）查询核实法、函证核对法，是根据账簿记录，用咨询或去函方式清查银行存款、债权债务金额的一种方法。出租出借和委托外单位加工、保管的财产物资也通过函证核对法查证核实。

为了明确经济责任，在进行财产物资盘点时，有关财产物资保管人员必须在场，并参加盘点工作。对各项财产物资的盘点结果，应逐一如实地登记在“盘存单”上，并由参加盘点的人员和实物保管人员同时签章生效。盘存单是记录各项财产物资盘点实存数的书面证明，也是财产清查工作的原始凭证之一。其一般格式见表9-1。

表9-1 盘存单

单位名称： 盘点时间：

财产类别： 存放地点：

编号	名称	计量单位	数量	单价	金额	备注

盘点人（签章） 实物保管人（签章）

“盘存单”的“数量”栏，应在清查时如实填写。“单价”栏，一般按有明细账记录的单价填写；如果是账外财产物资或单价无据可查，可以按同类或类似资产的市场价格或估计价格填写；如果该项财产物资是残旧物品或已变质、毁损，则应按质论价，确定单价。“金额”栏是根据实有数量和单价计算填列的。“备注”栏内应注明财产物资储备不足或超储、积压、呆滞、不配套及质量等情况。

为了进一步查明盘点结果与账面结存余额是否一致，确定盘盈、盘亏情况，还要根据“盘存单”和有关账簿记录，填制“实存账存对比表”（也称“盘点盈亏报告表”）。通过对比，确定各种实物资产的实存数与账存数之间的差异，用以调整账簿记录，分析产生差异的原因，明确经济责任。其一般格式见表9-2。

表9-2 实存账存对比表

单位名称： 年 月 日

序号	类别名称	规格型号	计量单位	单价	实存		账存		实存账存对比				备注
									盘盈		盘亏		
					数量	金额	数量	金额	数量	金额	数量	金额	
	金额合计												

单位主管 盘点负责人 实物负责人 制表

（三）货币资金的清查

1.现金的清查

清查现金采用实地盘点的方法，确定实有现金的数额，然后与库存现金日记账的账面余额核对，查明账款是否相符以及现金长款或短款的原因。现金盘点时，出纳人员必须在场；在清查过程中不能用不具法律效力的借条、收据充抵现金。盘点后，应根据现金盘点结果，编制“现金盘点报告表”，并由盘点人和出纳员签章。“现金盘点报告表”兼有“盘存单”和“实存账存对比表”的作用，是反映现金实有数和调整账簿记录的原始凭证，其一般格式见表9-3。

表9-3　**现金盘点报告表**

单位名称：　　　　年　月　日

实存金额	账存金额	实存与账存对比		备注
		长款	短款	

盘点人（签章）　　　　出纳员（签章）

2.银行存款的清查

清查银行存款采用与开户银行核对账目的方法。在同银行核对账目之前，应先详细检查本单位银行存款日记账的正确性和完整性，发现有错记或者漏记的，应及时更正、补记，然后与从银行取来的对账单逐笔核对。核对的内容包括收、付款金额，结算凭证的种类和号数，收入的来源，支出的用途，发生时间及存款余额等。如发现本单位记账有错误，应及时更正；如发现银行记账有错误，应及时通知银行查明更正。但即使双方记账均无错误，也会出现企业银行存款日记账余额与银行对账单余额不一致的情况，这是因为存在未达账项。未达账项是指由于结算凭证在双方之间传递需要一定时间，造成一方已经入账，另一方尚未收到结算凭证从而尚未入账的款项。未达账项有以下四种情况：

（1）企业已收入账，银行尚未收款入账。例如，企业将销售商品收到的转账支票存入银行，根据银行盖章退回的“进账单”回联，已登记银行存款增加；而银行尚未登记入账。

（2）企业已付入账，银行尚未付款入账。例如，企业开出一张转账支票购买办公用品，企业根据支票存根、发货票及入库单等原始凭证，已登记银行存款减少；而银行此时尚未收到付款凭证，尚未登记银行存款减少。

（3）银行已收入账，企业尚未收款入账。例如，外地某单位以汇兑方式支付企业销货款，银行收到汇款后已登记企业存款增加；而企业因未收到汇款凭证尚未登记银行存款增加。

（4）银行已付入账，企业尚未付款入账。例如，银行接受委托代企业支付电费，银行已取得支付电费的凭证，已减少了企业的银行存款，而企业因未到银行取支付电费凭证尚未登记银行存款减少。

上述任何一种情况的发生，都会使企业和银行之间的账簿记录不一致，因此，在核对账目时必须注意有无未达账项。如果有未达账项，应编制“银行存款余额调节表”，进行检查核对，如果没有记账错误，调节后双方的账面余额应相等。银行存款余额调节表的编制方法主要有余额调节法。

余额调节法，是指编制调节表时，在企业和其开户行各方现有银行存款余额的基础上，各自加减未达账项进行调节的方法。具体调节时，双方在原有余额基础上，各自补记对方已入账而本单位尚未登记入账的金额（包括增加和减少金额），然后检查经过调节后的账面余额是否相等。用公式表示如下：

$$\text{企业银行存款日记账余额}+\text{银行已收入账、企业尚未入账的账款}-\text{银行已付入账、企业尚未入账的账款}=\text{银行对账单余额}+\text{企业已收入账、银行尚未入账的账款}-\text{企业已付入账、银行尚未入账的账款}$$

现举例说明“银行存款余额调节表”的编制方法。

【例9-1】A公司202×年9月30日银行存款日记账账面余额为51 300元；银行对账单余额为53 000元。经查对发现有以下未达账项：

（1）29日，企业存入银行一张转账支票，金额3 900元，银行尚未入账；

（2）29日，银行收取企业借款利息400元，企业尚未收到付款通知；

（3）30日，企业委托银行收款4 100元，银行已入账，企业尚未收到收款通知；

（4）30日，企业开出转账支票一张，金额1 900元，持票单位尚未到银行办理手续。

根据以上未达账项，编制“银行存款余额调节表”（见表9-4）。

表9-4 **银行存款余额调节表**

202×年9月30日

单位：元

项　目	金　额	项　目	金　额
银行对账单余额	53 000	企业银行存款日记账余额	51 300
加：企业已收银行未收款（1）	3 900	加：银行已收企业未收款（3）	4 100
减：企业已付银行未付款（4）	1 900	减：银行已付企业未付款（2）	400
调整后余额	55 000	调整后余额	55 000

经调整后，双方余额相等，说明双方记账相符；否则，说明记账有错误，应予以更正。调整后余额是企业此时实际可以动用的存款数额。

应注意“银行存款余额调节表”只起对账作用，不能作为调节银行存款日记账账面余额的凭证，应在有关结算凭证到达后，再据记账凭证登记银行存款日记账；对于长期存在的未达账项应及时查明原因，予以解决。

（四）往来款项的清查

清查各项往来款项，一般采用函证核对方法。具体步骤是：在检查本单位各项往来结算账目正确、完整的基础上，按每一个经济业务往来单位填制一式两联的“往来款项对账单”，其中一联送交对方单位核对账目，另一联作为回联单。对方单位经过核对相符后，在回联单上加盖公章退回，表示已核对；如有数字不符，对方单位应在对账单中注明情况后退回本单位。本单位进一步查明原因，再行核对，编制“往来款项清查报告单”，并填入各项债权、债务的余额；对于有争执的款项及无法收回的款项，应在报告单上详细列明情况，以便及时采取措施进行处理，避免或减少坏账损失。“往来款项对账单”“往来款项清查报告单”的一般格式见表9-5、表9-6。

表9-5 **往来款项对账单**

×××单位：

贵单位202×年×月×日在我公司购入乙商品50件，货款13 000元尚未支付，请核对后将回联单寄回。

×××清查单位（盖章）

202×年×月×日

沿此虚线裁开，将以下回联单寄回。

往来款项对账单（回联）

×××清查单位：

贵单位寄来的“往来款项对账单”已收到，经核对相符无误。

×××单位（盖章）

202×年×月×日

表9-6 **往来款项清查报告单**

总账账户		明细账户		清查结果		不同意原因			备注
账户名称	余额	账户名称	余额	同意	不同意	争执款项	无法收回（或偿还）的款项	其他	

清查人员（签章） 经管人员（签章）

第三节 财产清查结果的处理

财产清查后，如果实存数与账存数不一致，会出现两种情况：实存数大于账存数，称为盘盈；实存数小于账存数，称为盘亏。若实存数与账存数一致，但财产物资有质量问题，不能正常使用，称为毁损。不论是盘盈，还是盘亏、毁损，都需要进行账务处理，调整账存数，以保证账实相符。盘盈、盘亏或毁损都说明企业在经营管理和财产保管中存在一定的问题。因此一旦发现账实不符，应核准数字，分析产生差异的原因，明确经济责任，提出相应的处理意见，按规定的程序批准后，才能对差异进行处理。

一、财产清查结果处理的程序

财产清查结果处理分两步进行：

（1）根据已查明属实的财产盘盈、盘亏或毁损的数字，编制“实存账存对比表”，填制记账凭证，据以登记账簿，调整账簿记录，使各项财产的账存数与实存数一致。但对于应收而收不回的应收款项、应付而无法支付的应付款项，在批准前不调整账簿记录，待批准后再做处理。在做好上述账簿调整工作后，将财产清查结果报送股东大会或董事会、经理（厂长）会议或类似决策机构批准。

（2）根据上述机构批复的意见进行账务处理，编制记账凭证，登记有关账簿，并追回由于责任者个人原因造成的损失。财产清查结果的账务处理应于结账前处理完毕。

二、财产清查结果处理的账户

为了核算和监督财产清查中查明的各种财产的盘盈、盘亏和毁损及其处理情况，应设置“待处理财产损溢”账户，它属于资产类账户。借方登记财产盘亏、毁损的价值以及经批准结转的盘盈数；贷方登记财产盘盈的价值以及经批准结转的盘亏、毁损数。本账户处理前的借方余额，反映企业尚未处理的各种财产的净损失；处理前的贷方余额，反映企业尚未处理的各种财产的净溢余。企业清查的各种财产的损溢，应在期末前查明原因，并根据企业的管理权限，经股东大会或董事会、经理（厂长）会议或类似决策机构批准后，在期末结账前处理完毕。因此，期末处理后本账户应无余额。在会计实务中，如果清查的各项财产的损溢，在期末结账前尚未经批准的，会计人员可先按一般规定处理，编制会计报表时在会计报表附注中做出说明；如果批复后批准处理的金额与已处理的金额不一致，应调整会计报表相关项目的年初数。该科目应按“待处理流动资产损溢”和“待处理固定资产损溢”设置明细账户，进行明细分类核算。“待处理财产损溢” 账户的结构如下所示。

待处理财产损溢

借方	贷方
1.发生待处理财产盘亏和毁损的价值 2.结转经批准处理的财产盘盈数	1.发生待处理财产盘盈的价值 2.结转经批准处理的财产盘亏和毁损数

三、财产清查结果处理的方法

（一）流动资产清查结果的处理

流动资产（如原材料、库存商品、在产品、库存现金等）发生盘盈时，借记“原材料”“库存商品”“生产成本”“库存现金”等科目，贷记“待处理财产损溢”科目。除现金外，其他流动资产经批准处理后，借记“待处理财产损溢”科目，贷记“管理费用”科目；对于长余的现金，经批准处理后，借记“待处理财产损溢”科目，属于应支付给有关单位或人员的，贷记“其他应付款”科目，属于无法查明原因的，则贷记“营业外收入”科目。

流动资产发生盘亏和毁损时，借记“待处理财产损溢”科目，贷记“原材料”“库存商品”“生产成本”“库存现金”等科目。经批准处理后，借方应根据不同的原因做出不同的处理：收回的残料入库或变卖收入，应记入“原材料”“银行存款”等科目；应收取保险公司的赔款以及因责任人造成的损失应由其赔偿的，记入“其他应收款”科目；盘亏和毁损总额扣除以上几部分的剩余净损失，若属于一般经营性损失或定额内损失，记入“管理费用”科目，若属非常损失，则记入“营业外支出”科目；同时，按盘亏和毁损的总金额贷记“待处理财产损溢”利目。

现举例说明“待处理流动资产损溢”的核算方法。

1.流动资产盘盈

【例9-2】A公司在财产清查中，盘盈库存商品1 000元。已填制“实存账存对比表”，作会计分录如下：

（1）在报经批准前：

借：库存商品 1 000

贷：待处理财产损溢——待处理流动资产损溢 1 000

（2）经批准做冲减管理费用处理时：

借：待处理财产损溢——待处理流动资产损溢 1 000

贷：管理费用 1 000

【例9-3】A公司在清点现金时，发现长余100元。已填制“现金盘点报告表”，作会计分录如下：

（1）在报经批准前：

借：库存现金 100

贷：待处理财产损溢——待处理流动资产损溢 100

（2）经查明现金长余100元中的60元应退还给某单位，40元无法查明原因，经批准处理时：

借：待处理财产损溢——待处理流动资产损溢 100

贷：其他应付款——应付××单位 60

营业外收入 40

2.流动资产盘亏、毁损

【例9-4】A公司在财产清查中，盘亏库存商品800元、材料200元。已填制“实存账存对比表”，作会计分录如下：

（1）在报经批准前：

借：待处理财产损溢——待处理流动资产损溢 1 000

贷：库存商品 800

原材料 200

（2）经批准做如下处理：库存商品盘亏800元中有100元为定额内自然损耗，列为管理费用；200元为保管不善所致，责成有关责任人赔偿；另500元应由保险公司赔偿。原材料盘亏200元属于自然灾害造成，列为营业外支出。

借：管理费用 100

其他应收款——应收××保险公司赔款 500

——应收××赔款 200

营业外支出 200

贷：待处理财产损溢——待处理流动资产损溢 1 000

【例9-5】A公司在清点现金时，发现短款50元。已填制“现金盘点报告表”，作会计分录如下：

（1）在报经批准前：

借：待处理财产损溢——待处理流动资产损溢 50

贷：库存现金 50

（2）经查明现金短款50元中，应由责任人赔偿20元；30元无法查明原因，根据管理权限，经批准列入管理费用。

借：其他应收款——应收××赔款 20

管理费用 30

贷：待处理财产损溢——待处理流动资产损溢 50

（二）固定资产清查结果的处理

发生固定资产盘盈，应按同类或类似固定资产的市场价格，减去按该项资产的新旧程度估计的价值损耗后的余额，即固定资产账面净值，借记“固定资产”科目，贷记“待处理财产损溢”科目；报经批准处理后，借记“待处理财产损溢”科目，贷记“以前年度损益调整”科目。

发生固定资产盘亏和毁损，按账面已提折旧借记“累计折旧”科目，按固定资产的账面原始价值，贷记“固定资产”科目，按二者的差额借记“待处理财产损溢”科目。报经批准处理后，按其损失数额借记“营业外支出”科目，贷记“待处理财产损溢”科目。若由于自然灾害造成固定资产盘亏和毁损，应按向保险公司收取的保险赔偿款，借记“其他应收款”科目；所收回的残料入库或变卖收入，借记“原材料”“银行存款”等科目，其净损失借记“营业外支出”科目。

现举例说明“待处理固定资产损溢”的核算方法。

1.固定资产盘盈

【例9-6】A公司在财产清查中，盘盈机器设备一台，市场价值为5 000元，估计六成新。已填制“实存账存对比表”，作会计分录如下：

（1）在报经批准前，根据“实存账存对比表”所确定的固定资产净值入账。

借：固定资产 3 000

贷：待处理财产损溢——待处理固定资产损溢 3 000

（2）经批准记入“以前年度损益调整”处理。

借：待处理财产损溢——待处理固定资产损溢 3 000

贷：以前年度损益调整 3 000

2.固定资产盘亏或毁损

【例9-7】A公司在财产清查中，盘亏机器设备一台，账面原值为8 000元，已提折旧3 000元。已填制“实存账存对比表”，作会计分录如下：

（1）在报经批准前：

借：待处理财产损溢——待处理固定资产损溢 5 000

累计折旧 3 000

贷：固定资产 8 000

（2）经批准做营业外支出处理：

借：营业外支出 5 000

贷：待处理财产损溢——待处理固定资产损溢 5 000

假定经查明上述盘亏的机器设备是因火灾所烧毁，保险公司应赔偿50%，残值变卖取得现金500元，则应作会计分录如下：

借：其他应收款——应收××保险公司赔款 2 500

库存现金 500

营业外支出 2 000

贷：待处理财产损溢——待处理固定资产损溢　　5 000

对于代其他单位保管的物资和受托加工的物资，应认真履行受托和代管责任。在清查盘点后，对发生的盘盈、盘亏情况，应分清责任分别处理。如属于本单位造成的损失，应由本单位负责处理和赔偿；如属于对方交货时数量不实或者属于自然损耗，应通知对方核实，并在有关账簿中做出相应的记录，调整有关数字，保证账实相符。

（三）往来款项清查结果的处理

1.应收款项的账务处理

在财产清查中，应及时清理应收款项。对于经查明确认无法收回的应收账款，应作为坏账损失予以核销。核销时，不必通过“待处理财产损溢”科目核算，应按规定的程序批准核销后做账务处理。由于企业按期提取坏账准备，因此核销坏账时，应冲减坏账准备并核销应收账款。

现举例说明核销应收账款的核算方法。

【例9-8】A公司在财产清查中，应收某单位货款1 000元，已查明该单位因遭受火灾使生产经营遭受重大损失，所欠款项确实无法收回。经批准核销，作会计分录如下：

借：坏账准备　　1 000

贷：应收账款　　1 000

2.应付款项的账务处理

在财产清查中，应及时清理应付款项。对于经查明确认无法支付的应付账款，应予以核销。核销时，不必通过“待处理财产损溢”科目核算，应按规定的程序报经批准后，直接核销应付账款并转作营业外收入处理。

现举例说明核销应付账款的核算方法。

【例9-9】A公司在财产清查中，查明应付某单位购料款3 200元，因该单位撤销，确实无法支付。经批准核销，作会计分录如下：

借：应付账款　　3 200

贷：营业外收入　　3 200

【本章练习】

（一）单项选择题

1.一般来说，在企业撤销、合并和改变隶属关系时，应对财产进行（　　）。

A.全面清查　　B.局部清查　　C.实地盘点　　D.定期清查

2.对于大量堆积的煤炭的清查，一般采用（　　）方法进行。

A.实地盘点　　B.抽查检验　　C.技术推算盘点　　D.查询核对

3.下列记录可以作为调整账面数字的原始凭证的是（　　）。

A.盘存单　　B.实存账存对比表

C.银行存款余额调节表　　D.往来款项对账单

4.月末企业银行存款日记账余额为180 000元，银行对账单余额为170 000元，经过未达账项调节后的余额为160 000元，则对账日企业可以动用的银行存款实有数额为（　　）。

A.180 000元　　B.160 000元　　C.170 000元　　D.不能确定

5.财产清查中发现账外机器一台，其市场价格为80 000元，估计还有六成新，则该固定资产的入账价值为（　　）元。

A.80 000　　B.48 000　　C.32 000　　D.128 000

6.在财产清查中发现盘亏一台设备，其账面原值为80 000元，已提折旧20 000元，则该企业记入“待处理财产损溢”账户的金额为（　　）元。

A.80 000　　B.20 000　　C.60 000　　D.100 000

7.银行存款余额调节表中调节后的余额是（　　）。

A.对账单余额与日记账余额的平均数

B.银行存款账面余额

C.对账日企业可以动用的银行存款实有数额

D.银行方面的账面余额

8.“待处理财产损溢”账户未转销的借方余额表示（　　）。

A.等待处理的财产盘盈

B.等待处理的财产盘亏

C.尚待批准处理的财产盘盈数大于尚待批准处理的财产盘亏和毁损数的差额

D.尚待批准处理的财产盘盈数小于尚待批准处理的财产盘亏和毁损数的差额

9.盘盈的固定资产经批准后，一般应记入（　　）账户。

A.本年利润　　B.以前年度损益调整

C.投资收益　　D.其他业务收入

10.对盘亏的固定资产净损失经批准后可记入（　　）账户的借方。

A.制造费用　　B.生产成本

C.营业外支出　　D.管理费用

11.对银行存款进行清查时，应将（　　）与银行对账单逐笔核对。

A.银行存款总账　　B.银行存款日记账

C.银行支票备查簿　　D.库存现金日记账

12.在实际工作中，企业一般以（　　）作为财产物资的盘存制度。

A.收付实现制　　B.权责发生制

C.永续盘存制　　D.实地盘存制

（二）多项选择题

1.银行存款日记账余额与银行对账单余额不一致，原因可能是（　　）。

A.银行存款日记账有误　　B.银行记账有误

C.存在未达账项　　D.存在未付款项

2.下列（　　）情况下，企业应对其财产进行全面清查。

A.年终决算前　　B.企业进行股份制改制前

C.更换仓库保管员　　D.企业破产

3.财产物资的盘存制度有（　　）。

A.权责发生制　　B.收付实现制

C.实地盘存制　　D.永续盘存制

4.下列记录可以作为调整账面数字的原始凭证的有（　　）。

A.盘存单　　B.盘盈盘亏报告表

C.银行存款余额调节表　　D.现金盘点报告表

5.对于盘亏、毁损的存货，经批准后进行账务处理时，可能涉及的借方账户有（　　）。

A.其他应收款　　B.营业外支出

C.管理费用　　D.原材料

6.下列（　　）的清查宜采用发函询证的方法。

A.应收账款　　B.应付账款

C.存货　　D.预付账款

7.使企业银行存款日记账的余额小于银行对账单余额的未达账项有（　　）。

A.企业已收款记账而银行尚未收款记账

B.企业已付款记账而银行尚未付款记账

C.银行已收款记账而企业尚未收款记账

D.银行已付款记账而企业尚未付款记账

8.下列业务中需要通过“待处理财产损溢”账户核算的是（　　）。

A.现金丢失　　B.原材料盘亏

C.发现账外固定资产　　D.应收账款无法收回

（三）判断题

1.永续盘存制与实地盘存制都是确定各项实物资产账面结存数量的方法。（　　）

2.对于价值低、品种杂、进出频繁的商品或材料物资应采用实地盘存制核算。（　　）

3.经批准转销固定资产盘亏净损失时，账务处理应借记“营业外支出”账户，贷记“固定资产清理”账户。（　　）

4.银行存款余额调节表只是为了核对账目，并不能作为调整银行存款账面余额的原始凭证。（　　）

5.永续盘存制下，可以通过存货明细账的记录随时结出存货的结存数量，故不需要对存货进行盘点。（　　）

6.只有在永续盘存制下才可能出现财产的盘盈、盘亏现象。（　　）

（四）简答题

1.什么是财产清查？财产清查如何分类？

2.财产清查中的计价方法有哪些？

3.什么是未达账项？有哪几种情况？

4.简述实物清查的内容、方法及步骤。

5.简述“待处理财产损溢”账户的用途和结构。

（五）业务题

1.目的：练习编制银行存款余额调节表。

资料：某企业202×年10月25—31日银行存款日记账和银行对账单内容见表9-7、表9-8。

表 9-7

银行存款日记账

202×年		凭证		结算凭证					
月	日	字	号	摘要	种类	号数	收入（元）	支出（元）	余额（元）
10	1			期初余额					25 000
	25	银付	128	付购料款	转支	386 025		20 000	
	26	银付	129	付运费	转支	386 026		100	
	27	银收	107	收销货款	转支		23 400		
	28	银付	130	付购料款	付委	478 962		9 000	
	30	银付	131	付修理费	转支			250	
	31	银收	108	收销货款	转支		15 000		34 050

表 9-8

银行对账单

202×年		结算凭证					
月	日	摘要	种类	号数	存入（元）	支出（元）	余额（元）
10	1	期初余额					25 000
	27	收销货款			23 400		
	28		转支	386 025		20 000	
	28		转支	386 026		100	
	28	付水电费				2 300	
	28	存款利息			320		
	29	代收销货款			6 000		
	31		付委	478 962		9 000	23 320

要求：

（1）根据资料内容将银行存款日记账和银行对账单进行核对，确定未达账项。

（2）编制该企业202×年10月31日的银行存款余额调节表，见表9-9。

表 9-9

银行存款余额调节表

开户银行：（略）

账　　号：（略）　　　　年　月　日　　　　单位：元

项目	余额	项目	余额
企业银行存款日记账账面余额		银行对账单余额	
加：企业未入账的收入款项		加：银行未入账的收入款项	
减：企业未入账的支出款项		减：银行未入账的支出款项	
调整后的存款余额		调整后的存款余额	

2.目的：练习财产清查的账务处理。

资料：某企业年终进行财产清查时发现如下问题：

（1）盘盈设备一台，价值7 000元，已提折旧2 000元。

（2）盘亏甲材料100千克，价值700元，其中有20千克为收发计量的错误引起的，其余的原因待查。

（3）盘盈乙材料400千克，价值400元，其中有200千克是企业转产后的剩余材料，另外200千克是因日常收发计量器具误差造成的。

上列盘盈、盘亏和损失，报经上级批准处理意见如下：

（1）盘盈设备和材料可继续使用，作为营业外收入处理。

（2）计量上的差错做调整管理费用处理，尚未查明原因的材料损失不同意列入管理费用，应继续追查原因，明确经济责任。

（3）剩余材料做退库处理，调整管理费用。

要求：根据以上资料编制相关会计分录。

（六）案例分析

东林酒店管理公司餐饮部出纳小方刚入职不久，有一天下班前清点现金时发现多出50元，翻查当天的收银记录没有发现问题，小方觉得金额不大，顾客不一定会回来查找，决定自己拿走这50元钱。

请问：

（1）小方的做法是否正确？

（2）发现库存现金短缺或溢余应如何处理？

第十章　财务会计报告

【学习目标】

本章阐述财务会计报告的基本内容和编制方法。本章的学习要求熟悉财务会计报告的目的、作用、构成、分类、编制原则和要求；掌握资产负债表的理论依据、内容、格式和编制方法，做到诚实守信；掌握利润表的理论依据、内容、格式和编制方法，理解分配中的商业伦理；了解现金流量表的理论依据、内容、格式和编制方法，树立正确的金钱观。

第一节　财务会计报告概述

财务会计报告是指企业对外提供的反映企业某一特定日期的财务状况和某一会计期间的经营成果、现金流量等会计信息的文件。编制财务会计报告，是对会计核算工作的全面总结，也是及时提供合法、真实、准确和完整会计信息的重要环节。

一、财务会计报告

财务会计报告是企业对外揭示并传递经济信息的手段，也称为“财务报告”。作为全面披露企业财务活动及经济活动信息的对外报告，财务报告具有完整的体系框架。从财务报告披露的时间看，财务报告分为年度、半年度、季度和月度财务报告；从财务报告的构成看，财务会计报告包括会计报表、会计报表附注、财务情况说明书等主要内容。

1.会计报表

会计报表，或称财务报表，是财务报告的主要内容。它是企业向投资者、债权人等会计信息使用者提供的关于企业财务状况、经营业绩和现金流量信息的文字与表格文件。

在我国，企业会计报表体系由基本会计报表及其附表组成，如图10-1所示。其中，基本会计报表包括资产负债表、利润表、现金流量表、所有者权益变动表等。

2.会计报表附注

会计报表附注是财务报告的重要组成部分，是对在资产负债表、利润表、现金流量表和所有者权益变动表等报表中列示项目的文字描述或明细资料，以及对未能在这些报表中列示项目的说明等。它是为了便于会计信息使用者理解财务报表的内容而对财务报表产生的基础、依据、原则和方法以及主要项目等做的解释和说明。

会计报表附注的主要内容有：

（1）企业的基本情况；

（2）财务报表的编制基础；

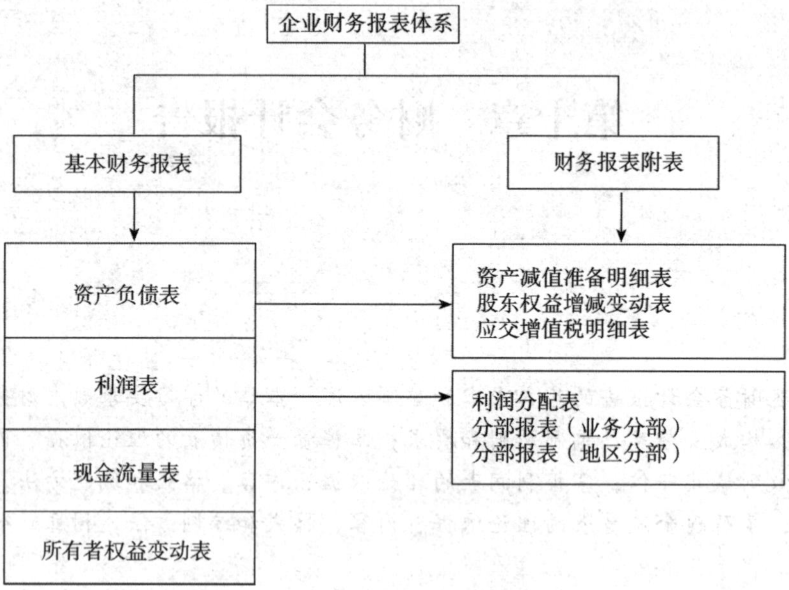

图10-1 我国企业财务报表体系图

（3）遵循企业会计准则的声明；

（4）重要会计政策和会计估计；

（5）会计政策和会计估计变更以及差错更正的说明；

（6）报表重要项目的说明；

（7）或有和承诺事项、资产负债表日后非调整事项、关联方关系及其交易等需要说明的事项；

（8）有助于财务报表使用者评价企业管理资本的目标、政策及程序的信息；

（9）其他综合收益各项目的信息。

3.财务情况说明书

财务情况说明书是对企业一定会计期间生产经营以及财务、成本情况进行分析说明的书面文字报告。

财务情况说明书主要用来说明企业生产经营活动的基本情况，企业利润的实现及分配情况，对本期或者下期企业财务状况、经营成果和现金流量有重大影响的事项，资金（资本）增减与周转情况，资产负债表日后至财务报告批准报出日前发生的对企业财务状况变动有重大影响的事项，其他需要说明的事项等。

财务情况说明书提供的解释和说明不完全是用“货币”计量的信息，但这些信息对于投资者、债权人等进行相关经济决策具有重要价值。

二、财务报告的作用

企业编制财务报告的主要目的就是为财务报告的使用者提供决策所需的会计信息。

财务报告使用者通常包括投资者、债权人、政府及相关机构、企业管理人员、职工和社会公众等，他们对财务报告提供信息的要求各有侧重。企业的投资者和债权人通过财务报告了解企业的营运资金情况、短期偿债能力和支付能力，了解企业的经营前景、盈利能力和发放股利能力等，以保证投资者能获取相应收益，保证债权人能及时、安全地收回各项贷款。政府有关部门通过了解会计报表信息，加强对企业的经营管理指导，实现经济稳定有序地发展。企业管理者通过会计报表了解企业的资产、负债及所有者权益的构成情况，以及资金、成本和利润的基本状况，有针对性地组织企业的生产经营活动，加强经营管理，为提高企业的经济效益服务。其作用具体体现在以下几个方面：

（1）便于企业了解自身一定时期的财务状况及其变动情况，及时掌握企业经济活动情况和经营管理工作中存在的问题。

（2）便于投资者和债权人了解盈利能力和偿债能力。

（3）便于国家财税等监督部门加强对企业生产经营活动的监督检查，便于银行及其他金融机构了解企业的偿贷情况。

（4）为上级和政府管理部门进行宏观调控提供参考资料。

三、会计报表的分类

不同性质的会计主体，由于会计核算的目的和经济管理的要求不同，因而会计报表的种类也不尽相同。就企业而言，会计报表可做以下分类。

（一）按反映的经济内容分类

按反映的经济内容，会计报表可分为资产负债表、利润表、现金流量表和所有者权益变动表。

资产负债表是反映企业在报告期末的资产、负债和所有者权益情况的会计报表。利润表是反映企业在报告期内的收入、费用和利润情况的会计报表。现金流量表是反映企业在报告期内现金和现金等价物增减变动情况的会计报表。所有者权益变动表是反映构成所有者权益各组成部分当期增减变动情况的报表。

（二）按编制报告主体分类

会计报表按其报告主体可分为单位会计报表、汇总会计报表和合并会计报表。单位会计报表是由独立核算的会计主体编制的，用以反映某一会计主体的财务状况、经营成果的会计报表。汇总会计报表是由上级主管部门、专业公司根据基层所属企业所编制的报表加以汇总编制的报表，汇总编制时还包括主管部门、专业公司本身的业务。合并会计报表是控股公司把其本身与其附属公司看作一个统一的经济实体，用一套会计报表来反映其拥有或控制的所有资产和负债，以及其控制范围内的经营成果的会计报表。合并会计报表反映的是控股公司与其附属公司共同的财务状况和经营成果。

（三）按编制与报送的时间分类

会计报表按照编制的时间可分为中期报表和年报。年报是年度终了以后编制的，全面反映企业财务状况、经营成果及其分配、现金流量等方面情况的报表。中期报表是指短于一年的会计期间编制的会计报表，如半年度报表、季报、月报。半年度报表是指每个会计年度的前六个月结束后对外提供的财务会计报告。季报是季度终了以后编制的报表，内容比年报少一些。月报是月终编制的会计报表，只包括一些主要的报表，如资产负债表、利润表等。

（四）按服务对象分类

会计报表按其服务对象可分为外部报表和内部报表两大类。外部报表是企业向外部的会计信息使用者报告经济活动和财务收支情况的会计报表，如资产负债表、利润表、现金流量表和所有者权益变动表。这类报表一般有统一的格式和编制要求。内部报表是用来反映经济活动和财务收支的具体情况，为管理者进行决策提供信息的会计报表。这类报表无规定的格式和种类。

在财务报表的几种主要分类方法中，按反映的经济内容分类是最基本的，其他分类方法都是在此基础上延伸、派生出来的，是辅助性的分类方法。

四、会计报表的编制要求

为使会计报表能最大限度地满足各有关方面决策的信息需要，实现编制会计报表的基本目标，充分发挥会计报表的作用，企业编制会计报表时应当符合以下总要求和具体要求。

（一）会计报表编制的总要求

企业编制会计报表的总要求是内容完整、真实可靠、计算准确和编报及时。

1.内容完整

企业会计报表所提供的财务会计信息资料应当全面地披露企业的财务状况、经营成果和现金流量情况，完整地反映企业财务活动的过程和结果，以满足各有关方面对财务会计信息资料的需要。各单位应该按照《企业会计准则第30号——财务报表列报》和《企业会计准则第31号——现金流量表》规定的报表种类、格式和内容编制会计报表，以保证会计报表的完整性和可比性。不同的会计期间要求编制的各种会计报表要编报齐全，不得缺漏；应该填列的报表指标，无论是表内项目，还是补充资料，必须全部填列；应当纳入汇总或合并范围的各单位财务会计报表，应当全部加以汇总或合并，不得随意取舍。

2.真实可靠

会计报表必须如实反映企业的财务状况、经营成果和现金流量，保证会计信息的可靠性。会计报表中的数字主要来源于账簿记录，会计报表必须根据核实无误的账簿及相关资料编制。因此，在会计报表编制前，应当做好财产清查、对账、结账、试算平衡等工作；编制会计报表时必须以检查无误的账簿记录为依据，不应以估计数代替实际数，更不得弄虚作假，伪造报表数字。缺乏真实可靠信息的会计报表，会导致会计报表使用者对企业的财务状况、经营成果和现金流量情况做出错误的评价与判断，致使报表使用者做出错误的决策。

3.计算准确

各会计报表项目的金额主要来自日常的账簿记录，但并不是账簿数字的简单抄列，有些报表项目的金额需要对有关会计科目期末余额进行分析、计算整理后才能填列，而且报表项目之间也存在着一定的数量钩稽关系。因此，会计报表各项目数字应当填列规范，各项数据的计算方法、金额单位、精确程度等要符合企业会计准则的要求；会计报表之间、会计报表有关项目之间，凡是有对应关系的，应当相互一致，会计报表中本期与上期的有关数字应当相互衔接。

4.编报及时

企业会计报表所提供的信息资料具有很强的时效性，只有及时编制和报送会计报表，才能为使用者提供决策所需的信息资料；否则，会计报表可能失去其应有的价值，成为相关性较低甚至不相关的信息。各单位应按照会计法规制度规定的期限对外报送会计报表，以便报表使用者及时、有效地利用会计报表资料。

（二）会计报表编制的具体要求

会计报表编制在符合总要求的同时还要满足以下具体要求：

1.财务报表应以持续经营为基础编制

企业应当以持续经营为基础，根据实际发生的交易和事项，按照《企业会计准则——基本准则》和其他各项具体会计准则的规定进行确认和计量，在此基础上编制财务报表。管理层应对是否能够持续经营进行评估，若某些重大不确定因素可能导致对主体持续经营产生严重怀疑时，应对不确定因素充分披露。但企业不能以附注披露代替确认和计量。以持续经营为基础编制财务报表不再合理的，企业应当采用其他基础编制财务报表，并在附注中披露这一事实。企业在当期已经决定或正式决定下一个会计期间进行清算或停止营业，表明其处于非持续经营状态，应当采用其他基础编制财务报表，如破产企业的资产应当采用可变现净值计量等，并在附注中声明财务报表未以持续经营为基础列报，披露未以持续经营为基础编制的原因及财务报表的编制基础。

2.列报的一致性

列报的一致性要求财务报表中的列报和分类应在各期间保持一致。除非准则要求改变，或主体的经营性质发生重大变化，改变后的列报能够提供更可靠的、更相关的信息，同时不损害可比信息。

3.重要性项目单独列报

性质或功能类似的项目，其所属类别具有重要性的，应当按其类别在财务报表中单独列报。性质或功能不同的项目，应当在财务报表中单独列报，但不具有重要性的项目除外。

重要性是指在合理预期下，财务报表项目的省略或误报会单独或共同影响内外部使用者据此做出的经济决策的，则该项目具有重要性。重要性应当根据企业所处的具体环境，从项目的性质和金额大小两方面加以判断。其中：项目的性质应当考虑该项目是否属于企业日常活动，是否对企业的财务状况、经营成果和现金流量具有较大影响等因素；项目金额大小的重要性，应当通过单项金额占资产总额、负债总额、所有者权益总额、营业收入总额、营业成本总额、净利润、综合收益总额等直接相关项目金额的比重或所属报表单列项目金额的比重加以确定。

4.有关抵销的界定

财务报表中的资产项目和负债项目的金额、收入项目和费用项目的金额不得相互抵销。单独列报资产和负债、收益和费用，以便使用者更易理解已发生的交易、其他事项的情况，以及评估主体未来的现金流量。

资产项目按扣除减值准备后的净额列示，不属于抵销。如存货跌价准备与存货项目、应收账款计提的坏账准备与应收账款项目按抵减后的余额列报不属于抵销。

非日常活动产生的损益，以收入扣减费用后的净额列示，不属于抵销。如非流动资产处置产生的利得与损失，按处置收入扣除该资产账面金额与相关销售费用后的余额列报不属于抵销。若这些利得与损失是重要的，则应单独列报。

5.财务报告中应列报所有金额的前期比较信息

当期财务报表的列报，至少应当提供所有列报项目上一可比会计期间的比较数据，以及与理解当期财务报表相关的说明，其他会计准则另有规定的除外。

当财务报表项目的列报发生变更时，应当对上期比较数据按照当期的列报要求进行调整，并在附注中披露调整的原因和性质，以及调整的各项目金额。对上期比较数据进行调整不切实可行（不切实可行是指企业在做出所有合理努力后仍然无法采用某项规定）的，应当在附注中披露不能调整的原因。

6.披露要求

企业应当在财务报表的显著位置至少披露下列各项：编报企业的名称、资产负债表日或财务报表涵盖的会计期间、人民币金额单位。财务报表是合并财务报表的，应当予以标明。

企业至少应当按年编制财务报表。年度财务报表涵盖的期间短于一年的，应当披露年度财务报表的涵盖期间，以及短于一年的原因。

第二节　资产负债表

一、资产负债表的概念和作用

资产负债表是总括地反映企业在某一特定日期（一般为月末、季末、年末）全部资产、负债和所有者权益及其构成情况的报表，又称为“财务状况表”。这是一张静态的会计报表。该表是根据“资产＝负债＋所有者权益”这一基本会计等式，依照一定的分类标准和一定的顺序，把企业一定日期的资产、负债和所有者权益予以适当的排列，按一定的编制要求编制而成的。

通过资产负债表的分析，可以全面综合地了解企业资产的规模和结构、负债的规模和结构以及所有者权益的构成情况，了解企业的资产实力、偿债能力强弱和变动情况，以及财务状况的大致变化趋势。

二、资产负债表的结构

资产负债表的格式通常有报告式和账户式两种。报告式资产负债表是将资产、负债、所有者权益项目采用上下结构排列，报表上部分列示资产，下部分列示企业的负债和所有者权益，格式见表10-1。

账户式资产负债表是按照T形账户的形式设计资产负债表，将报表分为左右结构，左边列示企业的资产，右边列示企业的负债和所有者权益，左右两方总额相等，格式见表10-2。我国资产负债表的格式一般采用账户式。

三、资产负债表项目的列示

资产和负债应当分别按照流动资产和非流动资产、流动负债和非流动负债列示。金融企业的各项资产或负债，按照流动性列示能够提供可靠且更相关信息的，可以按照其流动性顺序列示。

表 10-1　**报告式资产负债表**

编制单位：××企业　202×年 12 月 31 日　单位：元

资　产		
各项目	×××	
资产合计		××××
负　债		
各项目	×××	
负债合计		××××
所有者权益		
各项目	×××	
所有者权益合计		××××

表 10-2　**账户式资产负债表**

编制单位：××企业　202×年 12 月 31 日　单位：元

资　产		负债及所有者权益	
各项目	×××	负债	
		各项目	×××
		负债合计	××××
		所有者权益	
		各项目	×××
		所有者权益合计	××××
资产总计	××××	负债及所有者权益总计	××××

满足下列条件之一的资产，应当归类为流动资产：

（1）预计在一个正常营业周期（一般指一年）中变现、出售或耗用，如存货等；

（2）主要为交易目的而持有，如交易性投资等；

（3）预计在资产负债表日起一年内（含一年）变现，如应收及预付款项等；

（4）在资产负债表日起一年内，交换其他资产或清偿负债的能力不受限制的现金或现金等价物。

流动资产以外的资产应当归类为非流动资产。其中，正常营业周期是指企业从购买用于加工的资产起至实现现金或现金等价物的期间。正常营业周期通常短于一年，在一年内有几个营业周期。但是，也存在正常营业周期长于一年的情况，如房地产开发企业开发用于出售的房地产开发产品，造船企业制造的用于对外出售的大型船只等，往往超过一年才变现、出售或耗用，但仍应划分为流动资产。正常营业周期不能确定时，应当以一年（12 个月）作为划分流动资产的标准。

满足下列条件之一的负债，应当归类为流动负债：

（1）预计在一个正常营业周期中清偿，如短期借款、应付职工薪酬等；

（2）主要为交易目的而持有，如应付票据等；

（3）在资产负债表日起一年内到期应予以清偿，如应付及预收款项等；

（4）企业无权自主地将清偿推迟至资产负债表日后一年以上，如应交税费等。

流动负债以外的负债应当归类为非流动负债。

对于在资产负债表日起一年内到期的负债，企业预计能够自主地将清偿义务展期至资产负债表日后一年以上的，应当归类为非流动负债。不能自主地将清偿义务展期的，即使企业在资产负债表日后、财务报表批准报出日前，重新安排清偿计划协议，该项负债仍然应当归类为流动负债。企业在资产负债表日或之前违反了长期借款协议条款，导致贷款人可随时要求清偿的负债，应当归类为流动负债。贷款人在资产负债表日或之前同意提供自资产负债表日起一年以上的宽限期，企业能够在此期限内改正违约行为，且贷款人不能要求随时清偿时，该项负债应当归类为非流动负债。

四、资产负债表的填列方法

在编制资产负债表时，表上各项目的金额应根据有关总分类账户或明细分类账户的期末余额直接填列或计算分析后填列。具体有以下几种情况：

1.根据总账科目的余额填列

资产负债表中大多数项目是根据有关总账科目的余额填列的。例如，长期待摊费用、递延所得税资产、短期借款、应付票据、应付职工薪酬、应交税费、应付利息、应付股利、其他应付款、递延所得税负债、实收资本、资本公积、库存股、盈余公积等项目。

2.根据几个总账科目的余额计算填列

例如，“货币资金”项目，应根据“库存现金”“银行存款”“其他货币资金”等总账科目的期末借方余额汇总后填列。

3.根据有关明细科目的余额计算填列

例如，“预付款项”项目，应根据“预付账款”和“应付账款”两个总账科目所属各明细科目的借方余额合计数填列；“应付账款”项目，应根据“应付账款”和“预付账款”总账科目所属明细科目的贷方余额合计数填列；“预收款项”项目，应根据“预收账款”和“应收账款”两个总账科目所属各明细科目的贷方余额合计数填列；“应收账款”项目，应根据“预收账款”和“应收账款”两个总账科目所属各明细科目的借方余额合计数填列。

4.根据有关总账科目和明细科目的余额分析计算填列

例如，“长期应收款”项目，应当根据“长期应收款”总账科目余额，减去“未实现融资收益”总账科目余额，再减去所属相关明细科目中将于一年内到期的部分填列；“长期借款”项目，应当根据“长期借款”总账科目余额，减去“长期借款”科目所属明细科目中将于一年内到期的部分填列；“应付债券”项目，应当根据“应付债券”总账科目余额，减去“应付债券”科目所属明细科目中将于一年内到期的部分填列；“长期应付款”项目，应当根据“长期应付款”总账科目余额，减去“未确认融资费用”总账科目余额，再减去所属相关明细科目中将于一年内到期的部分填列。

5.根据总账科目与其备抵科目抵销后的净额填列

例如，“存货”项目，应根据“材料采购”“原材料”“产成品”“生产成本”等总账科目的借方余额的合计，减去“存货跌价准备”总账科目的贷方余额后的金额填列；“债权投资”项目，应当根据“债权投资”科目期末余额，减去“债权投资减值准备”科目期末余额后的金额填列；“固定资产”项目，应当根据“固定资产”科目期末余额，减去“累计折旧”“固定资产减值准备”等科目期末余额后的金额填列。

五、资产负债表编制示例

【例 10-1】A 股份有限公司（以下简称 A 公司）202×年 11 月 30 日的资产负债表余额（期初余额略）及 202×年 12 月 31 日的试算平衡表分别见表 10-3 和表 10-4。假设该股份有限公司上个会计年度除计提固定资产减值准备导致固定资产账面价值与其计税基础存在可抵扣暂时性差异外，其他资产和负债项目的账面价值均等于计税基础。假定该公司未来很可能获得足够的应纳税所得额用来抵扣可抵扣暂时性差异，适用的所得税税率为 25%。

表 10-3 **资产负债表** 会企 01 表

编报单位：A 公司 202×年 11 月 30 日 单位：元

资　产	期末余额	上年年末余额	负债及所有者权益（或股东权益）	期末余额	上年年末余额
流动资产：			流动负债：		
货币资金	985 260.00		短期借款	600 000.00	
交易性金融资产			交易性金融负债		
应收票据	49 200.00		应付票据	46 800.00	
应收账款	159 820.00		应付账款	190 760.00	
应收款项融资			预收款项		
预付款项	20 000.00		应付职工薪酬	22 000.00	
其他应收款	5 000.00		应交税费	17 320.00	
存货	525 300.00		其他应付款	31 000.00	
合同资产			持有待售负债		
持有待售资产			一年内到期的非流动负债	200 000.00	
一年内到期的非流动资产			其他流动负债		
其他流动资产			流动负债合计	1 107 880.00	
流动资产合计	1 744 580.00		非流动负债：		
非流动资产：			长期借款	120 000.00	
债权投资			应付债券		
其他债权投资			租赁负债		
长期应收款			长期应付款		
长期股权投资	600 000.00		预计负债		
其他权益工具投资			递延收益		

续表

资　产	期末余额	上年年末余额	负债及所有者权益（或股东权益）	期末余额	上年年末余额
投资性房地产			递延所得税负债		
固定资产	1 199 000.00		其他非流动负债		
在建工程			非流动负债合计	120 000.00	
生产性生物资产			负债合计	1 227 880.00	
油气资产			所有者权益（或股东权益）：		
无形资产	120 000.00		实收资本（或股本）	1 200 000.00	
开发支出			其他权益工具		
商誉			资本公积		
长期待摊费用			减：库存股		
递延所得税资产			专项储备		
其他非流动资产			其他综合收益		
非流动资产合计	1 919 000.00		盈余公积	25 700.00	
			未分配利润	1 210 000.00	
			所有者权益（或股东权益）合计	2 435 700.00	
资产总计	3 663 580.00		负债和所有者权益（或股东权益）总计	3 663 580.00	

表10-4　　A公司202×年12月试算平衡表（根据第四章例题数据汇总编制）　　单位：元

科　目	期初余额		本期发生额		期末余额	
	借方	贷方	借方	贷方	借方	贷方
库存现金	2 000.00			1 570.00	430.00	
银行存款	983 260.00		1 629 715.00	2 378 620.00	234 355.00	
其他应收款	5 000.00				5 000.00	
应收票据	49 200.00				49 200.00	
预付款项	20 000.00		20 000.00		40 000.00	
应收账款	159 820.00		325 440.00		485 260.00	
原材料			1 351 800.00	959 334.00	392 466.00	
库存商品	201 500.00		1 020 000.00	603 000.00	618 500.00	

续表

科　目	期初余额		本期发生额		期末余额	
	借方	贷方	借方	贷方	借方	贷方
其中：甲产品						
乙产品						
在途物资	323 800.00		928 000.00	1 251 800.00		
生产成本			1 313 134.00	1 020 000.00	293 134.00	
制造费用			67 800.00	67 800.00		
长期股权投资	600 000.00				600 000.00	
投资性房地产						
固定资产	1 311 500.00		160 000.00		1 471 500.00	
累计折旧		112 500.00		18 000.00		130 500.00
无形资产	120 000.00				120 000.00	
累计摊销						
短期借款		600 000.00	610 000.00	300 000.00		290 000.00
应付票据		46 800.00	46 800.00			
应付账款		190 760.00				266 760.00
其中：光源公司		158 000.00	158 000.00			0
安泰公司		32 760.00		234 000.00		266 760.00
预收款项						
应付职工薪酬		22 000.00	500 000.00	500 000.00		22 000.00
应交税费		17 320.00	147 320.00	161 462.50		31 462.50
其中：未交增值税						
应交城市维护建设税						
应付利息		21 000.00	21 000.00	5 000.00		5 000.00
应付股利			75 000.00	75 000.00		
其他应付款		10 000.00				10 000.00
一年内到期的非流动负债		200 000.00				200 000.00
长期借款		120 000.00		500 000.00		620 000.00
实收资本		1 200 000.00		260 000.00		1 460 000.00

续表

科　目	期初余额		本期发生额		期末余额	
	借方	贷方	借方	贷方	借方	贷方
资本公积						
盈余公积		25 700.00		197 013.40		222 713.40
利润分配（未分配利润）		10 000.00	272 013.40	1 313 422.50		1 051 409.10
本年利润		1 200 000.00	2 133 800.00	933 800.00		
主营业务收入			928 000.00	928 000.00		
其他业务收入			5 500.00	5 500.00		
营业外收入			300.00	300.00		
主营业务成本			603 000.00	603 000.00		
其他业务成本			5 000.00	5 000.00		
税金及附加			2 300.00	2 300.00		
管理费用			162 300.00	162 300.00		
销售费用			1 820.00	1 820.00		
财务费用			8 000.00	8 000.00		
营业外支出			150.00	150.00		
所得税费用			37 807.50	37 807.50		
合　计	3 776 080.00	3 776 080.00	12 533 999.90	12 533 999.90	4 309 845.00	4 309 845.00

根据表10-3和表10-4可编制出A公司12月31日资产负债表，见表10-5。

表10-5　　**资产负债表**　　会企01表

编制单位：A公司　　202×年12月31日　　单位：元

资　产	期初余额	期末余额	负债及所有者权益（或股东权益）	期初余额	期末余额
流动资产：			流动负债：		
货币资金	985 260.00	234 785.00	短期借款	600 000.00	290 000.00
交易性金融资产			交易性金融负债		
应收票据	49 200.00	49 200.00	应付票据	46 800.00	
应收账款	159 820.00	485 260.00	应付账款	190 760.00	266 760.00
应收款项融资			预收款项		
预付款项	20 000.00	40 000.00	应付职工薪酬	22 000.00	22 000.00

续表

资　产	期初余额	期末余额	负债及所有者权益（或股东权益）	期初余额	期末余额
其他应收款	5 000.00	5 000.00	应交税费	17 320.00	31 462.50
存货	525 300.00	1 304 100.00	其他应付款	31 000.00	15 000.00
合同资产			持有待售负债		
持有待售资产			一年内到期的非流动负债	200 000.00	200 000.00
一年内到期的非流动资产			其他流动负债		
其他流动资产			流动负债合计	1 107 880.00	825 222.50
流动资产合计	1 744 580.00	2 118 345.00	非流动负债：		
非流动资产：			长期借款	120 000.00	620 000.00
债权投资			应付债券		
其他债权投资			租赁负债		
长期应收款			长期应付款		
长期股权投资	600 000.00	600 000.00	预计负债		
其他权益工具投资			递延收益		
投资性房地产			递延所得税负债		
固定资产	1 199 000.00	1 341 000.00	其他非流动负债		
在建工程			非流动负债合计	120 000.00	620 000.00
生产性生物资产			负债合计	1 227 880.00	1 445 222.50
油气资产			所有者权益（或股东权益）：		
无形资产	120 000.00	120 000.00	实收资本（或股本）	1 200 000.00	1 460 000.00
开发支出			其他权益工具		
商誉			资本公积		
长期待摊费用			减：库存股		
递延所得税资产			专项储备		
其他非流动资产			其他综合收益		
非流动资产合计	1 919 000.00	2 061 000.00	盈余公积	25 700.00	222 713.40
			未分配利润	1 210 000.00	1 051 409.10
			所有者权益（或股东权益）合计	2 435 700.00	2 734 122.50
资产总计	3 663 580.00	4 179 345.00	负债及所有者权益（或股东权益）总计	3 663 580.00	4 179 345.00

第三节　利润表

一、利润表的概念和作用

利润表又称损益表，它是反映企业在一定期间（月份、年度）内生产经营成果的会计报表，属于动态报表。通过该表可以从总体上了解企业收入、费用和净利润（或亏损）的实现和构成情况，用以分析企业的盈利能力和亏损原因。企业的外部使用者可以根据报表提供的信息，进行各自的经济决策；企业的内部管理人员则可以据此分析企业利润计划的完成情况，并从利润的构成入手，分析影响利润的主要因素，发现存在的问题，采取有效的措施，加强和改善内部经营管理，以进一步提高企业的经济效益。

二、利润表的结构

利润表的结构一般有单步式和多步式两种。

单步式是将所有收入和费用分别加以汇总，用收入合计减去费用合计，从而得出本期综合收益总额。由于它只有一个相减的步骤，因而称为单步式利润表，其格式见表 10-6。

表 10-6　　利润表

编制单位：　　202×年 1 月　　单位：元

项　目	行　次	本月数	本年累计数
一、收入			
主营业务收入			
其他业务收入			
投资收益			
营业外收入			
其他综合收益			
收入合计			
二、费用			
主营业务成本			
其他业务成本			
销售费用			
税金及附加			
管理费用			
财务费用			
营业外支出			
所得税费用			
费用合计			
三、综合收益			

单步式利润表编制方法简单，收入、支出归类清楚。但缺点是反映不出企业利润的构成内容，收入和费用不分层次和步骤，因而不利于对利润表的分析。

多步式利润表是按照利润的构成内容分层次、分步骤、逐项、逐步计算编制而成的报表。其反映的重点不仅在于企业最终的利润，还在于企业利润的形成过程。这种报表便于使用者对其进行分析。我国企业的利润表一般采用多步式。利润表中，费用应当按照功能分类，分为从事经营业务发生的成本、管理费用、销售费用和财务费用等。

多步式利润表主要包括以下六个方面的内容：

1.营业收入

营业收入由主营业务收入和其他业务收入组成。

2.营业利润

营业收入减去营业成本（主营业务成本、其他业务成本）、税金及附加、销售费用、管理费用、财务费用、资产减值损失、加上公允价值变动收益、投资收益等，即为营业利润。

3.利润总额

营业利润加上营业外收入，减去营业外支出，即为利润总额。

4.净利润

利润总额减去所得税费用，即为净利润。

5.综合收益总额

综合收益总额项目反映净利润和其他综合收益减去所得税影响后的净额的合计金额。

6.每股收益

每股收益包括基本每股收益和稀释每股收益两项指标。

利润表的基本格式见表10-7。

三、利润表的填列方法

（1）“本期金额”栏反映各项目的本期实际发生额。如果上年度利润表的项目名称和内容与本年度利润表不相一致，应对上年度利润表项目的名称和数字按本年度的规定进行调整，填入报表的“上期金额”栏中。

（2）报表中各项目主要根据各损益类科目的发生额分析填列。

四、利润表编制示例

【例10-2】根据表10-4试算平衡表资料编制A公司202×年12月份利润表，见表10-7。

表10-7　　**利润表**　　会企02表

编制单位：A公司　　202×年12月　　单位：元

项　目	本期金额
一、营业收入	933 500.00
减：营业成本	608 000.00
税金及附加	2 300.00
销售费用	1 820.00
管理费用	162 300.00

续表

项　目	本期金额
研发费用	
财务费用	8 000.00
其中：利息费用	
利息收入	
加：其他收益	
投资收益（损失以“-”号填列）	
其中：对联营企业和合营企业的投资收益	
以摊余成本计量的金融资产终止确认收益（损失以“-”号填列）	
净敞口套期收益（损失以“-”号填列）	
公允价值变动收益（损失以“-”号填列）	
信用减值损失（损失以“-”号填列）	
资产减值损失（损失以“-”号填列）	
资产处置收益（损失以“-”号填列）	
二、营业利润（亏损以“-”号填列）	151 080.00
加：营业外收入	300.00
减：营业外支出	150.00
三、利润总额（亏损总额以“-”号填列）	151 230.00
减：所得税费用	37 807.50
四、净利润（净亏损以“-”号填列）	113 422.50
（一）持续经营净利润（净亏损以“-”号填列）	
（二）终止经营净利润（净亏损以“-”号填列）	
五、其他综合收益的税后净额	
（一）不能重分类进损益的其他综合收益	
1.重新计量设定受益计划变动额	
2.权益法下不能转损益的其他综合收益	
3.其他权益工具投资公允价值变动	
4.企业自身信用风险公允价值变动	

续表

项　目	本期金额
……	
（二）将重分类进损益的其他综合收益	
1.权益法下可转损益的其他综合收益	
2.其他债权投资公允价值变动	
3.金融资产重分类计入其他综合收益的金额	
4.其他债权投资信用减值准备	
5.现金流量套期储备	
6.外币财务报表折算差额	
……	
六、综合收益总额	
七、每股收益：	
（一）基本每股收益	
（二）稀释每股收益	

第四节　现金流量表

一、现金流量表的概念及结构

现金流量表，是指反映企业在一定会计期间现金和现金等价物流入和流出情况的报表。其中，现金是指企业的库存现金以及可以随时用于支付的存款。现金流量表中的“现金”不仅包括“库存现金”账户核算的现金，还包括企业“银行存款”账户核算的存入金融企业、可以随时用于支付的存款，也包括“其他货币资金”账户核算的外埠存款、银行汇票存款、银行本票存款、信用证保证金存款、信用卡存款和存出投资款等其他货币资金。

需要注意的是，银行存款和其他货币资金中有些不能随时用于支付的存款，如不能随时支取的定期存款等，不应作为现金，而应列作投资；提前通知金融企业便可支取的定期存款，则应包括在现金范围内。

现金流量表的现金包括现金和现金等价物。现金等价物是指企业持有的期限短、流动性强、易于转换为已知金额现金、价值变动风险很小的投资。现金等价物的定义本身包含了判断一项投资是否属于现金等价物的四个条件，即：(1) 期限短；(2) 流动性强；(3) 易于转换为已知金额的现金；(4) 价值变动风险很小。其中，期限短、流动性强，强调了变现能力强，而易于转换为已知金额的现金、价值变动风险很小，则强调了支付能力的大小。

二、现金流量的分类

现金流量，是指现金和现金等价物的流入和流出，可分为三类：即经营活动产生的现金流量、投资活动产生的现金流量和筹资活动产生的现金流量。

（一）经营活动产生的现金流量

经营活动是指企业投资活动和筹资活动以外的所有交易和事项。从经营活动的定义可以看出，经营活动的范围很广，它包括了除投资活动和筹资活动以外的所有交易和事项。对于商业企业而言，经营活动主要包括：销售商品、提供劳务、购买商品、接受劳务、支付税费等。

一般来说，经营活动产生的现金流入项目主要有：（1）销售商品、提供劳务收到的现金；（2）收到的税费返还；（3）收到其他与经营活动有关的现金。经营活动产生的现金流出项目主要有：（1）购买商品、接受劳务支付的现金；（2）支付给职工以及为职工支付的现金；（3）支付的各项税费；（4）支付其他与经营活动有关的现金。

各类企业由于行业特点不同，对经营活动的认定存在一定差异，在编制现金流量表时，应根据企业的实际情况，对现金流量进行合理的归类。

（二）投资活动产生的现金流量

投资活动是指企业长期资产的购建和不包括在现金等价物范围内的投资及其处置活动。其中，长期资产是指固定资产、无形资产、在建工程、其他资产等持有期限在一年或一个营业周期以上的资产。需要注意的是，这里所讲的投资活动，既包括实物资产投资，也包括金融资产投资，还包括购建固定资产等投资活动。这里之所以将“包括在现金等价物范围内的投资”排除在外，是因为已经将包括在现金等价物范围内的投资视同现金。

一般来说，投资活动产生的现金流入项目主要有：（1）收回投资收到的现金；（2）取得投资收益收到的现金；（3）处置固定资产、无形资产和其他长期资产收回的现金净额；（4）处置子公司及其他营业单位收到的现金净额；（5）收到其他与投资活动有关的现金。投资活动产生的现金流出项目主要有：（1）购建固定资产、无形资产和其他长期资产支付的现金；（2）投资支付的现金；（3）取得子公司及其他营业单位支付的现金净额；（4）支付其他与投资活动有关的现金。

（三）筹资活动产生的现金流量

筹资活动是指导致企业资本及债务规模和构成发生变化的活动。

一般来说，筹资活动产生的现金流入项目主要有：（1）吸收投资收到的现金；（2）取得借款收到的现金；（3）收到其他与筹资活动有关的现金。筹资活动产生的现金流出项目主要有：（1）偿还债务支付的现金；（2）分配股利、利润或偿付利息支付的现金；（3）支付其他与筹资活动有关的现金。

三、现金流量表表式示例

现金流量表的格式见表10-8。其编制原理与方法将在中级财务会计中做介绍。

表10-8　**现金流量表**　会企03表

编制单位：　202×年1月　单位：元

项　目	本期金额	上期金额
一、经营活动产生的现金流量		
销售商品、提供劳务收到的现金		
收到的税费返还		
收到其他与经营活动有关的现金		
经营活动现金流入小计		
购买商品、接受劳务支付的现金		
支付给职工以及为职工支付的现金		
支付的各项税费		
支付其他与经营活动有关的现金		
经营活动现金流出小计		
经营活动产生的现金流量净额		
二、投资活动产生的现金流量		
收回投资收到的现金		
取得投资收益收到的现金		
处置固定资产、无形资产和其他长期资产收回的现金净额		
处置子公司及其他营业单位收到的现金净额		
收到其他与投资活动有关的现金		
投资活动现金流入小计		
购建固定资产、无形资产和其他长期资产支付的现金		
投资支付的现金		
取得子公司及其他营业单位支付的现金净额		
支付其他与投资活动有关的现金		
投资活动现金流出小计		
投资活动产生的现金流量净额		
三、筹资活动产生的现金流量		
吸收投资收到的现金		
取得借款收到的现金		
收到其他与筹资活动有关的现金		
筹资活动现金流入小计		
偿还债务支付的现金		
分配股利、利润或偿付利息支付的现金		
支付其他与筹资活动有关的现金		
筹资活动现金流出小计		
筹资活动产生的现金流量净额		
四、汇率变动对现金及现金等价物的影响		
五、现金及现金等价物净增加额		
加：期初现金及现金等价物余额		
六、期末现金及现金等价物余额		

附注

补充资料	本期金额	上期金额
1.将净利润调节为经营活动的现金流量：		
净利润		
加：资产减值准备		
固定资产折旧、油气资产折耗、生产性生物资产折旧		
无形资产摊销		
长期待摊费用摊销		
处置固定资产、无形资产和其他长期资产的损失（收益以“-”号填列）		
固定资产报废损失（收益以“-”号填列）		
公允价值变动损失（收益以“-”号填列）		
财务费用（收益以“-”号填列）		
投资损失（收益以“-”号填列）		
递延所得税资产减少（增加以“-”号填列）		
递延所得税负债增加（减少以“-”号填列）		
存货的减少（增加以“-”号填列）		
经营性应收项目的减少（增加以“-”号填列）		
经营性应付项目的增加（减少以“-”号填列）		
其他		
经营活动产生的现金流量净额		
2.不涉及现金收支的重大投资和筹资活动：		
债务转为资本		
一年内到期的可转换公司债券		
融资租入固定资产		
3.现金及现金等价物净变动情况：		
现金的期末余额		
减：现金的期初余额		
加：现金等价物的期末余额		
减：现金等价物的期初余额		
现金及现金等价物净增加额		

第五节 所有者权益变动表

一、所有者权益变动表的概念

所有者权益变动表是指反映构成所有者权益各组成部分当期增减变动情况的报表。

所有者权益变动表比较全面地反映了企业的所有者权益在年度内的变化情况，便于会计信息使用者深入分析企业所有者权益的增减变化情况，并对企业的资本保值增值情况做出正确判断，从而提供对决策有用的信息。当期损益、直接计入所有者权益的利得和损失及与所有者的资本交易导致的所有者权益的变动，应当分别列示。

二、所有者权益变动表的结构

所有者权益变动表至少应当单独列示反映下列信息的项目：(1) 综合收益总额；(2) 直接计入所有者权益的利得和损失项目及其总额；(3) 会计政策变更和差错更正的累积影响金额；(4) 所有者投入资本和向所有者分配利润等；(5) 按照规定提取的盈余公积；(6) 实收资本（或股本）、资本公积、盈余公积、未分配利润的期初和期末余额及其调节情况。

三、所有者权益变动表表式示例

所有者权益变动表结构示例见表10-9。其编制原理与方法将在中级财务会计中做介绍。

表10-9 所有者权益变动表（简表） 会企04表

编制单位： 202×年度 单位：元

项目	实收资本（或股本）	资本公积	减：库存股	其他综合收益	盈余公积	未分配利润	所有者权益合计
一、上年年末余额							
加：会计政策变更							
前期差错更正							
二、本年年初余额							
三、本年增减变动金额（减少以“-”号填列）							
（一）综合收益总额							
（二）所有者投入和减少资本							
1.所有者投入的普通股							
2.股份支付计入所有者权益的金额							
3.其他							
（三）利润分配							
1.提取盈余公积							
2.对所有者（或股东）的分配							
3.其他							
（四）所有者权益内部结转							
1.资本公积转增资本（或股本）							
2.盈余公积转增资本（或股本）							
3.盈余公积弥补亏损							
4.其他							
四、本年年末余额							

所有者权益（或股东权益）变动表列示说明：

（1）本表应在一定程度上体现企业综合收益的特点，除列示属于所有者权益变动的净利润外，同时包含直接计入其他综合收益的利得和损失，从而构成企业的综合收益。

（2）各项目应根据当期净利润、直接计入所有者权益的利得和损失项目、所有者投入资本和向所有者分配利润、提取盈余公积等情况分析填列。

（3）直接计入当期损益的利得和损失应包含在净利润中；直接计入所有者权益的利得和损失，主要包括其他债权投资、其他权益工具投资公允价值变动净额，现金流量套期工具公允价值变动净额等，单列项目反映。

【本章练习】

（一）单项选择题

1.会计报表中项目的数字的直接来源是（　　）。

A.原始凭证　　B.记账凭证　　C.日记账　　D.账簿记录

2.财务报告是反映会计主体财务状况、经营成果和财务收支情况的书面文件，是由（　　）组成的。

A.资产负债表和利润表

B.资产负债表、利润表、现金流量表和会计报表附注

C.资产=负债+所有者权益

D.会计报表和财务情况说明书

3.利润表的格式有（　　）。

A.单步式　　B.多步式　　C.单步式和多步式　　D.平衡式

4.资产负债表左、右两方各项目的前后顺序是按（　　）。

A.重要性排列的　　B.偿付期限长短排列的

C.货币性和非货币性排列的　　D.流动性排列的

5.资产负债表中报表项目（　　）。

A.都是根据总账科目余额填列的

B.都是根据总账科目发生额填列的

C.根据上述A、B两项填列

D.大多数项目可以直接根据总账余额填列，少数报表项目需要根据有关账户发生额分析计算后才能填列

6.资产负债表中“应收账款”项目是根据（　　）。

A.“应收账款”总账科目期末借方余额填列的

B.“预收账款”总账科目期末借方余额填列的

C.“应收账款”总账科目所属明细科目期末借方余额之和填列

D.“应收账款”和“预收账款”两个总账科目所属明细科目期末借方余额之和填列

7.可供分配的利润是（　　）。

A.产品销售利润　　B.利润总额

C.净利润　　D.净利润+年初未分配利润

8.下列（　　）不属于现金流量表所指的“现金”。

A.库存现金　B.银行存款

C.短期股票投资　D.短期债券投资（三个月内到期）

9.会计信息报告系统的核心是（　　）。

A.财务报表的附注　B.资产负债表或利润表的附表

C.物价变动报告　D.财务报表

（二）多项选择题

1.会计报表的使用者包括（　　）。

A.政府部门　B.债权人

C.股东　D.企业管理者

E.财政部门

2.资产负债表的“存货”项目应根据（　　）等科目的期末合计数填列。

A.材料采购　B.原材料

C.生产成本　D.库存商品

E.固定资产

3.利润表反映的会计要素内容有（　　）。

A.收入　B.费用

C.利润　D.资产

E.所有者权益

4.利润表中根据发生额直接填列的项目有（　　）。

A.主营业务收入　B.主营业务成本

C.财务费用　D.营业外收入

E.营业利润

5.编制资产负债表时，下列根据明细账余额调整计算填列的项目有（　　）。

A.应收账款　B.应付账款

C.预收账款　D.坏账准备

E.长期借款

6.下列账户中，可能影响资产负债表中“应付账款”项目的有（　　）。

A.应收账款　B.预收账款

C.应付账款　D.预付账款

E.应付利润

（三）判断题

1.利润表是反映企业在一定期间经营成果的报表。（　　）

2.企业年度利润表中“利润总额”项目应该和年末年初净资产的差额相等。（　　）

3.投资活动的现金流量是指取得和处置流动资产所发生的现金流量。（　　）

4.现金流量本质上是以权责发生制为基础编制的。（　　）

5.现金流量表是以现金为基础编制的财务状况变动表，这里的现金是指企业的库存现金和银行存款，但不包括短期债券及其他货币资金。（　　）

6.通过利润表可以了解企业所掌握的经济资源及其分布情况。（　　）

7.资产负债表和现金流量表都属于静态报表，利润表属于动态报表。（　　）

8.累计折旧在资产负债表中应作为负债项目列示。 （ ）

（四）简答题

1.财务会计报告与财务报表的关系是什么？财务报告有何重要作用？

2.什么是资产负债表？资产负债表的作用是什么？

3.资产负债表各项目应采用哪些填列方法？

4.什么是利润表？利润表的作用是什么？

5.利润表的格式和具体填列方法有哪些？

6.什么是现金流量表？现金流量按交易性质可以分为哪三类？

（五）业务题

1.目的：练习财务报表的编制方法。

资料：同升公司202×年12月31日的资产负债表相关总分类账及明细账余额见表10-10。

表10-10 **总分类账及相关明细账表** 单位：元

会计科目	总分类科目		明细分类科目	
	借方余额	贷方余额	借方余额	贷方余额
库存现金	36 000			
银行存款	850 000			
应收账款	400 000			
——A公司			720 000	
——B公司				320 000
预付账款	20 000			
——C公司			50 000	
——D公司				30 000
坏账准备		1 600		
交易性金融资产	24 000			
库存商品	360 000			
原材料	420 000			
低值易耗品	30 000			
长期股权投资	360 000			
债权投资	200 000			
固定资产	1 200 000			
累计折旧		80 000		
在建工程	340 000			
无形资产	40 000			
长期待摊费用	10 000			
应付账款		84 000		
——甲公司				70 000

续表

会计科目	总分类科目		明细分类科目	
	借方余额	贷方余额	借方余额	贷方余额
——乙公司				14 000
预收账款		42 000		
——丙公司				42 000
短期借款		600 000		
应付职工薪酬		206 000		
应交税费		39 000		
应付股利		32 400		
应付利息		5 000		
长期借款		600 000		
股本		2 000 000		
盈余公积		320 000		
利润分配		480 000		
——未分配利润				480 000

要求：根据上述资料编制该企业期末资产负债表。

2.目的：练习财务报表的编制方法。

资料：嘉伟公司为增值税一般纳税企业，有关资料如下：

202×年6月1日有关账户的余额见表10-11。

表10-11 **有关账户余额表** 单位：元

会计科目	借方余额	贷方余额	会计科目	借方余额	贷方余额
银行存款	20 000		短期借款		80 000
应收票据	25 000		应付账款		68 000
应收账款——A公司	80 000		应交税费	1 400	
坏账准备		400	长期借款		200 000
原材料	150 000		实收资本		400 000
材料成本差异		3 000	资本公积		100 000
库存商品	100 000		盈余公积		50 000
债权投资	85 000		利润分配——未分配利润		40 000
固定资产	550 000				
累计折旧		70 000			
合计	1 010 000	73 400	合计	1 400	938 000

注：“应交税费”借方余额为尚未抵扣的增值税进项税额。

假定该企业202×年6月份发生如下经济业务：

（1）购进原材料一批，增值税专用发票上注明价款70 000元，增值税额9100元，对方代垫运杂费1 000元（不考虑增值税），款项尚未支付。该企业原材料收发按计划成本计价核算。

（2）上项材料验收入库，计划成本72 000元。

（3）一张面值为9 000元的商业汇票到期，款项已收到并存入银行。

（4）售出产品一批，产品价款140 000元，应交增值税18 200元，收到购货方提交的银行汇票，并已办妥入账手续。售出产品的成本为75 000元。

（5）计算并缴纳本月应交增值税。

（6）计算本月应缴纳的城市维护建设税（税率7%）和教育费附加（费率3%）。

（7）计提购建固定资产的长期借款利息6 000元，其中购建过程中发生的、应予资本化的利息4 000元，工程达到预定可使用状态后发生的利息2 000元。

（8）收到B单位预付的购货款50 000元存入银行（因预收货款的业务不多，该企业不设"预收账款"科目）。

（9）盘盈八成新不需安装设备一台，同类资产市场价格为4 000元。

（10）计提购入某公司的长期债券的利息3 500元（该债券到期一次还本付息）。

（11）计提本月固定资产折旧5 050元，其中管理部门3 600元，专设销售机构1 450元。

（12）报经批准结转盘盈固定资产的净收益。

（13）用银行存款支付税收滞纳金2 100元。

（14）按25%的税率计算本月应缴纳的所得税。

（15）月末结转损益类科目的余额。

（16）月末按净利润的10%计提盈余公积。

要求：

（1）根据上述经济业务编制会计分录。

（2）编制该企业202×年6月30日的资产负债表。

（3）编制该企业202×年6月份的利润表。

（4）编制该企业202×年6月份的所有者权益变动表。

第十一章　会计工作组织

【学习目标】

本章阐述单位会计工作组织的管理体制与基本要求。本章的学习要求熟悉会计工作组织的主要内容，熟悉我国的会计工作管理体制，熟悉会计机构的设置、会计人员的职责与主要权限以及会计人员的任职要求，掌握会计档案管理工作的具体要求。

会计工作的组织是完成会计工作任务、发挥会计工作作用的重要保证。正确组织会计工作，就是坚持和加强党对会计工作组织的全面领导，坚持以人民为中心的会计工作思想，在企业和行政、事业单位设置合理的会计机构，配备适当的会计人员以及建立和执行各项会计制度，以达到加强经营管理的要求。

第一节　会计工作管理体制概述

一、正确组织会计工作的意义

会计工作组织就是根据会计工作的特点，设置会计机构，确定会计人员，制定与执行会计规范以及保管会计档案，保证会计工作有序、有效、合理地进行。科学、有效地组织会计工作，对于实现会计目标、发挥会计作用、完成会计任务具有重要的意义。

（一）有利于保证会计工作质量，提高会计工作效率

会计工作所反映的经济活动是错综复杂的，对于这些错综复杂的经济活动进行连续、系统的核算，需要经过会计凭证、会计账簿和会计报表等一系列计算、记录、分类、汇总、分析、检查的手续和处理程序。在各种手续及多个处理程序之间又都存在着相当密切的联系，任何一个环节出现脱节或差错，都将可能影响整个核算工作及其结果的正确性与及时性，贻误工作，严重的甚至造成决策失误。因此，为了使会计工作按照既定的手续和处理程序有条不紊地进行，以保证会计工作质量，提高会计工作效率，就必须正确、科学地组织会计工作。

（二）有利于加强企业单位内部经济责任制

经济责任制是各企业单位实行内部经济管理的重要手段，而实行内部经济责任制离不开会计工作，因为会计工作是经济管理的重要组成部分，所以必然要为贯彻落实经济责任制发挥重要作用。内部经济责任制中的业绩考评、预测和决策等方面的工作，都需要会计所提供的信息，都离不开会计工作的配合和支持。所以，为了促进企业单位内部及有关部门提高管理水平，提高经济效益，管好用好资金，开源节流，加强内部经济责任制，就必须正确、科学地组织会计工作。

（三）有利于确保会计工作与其他经济管理工作的协调性

会计工作是一项综合性的经济管理工作，它与其他经济管理工作有着十分密切的联系。它们在加强科学管理、提高经济效益的共同目标下，相互补充、相互促进、相互影响。会计工作既与宏观的国家财政、税收、金融工作有着密切的联系，又同各单位内部的计划、统计等工作有着非常密切的关系。这就要求会计工作必须服从国家财政税收的管理，加强与金融工作的密切合作，还要与各单位的计划和统计工作之间保持口径一致，相互协调，共同完成经济管理的各项任务。

（四）有利于充分发挥会计监督作用

会计工作是一项政策性很强的工作，具有认真贯彻国家有关方针、政策、法令和制度，揭露并制止一切违法乱纪行为的重要任务。因此，正确、科学地组织会计工作，充分发挥会计监督职能，对于贯彻执行国家的方针、政策、法令和制度，维护财经纪律，建立良好的社会经济秩序具有十分重要的意义。

二、会计工作的管理体制

体制是国家机关、企业、事业单位等的组织制度，会计工作的管理体制就是会计工作管理的组织制度。我国会计工作实行“统一领导，分级管理”的管理体制。中华人民共和国成立以来，我国的会计工作一直由各级财政部门管理。会计工作的最基本、最重要的任务是提供财政、财务收支信息，反映财政预算和财务收支计划的执行结果，增收节支，厉行节约，严格执行国家财政、财务制度和财经纪律，因此，由财政部门负责管理会计工作是合理的，也是必要的。我国于2017年修订的《会计法》规定：国务院财政部门主管全国的会计工作。县级以上地方各级人民政府财政部门管理本行政区域内的会计工作。

财政部设置会计司作为财政部管理全国会计工作的办事机构。会计司的主要职能有：管理全国会计工作；起草会计法律、行政法规草案；研究提出会计改革和发展的政策建议；拟订并组织实施国家统一的会计准则制度、管理会计标准、内部控制规范、会计信息化标准等；拟订政府会计准则和行政、事业单位会计制度；加强会计国际交流与合作；负责全国会计人才工作，组织全国会计人员表彰评选；依法对注册会计师行业进行监督、指导，制定注册会计师行业规章制度和政策措施；指导会计理论研究等。

三、组织会计工作的基本要求

（一）会计工作组织既要符合国家对会计工作的统一规定，又必须适应本单位的经营管理特点

各企业单位都应在国家有关部门的统一领导下组织会计工作，按照国家颁布的会计法规和会计准则处理各项经济业务，以便为国家制定有关政策和进行宏观调控提供准确的会计核算资料。只有按照统一要求组织会计工作，才能发挥会计工作维护社会主义市场经济秩序、加强经营管理和提高经济效益的作用。

由于不同行业、不同规模、不同经营方式的企业的经济业务内容和数量各不相同，因此，会计工作组织必须结合本单位自身的特点，应在遵守会计法规和制度的前提下，根据本单位经营业务的特点和经营规模的大小等具体情况，制定具体办法和规定，以便充分发挥会计的职能和作用。

（二）会计工作组织既要保证核算工作的质量，又要节约时间和费用，提高工作效率

科学管理的会计工作组织应在保证会计工作质量的前提下，对会计机构的设置、会计人员的配备及其分工，所有的会计凭证、账簿、财务报告的设计，各项处理程序和工作手续的规定等，本着精简和合理的要求，尽量避免重复劳动、无效劳动，力求以最少的人力、物力消耗取得最大的工作效果，尽量节约会计工作的时间和费用，更多地参与企业单位的内部管理活动。

（三）会计工作组织既要保证贯彻整个单位的经济责任制，又要建立和完善会计工作的责任制度

科学管理的会计工作组织应在保证贯彻整个企业单位的经济责任制的同时，建立和完善会计工作的责任制度，合理分工，建立与本单位经济责任制相符合的会计岗位，力求每个岗位上的会计人员都能认真地履行本岗位的职责，并使各岗位相互配合，实现会计处理手续和会计工作程序的规范化。

第二节 会计机构

企业、事业、机关、团体等单位会计机构的设置，必须满足社会经济对会计工作的要求，并且要与国家的会计管理体制相适应。财政部设有会计事务管理专职机构。该机构的主要职责是：负责制定和组织实施全国性的会计法令、规章、准则和制度；负责了解、检查会计工作情况，总结交流会计工作经验，研究、拟订和改进会计工作的措施，制定全国会计人员的业务培训规划，管理全国会计人员的技术职称工作等。各省、自治区、直辖市的财政部门一般设有相应的会计事务管理办事机构，管理本地区的会计工作。中央和地方的各级业务主管部门一般也设有财务会计机构，负责管理本单位的会计工作。所以，我国会计工作在管理体制上实行“统一领导，分级管理”的原则。

一、会计机构的设置

会计机构是直接从事和组织领导会计工作的职能部门。建立和健全各单位的会计机构是保证会计工作正常进行、充分发挥会计管理作用的重要条件。

各个企业、行政事业单位原则上都必须设立专职的会计工作机构。由于会计工作与财务工作都是综合性的经济管理工作，它们的关系十分密切。在我国实际工作中，通常把处理财务和会计工作的机构合并为一个部门，称为财务处、科、股、组等。设置合理的会计机构，建立健全会计工作岗位责任制，对每一项会计工作都应定人定岗，由专人负责。对会计工作的管理分工，还必须满足内部牵制制度的要求，建立稽核制度，有利于防止和发现工作中的差错、失误和弊端。

除上述情况外，我国有关法规还规定：不具备单独设置会计机构条件的单位，应在有关机构中配备专职会计人员，并指定会计主管人员；没有设置会计机构和配备专职会计人员的单位，应当委托经批准设立从事会计代理记账业务的中介机构，如会计师事务所或者持有代理记账许可证的其他代理记账机构进行代理记账。

二、会计机构的组织形式

会计机构的组织形式根据企业的具体情况不同分为集中核算和非集中核算两种。

集中核算组织，就是指企业经济业务的明细核算、总分类核算、会计报表编制和各有关项目的分析考核等会计工作，集中在厂级会计部门进行。其他职能部门、车间、仓库的会计组织和会计人员，只负责登记原始记录和填制原始凭证，经初步整理后，为厂级会计部门进一步核算提供资料。实行集中核算组织形式可以减少核算层次，精简会计人员。

非集中核算组织又称分散核算组织，就是其他职能部门、车间、仓库的会计组织或会计人员在厂部会计部门的指导和监督下，分别进行与其业务有关的凭证整理、明细分类核算、有关会计报表的编制，特别是适应企业内部单位日常管理需要的内部报表的编制和分析，但总分类核算、全厂性会计报表的编制和分析仍由厂级会计部门集中进行。实行非集中核算组织形式，有利于各业务部门和车间及时地利用核算资料进行日常的分析和考核，因地制宜地解决生产经营上的问题。

一个单位实行集中核算还是非集中核算组织形式，主要取决于自身经营管理的需要。集中核算与非集中核算是相对的，而不是绝对的。在一个单位内部，对各个业务部门可以根据管理的要求，分别采用集中核算和非集中核算。集中核算和非集中核算的具体内容和方法可以不完全相同。但是，无论采用哪种组织形式，各单位对外的货币性资产收付、物资购销和债权债务的结算都应由会计部门集中统一办理。

三、会计工作岗位设置

会计工作的岗位，就是在财务会计机构的内部按照会计工作的内容和会计人员的配备情况进行管理分工，使每项工作都有专人负责，每位会计人员都能明确自己的职责。

（一）会计工作岗位的基本状况

为了科学地组织会计工作，应建立健全会计部门内部的岗位责任制，将会计部门的工作分成若干个岗位，并为每个岗位规定职责和要求。在大中型企业一般按工作内容分设专业职能组，每个组的职责和要求是：

1.综合组

综合组负责总账的登记，并与有关的日记账和明细账相核对；进行总账余额的试算平衡，编制会计报表；保管会计档案，进行企业财务情况的综合分析，编写财务情况说明书；进行财务预测，制订或参与制订财务计划，参与企业的生产经营决策。

2.财务组

财务组负责货币性资产的出纳、保管和日记账登记；审核有关货币性资产的收付凭证；办理企业与供应、购买等单位之间的往来结算；监督企业贯彻执行国家现金管理制度、结算制度和信贷制度的情况；分析货币性资产收支计划和借款计划的执行情况，制订或参与制订货币性资产收支和银行借款计划。

3.工资核算组

工资核算组负责计算职工的各种工资和奖金，办理职工工资结算，并进行明细核算，分析工资总额计划的执行情况，控制工资总额支出，参与制订工资总额计划。在由各部门、车间计算工资和发放工资的组织方式下，还应协助企业劳资部门指导和监督各部门、车间的工资计算和发放工作。

4.固定资产核算组

固定资产核算组负责审核固定资产购建、内部调拨转移、租赁、清理的有关凭证；进行固定资产的明细核算；参与固定资产清查；编制有关固定资产增减变动的报表；分析固定资产的使用效率；参与制订固定资产购置、更新和修理计划；指导和监督固定资产管理部门和使用部门的固定资产核算工作。

5.材料核算组

材料核算组负责审核材料采购的发票、账单等有关结算凭证；进行材料采购收发结存的明细核算；参与库存材料清查；分析采购资金使用情况、采购成本超支和节约情况以及储备资金占用情况，控制材料采购成本和材料资金占用；参与制订材料采购资金计划和材料计划成本；指导和监督供应部门、材料仓库和使用材料的部门、车间的材料核算情况。

6.成本组

成本组会同有关部门建立健全各项原始记录、消耗定额和计量检验制度；改进成本管理的基础工作；负责审核各项费用开支；参与自制半成品和在产品的清查；正确核算产品制造成本，编制成本报表；分析成本计划执行情况；控制产品制造成本和生产资金占用；进行成本预测，制订成本计划，配合成本分级管理，将成本指标分解、落实到各部门、车间、班组；指导、监督和组织各部门、车间、班组的成本核算工作。

7.销售和利润核算组

销售和利润核算组负责审核产成品收发、销售和营业外收支凭证；参与产成品清查；进行产成品、销售和利润的明细核算；计算应交税费，进行利润分配；分析成本资金的占用情况，销售收入、利润及其分配计划的执行情况；参与市场预测，制订或参与制订销售和利润计划。

8.资金组

资金组负责资金的筹集、使用、调度，随时了解、掌握资金市场动态，为企业筹集资金，以满足生产经营活动的需要，要不断地降低资金成本，提高资金使用效益。

（二）会计工作岗位的人员落实

会计工作岗位应逐个落实在上述各组中，可以一人一岗、一人多岗或一岗多人，但出纳人员不得兼管稽核、会计档案保管和收入、费用、债权债务账目的登记工作。按照内部牵制制度的规定，会计工作岗位设置中不相容的业务不得由同一会计人员执行。记账人员与经济业务事项和会计事项的审批人员、经办人员、财物保管人员的职责权限应当明确，并相互分离、相互制约。这是保证企业、单位财产安全、完整，会计人员顺利工作的必要前提条件。

另外，在会计工作岗位设定后，会计人员的工作岗位应当有计划地分期进行轮换。这样，一方面能使会计人员较多地熟悉本单位内部的各项核算工作，使其具有较强的综合工作能力；另一方面还可以促使各岗位会计人员相互配合、协调工作，发挥团队作用。

第三节　会计人员

会计人员是决定会计工作质量的关键。明确会计人员的职责和权限，是充分发挥会计人员积极性的有效措施。会计部门必须配备适当的会计人员，提高会计人员的政治素质和业务水平，深入贯彻《会计法》，保障会计人员行使职权，为会计人员更好地发挥会计职能作用创造条件。

一、会计人员的职责

会计人员的主要职责包括以下五个方面：

（一）进行会计核算

会计人员应按照会计制度的规定，切实做好记账、算账、报账等会计核算工作，必须根据实际发生的经济业务事项认真填制和审核原始凭证，编制记账凭证，登记账簿，正确计算各项收入、支出、成本、费用、财务成果，按期结算、核对账目、进行财产清查、编制财务会计报告，保证账证相符、账账相符、账实相符，手续完备，数字真实。

（二）实行会计监督

通过会计工作，对本单位的各项经济业务和会计手续的合法性、合理性进行监督。对不真实、不合法的会计事项，会计人员应拒绝办理或者按照职权予以纠正。对重大经济业务事项，如重大的对外投资、资产处置、资金调度等决策和执行的相互监督、相互制约程序应当明确；对财产清查的范围、期限和组织程序应当明确；对于账簿记录与实物、款项不符的问题，应按有关规定进行处理或及时向本单位领导人报告；对会计资料定期进行内部审计的办法和程序应当明确。此外，各单位必须按照法律和国家有关规定，接受财政、审计、税务机关的监督，如实提供会计凭证、会计账簿、财务会计报告和其他会计资料以及有关情况，不得拒绝、隐匿、谎报。

（三）拟订本单位办理会计事务的具体办法

根据国家的法规、财政经济方针政策和上级的有关规定以及本单位的具体情况，拟订本单位办理会计事务的具体办法，如会计人员岗位责任制度、内部稽核制度、内部牵制制度、财产清查制度和成本计算方法等。

（四）编制预算和考核预算执行情况

财务会计部门应负责制订财务计划、预算。财会人员应根据会计资料结合统计核算、财务核算等有关资料，考核分析财务计划、预算的执行情况，检查成本、费用升降和盈亏形成的原因，总结经验，揭露问题，并提出改进的建议和措施，促使有关部门改善经营管理。此外，财会人员还应参与拟订本单位的其他经济计划和业务计划，应依据所掌握的系统、详实的会计数据资料为加强经济核算提供重要依据，在经济管理的各个方面发挥其应有的作用。

（五）办理其他会计事项

其他会计事项是指上述各项尚未包括的其他会计业务，如协助企业其他管理部门做好企业管理的基础工作，搞好企业、单位管理人员的财会知识培训等。

二、会计人员的主要权利

为了保障会计人员顺利地履行其职责，国家在明确会计人员职责的同时，也赋予了必要的权利。

(1) 有权要求本单位有关部门、人员认真执行国家批准的计划、预算，遵守国家财经纪律和财务会计制度。如有违反，会计人员有权拒绝付款、拒绝报销或拒绝执行，并向本单位领导人报告。对于弄虚作假、营私舞弊、欺骗上级等违法乱纪行为，会计人员必须坚决拒绝执行，并向本单位领导人或上级机关、财政部门报告。

(2) 会计人员有权参与本单位编制计划、制定定额、对外签订经济合同等事项，参加有关的生产、经营管理会议和业务会议。也就是说，会计人员有权以其特有的专业地位参加企业的多种管理活动，了解企业的生产经营状况，并提出自己的建议。企业领导人和有关部门对会计人员提出的财务开支和经济效益方面的问题和意见，要认真考虑，合理的意见要加以采纳。

(3) 会计人员有权对本单位各部门进行会计监督。会计人员有权监督、检查本单位有关部门的财务收支，资金使用和财务保管、收发、计量、检验等情况，本单位有关部门要大力协助和配合会计人员的工作。

为了保障会计人员行使工作权限，各级领导和有关部门要支持会计人员正确地使用工作权限，同时，会计人员也应做好广泛的宣传解释工作，以取得更好的效果。

三、会计人员的任职要求

会计人员的任职要求是对会计工作各级岗位人员业务素质的基本规定，具体内容可体现为以下几个方面：

(一) 对从事会计工作人员的任职要求

各企业、单位应当根据会计业务的需要配备会计人员；会计人员应当具备从事会计工作所需要的专业能力。会计人员应当遵守职业道德，提高业务素质。因有提供虚假财务会计报告，做假账，隐匿或者故意销毁会计凭证、会计账簿、财务会计报告，贪污、挪用公款，职务侵占等与会计职务有关的违法行为被依法追究刑事责任的人员，不得再从事会计工作。

(二) 对会计机构负责人、会计主管人员的任职要求

会计机构负责人、会计主管人员是一个单位内具体负责会计工作的中层领导人员，负有组织、管理本单位所有会计工作的责任，其工作水平的高低、工作质量的好坏，直接关系到整个单位的会计工作的水平和质量。会计机构负责人、会计主管人员应具备的基本条件为：

(1) 坚持原则，廉洁奉公；

(2) 具有会计师以上专业技术职务资格或从事会计工作三年以上经历，必须具有一定的实践经验；

(3) 熟悉国家财经法律、法规、规章制度和方针政策，掌握财务会计理论及本行业业务管理的有关专业知识；

(4) 必须具备一定的领导才能和组织能力，包括协调能力、综合分析能力等；

（5）必须有较好的身体情况，以适应和胜任本职工作。

（三）对总会计师的任职要求

大中型企业、事业单位、业务主管部门应当根据法律和国家有关规定设置总会计师。小型企业单位要指定一名副厂长行使总会计师的职权。总会计师是企业单位经济核算和财务会计工作的行政领导人员，协助单位主要行政领导人工作，直接对单位主要行政领导人负责。总会计师组织领导本单位的财务管理、成本管理、预算管理、会计核算和会计监督等方面的工作，参与本单位重要经济问题的分析和决策，并具体组织本单位执行国家有关财经纪律、法规、方针、政策和制度，保护国家财产。总会计师是一个行政职位，而不是会计专业技术职务。总会计师必须是取得会计师任职资格，且主管一个单位或者单位内一个重要方面的财务会计工作时间不少于三年的会计人员。

1.总会计师的基本职责

（1）总会计师负责组织本单位的下列工作：编制和执行预算、财务收支计划、信贷计划，拟订资金筹措和使用方案，开辟财源，有效地使用资金；进行成本费用预测、计划、控制、核算、分析和考核，督促本单位有关部门降低消耗、节约费用、提高经济效益；建立、健全经济核算制度，利用财务会计资料进行经济活动分析；承办单位主要行政领导人交办的其他工作。

（2）总会计师负责对本单位财会机构的设置和会计人员的配备、会计专业职务的设置和聘任提出方案；组织会计人员的业务培训和考核；支持会计人员依法行使职权。

（3）总会计师协助单位主要行政领导人对企业的生产经营、行政事业单位的业务发展及基本建设投资等问题做出决策。

（4）总会计师参与新产品开发、技术改造、科技研究、商品（劳务）价格和工资奖金等方案的制订，参与重大经济合同和经济协议的研究、审查。

2.总会计师的工作权限

（1）总会计师有权对违反国家财经法律、法规、方针、政策、制度和有可能在经济上造成损失、浪费的行为进行制止或者纠正。制止或者纠正无效时，提请单位主要行政领导人处理。

（2）单位主要行政领导人不同意总会计师对上述行为的处理意见的，总会计师应当依照《会计法》的有关规定执行。总会计师有权组织本单位各职能部门、直属基层组织的经济核算、财务会计和成本管理方面的工作。

（3）总会计师主管审批财务收支工作，除一般的财务收支可以由总会计师授权的财会机构负责人或者其他指定人员审批外，重大的财务收支须经总会计师审批或者由总会计师报单位主要行政领导人批准。

（4）单位预算、财务收支计划、成本和费用计划、信贷计划、财务专题报告、会计决算报表，须经总会计师签署。涉及财务收支的重大业务计划、经济合同、经济协议等，在单位内部须经总会计师会签。

（5）会计人员的任用、晋升、调动、奖惩，应当事先征求总会计师的意见。财会机构负责人或者会计主管人员的人选，应当由总会计师进行业务考核，依照有关规定审批。

总会计师由本单位主要行政领导人提名，政府主管部门任命或聘任；免职或解聘程序与任命或聘任程序相同。总会计师的职权受国家法律保护。单位主要行政领导人应当支持并保障总会计师依法行使职权。

（四）会计人员专业技术职务要求

为了能有效地贯彻上述任职要求，并且充分地调动会计人员的工作积极性和创造性，国家对企业、行政事业单位的会计人员，依据学历、从事财会工作的年限、政策水平、学识水平和工作能力等进行考核，并通过全国性的会计专业技术资格考试，确定会计专业技术职务。会计专业技术职务分为初级会计技术职务、中级会计技术职务、高级会计技术职务。会计专业技术职务的任职条件和基本职责是有差别的。

(1) 初级会计技术职务的任职要求是，应掌握一般的财务会计理论和专业知识，熟悉并能执行有关的财经方针、政策和财务会计法规、制度，能担负一个方面或某个重要岗位的财务会计工作，具有规定的学历和专业工作经历。

(2) 中级会计技术职务的任职要求是，应较系统地掌握财务会计基础理论和专业技术知识，掌握并能贯彻执行有关的财经方针、政策和财务会计法规、制度，能担负一个单位或管理一个地区、一个部门、一个系统某个方面的财务会计工作，具有规定的学历和专业工作经历。

(3) 高级会计技术职务的任职要求是，应较系统地掌握经济、财务会计理论和专业知识，具有较高的政策水平和丰富的财务会计工作经验，能担负一个地区、一个部门、一个系统的财务会计管理工作，具有规定的学历和工作经历。

会计人员除应当具备必要的专业知识和专业技能外，还应当按照国家有关规定参加会计业务的培训；各单位应当合理安排会计人员的教育和培训，保证会计人员每年都有一定的时间用于学习和参加培训。

（五）注册会计师任职要求

注册会计师是指经国家批准依法独立执行会计查账验证业务和会计咨询业务的人员。注册会计师并不直接从事会计工作，而是对企业单位的会计工作提供咨询、鉴证。其工作机构称为会计师事务所。

根据2019年3月财政部修订的《注册会计师注册办法》的规定，申请担任注册会计师的人员，须具备规定的学历和一定年限的会计工作经验，参加注册会计师全国统一考试成绩合格或经依法认定或者考核具有注册会计师资格，并在中国境内从事审计业务工作两年以上者，由中国注册会计师协会批准注册后，才能从事注册会计师工作。

第四节 会计档案

会计档案是指单位在进行会计核算等过程中接收或形成的，记录和反映单位经济业务事项的，具有保存价值的文字、图表等各种形式的会计资料，包括通过计算机等电子设备形成、传输和存储的电子会计档案。会计档案是国家档案的重要组成部分，也是各单位的重要档案之一。各单位应当加强会计档案管理工作，建立和完善会计档案的收集、整理、保管、利用和鉴定销毁等管理制度，采取可靠的安全防护技术和措施，保证会计档案的真实、完整、可用、安全。为了加强会计档案管理，各级人民政府财政部门和档案行政管理部门共同负责会计档案工作的指导、监督和检查。单位的档案机构或者档案工作人员所属机构（以下统称单位档案管理机构）负责管理本单位的会计档案。单位也可以委托具备档案管理条件的机构代为管理会计档案。

会计档案是会计事项的历史记录，是总结经验、进行决策所需要利用的重要资料，也是进行财务会计检查、审计检查的重要资料。因此，各单位的会计部门必须做好会计档案的管理工作。各单位会计人员要按照国家和上级关于会计档案管理办法的规定和要求，对本单位的各种会计凭证、会计账簿、财务会计报告、其他会计资料定期收集、审查核对、整理立卷、装订成册。具体的归档要求如下：

一、按照规定造册归档

各单位每年形成的会计档案，应当由会计机构按照归档要求，负责整理立卷、装订成册，编制会计档案保管清册。当年形成的会计档案，在会计年度终了后，可暂由会计机构保管一年；期满之后，应当由会计机构编制移交清册，移交本单位档案机构统一保管；未设立档案机构的，应当在会计机构内部指定专人保管。但出纳人员不得兼管会计档案。移交本单位档案机构保管的会计档案，原则上应保持原卷册的封装。个别需要拆封整理的，档案机构应当会同会计机构和经办人员共同拆封整理，以明确责任。会计档案必须进行科学管理，做到妥善保管、存放有序、查找方便，严格执行安全和保密制度，不得随意堆放，严防毁损、丢失和泄密。单位可以利用计算机、网络通信等信息技术手段管理会计档案。具备条件的单位，单位内部形成的属于归档范围的电子会计资料可仅以电子形式保存，形成电子会计档案。

二、制定严格的使用和借阅手续

单位应当严格按照相关制度利用会计档案，在进行会计档案查阅、复制、借出时履行登记手续，严禁篡改和损坏。单位保存的会计档案一般不得对外借出。确因工作需要且根据国家有关规定必须借出的，应当严格按照规定办理相关手续，应设置“会计档案调阅登记簿”，详细登记调阅日期、调阅人、调阅理由、归还日期等。本单位人员调阅会计档案，须经会计主管人员同意。外单位人员调阅或复制会计档案，要有正式的单位介绍信，须经本单位负责人批准，并在“会计档案调阅登记簿”上详细记录会计档案的调阅或复制情况。查阅或者复制会计档案的人员，严禁在会计档案上涂画、拆封和抽换。会计档案借用单位应当妥善保管和利用借入的会计档案，确保借入会计档案的安全完整，并在规定时间内归还。

三、严格遵守会计档案保管期限及移交和销毁手续

（一）会计档案保管期限

各种会计档案的保管期限，根据其特点分为永久和定期两类。定期保管期限一般分为10年和30年。会计档案保存期限和销毁办法，由财政部和国家档案局制定。2016年1月1日起施行的修订后的《会计档案管理办法》对企业和其他组织会计档案保管期限（见表11-1）及财政总预算、行政单位、事业单位和税收会计档案保管期限（见表11-2）进行了具体规定。

表11-1 企业和其他组织会计档案保管期限表

序号	档案名称	保管期限	备注
一	会计凭证		
1	原始凭证	30年	
2	记账凭证	30年	
二	会计账簿		
3	总账	30年	
4	明细账	30年	
5	日记账	30年	
6	固定资产卡片		固定资产报废清理后保管5年
7	其他辅助性账簿	30年	
三	财务会计报告		
8	月度、季度、半年度财务会计报告	10年	
9	年度财务会计报告	永久	
四	其他会计资料		
10	银行存款余额调节表	10年	
11	银行对账单	10年	
12	纳税申报表	10年	
13	会计档案移交清册	30年	
14	会计档案保管清册	永久	
15	会计档案销毁清册	永久	
16	会计档案鉴定意见书	永久	

表11-2 财政总预算、行政单位、事业单位和税收会计档案保管期限表

序号	档案名称	保管期限			备注
		财政总预算	行政单位、事业单位	税收会计	
一	会计凭证				
1	国家金库编送的各种报表及缴库退库凭证	10年		10年	
2	各收入机关编送的报表	10年			
3	行政单位和事业单位的各种会计凭证		30年		包括：原始凭证、记账凭证和传票汇总表
4	财政总预算拨款凭证和其他会计凭证	30年			包括：拨款凭证和其他会计凭证

续表

序号	档案名称	保管期限			备注
		财政总预算	行政单位、事业单位	税收会计	
二	会计账簿				
5	日记账		30年	30年	
6	总账	30年	30年	30年	
7	税收日记账（总账）			30年	
8	明细分类账、分户账或登记簿	30年	30年	30年	
9	行政单位和事业单位固定资产卡片				固定资产报废清理后保管5年
三	财务会计报告				
10	政府综合财务报告	永久			下级财政、本级部门和单位报送的保管2年
11	部门财务报告		永久		所属单位报送的保管2年
12	财政总决算	永久			下级财政、本级部门和单位报送的保管2年
13	部门决算		永久		所属单位报送的保管2年
14	税收年报（决算）			永久	
15	国家金库年报（决算）	10年			
16	基本建设拨、贷款年报（决算）	10年			
17	行政单位和事业单位会计月、季度报表		10年		所属单位报送的保管2年
18	税收会计报表			10年	所属税务机关报送的保管2年
四	其他会计资料				
19	银行存款余额调节表	10年	10年		
20	银行对账单	10年	10年	10年	
21	会计档案移交清册	30年	30年	30年	
22	会计档案保管清册	永久	永久	永久	
23	会计档案销毁清册	永久	永久	永久	
24	会计档案鉴定意见书	永久	永久	永久	

注：税务机关的税务经费会计档案保管期限，按行政单位会计档案保管期限规定办理。

（二）会计档案移交手续和程序

单位会计管理机构在办理会计档案移交时，应当编制会计档案移交清册，并按照国家档案管理的有关规定办理移交手续。移交纸质会计档案时应当保持原卷的封装。移交电子会计档案时应当将电子会计档案及其元数据一并移交，且文件格式应当符合国家档案管理的有关规定，特殊格式的电子会计档案应当与其读取平台一并移交。档案接收单位应当对保存电子会计档案的载体及其技术环境进行检验，确保所接收电子会计档案的准确、完整、可用和安全。

单位之间交接会计档案时，交接双方应当办理会计档案交接手续。移交会计档案的单位，应当编制会计档案移交清册，列明应当移交的会计档案名称、卷号、册数、起止年度、档案编号、应保管期限和已保管期限等内容。交接会计档案时，交接双方应当按照会计档案移交清册所列内容逐项交接，并由交接双方的单位有关负责人负责监督。交接完毕后，交接双方经办人和监督人应当在会计档案移交清册上签名或盖章。

（三）会计档案销毁的手续和程序

单位应当定期对已到保管期限的会计档案进行鉴定，并形成会计档案鉴定意见书。经鉴定，仍需继续保存的会计档案，应当重新划定保管期限；对保管期满、确无保存价值的会计档案，可以销毁。会计档案鉴定工作应当由单位档案管理机构牵头，组织单位会计、审计、纪检监察等机构或人员共同进行。经鉴定可以销毁的会计档案，应当按照以下程序销毁：

（1）单位档案管理机构编制会计档案销毁清册，列明拟销毁会计档案的名称、卷号、册数、起止年度、档案编号、应保管期限、已保管期限和销毁时间等内容。

（2）单位负责人、档案管理机构负责人、会计管理机构负责人、档案管理机构经办人、会计管理机构经办人在会计档案销毁清册上签署意见。

（3）单位档案管理机构负责组织会计档案销毁工作，并与会计管理机构共同派员监销。监销人在会计档案销毁前，应当按照会计档案销毁清册所列内容进行清点核对；在会计档案销毁后，应当在会计档案销毁清册上签名或盖章。电子会计档案的销毁还应当符合国家有关电子会计档案的规定，并由单位档案管理机构、会计管理机构和信息系统管理机构共同派员监销。

保管期满但未结清的债权债务会计凭证和涉及其他未了事项的会计凭证不得销毁，纸质会计档案应当单独抽出立卷，电子会计档案单独转存，保管到未了事项完结时为止。单独抽出立卷或转存的会计档案，应当在会计档案鉴定意见书、会计档案销毁清册和会计档案保管清册中列明。销毁时必须严格执行会计档案保管的规定，任何人都不得随意销毁。

【本章练习】

（一）选择题

1.（　　）不属于会计工作组织的内容。

A.制定单位会计工作的组织形式　　B.制定会计工作的管理体制

C.建立单位的会计机构　　D.单位档案的管理

2.（　　）不是会计人员的主要职责。

A.进行会计核算　　B.拟订会计管理的具体办法

C.参与拟订经济计划　　D.拟订员工工资

3.会计机构负责人的任职条件是（　　）。

A.具有会计师以上专业技术职务资格并具备从事会计工作五年以上的经历

B.具有助理会计师以上专业技术职务资格并具备从事会计工作三年以上的经历

C.具有高级会计师以上专业技术职务资格并具备从事会计工作三年以上的经历

D.具有会计师以上专业技术职务资格并具备从事会计工作三年以上的经历

4.组织会计工作应注意遵循的以下原则中，（　　）是不合理的。

A.必须符合国家对会计工作的统一要求

B.适应本单位经营管理活动的特点

C.必须符合精简节约的原则

D.必须符合内部控制及责任制的要求

5.《会计档案管理办法》规定，年度财务会计报告的保管期限为（　　）。

A.10年　　B.15年　　C.25年　　D.永久保管

6.下列人员的任免，应当经过上级主管单位同意的是（　　）。

A.会计主管人员　　B.会计师　　C.助理会计师　　D.高级会计师

7.根据《会计档案管理办法》的规定，企业记账凭证的保管期限为（　　）。

A.2年　　B.5年　　C.10年　　D.30年

8.《会计法》明文规定，管理全国会计工作的部门是（　　）。

A.地方各级人民政府　　B.国务院

C.国务院财政部门　　D.各级人民政府财政部门

9.有关货币资金的内部牵制原则，是出纳人员（　　）。

A.不得兼管总账的登记　　B.应兼管现金总账的登记

C.应负责会计档案的管理　　D.应负责债权债务账目的总分类核算

10.下列不属于会计档案的是（　　）。

A.会计凭证　　B.会计账簿　　C.管理层声明书　　D.财务报表

（二）简答题

1.科学地组织会计工作有什么重要意义？组织会计工作应遵循哪些要求？

2.企业应怎样科学合理地设置会计机构？

3.会计人员有哪些职责和权限？

4.国家对会计机构的设置有何规定？在实际工作中如何体现？

5.制定内部会计管理制度有哪些原则？包括什么内容？

6.什么是会计档案？保管会计档案有哪些规定？

7.什么是集中核算和非集中核算？论述独立核算单位、非独立核算单位和报账单位的区别。

第十二章　会计法规体系

【学习目标】

本章阐述我国会计法规体系的构成与基本内容。本章的学习要求了解会计法规体系的构成，掌握《会计法》、《企业会计准则》、《企业会计制度》和《会计基础工作规范》等会计法规，熟悉会计职业道德的基本内容，了解《政府会计准则》、《政府会计制度》和《会计档案管理办法》等会计法规。把握我国会计法规的发展规律，增强制度自信，依法依规从事会计活动。

会计特别是财务会计作为一种主要提供有助于做出经济决策的信息管理活动，对于调整利益关系、维护社会经济秩序具有重要的影响。会计活动的这种社会特性，必然要求其按照一定的规范来进行。

会计工作可概略地用记录、确认、计量和报告等四个程序来表述，即对现实发生于会计主体的经济业务按一定的标准予以确认，用复式簿记进行记录，以货币指标量化表示，借助财务报表定期地加以报告。从中可以发现，在对经济业务进行上述四个环节的处理过程中，往往对同一项经济业务存在不同的处理方法，如将某一笔支出确认为资产或费用、存货可以按不同的方法来计价、将某项业务在本期或以后期间予以报告等。正是由于会计信息系统在运行过程中存在这种会计处理多样性的差异，以及人们的物质利益不同，对不同的会计程序与方法有所“偏好”等，导致了会计规范的产生。

第一节　会计法规体系概述

“没有规矩，不成方圆。”没有规范，会计信息质量无法保证，会计目标也将难以实现。会计法规是会计规范在法律或制度上的体现，会计法规体系是指导和约束会计工作的法律、法规、准则、制度和政策的总称，它是对会计行为的约束标准。广义的会计法规还包括会计工作人员在从事会计工作时应该遵守的职业道德以及所受到的各种社会约束。

一、会计法规的特征与作用

规范是指从事一种职业或进行一项工作所需依据的一种客观尺度。会计法规是从事会计职业或进行会计工作所需依据的客观尺度或标准。

（一）会计法规的特征

会计法规作为会计运行过程及其结果质量的约束依据，具有明显的特征。

（1）公认性。会计法规作为从事会计职业或进行会计工作所需依据的一种客观标准，应该得到大多数人的承认，不管这种承认是自发的还是强制的。离开了公认的基础，也就无所谓规范。

（2）倾向性。会计法规对调整经济利益关系具有直接的影响，为此总是与特定的社会经济制度相联系，与特定的社会经济发展水平相联系，不可避免地带有某种倾向性。

（3）层次性。会计法规自身构成了一个具有一定层次结构的完整约束体系，可以在不同层次上规范会计行为。例如，有国家立法机关以法律形式制定的会计法规，也有国家政府部门以行政法规形式制定的会计法规，还有会计职业界在会计实践中自发形成的会计法规等。

（4）相对统一性。会计法规对一定范围的时间、空间内的不同会计主体的会计行为具有相对统一的约束作用，作为相对统一的依据规范着全部会计活动。

（5）相对稳定性。会计法规一经形成实施，在一定时期内应该保持相对稳定，不能随意更改。当然，社会经济环境的变化以及会计实践与理论的发展变化，必然会引起会计法规的相应调整，从而使会计规范能够适应环境的变化，依然保持对会计的有效约束作用。

（二）会计法规的作用

会计法规对于会计职能的发挥所具有的重要作用主要表现在以下几个方面：

（1）会计法规作为从事会计职业或进行会计工作所需依据的一种客观标准，约束了会计运行的各个方面和不同层次的实际操作，促进了会计工作的规范化，保证了会计信息的质量。不同地区或单位、不同时期的会计操作的程序、内容、方式、手段及结果，只有在会计法规的约束下才能具有统一性，提供的会计信息才具有可比性，会计信息的使用者才能据以做出正确的经济决策。

（2）会计法规可以检查、揭示并且约束会计工作中可能存在的不当行为。在会计实际工作中，尽管以会计法规为依据来进行会计操作，但会计的操作及结果出现偏差和失误仍不可避免，这时需要根据会计法规来进行检查与揭示，并进行纠正，使会计工作始终处于规范状态。

（3）会计法规保证了会计人员履行会计职责，有利于促进会计主体加强内部管理、提高经济效益，有利于促进宏观经济的顺利发展。

可见，会计法规对国家经济的发展、对企业单位经济效益的提升、对会计人员做好会计工作都十分重要。

二、会计法规体系的分类

会计规范随着社会经济环境的变化以及会计实践与理论的发展而逐渐完善，发展至今已经形成了一个具有不同层次结构的完整体系，其中的各种规范相互联系、相互补充、相互影响，对会计运行过程及其结果质量起到约束的作用。会计规范的内容繁杂多样，如果将所有属于会计规范的内容系统地综合在一起，就构成了会计法规体系。一般来说，会计法规体系可以按三个标准进行分类。

（一）按会计法规体系的内容分类

会计法规体系按内容可以分为会计工作组织机构规范、会计人员素质规范、会计信息生成与质量规范以及为会计监督和控制提供标准的规范等四类。会计工作组织机构规范主要是对会计工作机构的设置与运行给予约束的规定。在现代社会中，一个单位会计工作的完成与会计信息的提供通常需要一个群体，这个群体的组合及其成员的分工协作需要有一定的标准，为此产生了对会计工作组织机构规范的需求。会计工作组织机构规范包括机构、工作岗位的设置，以及相应的任务、要求，为完成一定会计任务的权限范围、授权程序、任免事项等。会计人员素质规范是对会计人员的业务水平与道德品质给予约束的规定。对会计人员素质的衡量通常通过专业考试、业绩评价、工作考核、履历审查和学历鉴定等多种手段来进行。为了使这些工作逐步实现规范化，现代社会创立了一系列资格审定的程序与方法，通过资格审定授予相应的职称或资格。会计师考试制度、会计师的职业道德准则、我国会计法律法规中关于会计人员的职责与权限规定等都属于这类规范。会计信息生成与质量规范主要是对会计信息生成的原则、程序、方法以及质量的约束。会计准则或会计制度就属于这类规范。这类规范通常表现为两种形式：一种是硬性规定；另一种是有多种方法可供选择，规范给出一个具体的选择标准。为会计监督和控制提供标准的规范包括国家的各种税法、财政、财务法规，以及与会计工作有关的其他经济法规等。这种规范不同于前三种规范，它具有双重性，即对当事人来说是行为准则，对会计人员来说是评价标准，同时也是行为标准。会计人员要根据这些规范来判断所发生的经济业务是否合法，若会计人员不能正确履行合法性监督职能，要负连带的法律责任。在上述四类规范中，前两类是保证会计工作达到预期目标的前提，后两类则对会计工作过程的有序与会计信息的质量提供保证。

（二）按会计法规体系的来源分类

会计法规体系按形成的来源可以分为在会计实践中自发形成的会计规范和人们通过一定形式制定的会计规范两类。自发形成的会计规范是在长期实践中逐步形成的各种会计惯例、规则，它是非强制性的，一般与具体的技术方法有关，如账户结构中左借右贷这种不成文的规则。会计惯例通常是一些不成文的规范，是人们在长期的会计实践工作中形成的，为大家所公认的常规做法，各种具体的会计方法、规则之所以能成为惯例，是因为其包含合理的内容，并经过实践检验。会计惯例遍及整个会计系统，涉及会计计量、确认、记录和报告的各个方面。会计惯例一方面被抽象为会计理论，另一方面受会计理论研究的影响。例如，会计根据资产取得日的原始交易价格入账的习惯做法形成了历史成本原则，而在历史成本原则的制约下又产生了资产计价的许多方法。会计惯例一般是非条理化的，缺乏严格的体系，但并不是非理性的。

人们有意识地制定的会计规范，即会计法规，通常是在自发形成的惯例基础上经过归纳、提炼、抽象、引申后形成的，其条理性、严谨性、清晰性、权威性等方面要高于自发形成的规范，也就具有更强的可操作性。会计法律、会计准则或会计制度都属于人们通过各种形式制定的会计规范。从主要来源看，会计规范可以由会计学者、专家归纳制定，也可以由会计专业团体或作为会计主体的单位制定，还可以由国家立法机构、执行机构及授权机构制定。会计惯例始终经历着一个从自发的、分散的渐进演变过程，进入人为的、有组织的扬弃过程，会计准则就是经过人为筛选的会计惯例，或者说，是人为制定的标准会计惯例。在自发形成的惯例起主要作用的阶段，标志着会计尚处于低级发展阶段；而当人们自觉制定各种规范来约束会计行为时，则表明会计已走向成熟阶段。

（三）按会计法规体系的用途分类

会计法规体系按用途可以分为会计法律规范、会计核算规范、内部会计控制规范与会计职业道德规范四类。

会计法律规范是国家政权以法律法规形式制定的调整会计关系的行为规范，是一种以法律力量保证其施行的强制型会计规范。通常各单位根据会计的法律规范并根据自身的环境条件来制定自己的会计工作规范，以保证国家会计法律规范的有效实施。

会计核算规范是从技术角度对会计实务处理提出的要求和准则、方法和程序的总称。

内部会计控制规范是企业为了提高会计信息质量，保护资产的安全、完整，确保有关法律法规和规章制度的贯彻执行等而制定和实施的一系列控制方法、措施和程序。

会计职业道德规范是由会计职业界自发形成的调整会计关系的行为规范，是一种以道德力量引导执行的舆论约束型会计规范。

会计核算规范、内部会计控制规范、会计职业道德规范与会计法律规范具有密切的联系，会计核算规范、内部会计控制规范、会计职业道德规范的一些内容通过提炼可能为会计法律规范所吸收，从而成为会计法律规范的组成部分。

第二节　会计法律规范

一、我国会计法律规范的总体情况

我国的会计法律规范是一种以《会计法》为中心、全国统一的会计制度为基础的相对完整的法律规范体系，这一体系由会计法律、会计行政法规、会计规章三个层次构成。

1.会计法律

会计法律是由国家政权以法律形式调整会计关系的行为规范。我国会计法律是由全国人民代表大会及其常务委员会制定的，如《会计法》、《中华人民共和国注册会计师法》（以下简称《注册会计师法》）及《中华人民共和国公司法》第八章关于公司财务、会计的规定等。会计法律依据《宪法》的基本精神制定，具有强制性，是调整会计关系的总规范，对会计行政法规、会计规章的制定与实施具有普遍的指导意义。《会计法》居于会计法律规范中的最高层次，是制定其他会计行政法规、会计规章的依据，也是指导会计工作的最高准则。

2.会计行政法规

会计行政法规是根据会计法律制定的，是对会计法律的具体化或对某个方面的补充，一般称为条例，具体可分为全国性会计行政法规和地方性会计行政法规两类。

全国性会计行政法规是指由国务院制定与发布或由国务院有关部门制定，经国务院批准发布的会计规范性文件，如《企业财务会计报告条例》《总会计师条例》等。全国性会计行政法规的制定以《会计法》为依据。

地方性会计行政法规是指由有权立法的地方人民代表大会及其常务委员会依据《宪法》和国家法律与法规的规定，根据法律和法规授权以及地方管理的需要制定与发布，仅在本行政区域内实施，在本行政区域内有效的有关会计方面的规范性文件，如《云南省会计条例》（云南省第十届人民代表大会常务委员会第十一次会议于2004年7月30日审议通过）等。

3.会计规章

会计规章是依据会计法律与会计行政法规，因某一项会计工作的规范需要而制定的，具体也可分为全国性的会计规章与地方性的会计规章两类。

全国性的会计规章是由财政部或国务院其他各部委，依据会计法律及会计行政法规的规定所制定颁布的在全国具有法律效力的有关会计方面的规范性文件，如《企业会计准则》《企业会计制度》《会计基础工作规范》《会计档案管理办法》等。

地方性的会计规章是由地方人民政府根据法律、法规授权，结合本地实际情况所制定的，仅在本行政区域内具有法律效力的规范性文件。依据目前的规定，地方性法规与地方性规章的制定，仅限于各省级人大与政府、各省会级市人大与政府及经国家批准的较大城市的人大与政府，其他地方人大与政府尚没有此权力。

二、会计法律

在我国，最主要的会计法律是《会计法》与《注册会计师法》。

（一）《会计法》

《会计法》是我国一切会计工作均要遵守的最重要的根本大法，即会计法规的母法，在会计法律规范体系构成中居于最高层次，对其他会计法律、会计行政法规以及会计规章等会计法律规范起着统驭的作用。

中华人民共和国成立以后的会计立法以制定国家统一的会计制度为起点，逐步建立起以规范会计秩序为主要内容的会计法律规范体系。1985年1月21日，第六届全国人民代表大会常务委员会第九次会议通过并颁布了中华人民共和国成立以后的第一部《会计法》，自1985年5月1日起施行；1993年12月29日，第八届全国人民代表大会常务委员会第五次会议修正；1999年10月31日，第九届全国人民代表大会常务委员会第十二次会议根据我国市场经济发展的新情况，再次对《会计法》进行了修订；2017年11月4日，第十二届全国人民代表大会常务委员会第三十次会议修正，自2017年11月5日起施行。

最新修订的《会计法》由“总则”“会计核算”“公司、企业会计核算的特别规定”“会计监督”“会计机构和会计人员”“法律责任”“附则”7章共52条构成。

（1）立法宗旨与适用范围。制定《会计法》是为了规范会计行为，保证会计资料真实、完整，加强经济管理和财务管理，提高经济效益，维护社会主义市场经济秩序。《会计法》适用于国家机关、社会团体、公司、企业、事业单位和其他组织办理会计事务。各单位必须依法设置会计账簿，并保证其真实、完整。单位负责人对本单位的会计工作和会计资料的真实性、完整性负责。会计机构、会计人员依照《会计法》的规定进行会计核算，实行会计监督。

（2）规定会计工作的管理权限。《会计法》明确规定国务院财政部门主管全国的会计工作，县级以上地方各级人民政府财政部门管理本行政区域内的会计工作。国家统一的会计制度由国务院财政部门根据《会计法》制定并公布。

（3）规定会计核算的内容。《会计法》对应当办理会计手续的事项，如款项和有价证券的收付，财物的收发、增减和使用，债权债务的发生和结算，资本与基金的增减，收入、支出、费用和成本的计算，财务成果的计算和处理及需要办理会计手续、进行会计核算的其他事项做了明确的规定。

《会计法》规定会计年度自公历1月1日起至12月31日止。会计核算以人民币为记账本位币。业务收支以人民币以外的货币为主的单位，可以选定其中一种货币作为记账本位币，但是编报的财务会计报告应当折算为人民币。会计凭证、会计账簿、财务会计报告和其他会计资料必须符合国家统一的会计制度的规定。使用电子计算机进行会计核算的，其软件及其生成的会计凭证、会计账簿、财务会计报告和其他会计资料，也必须符合国家统一的会计制度的规定。任何单位和个人不得伪造、变造会计凭证、会计账簿及其他会计资料，不得提供虚假的财务会计报告。财务会计报告应当由单位负责人和主管会计工作的负责人、会计机构负责人（会计主管人员）签名并盖章；设置总会计师的单位，还须由总会计师签名并盖章。

《会计法》同时规定记账凭证应当根据经过审核的原始凭证及有关资料编制。会计账簿登记必须以经过审核的会计凭证为依据，并符合有关法律、行政法规和国家统一的会计制度的规定。会计账簿包括总账、明细账、日记账和其他辅助性账簿。使用电子计算机进行会计核算的，其会计账簿的登记、更正应当符合国家统一的会计制度的规定。

（4）对公司、企业会计核算的特别规定。公司、企业必须根据实际发生的经济业务事项，按照国家统一的会计制度的规定确认、计量和记录，在进行会计核算时不得从事会计制度规定的禁止性行为。公司、企业进行会计核算不得随意改变资产、负债、所有者权益的确认标准或者计量方法，虚列、多列、不列或者少列资产、负债、所有者权益；不得虚列或者隐瞒收入，推迟或者提前确认收入；不得随意改变费用、成本的确认标准或者计量方法，虚列、多列、不列或者少列费用、成本；不得随意调整利润的计算、分配方法，编造虚假利润或者隐瞒利润；不得违反国家统一的会计制度规定的其他行为。

（5）规定会计监督的内容。各单位应当建立、健全本单位内部会计监督制度。单位内部会计监督制度应当做到：记账人员与经济业务事项和会计事项的审批人员、经办人员、财物保管人员的职责权限应当明确，并相互分离、相互制约；重大对外投资、资产处置、资金调度和其他重要经济业务事项的决策和执行的相互监督、相互制约程序应当明确；财产清查的范围、期限和组织程序应当明确；对会计资料定期进行内部审计的办法和程序应当明确。

各单位的会计机构、会计人员对本单位实行会计监督。财政部门对各单位的下列情况实施监督：是否依法设置会计账簿；会计凭证、会计账簿、财务会计报告和其他会计资料是否真实、完整；会计核算是否符合《会计法》和国家统一的会计制度的规定；从事会计工作的人员是否具备专业能力、遵守职业道德。

（6）会计机构和会计人员。各单位应当根据会计业务的需要，设置会计机构，或者在有关机构中设置会计人员并指定会计主管人员；不具备设置条件的，应当委托经批准设立从事会计代理记账业务的中介机构代理记账。国有的和国有资产占控股地位或者主导地位的大、中型企业必须设置总会计师。总会计师的任职资格、任免程序、职责权限由国务院规定。

会计机构内部应当建立稽核制度。出纳人员不得兼任稽核、会计档案保管和收入、支出、费用、债权债务账目的登记工作。

会计人员应当具备从事会计工作所需要的专业能力。担任单位会计机构负责人（会计主管人员）的，应当具备会计师以上专业技术职务资格或者从事会计工作三年以上经历。会计人员应当遵守职业道德，提高业务素质。对会计人员的教育和培训工作应当加强。因有提供虚假财务会计报告，做假账，隐匿或者故意销毁会计凭证、会计账簿、财务会计报告，贪污，挪用公款，职务侵占等与会计职务有关的违法行为被依法追究刑事责任的人员，不得再从事会计工作。会计人员调动工作或者离职，必须与接管人员办清交接手续。一般会计人员办理交接手续，由会计机构负责人（会计主管人员）监交；会计机构负责人（会计主管人员）办理交接手续，由单位负责人监交，必要时主管单位可以派人会同监交。

（7）法律责任。单位、直接负责的主管人员、会计人员及其他有关人员违反《会计法》所应承担的法律责任，主要包括行政责任和刑事责任。实施行政责任的主体应当是县级以上人民政府财政部门、所在单位或者有关单位；行政责任的承担主体应当是单位、直接负责的主管人员和其他直接责任人员。刑事责任的承担主体应当是个人、单位、直接负责的主管人员和其他直接责任人员。

（二）《注册会计师法》

《注册会计师法》是有关注册会计师工作的一部单行法，于1993年10月31日经第八届全国人民代表大会常务委员会第四次会议通过，于1994年1月1日施行。根据2014年8月31日第十二届全国人民代表大会常务委员会第十次会议《关于修改〈中华人民共和国保险法〉等五部法律的决定》修正。《注册会计师法》由“总则”“考试和注册”“业务范围和规则”“会计师事务所”“注册会计师协会”“法律责任”“附则”7章共46条构成。

（1）立法宗旨与适用范围。立法的宗旨是为了发挥注册会计师在社会经济活动中的鉴证和服务作用，加强对注册会计师的管理，维护社会公共利益和投资者的合法权益，促进市场经济的健康发展；适用范围是注册会计师和会计师事务所。

（2）注册会计师的性质和管理机关。注册会计师是依法取得注册会计师证书并接受委托从事审计和会计咨询、会计服务业务的执业人员。注册会计师执行业务，应当加入会计师事务所。国务院财政部门和省、自治区、直辖市人民政府财政部门，依法对注册会计师、会计师事务所和注册会计师协会进行监督和指导。

（3）注册会计师的考试和注册。国家实行注册会计师全国统一考试制度，具有高等专科以上学校毕业的学历，或者具有会计或相关专业中级以上技术职称的中国公民，可以申请参加注册会计师全国统一考试；具有会计或相关专业高级技术职称的人员，可以免予部分科目的考试。参加注册会计师全国统一考试成绩合格，并从事审计业务工作2年以上的，可以向省、自治区、直辖市注册会计师协会申请注册。准予注册的申请人，注册会计师协会发给国务院财政部门统一制定的注册会计师证书。

（4）注册会计师的业务范围。注册会计师从事的审计业务主要包括：审查企业会计报表，出具审计报告；验证企业资本，出具验资报告；办理企业合并、分立、清算事宜中的审计业务，出具有关的报告；法律、行政法规规定的其他审计业务。注册会计师执行审计业务出具的报告具有法定证明效力，注册会计师对其报告承担法律责任。注册会计师也可以承办会计咨询、会计服务业务。

（5）注册会计师的工作规则。注册会计师执行审计业务，必须按照执业准则、规则确定的工作程序出具报告。注册会计师应恪守公正、客观、实事求是的原则，对所出具的报告书内容的正确性、合法性负责。注册会计师从事审计业务必须保持高度的独立性，注册会计师如果与委托人存在利害关系必须回避。

(6) 会计师事务所。会计师事务所是依法设立并承办注册会计师业务的机构。会计师事务所有合伙设立的会计师事务所和负有限责任的会计师事务所两种。设立会计师事务所，须由国务院财政部门或者省、自治区、直辖市人民政府财政部门批准，会计师事务所设立分支机构，须经分支机构所在地的省、自治区、直辖市人民政府部门批准。会计师事务所受理业务，不受行政区域、行业的限制，在经济上实行自收自支、独立核算、依法纳税，按照国务院财政部门的规定建立职业风险基金，办理职业保险。

(7) 注册会计师协会。注册会计师协会是由注册会计师组成的社会团体。中国注册会计师协会是注册会计师的全国组织，省、自治区、直辖市注册会计师协会是注册会计师的地方组织。注册会计师应当加入注册会计师协会。中国注册会计师协会依法拟订注册会计师执业准则、规则，报国务院财政部门批准后施行。注册会计师协会应当支持注册会计师依法执行业务，维护其合法权益，向有关方面反映其意见和建议；应当对注册会计师的任职资格和执业情况进行年度检查。

(8) 法律责任。注册会计师、会计师事务所负有行政责任、民事责任和刑事责任三种法律责任。行政责任主要有省级以上人民政府财政部门给予警告、罚款、暂停执行业务、撤销会计师事务所或吊销注册会计师证书等；民事责任是注册会计师、会计师事务所给委托人、其他利害关系人造成损失的，应依法承担赔偿责任；会计师事务所、注册会计师故意出具虚假的审计报告、验资报告构成犯罪的，将追究其刑事责任。

三、会计行政法规

会计行政法规在整个会计法律规范体系中占有重要的地位，它介于会计法律和会计规章之间，起到承上启下的作用。这里主要论述《企业财务会计报告条例》与《总会计师条例》这两项全国性会计行政法规。

(一)《企业财务会计报告条例》

《企业财务会计报告条例》由国务院于2000年6月21日发布，自2001年1月1日起实施。《企业财务会计报告条例》由“总则”“财务会计报告的构成”“财务会计报告的编制”“财务会计报告的对外提供”“法律责任”“附则”6章共46条构成。

(1) 制定目的、制定依据与适用范围。制定目的是规范企业财务会计报告，保证财务会计报告的真实、完整；制定依据是《会计法》；适用范围是企业（包括公司）。

(2) 编制与对外提供财务会计报告的基本要求。企业应按规定编制和对外提供财务会计报告，不得编制和对外提供虚假的或者隐瞒重要事实的财务会计报告；企业负责人对本企业财务会计报告的真实性、完整性负责。

(3) 财务会计报告的构成。财务会计报告分为年度、半年度、季度和月度财务会计报告，年度、半年度财务会计报告应当包括会计报表、会计报表附注与财务情况说明书，会计报表应当包括资产负债表、利润表、现金流量表、所有者权益变动表及相关附表。

(4) 财务会计报告的编制。企业应当根据真实的交易、事项以及完整、准确的账簿记录等资料，并按照国家统一的会计制度规定的编制基础、编制依据、编制原则和方法编制财务会计报告；应当依照《企业财务会计报告条例》和国家统一的会计制度规定，对会计报表中各项会计要素进行合理的确认和计量；应当依照有关法律、行政法规和《企业财务会计报告条例》规定的结账日进行结账；在编制年度财务会计报告前，应当按照规定，全面清查资产、核实债务；应当按照国家统一的会计制度规定的会计报表格式和内容，根据登记完整、核对无误的会计账簿记录和其他有关资料编制会计报表；会计报表附注和财务情况说明书应当按照《企业财务会计报告条例》和国家统一的会计制度的规定，对会计报表中需要说明的事项做出真实、完整、清楚的说明。

（5）财务会计报告的对外提供。企业应当依照法律、行政法规和国家统一的会计制度有关财务会计报告提供期限的规定，及时对外提供财务会计报告。财务会计报告须经注册会计师审计的，企业应当将注册会计师及其会计师事务所出具的审计报告随同财务会计报告一并对外提供。

（6）法律责任。违反《企业财务会计报告条例》，随意改变财务会计报告编制原则与方法、编制或对外提供虚假的财务会计报告的，要承担行政责任或刑事责任。

（二）《总会计师条例》

《总会计师条例》是由国务院于1990年12月31日发布并施行的法律法规，国务院于2011年1月修订并发布实施。《总会计师条例》由“总则”“总会计师的职责”“总会计师的权限”“任免与奖惩”“附则”5章共23条构成。

《总会计师条例》的制定目的是确定总会计师的职权和地位，发挥总会计师在加强经济管理、提高经济效益中的作用。《总会计师条例》规定了总会计师在单位中的地位、任务、职责、权限、任免与奖惩等。

四、会计规章

会计规章对会计的具体工作与会计核算提供直接的规范。这里主要论述《会计基础工作规范》《会计档案管理办法》两项全国性的会计规章，而《企业会计准则》与《企业会计制度》将在第三节论述，《内部会计控制规范》将在第四节论述。

（一）《会计基础工作规范》

《会计基础工作规范》是在财政部于1984年4月发布的《会计人员工作规则》基础上修订，并于1996年6月17日重新发布的一项重要会计规章，对会计基础工作方面的有关内容做出了较为系统的规定。财政部于2019年3月对该规范进行了修改。《会计基础工作规范》由“总则”“会计机构和会计人员”“会计核算”“会计监督”“内部会计管理制度”“附则”6章共100条构成。

《会计基础工作规范》的制定目的是加强会计基础工作，建立规范的会计工作秩序，提高会计工作水平；制定依据是《会计法》；适用范围是国家机关、社会团体、企业、事业单位、个体工商户和其他组织。

《会计基础工作规范》规定的内容包括会计基础工作的管理、会计机构的设置和会计人员的配备与聘用、会计岗位设置、会计人员职业道德、会计工作交接、会计核算一般要求、会计凭证填制、登记会计账簿、财务会计报告编制与对外报送、会计监督、会计人员岗位责任制度、账务处理程序制度、内部牵制制度、稽核制度、原始记录管理制度、定额管理制度、计量验收制度、财产清查制度、财务收支审批制度、成本核算制度、财务会计分析制度等。

（二）《会计档案管理办法》

《会计档案管理办法》由财政部、国家档案局于1984年5月1日联合发布，自公布之日起执行。1998年8月21日，财政部、国家档案局发布了修订后的《会计档案管理办法》，自1999年1月1日起施行。2015年12月11日财政部、国家档案局发布了再次修订后的《会计档案管理办法》，自2016年1月1日起施行。《会计档案管理办法》由31条与2个附表构成，对会计档案的立卷、保管、调阅和销毁等问题做了具体的规定。

《会计档案管理办法》的制定目的是加强会计档案管理，有效保护和利用会计档案，制定依据是《会计法》《中华人民共和国档案法》等有关法律和行政法规；适用范围是国家机关、社会团体、企业、事业单位和其他组织。

《会计档案管理办法》的内容主要包括：会计档案的范围与类别，会计档案的归档、保管、整理制度，会计档案查阅、复制制度，会计档案的保管期限，会计档案保管期满的销毁等。

第三节 会计核算规范

会计核算规范是会计信息生成与提供的一项技术标准，是进行会计确认、计量、记录与报告的依据。会计核算规范的质量对于会计信息的质量有直接的影响，因此，会计核算规范的制定与执行受到了普遍的关注。会计核算规范在各国有一定的差别，在我国，会计核算规范是以会计准则为导向，由会计制度、会计政策和会计规范等构成的。

一、会计准则

会计准则是会计核算工作必须遵循的标准和规范，对于保证会计信息质量、维护社会经济秩序具有重要作用，它是我国会计法规体系中的一个重要的部分。我国会计准则有《企业会计准则》、《小企业会计准则》和《政府会计准则》。

（一）《企业会计准则》

中华人民共和国成立以来，我国企业一直运用会计核算制度对会计核算和财务报告进行规范，到1978年，中国的会计理论研究中才出现会计原则和会计准则等术语，直到1992年11月才颁布《企业会计准则》，这时我国才真正有了会计准则。企业会计准则以满足投资者、债权人、政府和企业管理层等有关方面对会计信息的需求为目标，规范会计行为和会计工作秩序，有效维护了投资者和社会公众的知情权，保护了其合法利益。企业会计准则体系的发布和正式施行，促进了我国企业不断提高会计信息质量和透明度。

《企业会计准则》按层次分为基本会计准则和具体会计准则。基本会计准则是关于会计核算的基本要求和会计信息质量的标准，在整个准则体系中起统领作用。基本会计准则主要规范会计目标、会计基本假设、会计信息的质量要求、会计要素的确认和计量等。具体会计准则是就各单位发生的经济业务的会计处理方法和会计核算程序做出的规定，为各单位的会计核算行为提供规范。会计准则的产生与完善是社会经济环境变化的结果。

1.基本会计准则

1992年11月16日经国务院批准，1993年7月1日正式施行的《企业会计准则——基本准则》规定了会计核算的基本前提、一般原则、会计要素、各主要项目的核算原则及财务会计报告的基本要求等，共10章66条。《企业会计准则——基本准则》（1992年）在我国会计改革中发挥了积极的指导作用。随着改革的深化，为适应我国社会主义市场经济发展的需要，统一企业会计标准，规范会计行为，保证会计信息质量，根据《会计法》，财政部于2005年6月对《企业会计准则——基本准则》开始进行修订，修订后的《企业会计准则——基本准则》于2006年2月15日通过财政部第33号令的形式公布，并自2007年1月1日起施行。该准则于2014年7月23日根据《财政部关于修改〈企业会计准则——基本准则〉的决定》进行了再次修改。现行《企业会计准则——基本准则》共11章50条，其内容简述如下：

（1）总则。其主要明确了准则制定的目的、准则规范的范围、企业财务会计报告的目标、企业会计核算的前提、会计要素等内容及企业必须以权责发生制为基础、采用借贷记账法记账等要求。

（2）会计信息质量要求。会计信息的质量是指会计信息产品满足规定或潜在需要的特征和特性的总和。关于会计信息质量要求方面的具体内容有：①企业应当以实际发生的交易或者事项为依据进行会计确认、计量和报告，如实反映符合确认和计量要求的各项会计要素及其他相关信息，保证会计信息真实可靠，内容完整；②企业提供的会计信息应当与财务会计报告使用者的经济决策需要相关，有助于财务会计报告使用者对企业过去、现在或者未来的情况做出评价或者预测；③企业提供的会计信息应当清晰明了，便于财务会计报告使用者理解和使用；④企业提供的会计信息应当具有可比性；⑤企业应当按照交易或者事项的经济实质进行会计确认、计量和报告，不应仅以交易或者事项的法律形式为依据；⑥企业提供的会计信息应当反映与企业财务状况、经营成果和现金流量等有关的所有重要交易或者事项；⑦企业对交易或者事项进行会计确认、计量和报告应当保持应有的谨慎，不应高估资产或者收益、低估负债或者费用；⑧企业对于已经发生的交易或者事项，应当及时进行会计确认、计量和报告，不得提前或者延后。要保证会计信息的质量就必须严格遵循以上关于会计信息质量的各项要求。

（3）会计要素准则，会计要素分别为“资产”“负债”“所有者权益”“收入”“费用”“利润”，准则分别对这六项会计要素的构成内容做了明确的规范性的阐述。

（4）会计计量。企业在将符合确认条件的会计要素登记入账并列报于会计报表及其附注时，应当按照规定的会计计量属性进行计量，确定其金额。其中，会计计量属性包括历史成本、重置成本、可变现净值、现值和公允价值等。企业在对会计要素进行计量时，一般应当采用历史成本，采用重置成本、可变现净值、现值、公允价值计量的，应当保证所确定的会计要素金额能够取得并可靠计量。

（5）财务会计报告。财务会计报告是反映企业财务状况、经营成果和现金流量的书面文件，包括资产负债表、利润表、现金流量表等报表及附注。同时对资产负债表、利润表、现金流量表及附注等做了解释。

（6）附则。附则主要说明对基本准则有解释权的机构是财政部；该准则自2007年1月1日起施行。

2.具体会计准则

具体会计准则是会计核算的应用准则，是根据基本准则的要求制定的有关会计核算业务处理的具体规范。每项具体准则包括准则正文和应用指南两部分，其中，应用指南是对准则正文所做的阐释，和正文一样具有法律效力。

2006年2月15日，与基本准则一起，财政部公布了38条新增或修订后的具体会计准则，于2007年1月1日起在上市公司范围内施行，并鼓励其他企业执行。2014年，为了适应经济发展的需要，进一步规范会计计量的方法，财政部先后发布了多项准则的增补和修订版，要求企业自2014年7月1日起执行。2017、2019、2020年，为进一步完善会计准则体系，财政部对多项准则进行了增补和修订，并明确了具体的施行时间。这些具体准则序号和名称见表12-1。

表12-1 **企业具体会计准则序号与名称表**

序号	名称	序号	名称
1	存货	22	金融工具确认和计量
2	长期股权投资	23	金融资产转移
3	投资性房地产	24	套期会计
4	固定资产	25	保险合同
5	生物资产	26	再保险合同
6	无形资产	27	石油天然气开采
7	非货币性资产交换	28	会计政策、会计估计变更和差错更正
8	资产减值	29	资产负债表日后事项
9	职工薪酬	30	财务报表列报
10	企业年金基金	31	现金流量表
11	股份支付	32	中期财务报告
12	债务重组	33	合并财务报表
13	或有事项	34	每股收益
14	收入	35	分部报告
15	建造合同	36	关联方披露
16	政府补助	37	金融工具列报
17	借款费用	38	首次执行企业会计准则
18	所得税	39	公允价值计量
19	外币折算	40	合营安排
20	企业合并	41	在其他主体中权益的披露
21	租赁	42	持有待售的非流动资产、处置组和终止经营

（二）《小企业会计准则》

为了促进小企业发展以及财税政策日益丰富完善，形成以税费优惠政策、资金支持、公共服务等为主要内容的促进中小企业发展的财税政策体系，2011年10月18日，财政部发布《小企业会计准则》，要求相关小企业自2013年1月1日起执行，2004年发布的《小企业会计制度》同时废止。《小企业会计准则》由“总则”“资产”“负债”“所有者权益”“收入”“费用”“利润及利润分配”“外币业务”“财务报表”“附则”10章共90条构成。

《小企业会计准则》的出台在很大程度上改变了《小企业会计制度》的内容，其在制定方式上借鉴了《企业会计准则》，在核算方法上又兼具小企业自身的特色，尤其在税收规范上，采取了和税法更为趋同的计量规则，大大简化了会计准则与税法的协调。在利税影响因素方面，相对于《企业会计准则》也有了具体的改进。

（三）《政府会计准则》

我国行政事业单位会计核算规范在早期是制度导向的，如财政部1988年颁布的《事业行政单位预算会计制度》。1997年，为了适应社会主义市场经济体制和社会主义事业发展的需要，规范事业单位会计核算行为，强化事业单位会计的管理与监督职能，推动社会事业稳步、健康发展，行政事业单位会计核算规范由制度导向向准则导向转变，根据《会计法》，制定了《事业单位会计准则（试行）》，并于5月28日通过财政部财预字〔1997〕286号印发。2012年12月5日，中华人民共和国财政部部务会议修订通过《事业单位会计准则》，12月6日中华人民共和国财政部令第72号公布。《事业单位会计准则》分“总则”“质量要求”“资产”“负债”“净资产”“收入”“支出费用”“财务报告”“附则”9章49条，自2013年1月1日起施行。

2015年10月23日，中华人民共和国财政部令第78号公布《政府会计准则——基本准则》。《政府会计准则——基本准则》由“总则”“政府会计信息质量要求”“政府预算会计要素”“政府财务会计要素”“政府决算报告和财务报告”“附则”6章共62条构成，自2017年1月1日起施行。

此后，财政部相继发布了政府具体会计准则，即《政府会计准则第1号——存货》、《政府会计准则第2号——投资》、《政府会计准则第3号——固定资产》、《政府会计准则第4号——无形资产》、《政府会计准则第5号——公共基础设施》、《政府会计准则第6号——政府储备物资》、《政府会计准则第7号——会计调整》、《政府会计准则第8号——负债》、《政府会计准则第9号——财务报表编制和列报》和《政府会计准则第10号——政府和社会资本合作项目合同》。

二、会计制度

会计制度是进行会计工作、处理会计实务的具体办法和规定，它是在《会计法》和基本会计准则的指导下制定的。会计制度包括两大类：企业会计制度和非企业会计制度。

（一）企业会计制度

关于企业会计制度的演变，我国经历了一个较长的历史时期。2000年之前的企业会计制度包括分行业的企业会计制度和分经济成分的企业会计制度。分行业的会计制度始于1993年会计制度改革，主要有《工业企业会计制度》《商品流通企业会计制度》等13个行业的会计制度；分经济成分的企业会计制度主要包括1998年发布的《股份有限公司会计制度》及关于外商投资企业会计制度等。现在这些会计制度已不再适用。我国于2000年进行了新一轮的会计改革，分别于2000年12月29日正式发布了《企业会计制度》，2001

年11月27日正式发布了《金融企业会计制度》，2004年4月27日正式发布了《小企业会计制度》，标志着我国的统一会计核算制度体系初步建成。根据财政部的财会〔2011〕17号文件，《小企业会计制度》从2013年1月1日起废止，实行《小企业会计准则》。

《企业会计制度》包括“企业会计制度”和“企业会计制度——会计科目和会计报表”两个部分。

第一部分：“企业会计制度”是关于企业会计核算的一般性规定，共14章160条。

第一章是总则，明确了制定企业会计制度的宗旨和适用范围，对会计资料进行了总体要求，对记账本位币进行了规定，并涉及了会计核算的前提及须遵循的一般性原则。

第二章至七章分别对资产、负债、所有者权益、收入、费用和利润这六大会计要素的确认和计量进行了具体的规范。

第八章至十二章是针对特殊经济业务的规范，包括非货币性交易、外币业务、会计调整、或有事项、关联方关系及其交易五个方面会计核算的内容。

第十三章是财务会计报告。其中明确了财务会计报告的种类、报告期限、会计报表附注等的有关内容。

第十四章是附则，明确了本制度的施行时间为2001年1月1日。

第二部分：“企业会计制度——会计科目和会计报表”部分是对会计科目和会计报表方面的规范，共6个部分，即：（1）总说明；（2）会计科目名称和编号；（3）会计科目使用说明；（4）会计报表格式；（5）会计报表编制说明；（6）会计报表附注。

（二）非企业会计制度

非企业会计制度有《政府会计制度》和《民间非营利组织会计制度》。

1998年2月6日，财政部印发了《行政单位会计制度》（财预字〔1998〕49号），2013年12月18日，财政部发布了修订后的《行政单位会计制度》。《行政单位会计制度》分“总则”“会计信息质量要求”“资产”“负债”“净资产”“收入”“支出”“会计科目”“财务报表”“附则”10章，共46条，自2014年1月1日起施行。

2017年，为了适应权责发生制政府综合财务报告制度改革的需要，规范行政事业单位会计核算，提高会计信息质量，根据《会计法》《中华人民共和国预算法》《政府会计准则——基本准则》等法律、行政法规和规章，财政部制定了《政府会计制度——行政事业单位会计科目和报表》，于10月印发，自2019年1月1日起施行。执行《政府会计制度》的单位，不再执行《行政单位会计制度》《事业单位会计准则》《事业单位会计制度》《医院会计制度》《基层医疗卫生机构会计制度》《高等学校会计制度》《中小学校会计制度》《科学事业单位会计制度》《彩票机构会计制度》《地质勘查单位会计制度》《测绘事业单位会计制度》《国有林场与苗圃会计制度（暂行）》《国有建设单位会计制度》等制度。

《民间非营利组织会计制度》由财政部于2004年8月发布，自2005年1月1日起执行。该制度根据《会计法》以及国家有关法律、行政法规制定，目的是规范民间非营利组织的会计核算，提高会计信息质量。

三、会计政策

会计政策是指一个单位进行会计报告，并由此追溯到对各种经济业务的日常会计处理，会计人员采用的原则、基础、惯例、规则和程序的总称。它是按照国家会计规范的要求，从单位的角度，根据本单位的会计环境和经济活动特点来制定并付诸实施的。在高度统一的计划经济体制下，各部门都制定了非常具体的会计制度，各单位无须自行制定会计政策，或者说各单位自行制定会计政策的意义并不大，会计政策的制定也就不受重视。然而，随着我国市场经济体制的建立，会计准则或会计制度不再按行业和所有制分别制定，不能体现各个单位经济活动的特点与具体情况，需要在国家的会计准则或会计制度与单位的会计实务之间架起一座桥梁，即通过制定自身的会计政策来对会计实务进行规范。

企业会计政策的制定与实施应符合五个方面的要求：

（1）企业会计政策必须符合国家颁布的会计准则或会计制度的规范要求，不得与国家的会计规范相抵触。

（2）企业会计政策的制定必须从企业的角度出发，反映出企业生产经营活动的特点，适应本企业的会计核算和编制报表以及会计管理的具体情况的需要。

（3）企业会计政策的规范目标，包括企业日常会计事项的确认、计量、记录，以及会计报表的编制和披露行为。会计政策是报表编制的重要根据，也是报表披露的组成部分，它贯穿于日常的会计处理过程，通过日常业务和报表业务的规范，以正确反映企业的财务状况、经营成果与现金流量，满足报表目标的要求。

（4）企业会计政策的主要内容，包括核算原则、基础、惯例、方法、规则及程序等。

（5）企业会计政策的功能和作用，不是面向过去，而是面向现在和未来；不仅要能解决局部问题，更要能解决全局问题。一项会计政策往往影响一项业务、一张报表，甚至一个企业的全部会计信息。

必须指出，虽然从原则上说，企业会计政策的制定，是在遵循国家的会计准则或会计制度的基础上，根据企业生产经营活动的特点的客观需要进行的，但是，由于企业会计政策的制定是一项技术性强、具有重大经济影响的工作，一个企业的会计政策仍然受环境因素、立场因素、技术与方法因素的影响。

第四节 内部会计控制规范

内部会计控制规范是各单位进行内部会计控制所依据的一种标准，是各单位制定和实施一系列内部会计控制方法、措施和程序的依据。内部会计控制是加强单位内部管理的一种重要手段和方法，对于提高会计信息质量、保护资产的安全与完整、确保有关法律法规和规章制度的贯彻执行具有非常重要的作用。

一、内部会计控制的含义与作用

按照现代系统论和控制论的观点，控制是施控主体对受控客体的一种能动作用，这种作用能够使受控客体根据施控主体的预定目标而行动，并最终达到预定目标。按照现代管理学的理论，控制是为了确保组织目标以及为此而拟订的计划能够得到实现，各级主管人员根据事先确定的标准或因发展的需要而重新拟订的标准，对下级的工作进行衡量和评价，并在出现偏差时进行纠正，以防止偏差继续发展或今后再度发生，或者根据组织内外环境的变化和组织发展的需要，在计划的执行过程中，对原计划进行修订或制订新的计划，并调整整个管理工作过程。

内部会计控制是单位为了提高会计信息质量，保护资产的安全与完整，确保有关法律法规和规章制度以及单位经营管理方针政策的贯彻执行，避免或降低各种风险，提高经营管理效率，实现单位经营管理目标而制定和实施的一系列控制方法、措施和程序。

内部会计控制是单位内部的一种管理制度，但又不是一般的管理制度。一般管理制度是以管理某种经济事项为内容的一种规章制度，而内部会计控制则是以一个单位的经济活动为总体，采取一系列专门的方法、措施和程序对所属控制系统建立内部会计控制体系的一种特殊管理制度。内部会计控制与一般的管理制度相比较所具有的特征为：在系统理论的指导下，把一个单位作为一个总体，并把构成总体的各个组成部分看成是一个系统；以单位内部人员为主体，以单位内部的经济活动或经营管理活动为客体；采用的手段和方法多种多样。

现代内部会计控制作为一种先进的单位内部管理制度已经普遍被企业所采用，在现代经济生活中发挥着越来越重要的作用。企业内部控制制度的完善与否和执行好坏，直接关系到企业的兴衰成败与生死存亡。完善而又严密的内部控制制度具有十分重要的作用，有利于建立岗位责任制度，有利于保护财产物资的安全完整，有利于形成良好的工作环境和秩序，有利于提高经济效益，有利于单位内部经营管理决策的有效执行和信息的沟通，有利于充分发挥员工的积极性和创造力，有利于建立现代企业制度与完善公司治理结构。

科学有效的内部会计控制制度不仅对单位内部管理有着重要的作用，而且对有效地开展审计工作也具有重要的作用，有利于确定合理的审计程序，提高审计效率，有助于确定审计程序的实施程度，可以保证审计测试的质量。

二、内部会计控制的产生与发展

从经济学的角度看，经济人的逐利本性和有限理性特征往往会使企业管理人员的行为偏离预定的目标，因此，事先的制度安排至关重要。内部会计控制的发展经历了内部牵制、内部控制、内部控制结构、内部控制整体框架等四个阶段。

在15世纪末，随着资本主义经济的初步发展，以意大利出现的复式记账方法为标志，内部牵制制度渐趋形成。到20世纪初期，美国的一些企业逐渐摸索出一些组织、调节、制约和检查企业经营活动的办法，内部牵制制度趋于成熟。内部牵制制度规定有关经济业务事项的处理不能由一个人或一个部门总揽全过程。

进入20世纪以后，生产的社会化程度空前提高，股份公司也相应迅速发展起来，并逐渐成为企业的主要组织形式，与手工工厂相适应的局限于会计事项完整性的内部牵制已难以满足企业内部管理的现实需求。以账户核对和职务分工为主要内容的内部牵制，从20世纪40年代开始逐步演变为由组织结构、岗位职责、人员条件、业务处理程序、检查标准和内部审计等要素构成的较为严密的企业内部控制系统。1949年，美国注册会计师协会（AICPA）所属的审计程序委员会（CAP）发表了一份题为“内部控制：系统协调的要素及其对管理部门和独立会计师的重要性”的特别报告，认为企业内部控制超过了与财会部门直接相关的事项。1958年，该委员会发布的第29号审计程序公报《独立审计人员评价企业内部控制的范围》将企业内部控制分为内部会计控制和内部管理控制两类。1972年12月，AICPA所属审计准则委员会（ASB）在其公布的《审计准则公告第1号》中，重新阐述了内部管理控制和内部会计控制的定义。

进入20世纪80年代后，企业内部控制的理论研究又有了新的进展，人们对企业内部控制的研究重点逐步从一般含义向具体内容深化。AICPA于1988年5月发布《审计准则公告第55号》，以“企业内部控制结构”概念取代了“企业内部控制制度”。这一概念特别强调了管理者对企业内部控制的态度、认识和行为等控制环境的重要作用，指出这些环境因素是实现企业内部控制目标的环境保证，要求审计师在评估控制风险时不仅要关注会计控制制度与控制程序，还应对企业所面临的内外环境进行评估。公告认为，企业内部控制结构由三个要素组成：控制环境——对建立、加强或削弱特定政策与程序的效率有重大影响的各种因素；会计制度——为认定、分析、归类、记录、编报各项经济业务，明确资产与负债的经营责任而规定的各种方法；控制程序——企业为保证目标的实现而建立的政策和程序。

1992年9月，AICPA与美国会计学会（AAA）、财务经理人协会（FEI）、国际内部审计师协会（IIA）和管理会计师协会（IMA）共同组成的发起人委员会（COSO）发布了指导企业内部控制实践的纲领性文件COSO研究报告：《企业内部控制——整体框架》，并于1994年进行了增补。COSO认为，企业内部控制是由企业董事会、经理阶层以及其他员工实施的，为财务报告的可靠性、经营活动的效率和效果、相关法律法规的遵循性等目标的实现而提供合理保证的过程。同时，COSO提出了企业内部控制的整体框架概念，认为企业内部控制的五大要素为控制环境、风险评估、控制活动、信息与沟通、监控。COSO研究报告《企业内部控制——整体框架》的特点表现为：企业内部控制的对象是企业整个运行过程中的所有要素；企业内部控制受企业董事会、管理阶层及其他员工的影响；企业内部控制并非只是一个机械的规定或一项制度；管理者必须及时对各种可能的风险加以反映和评估，并采取适当的控制措施；必须综合采用自然科学和社会科学的各种方法；企业内部控制是企业管理者采取的一系列控制措施的有机组合，它能为管理者实现组织目标提供合理保证；企业内部控制本身并不是目的，而是实现组织目标可能性的一种手段或工具。

在我国，随着经济体制的改革与现代企业制度的建立，内部会计控制逐渐受到了重视，但各单位的内部会计控制的建立缺乏规范。为此，财政部于2000年年初开始着手内部会计控制规范的制定，于2001年6月22日正式发布了《内部会计控制规范——基本规范（试行）》，同时还发布了《内部会计控制规范——货币资金（试行）》，并要求自发布之日起开始实施。《基本规范》确定了我国内部会计控制规范的基本构成及内容。根据各项内部会计控制规范的制定情况，财政部随后相继发布了“销售与收款（试行）”（2002年12月3日）、“采购与付款（试行）”（2002年12月23日）、“工程项目（试行）”（2003年10月23日）、“担保（试行）”（2004年8月19日）、“对外投资（试行）”（2004年11月13日）等内部会计控制规范以及“成本费用”“固定资产”“存货”“筹资”等内部会计控制规范的征求意见稿。此后，我国内部会计控制规范都涵盖在内部控制规范中，2008年财政部会同证监会、审计署、银监会、保监会制定并印发了《企业内部控制基本规范》（财会〔2008〕7号）（以下简称《基本规范》），自2009年7月1日起在上市公司范围内施行，鼓励非上市的大中型企业执行。基本规范共7章50条，各章分别是：“总则”“内部环境”“风险评估”“控制活动”“信息与沟通”“内部监督”“附则”。为了促进企业建立、实施和评价内部控制，规范会计师事务所内部控制审计行为，根据国家有关法律法规和《企业内部控制基本规范》，财政部会同证监会、审计署、银监会、保监会制定了《企业内部控制应用指引第1号——组织架构》等18项应用指引、《企业内部控制评价指引》和《企业内部控制审计指引》，这些规范形成了《企业内部控制规范2010》。2012年11月29日，财政部以财会〔2012〕21号文印发《行政事业单位内部控制规范（试行）》。该规范分“总则”“风险评估和控制方法”“单位层面内部控制”“业务层面内部控制”“评价与监督”“附则”6章共65条，自2014年1月1日起施行。

三、内部会计控制的基本规范

《基本规范》明确了内部会计控制的目标、原则、内容、方法、检查与评价等基本问题，在我国内部会计控制规范体系中居于统驭地位，是我国已经发布的与准备发布的各项具体内部会计控制规范的制定依据。《基本规范》由“总则”“内部会计控制的目标和原则”“内部会计控制的内容”“内部会计控制的方法”“内部会计控制的检查”“附则”6章共31条构成。

1.制定目的、制定依据与适用范围

《基本规范》的制定目的是促进各单位内部会计控制建设，加强内部会计监督，维护社会主义市场经济秩序；制定依据是《会计法》等法律法规；适用范围是国家机关、社会团体、公司、企业、事业单位和其他经济组织。

2.内部会计控制的定义及其建立健全与实施的责任主体

内部会计控制是指单位为了提高会计信息质量，保护资产的安全、完整，确保有关法律法规和规章制度的贯彻执行等而制定和实施的一系列控制方法、措施和程序。单位负责人对本单位内部会计控制的建立健全及有效实施负责。

3.内部会计控制的目标和原则

内部会计控制应当达到的基本目标为：规范单位会计行为，保证会计资料真实、完整；堵塞漏洞、消除隐患，防止并及时发现、纠正错误及舞弊行为，保护单位资产的安全、完整；确保国家有关法律法规和单位内部规章制度的贯彻执行。内部会计控制应当遵循的基本原则为：内部会计控制应当符合国家有关法律法规和《基本规范》，以及单位的实际情况；内部会计控制应当约束单位内部涉及会计工作的所有人员，任何个人都不得拥有超越内部会计控制的权力；内部会计控制应当涵盖单位内部涉及会计工作的各项经济业务及相关岗位，并针对业务处理过程中的关键控制点，落实到决策、执行、监督、反馈等各个环节；内部会计控制应当保证单位内部涉及会计工作的不同机构和岗位之间权责分明、相互制约、相互监督；内部会计控制应当遵循成本效益原则，以合理地控制成本，并使其达到最佳的控制效果；内部会计控制应随着外部环境的变化、单位业务职能的调整和管理要求的提高，不断修订和完善。

4.内部会计控制的内容

内部会计控制的内容包括对货币资金、实物资产、对外投资、工程项目、采购与付款、筹资、销售与收款、成本费用、担保等经济活动的控制，其原则如下：

（1）对货币资金收支和保管业务建立严格的授权批准制度，办理货币资金业务的不相容岗位应当分离，相关机构和人员应当相互制约，确保货币资金的安全。

（2）建立实物资产管理的岗位责任制度，对实物资产的验收入库、领用、发出、盘点、保管及处置等关键环节进行控制，防止各种实物资产被盗、毁损和流失。

（3）建立规范的对外投资决策机制和程序，通过实行重大投资决策集体审议联签等责任制度，加强对投资项目立项、评估、决策、实施、投资处置等环节的会计控制，严格控制投资风险。

（4）建立规范的工程项目决策程序，明确相关机构和人员的职责权限，建立工程项目投资决策的责任制度，加强对工程项目的预算、招投标、质量管理等环节的会计控制，防范决策失误及工程发包、承包、施工、验收等过程中的舞弊行为。

（5）合理设置采购与付款业务的机构和岗位，建立和完善采购与付款的会计控制程序，加强对请购、审批、合同订立、采购、验收、付款等环节的会计控制，堵塞采购环节的漏洞，减少采购风险。

（6）加强对筹资活动的会计控制，合理确定筹资规模和筹资结构，选择筹资方式，降低资金成本，防范和控制财务风险，确保筹措资金的合理、有效使用。

（7）在制定商品或劳务等的定价原则、信用标准和条件、收款方式等销售政策时，充分发挥会计机构和人员的作用，加强合同订立、商品发出和账款回收的会计控制，避免或减少坏账损失。

（8）建立成本费用控制系统，做好成本费用管理的各项基础工作，制定成本费用标准，分解成本费用指标，控制成本费用差异，考核成本费用指标的完成情况，落实奖罚措施，降低费用，提高经济效益。

（9）加强对担保业务的会计控制，严格控制担保行为，建立担保决策程序和责任制度，明确担保原则、担保标准和条件、担保责任等相关内容，加强对担保合同订立的管理，及时了解和掌握被担保人的经营和财务状况，防范潜在风险，避免或减少可能发生的损失。

5.内部会计控制的方法

内部会计控制的基本方法及其运用的原则要求如下：

（1）不相容职务相互分离控制，要求单位按照不相容职务相分离的原则，合理设置会计及相关工作岗位，明确职责权限，形成相互制衡机制。不相容职务主要包括授权批准、业务经办、会计记录、财产保管、稽核检查等职务。

（2）授权批准控制，要求单位明确规定涉及会计及相关工作的授权批准的范围、权限、程序、责任等内容，单位内部的各级管理层必须在授权范围内行使职权和承担责任，经办人员也必须在授权范围内办理业务。

（3）会计系统控制，要求单位依据《会计法》和国家统一的会计制度，制定适合本单位的会计制度，明确会计凭证、会计账簿和财务会计报告的处理程序，建立和完善会计档案保管和会计工作交接办法，实行会计人员岗位责任制，充分发挥会计的监督职能。

（4）预算控制，要求单位加强预算编制、执行、分析、考核等环节的管理，明确预算项目，建立预算标准，规范预算的编制、审定、下达和执行程序，及时分析和控制预算差异，采取改进措施，确保预算的执行。预算内资金实行责任人限额审批，限额以上资金实行集体审批。严格控制无预算的资金支出。

（5）财产保全控制，要求单位限制未经授权的人员对财产的直接接触，采取定期盘点、财产记录、账实核对、财产保险等措施，确保各种财产的安全与完整。

(6) 风险控制，要求单位树立风险意识，针对各个风险控制点，建立有效的风险管理系统，通过风险预警、风险识别、风险评估、风险分析、风险报告等措施，对财务风险和经营风险进行全面防范和控制。

(7) 内部报告控制，要求单位建立和完善内部报告制度，全面反映经济活动情况，及时提供业务活动中的重要信息，增强内部管理的时效性和针对性。

(8) 电子信息技术控制，要求运用电子信息技术手段建立内部会计控制系统，减少和消除人为操纵因素，确保内部会计控制的有效实施；同时要加强对财务会计电子信息系统开发与维护、数据输入与输出、文件储存与保管、网络安全等方面的控制。

6.内部会计控制的检查

单位应当重视内部会计控制的监督检查工作，由专门机构或者指定专门人员具体负责内部会计控制执行情况的监督检查，确保内部会计控制的贯彻实施。内部会计控制检查的主要职责是：对内部会计控制的执行情况进行检查和评价；写出检查报告，对涉及会计工作的各项经济业务、内部机构和岗位在内部控制上存在的缺陷提出改进建议；对执行内部会计控制成效显著的内部机构和人员提出表彰建议，对违反内部会计控制的内部机构和人员提出处理意见。单位可以聘请中介机构或专业人员对本单位内部会计控制制度进行评价。各级政府的财政部门对本行政区域内各单位内部会计控制的建立和执行情况进行监督检查。

第五节　会计职业道德规范

会计职业道德是会计人员在进行会计活动、处理会计关系时所形成的职业规律、职业观念和职业原则等行为规范的总和。它既是会计行业对本行业人员在职业活动中行为的要求，又是会计行业对社会所应负的道德责任与义务。它不仅要约束和调整会计人员的职业行为，更为重要的是约束和调整会计人员的行为动机和内心世界。动机是行为的先导，有什么样的动机就有什么样的行为。会计行为是由内心信念来支配的，信念的善与恶，将导致行为的是与非。对有思想、有情绪、有欲望的会计人员，通过会计职业道德的规范，使会计人员树立正确的职业观念，达到自律。

一、会计职业道德规范的意义

道德作为一种社会意识形态，是在一定的经济基础上形成的，以善恶、是非、诚伪等范畴为评价标准，借助社会舆论、传统习俗和内心信念的约束力量实现调整人与人之间以及个人与社会之间关系的行为规范的总和。职业道德是随着生产的发展，特别是社会分工和社会职业的出现而形成和发展起来的。职业道德规范是人们在相同的职业活动中，在共同的职业兴趣、爱好、习惯、心理基础上形成的某种特殊的规范职业活动的准则。职业道德规范约束着相同职业人员从事具体工作的行为，体现了一种职业对社会所负有的道德责任与义务。会计职业道德规范是一般社会道德规范在会计职业行为活动中的具体体现，由会计职业活动的具体内容、方式、所涉及的权责利关系等所决定。对内而言，它构成引导、制约、调节会计行为的道德准则；对外而言，它代表着整个会计职业界对社会所承担的道德责任和义务。因此，会计职业道德规范是会计人员在会计工作中所应自觉遵守的、与会计职业活动相适应的行为规范，是会计人员在会计工作中形成的正确处理会计事务、调整会计人员职权及职责的行为规范。

在法治社会，之所以仍然需要会计职业道德规范，其原因在于两个方面：一方面，相比于会计法律规范，会计职业道德规范具有天然的优势。会计法律规范通常只限定会计行为应遵守的下限，而会计职业道德规范却能从信念、品行、能力等更为本质和深刻的层次来影响并提高会计行为质量。另一方面，在职业分工背景下，良好的会计职业道德规范不仅有利于塑造从业人员的优良品格，增进本职业内部的团队效率，而且其所倡导的正直、公允、客观等道德行为观念也有助于在与职业外部集团的合作与交往中减少推诿、猜疑与设防，降低谈判、签约、审计等交易成本。

会计职业道德规范主要受两方面因素的影响：一是社会道德文化传统。任何一项职业道德规范既有超越国别色彩的职业共同性特征，又深深地根植于特定的国别文化土壤中。一国的社会道德文化传统不仅是各种职业道德规范裂变或演化的母体，有些还直接构成了它们的内容之一。会计职业道德规范也不例外，不同的文明体系、社会传统、伦理价值观念等都直接影响并决定着其相应的精神内容。二是会计职业特性。作为一种专门的职业道德规范，会计职业道德规范不仅反映一个国家社会道德的基本要求，而且着重反映本职业道德的特殊要求；它不仅应在一般意义上的社会实践、伦理道德的基础上形成，更应在会计这个特定的职业实践的基础上形成。会计职业特性在一定程度上决定了会计职业道德规范的有关内容。例如，会计职业的技术性要求从业人员必须具备能够胜任专业工作的业务能力。道德规范的实质是调整人与人之间以及个人与社会之间关系的行为规范的总和，会计职业活动中所表现的行为关系特性才是确立会计职业道德规范的根本。会计信息在企业契约集合中的重要作用决定了会计行为的后果必将牵涉方方面面的经济利益，并且与其他职业行为不同，会计人员获取报酬的方向与其所应持的职业立场往往并不一致。一方面，他们从属于企业内部、受雇于经营者，但又必须选择超脱企业的公允立场，甚至部分地担当起监督经营者的职责，即他们并不完全遵循为付酬者服务的原则，因此常常处于不断的利益冲突之中；另一方面，他们还需在合乎准则与满足利益相关集团要求的双重压力下决定所作出的行为是否正确或是否符合道德标准。这种利益冲突与道德困境是会计职业行为关系的最重要特征，也是会计职业道德规范所需要着重研究与解决的重大课题。

还需指出，会计与社会经济的密切相关性决定了会计职业道德与现实社会经济的密切相关性，社会经济中的商业伦理状况将直接影响会计职业道德规范的构建取向，并构成其最直接依存的外部环境。因此，会计职业道德规范的确立和重塑受制于现实社会经济道德环境的净化以及商业伦理体系的重塑。

二、会计职业道德规范的基本内容

从会计职业道德规范的形成来看，会计在其产生伊始就有与之相关的伦理道德要求，只不过早期它是以自发的、非成文的方式存在着，依靠传统或习惯的力量传承，并自然地演进和积累着。伴随着现代会计职业的蓬勃发展，会计职业团体的产生、成熟、壮大以及职业竞争的加剧，制定成文的会计职业道德规范已成为各国会计职业组织自我约束和发展的一项自觉要求。例如，美国注册会计师协会（AICPA）颁布的《职业品行规范》（1992），主要原则包括责任、公共利益、正直、客观与独立、能力等；美国财务经理协会制定的《财务经理道德规则》，主要原则包括真诚与正直，以客观方式提供充分、相关的信息，遵守各项法规，尽力履行其责任，资料保密，不断提高专业技能，避免失信行为等；国际会计师联合会（IFAC）成立的“职业道德委员会”制定的《会计从业人员职业道德准则》，从正直、客观、独立、保密、技术标准、工作胜任、道德自律七个方面对会计职业道德做出规定。我国的一些会计法律规范中，也包含了会计职业道德规范的一些要求。例如，《会计法》要求配备的会计人员具备专业能力、遵守职业道德；《注册会计师法》规定注册会计师应恪守公正、客观、实事求是的原则，对所出具的报告书内容的正确性、合法性负责；《会计基础工作规范》对会计人员的职业道德进行了规定，把会计职业道德内容归纳为敬业爱岗、熟悉法规、依法办事、客观公正、搞好服务与保守秘密等六个方面。可见，会计职业道德规范包含的内容比较广泛，具体内容也因社会经济环境的不同而有所差别。下面从八个方面具体阐述会计职业道德规范的内容。

（一）诚实守信

（1）会计人员在工作中要养成实事求是的工作作风，做老实人、办老实事、说老实话，从原始资料的取得、凭证的整理、账簿的登记、报表的编制，到经济活动的分析，都要做到实事求是、如实反映、正确记录；严格以经济业务凭证为依据，做到手续完备、账目清楚、数字准确、编报及时；尽量减少和避免各种失误，严格按照国家会计制度和会计法规记账、算账、结账，保证账证、账账、账表、账实相符。

（2）保持职业审慎的态度。会计人员在处理会计业务时，对会计政策的选择、收入的确认应遵循谨慎的会计信息质量要求。对于注册会计师来说，一是注意评价自身的业务能力，正确判断自身的知识、经验和专业胜任能力等方面是否能够承担业务委托所带来的责任；二是注册会计师应对客户和社会公众尽职尽责；三是注册会计师应当严格遵守职业技术规范和道德准则，对其执行的各项工作都妥善规划并加以监督；四是谨慎地选择客户，以职业信誉为重，不接受任何违背职业道德的附加条件，不得承办不能胜任的业务，不得对未来事项的可实现程度做出保证。

（3）会计人员要注重职业操守。会计人员的操守主要包括社会或他人对会计职业的尊敬和会计人员自己对会计职业的珍爱。注重职业操守首先是会计人员自己要对自己所从事的职业有一个正确的认识和态度，尤其是注册会计师在接受委托后，要积极主动地完成所委托的业务，维护委托人的合法权益。在履约的过程中，不擅自中止合同、解除委托，不滥用委托人的授权，不超出委托人委托范围从事活动；对在执业过程中所获得的服务单位的商业秘密，除法律规定及单位领导人同意外，不能私自向外界提供或泄露单位的会计信息。

（二）客观公正

（1）坚持客观的认真态度。做到尊重事实，不为他人所左右，不因个人好恶而取舍，不欺上瞒下，不唯领导是从，不弄虚作假。要求会计从业人员不为个人和集团利益截留上交款项，不偷税逃税损害国家利益，不伪造、变造会计凭证、会计账簿，不报送虚假的会计报表。注册会计师在执业过程中必须一切从实际出发，注重调查研究，对企业资料和会计信息进行鉴定和公证。只有深入了解实际，才能求得主观与客观一致，做到审计结论有理有据，客观公正。

（2）加强价值观和人生观修养。科学的价值观和人生观是公正的基础。价值观是人们对价值的根本观点和看法，包括对价值的本质、功能、创造、认识、实现等一系列问题的基本观点和看法。人生观是指人们对人生的目的和意义的总的观点。会计人员要继承我国优良的道德文化传统，加强职业道德修养，彻底摒弃“金钱至上、金钱万能”的人生哲学，在不义之财面前绝不动心，在利益诱惑之下绝不贪占便宜，在自己的岗位上保持洁身自好的高尚品德。

（3）熟练掌握相关的法规，坚持客观公正的原则。会计工作反映单位整个经济活动的全过程，会计人员在保证正确核算的同时，通过会计监督使国家、集体和个人在利益上保持一致。要坚持从国家利益出发，以政策和制度规定为准绳，将客观事实与公正相结合，分清错误与舞弊，抛弃个人的偏见，在实施会计管理中，既尊重客观原则，又要遵守公正原则；否则就会犯坚持客观而有悖公正的错误，或坚持公正却违反客观的错误。

（三）廉洁自律

（1）重视会计职业声望。职业声望既关系到行业利益，也关系到一个职业中每个从业人员的切身利益，同时也是反映社会对不同职业的认可程度的依据。如果会计人员不能廉洁自律，必然会损害第三者的利益，人们就会失去对会计职业的信任。会计人员必须要做到既廉洁又自律，二者不可偏废。

（2）自尊、自爱、自立。自尊就是保持做人的尊严和会计人员应具有的优良情操；自爱就是爱惜自己作为会计人员的身份，珍惜自己的品质和荣誉；自立就是一个人的自觉性及独立性。会计人员由于所处经济环境的特殊地位，极易产生不道德的行为，因此，正人先正己，无私才无畏，只有依靠内心信念的力量，严格约束自己的行为，才能做到实事求是、奉公守法。

（3）增强抵制行业不正之风的能力，敢于同违法乱纪行为做斗争。《会计法》强化了单位负责人和会计人员对本单位会计工作和会计资料真实、完整的责任，改善了会计人员的执法环境，增强了会计人员法律意识，加大了会计执法的力度。会计人员要正确运用国家有关法规，对某些偏离政策、有章不循、弄虚作假、欺骗瞒报等违法违规行为要及时发现和阻止，以维护国家利益、投资者和债权人的利益以及员工的根本利益。

（四）恪守规则

（1）认真学习规则，提高会计人员的政策水平。会计人员应掌握的规则按内容分为三类：一是与会计职业活动相关的法律规范，如《合同法》《票据法》《证券法》及相关税收法规；二是与会计准则相关的法规，主要包括《会计法》《企业会计准则》《会计基础工作规范》《总会计师条例》《注册会计师法》《中国注册会计师独立审计准则》《中国注册会计师职业道德基本准则》；三是会计制度，包括国家统一发布的《企业会计制度》和《内部控制基本规范》等。

（2）依照规则办事，提高会计人员遵守准则的自觉性。作为会计人员要始终坚持原则，维护法律法规和集体利益，光明磊落，秉公办事。严格按照国家制定颁布的与会计工作相关的法律法规，审核凭证、清查财产、编制会计报表、申报纳税。不打“擦边球”，不能以想当然的主观推断来代替规则，更不能根据职务高低、关系远近来确定执行准则的宽严松紧程度。对于违反经济法律法规的行为和人员，一定要追查责任，并依照有关法律和准则制度予以处理。

（3）正确运用规则，提高会计人员执行规则的能力。市场经济的不确定性决定了各单位的经济业务也具有高度的不确定性，而会计规则又力求能够满足不同单位在相当长的时间内适用，这就要求会计人员要了解会计准则制定的理论基础，具有足够的专业胜任能力和创新能力，能够发现新情况，处理新问题。同时，正确处理会计职业权利与职业义务的关系：一方面，要敢于运用法律法规赋予的职业权利，对于违反国家财经纪律和会计制度的开支，会计人员有权做出拒绝付款、拒绝报销的决定；另一方面，要善于运用职业权利，正确对待应负有的职业义务，自觉履行对社会、对他人的责任。

（五）勤勉敬业

（1）勤勉，就是要求会计人员对会计工作要积极主动，不断提高职业品质。职业品质是指从事会计工作的人员应具备的作风、态度、良心、职业观念、职业责任。会计人员要想生存和发展，就必须使自身适应时代发展的步伐，要有危机感、紧迫感，在工作中勤勉敬业、精益求精。

（2）敬业，就是要求有干好本职工作的事业心、责任感，胸怀全局，立足本职，尽心尽力地做好每件平凡细微的事情。每个从事会计工作的人员在选择了会计职业那一时刻起，就要树立起“干一行爱一行”的思想，并“目标始终如一”地做好工作，把成为本行业行家作为职业理想的首选目标和终身追求。同时，会计人员要具有不怕吃苦、不避嫌怨、不计较个人得失的思想境界，具有“对工作极端负责任”的敬业精神，以及一丝不苟的职业作风。

（3）严谨，就是要求会计人员对业务开支要认真把好“收付凭证的审核关”和“资金流和物流的管理关”。

（六）提高技能

（1）提高会计实务操作能力。会计实务操作能力包括会计人员的专业操作能力和操作的创新能力。会计工作是一门专业性和技术性很强的工作，会计核算、编制财务报告及单位内部会计控制制度设计等都需要有扎实的理论功底和丰富的实践经验；在进行具体业务处理时有关会计处理方法的选取、会计估计的变更、会计信息电算化的操作、网络化传输等，要有相当娴熟的操作能力。

（2）提高沟通交流能力。这是指会计人员在特定的环境下与他人交往与交流的能力，包括适应环境能力、吸收信息能力、表达能力。会计工作既是经济管理工作，也是服务窗口，会计人员在职业活动中涉及各方面、各层次的不同利益的人群，这要求会计人员要具有适应各种不同环境的能力，具有从各方听取或吸收信息的能力，以及具有准确恰当地运用语言和文字表达的能力。

（3）职业判断能力。这是指建立在专业知识和职业经验基础之上的判断能力，而不是主观随意的猜测，是职业胜任能力的综合体现。职业判断需要职业经验来支撑。职业经验是职业实践的积累和升华。各个单位、各个不同时期及各种不同的环境条件下，会计事项的性质及会计处理的方式、方法都不尽相同，这不仅需要会计人员将所学的知识融会贯通，还需要对实践进行总结提高。

（七）参与管理

（1）树立参与管理的意识，积极主动地做好参谋。具体来说，会计人员要充分利用掌握的大量会计信息去分析单位的管理活动，将财务会计的职能渗透到单位的各项管理工作中，找出经营管理中的问题和薄弱环节，提出改进意见和措施，从而使会计的事后反映为事前的预测分析及事中控制服务，真正发挥当家理财的作用，成为决策层的参谋助手。

（2）有针对性地参与管理的决策。会计人员应掌握单位的生产经营能力、技术设备条件、产品市场及资源状况等情况，结合财会工作的综合信息优势，积极参与预测，并根据预测情况，运用专门的财务会计方法，从生产、销售、成本、利润等方面有针对性地拟订可行性方案，参与优化决策。对计划、预算的执行，要充分利用会计工作的优势，积极协助、参与监控，为改善单位内部管理、提高经济效益服务。

（八）强化服务

（1）强化服务意识。会计人员不论是为经济主体服务，还是为社会公众服务，都要摆正自己的工作位置。不要认为自己管钱管账，就高人一等；不要认为自己在工作中可以参与管理决策，就自命不凡。要树立强烈的服务意识，认识到管钱管账是职责，参与管理是义务。只有树立了强烈的服务意识，才能做好会计工作，履行会计职能，为单位和社会经济的发展做出应有的贡献。

（2）注重自身修养。文明服务要求会计人员做到态度温和，语言文明，谦虚谨慎，彬彬有礼，团结协作，互相支持。会计工作是一个协作互动的工作，制单、记账、审核、编表、出纳、库存各个环节都紧密相连。任何一个环节出错或延迟，都会影响整个会计信息的真实、客观和及时传输。各个岗位上会计人员之间、会计人员与其他人员之间要团结协作，宽以待人；同时，要正确处理各部门之间以及上下级之间的关系。要尊重领导、尊重同事，要以诚相待、以理服人，做到沟通讲策略、用语讲准确、建议看场合、小事讲风格、大事讲原则。

（3）提高服务质量。不同的会计岗位，掌握的会计信息不同，服务的对象也不尽相同。单位会计人员和注册会计师的服务内容各有侧重：单位会计人员通过客观、真实地记录、反映单位的经济业务活动，为管理者提供真实正确的经济信息，当好参谋；为股东真实地记录财产的变动状况，确保股东资产完整与增值。注册会计师接受委托人的委托，提供会计鉴证等服务，要以客观、公正的态度，正确评价委托单位的财务状况，为社会公众及信息使用者服务。

为了更好地使会计人员忠于职守、廉洁奉公、严以自律，财政部门、业务主管部门和各单位应以督促和教育为主，帮助会计人员提高职业道德水平，树立会计职业形象。同时，通过一些正反两方面典型事例的宣传，逐步树立会计人员遵守职业道德的良好风尚，还要将会计专业技术资格考评与会计职业道德检查相结合。

三、会计职业道德规范的施行机制

会计职业道德规范的作用发挥有赖于与之相适应的一整套施行机制来保证其贯彻、推行，这一机制是一个包括会计职业道德教育、评价与督行等在内的完整体系。

1.会计职业道德的教育

会计职业道德教育是提高会计人员职业道德水准和道德决策能力的重要途径。现行会计职业道德存在的问题有相当一部分是由于职业道德教育的缺失引起的。会计教育不仅要传授知识和技巧，还应灌输道德标准和敬业精神，会计人才不仅是技术专家还应是道德专家。会计职业道德教育的组织可通过多渠道进行，以形成长效机制：一是专业成才教育，即在会计专业教材体系中安排有关职业道德的内容。二是在职继续教育，即在广大从业人员参加的后续教育中突出职业道德教育内容，除了课堂教学外，可以案例研讨、专题报告的形式进行。三是社会教育，即通过广泛的社会舆论宣传、树立正反典型，在更大的范围内激发会计从业人员的道德责任感，从而自觉地提高自身的职业道德修养。

2.会计职业道德的评价

会计职业道德评价是会计组织或社会其他组织和个人，根据会计职业道德规范，对会计职业人员的职业行为进行道德或不道德的价值判断，以达到抑恶扬善的目的。会计职业道德评价是保证会计职业道德规范这种软约束付诸实施的必要方式，借助于道德评价，道德规范才可能发挥潜在的裁判和激励效力。会计职业道德评价的方法一般包括自我评价和社会评价，社会评价又可分为同行业评价、本单位内部评价、用户评价及社会公众评价等。评价的结果或借助于行律行规和单位组织的奖惩，或借助于社会舆论、大众传媒的宣扬、谴责以及会计人员内心的道德自省，以起到道德示范、激励和制裁的作用。

3.会计职业道德的督行

会计职业道德的督行包括了对职业道德规范的制定、颁布、实施及后果评测各个环节的管制与督导。由于会计职业道德规范主要依靠传统、习俗及内心信念的力量来维系，这种非刚性特征决定了其在督行体制上基本采取以行业自律为主、政府介入为辅的原则，即其督行主体主要为各种会计专业团体，而政府主要是通过相关的立法，如《会计法》等加大对非规范且造成严重后果的执业行为的惩罚力度，以进一步增强会计专业团体自律的压力，从而推动更为严格的职业道德规范的施行。可见，一国会计职业的成熟和集中程度，特别是会计专业团体的力量和影响力，直接影响会计职业道德规范的推行状况，因此，加快发展成熟、强大的会计专业组织是保证会计职业道德规范有效施行的一个重要方面。

【本章练习】

（一）单项选择题

1.在我国，代表国家对会计工作行使职能的政府部门是（　　）。

A.财政部门　　B.国务院　　C.审计部门　　D.税务部门

2.根据《会计法》的规定，有权制定国家统一的会计制度的政府部门是（　　）。

A.国务院　　B.国务院财政部

C.国务院各业务部门　　D.各级人民政府财政部门

3.根据我国有关法律规定，在公司制企业，对本单位会计工作负责的单位负责人应当是（　　）。

A.董事长　　B.总经理　　C.总会计师　　D.会计机构负责人

4.会计机构负责人因调动工作或离职办理交接手续的，负责监交的人员是（　　）。

A.单位领导　　B.主管单位派出的人员

C.人事部门负责人　　D.内部审计机构负责人

5.一般会计人员办理会计工作交接手续时，负责监交的人员应当是（　　）。

A.其他会计人员　　B.会计机构负责人、会计主管人员

C.单位负责人　　D.主管单位有关人员

6.根据《会计法》的规定，会计机构和会计人员应当按照国家统一的会计制度的规定对原始凭证进行认真审核，对不真实、不合法的原始凭证有权不予受理，并向（　　）。

A.上级主管单位报告　　B.本单位负责人报告

C.会计机构负责人报告　　D.总会计师报告

7.《会计法》规定，单位负责人应在财务会计报告上（　　）。

A.签字　　B.盖章　　C.签名或盖章　　D.签名并盖章

8.根据《会计基础工作规范》的规定，单位负责人的直系亲属不得在本单位担任的会计工作岗位是（　　）。

A.会计机构负责人　　B.出纳

C.稽核、出纳、会计档案的保管　　D.会计档案的保管

（二）多项选择题

1.根据《会计基础工作规范》的规定，下列各项中，出纳人员不能够兼管的工作是（　　）。

A.稽核工作

B.固定资产卡片的登记工作

C.收入、费用、债权债务账目的登记工作

D.会计档案保管工作

2.根据国家统一的会计制度的规定，对外提供的财务会计报告应当由单位有关人员签章，这些人员主要包括（　　）。

A.单位负责人　　B.总会计师　　C.会计机构负责人　　D.内部审计人员

3.下列各项中，能够作为会计人员进行会计监督依据的包括（　　）。

A.会计法律　　B.国家统一的会计制度

C.单位内部会计管理制度　　D.单位行政管理制度

4.会计监督是我国经济监督体系的重要组成部分，其中包括（　　）。

A.单位内部的会计监督　　B.单位外部的社会监督

C.以财政部门为主的国家监督　　D.以上级主管部门为主的监督

5.单位设置会计机构应根据（　　）来确定。

A.单位规模的大小　　B.经济业务和财务收支的繁简

C.经济管理的要求　　D.领导的意图

6.根据《会计基础工作规范》的规定，实行会计人员回避制度的范围包括（　　）。

A.国有企业　　B.国家机关　　C.有限责任公司　　D.股份有限公司

7.单位负责人对依法履行职责、抵制违反《会计法》规定行为的会计人员进行打击报复的行为包括（　　）。

A.降职　　B.撤职　　C.调离工作岗位　　D.解聘或者开除

（三）判断题

1.会计法律是指国家财政部门制定的各种会计规范性文件的总称。（　　）

2.在我国的会计法律体系中，法律效力最高的是会计规章。（　　）

3.记账人员与经济业务或会计事项的审批人员、经办人员、保管人员的职责权限应当明确，并相互分离、相互制约。（　　）

4.伪造会计凭证是指用涂改、挖补等手段来改变会计凭证的真实内容，歪曲事实真相的行为。（ ）

5.会计档案的原件不得借出，如有特殊情况，必须经总会计师批准，办理登记手续后方可借出。（ ）

6.销毁，是指故意将依法应当保存的会计凭证、会计账簿、财务会计报告予以销毁的行为。（ ）

7.单位负责人对本单位会计工作和会计资料的真实性、完整性负责。（ ）

8.会计主管人员是负责组织和管理会计事务的负责人。（ ）

9.出纳人员不得兼任稽核和收入、费用、记账工作，但可以兼管会计档案保管工作。（ ）

10.变造会计凭证的行为，是指以虚假的经济业务或者资金往来为前提，编造虚假的会计凭证的行为。（ ）

（四）简答题

1.我国的会计法规体系主要包括哪些内容？

2.目前施行的《会计法》的主要内容有哪些？

3.《企业会计准则》分为哪两部分？它们之间的关系是什么？各自有什么作用？

4.目前我国有哪些会计制度？试分别简要说明。

5.如何理解会计职业道德规范的主要内容？

（五）案例分析

1.某股份有限公司是国有资产占控股地位的大型企业，该公司在设立的初期，经营状况良好。202×年9月以后，该公司在内部管理上出现混乱，公司的总会计师有严重的失职行为，为了改善公司的内部管理，公司决定不设总会计师，将不具备从事会计工作所需要的专业能力的2名会计调离工作岗位，其工作由该公司的出纳人员刘某兼任，具体负责稽核、会计档案的保管工作。202×年11月，聘任张某担任公司的会计机构负责人，具体负责会计机构的管理工作。张某到任后，发现公司的许多会计账簿与实物、款项不相符合，财务问题比较严重。

请问：

（1）该公司决定不设总会计师是否合法？为什么？

（2）该公司将2名不具备从事会计工作所需要的专业能力的会计人员调离工作岗位的决定是否正确？为什么？

（3）该公司的出纳人员兼任会计工作具体负责稽核、会计档案的保管工作是否合法？为什么？

（4）张某担任公司的会计机构负责人，应当具备什么职务条件？

（5）张某发现该公司的会计账簿与实物、款项不符应采取什么措施？

2.万兴公司是一家国有大型企业。202×年12月，公司总经理针对公司效益下滑、面临亏损的情况，电话请示正在外地出差的董事长。董事长批示把财务会计报告做得“漂亮”一些，总经理把这项工作交给公司总会计师，要求按董事长的意见处理。总会计师授意会计科科长按照董事长的要求把财务会计报告做得“漂亮”一些，会计科科长对当年度的财务会计报告进行了技术处理，虚拟了若干笔交易的销售收入，从而使公司报表由亏变盈。经诚信会计师事务所审计后，公司财务会计报告对外报出。

次年4月，在《会计法》执行情况检查中，当地财政部门发现万兴公司存在重大会计做假行为，根据《会计法》以及相关法律拟对该公司董事长、总经理、总会计师、会计科科长等相关人员进行行政处罚，并分别下达了行政处罚告知书。万兴公司相关人员接到行政处罚告知书后，均要求举行听证会。

在听证会上，有关当事人做了如下陈述：

公司董事长称："我前一段时间出差在外，对公司情况不太了解，虽然在财务会计报告上签字并盖章，但只是履行会计手续，我不能负任何责任。具体情况可由总经理予以说明。"公司总经理称："我是搞技术出身的，主要抓公司的生产经营，对会计我是门外汉。我虽然在财务会计报告上签字并盖章，那也只是履行手续，以前也是这样做的，我不应该承担责任，有关财务会计报告情况应由总会计师解释。"公司总会计师称："公司对外报出的财务会计报告是经过诚信会计师事务所审计的，他们出具了无保留意见的审计报告。诚信会计师事务所应对公司财务会计报告的真实性、完整性负责，承担由此带来的一切责任。"会计科科长称："我是按领导的要求做的，领导让做什么，我就做什么。即使有责任，也是领导承担责任，与我无关。"

在该单位实习的大学生张某、李某听了他们各自的陈述，觉得他们的理由没有法律依据，每个人都要承担相应的法律责任。该单位的会计工作没有做好的原因是他们根本不了解《会计法》。

请问：根据我国相关法律、制度的相关规定，分析公司董事长、总经理、总会计师、会计科科长在听证会上的陈述以及实习生张某和李某的观点是否正确。

主要参考文献

[1] 中华人民共和国财政部. 企业会计准则应用指南 [M]. 上海：立信会计出版社，2021.

[2] 赵敏，沃健. 基础会计学 [M]. 4版. 北京：高等教育出版社，2021.

[3] 唐国平. 会计学基础 [M]. 4版. 北京：高等教育出版社，2021.

[4] 布莱特纳，安东尼. 会计学基础 [M]. 杨冰，译. 11版. 北京：清华大学出版社，2013.

[5] 崔彤，张世荣. 基础会计学 [M]. 天津：南开大学出版社，2010.

[6] 崔智敏，陈爱玲. 会计学基础 [M]. 6版. 北京：中国人民大学出版社，2018.

[7] 樊行健. 基础会计 [M]. 5版. 北京：高等教育出版社，2014.

[8] 樊行健. 基础会计习题集 [M]. 5版. 北京：高等教育出版社，2014.

[9] 侯如松，李刚毅. 基础会计学 [M]. 武汉：武汉理工大学出版社，2011.

[10] 胡燕灵，魏玉瑛. 基础会计学 [M]. 北京：清华大学出版社，2011.

[11] 雷光勇. 基础会计学 [M]. 2版. 大连：东北财经大学出版社，2012.

[12] 李伯兴，周建龙. 会计学基础 [M]. 2版. 北京：中国财政经济出版社，2013.

[13] 李海波，蒋瑛. 新编会计学原理——基础会计 [M]. 18版. 上海：立信会计出版社，2017.

[14] 李海波，蒋瑛. 新编会计学原理——基础会计习题集 [M]. 18版. 上海：立信会计出版社，2017.

[15] 任永平，张佳春，陶琼，等. 基础会计学 [M]. 2版. 上海：立信会计出版社，2010.

[16] 邵瑞庆.《会计学原理》学习指导书 [M]. 2版. 上海：立信会计出版社，2017.

[17] 宋媛媛，黄庆阳，严也舟，等. 会计学原理 [M]. 武汉：武汉理工大学出版社，2006.

[18] 谢获宝. 新编会计学原理 [M]. 武汉：湖北人民出版社，2008.

[19] 徐文学，刘瑞文. 基础会计学 [M]. 南京：东南大学出版社，2006.

[20] 张启銮，许福琴，孙喜云. 会计学原理 [M]. 大连：大连理工大学出版社，2009.

[21] 颜剩勇，廖文军. 基础会计学 [M]. 2版.大连：东北财经大学出版社，2019.

[22] 周密，黄冰. 会计学原理 [M]. 北京：北京交通大学出版社，2010.

附录一 《中华人民共和国会计法》

（1985年1月21日第六届全国人民代表大会常务委员会第九次会议通过，根据1993年12月29日第八届全国人民代表大会常务委员会第五次会议《关于修改〈中华人民共和国会计法〉的决定》第一次修正，1999年10月31日第九届全国人民代表大会常务委员会第十二次会议修订，根据2017年11月4日第十二届全国人民代表大会常务委员会第三十次会议《关于修改〈中华人民共和国会计法〉等十一部法律的决定》第二次修正）

第一章 总 则

第一条 为了规范会计行为，保证会计资料真实、完整，加强经济管理和财务管理，提高经济效益，维护社会主义市场经济秩序，制定本法。

第二条 国家机关、社会团体、公司、企业、事业单位和其他组织（以下统称单位）必须依照本法办理会计事务。

第三条 各单位必须依法设置会计账簿，并保证其真实、完整。

第四条 单位负责人对本单位的会计工作和会计资料的真实性、完整性负责。

第五条 会计机构、会计人员依照本法规定进行会计核算，实行会计监督。

任何单位或者个人不得以任何方式授意、指使、强令会计机构、会计人员伪造、变造会计凭证、会计账簿和其他会计资料，提供虚假财务会计报告。

任何单位或者个人不得对依法履行职责、抵制违反本法规定行为的会计人员实行打击报复。

第六条 对认真执行本法，忠于职守，坚持原则，做出显著成绩的会计人员，给予精神的或者物质的奖励。

第七条 国务院财政部门主管全国的会计工作。

县级以上地方各级人民政府财政部门管理本行政区域内的会计工作。

第八条 国家实行统一的会计制度。国家统一的会计制度由国务院财政部门根据本法制定并公布。

国务院有关部门可以依照本法和国家统一的会计制度制定对会计核算和会计监督有特殊要求的行业实施国家统一的会计制度的具体办法或者补充规定，报国务院财政部门审核批准。

中国人民解放军总后勤部可以依照本法和国家统一的会计制度制定军队实施国家统一的会计制度的具体办法，报国务院财政部门备案。

第二章 会计核算

第九条 各单位必须根据实际发生的经济业务事项进行会计核算，填制会计凭证，登记会计账簿，编制财务会计报告。

任何单位不得以虚假的经济业务事项或者资料进行会计核算。

第十条 下列经济业务事项，应当办理会计手续，进行会计核算：

（一）款项和有价证券的收付；

（二）财物的收发、增减和使用；

（三）债权债务的发生和结算；

（四）资本、基金的增减；

（五）收入、支出、费用、成本的计算；

（六）财务成果的计算和处理；

（七）需要办理会计手续、进行会计核算的其他事项。

第十一条 会计年度自公历1月1日起至12月31日止。

第十二条 会计核算以人民币为记账本位币。

业务收支以人民币以外的货币为主的单位，可以选定其中一种货币作为记账本位币，但是编报的财务会计报告应当折算为人民币。

第十三条 会计凭证、会计账簿、财务会计报告和其他会计资料，必须符合国家统一的会计制度的规定。

使用电子计算机进行会计核算的，其软件及其生成的会计凭证、会计账簿、财务会计报告和其他会计资料，也必须符合国家统一的会计制度的规定。

任何单位和个人不得伪造、变造会计凭证、会计账簿及其他会计资料，不得提供虚假的财务会计报告。

第十四条 会计凭证包括原始凭证和记账凭证。

办理本法第十条所列的经济业务事项，必须填制或者取得原始凭证并及时送交会计机构。

会计机构、会计人员必须按照国家统一的会计制度的规定对原始凭证进行审核，对不真实、不合法的原始凭证有权不予接受，并向单位负责人报告；对记载不准确、不完整的原始凭证予以退回，并要求按照国家统一的会计制度的规定更正、补充。

原始凭证记载的各项内容均不得涂改；原始凭证有错误的，应当由出具单位重开或者更正，更正处应当加盖出具单位印章。原始凭证金额有错误的，应当由出具单位重开，不得在原始凭证上更正。

记账凭证应当根据经过审核的原始凭证及有关资料编制。

第十五条 会计账簿登记，必须以经过审核的会计凭证为依据，并符合有关法律、行政法规和国家统一的会计制度的规定。会计账簿包括总账、明细账、日记账和其他辅助性账簿。

会计账簿应当按照连续编号的页码顺序登记。会计账簿记录发生错误或者隔页、缺号、跳行的，应当按照国家统一的会计制度规定的方法更正，并由会计人员和会计机构负责人（会计主管人员）在更正处盖章。

使用电子计算机进行会计核算的，其会计账簿的登记、更正，应当符合国家统一的会计制度的规定。

第十六条 各单位发生的各项经济业务事项应当在依法设置的会计账簿上统一登记、核算，不得违反本法和国家统一的会计制度的规定私设会计账簿登记、核算。

第十七条　各单位应当定期将会计账簿记录与实物、款项及有关资料相互核对，保证会计账簿记录与实物及款项的实有数额相符、会计账簿记录与会计凭证的有关内容相符、会计账簿之间相对应的记录相符、会计账簿记录与会计报表的有关内容相符。

第十八条　各单位采用的会计处理方法，前后各期应当一致，不得随意变更；确有必要变更的，应当按照国家统一的会计制度的规定变更，并将变更的原因、情况及影响在财务会计报告中说明。

第十九条　单位提供的担保、未决诉讼等或有事项，应当按照国家统一的会计制度的规定，在财务会计报告中予以说明。

第二十条　财务会计报告应当根据经过审核的会计账簿记录和有关资料编制，并符合本法和国家统一的会计制度关于财务会计报告的编制要求、提供对象和提供期限的规定；其他法律、行政法规另有规定的，从其规定。

财务会计报告由会计报表、会计报表附注和财务情况说明书组成。向不同的会计资料使用者提供的财务会计报告，其编制依据应当一致。有关法律、行政法规规定会计报表、会计报表附注和财务情况说明书须经注册会计师审计的，注册会计师及其所在的会计师事务所出具的审计报告应当随同财务会计报告一并提供。

第二十一条　财务会计报告应当由单位负责人和主管会计工作的负责人、会计机构负责人（会计主管人员）签名并盖章；设置总会计师的单位，还须由总计师签名并盖章。

单位负责人应当保证财务会计报告真实、完整。

第二十二条　会计记录的文字应当使用中文。在民族自治地方，会计记录可以同时使用当地通用的一种民族文字。在中华人民共和国境内的外商投资企业、外国企业和其他外国组织的会计记录可以同时使用一种外国文字。

第二十三条　各单位对会计凭证、会计账簿、财务会计报告和其他会计资料应当建立档案，妥善保管。会计档案的保管期限和销毁办法，由国务院财政部会同有关部门制定。

第三章　公司、企业会计核算的特别规定

第二十四条　公司、企业进行会计核算，除应当遵守本法第二章的规定外，还应当遵守本章规定。

第二十五条　公司、企业必须根据实际发生的经济业务事项，按照国家统一的会计制度的规定确认、计量和记录资产、负债、所有者权益、收入、费用、成本和利润。

第二十六条　公司、企业进行会计核算不得有下列行为：

（一）随意改变资产、负债、所有者权益的确认标准或者计量方法，虚列、多列、不列或者少列资产、负债、所有者权益；

（二）虚列或者隐瞒收入，推迟或者提前确认收入；

（三）随意改变费用、成本的确认标准或者计量方法，虚列、多列、不列或者少列费用、成本；

（四）随意调整利润的计算、分配方法，编造虚假利润或者隐瞒利润；

（五）违反国家统一的会计制度规定的其他行为。

第四章　会计监督

第二十七条　各单位应当建立、健全本单位内部会计监督制度。单位内部会计监督制

度应当符合下列要求：

（一）记账人员与经济业务事项和会计事项的审批人员、经办人员、财物保管人员的职责权限应当明确，并相互分离、相互制约；

（二）重大对外投资、资产处置、资金调度和其他重要经济业务事项的决策和执行的相互监督、相互制约程序应当明确；

（三）财产清查的范围、期限和组织程序应当明确；

（四）对会计资料定期进行内部审计的办法和程序应当明确。

第二十八条　单位负责人应当保证会计机构、会计人员依法履行职责，不得授意、指使、强令会计机构、会计人员违法办理会计事项。

会计机构、会计人员对违反本法和国家统一的会计制度规定的会计事项，有权拒绝办理或者按照职权予以纠正。

第二十九条　会计机构、会计人员发现会计账簿记录与实物、款项及有关资料不相符的，按照国家统一的会计制度的规定有权自行处理的，应当及时处理；无权处理的，应当立即向单位负责人报告，请求查明原因，作出处理。

第三十条　任何单位和个人对违反本法和国家统一的会计制度规定的行为，有权检举。收到检举的部门有权处理的，应当依法按照职责分工及时处理；无权处理的，应当及时移送有权处理的部门处理。收到检举的部门、负责处理的部门应当为检举人保密，不得将检举人姓名和检举材料转给被检举单位和被检举人个人。

第三十一条　有关法律、行政法规规定，须经注册会计师进行审计的单位，应当向受委托的会计师事务所如实提供会计凭证、会计账簿、财务会计报告和其他会计资料以及有关情况。

任何单位或者个人不得以任何方式要求或者示意注册会计师及其所在的会计师事务所出具不实或者不当的审计报告。

财政部门有权对会计师事务所出具审计报告的程序和内容进行监督。

第三十二条　财政部门对各单位的下列情况实施监督：

（一）是否依法设置会计账簿；

（二）会计凭证、会计账簿、财务会计报告和其他会计资料是否真实、完整；

（三）会计核算是否符合本法和国家统一的会计制度的规定；

（四）从事会计工作的人员是否具备专业能力、遵守职业道德。

在对前款第（二）项所列事项实施监督，发现重大违法嫌疑时，国务院财政部门及其派出机构可以向与被监督单位有经济业务往来的单位和被监督单位开立账户的金融机构查询有关情况，有关单位和金融机构应当给予支持。

第三十三条　财政、审计、税务、人民银行、证券监管、保险监管等部门应当依照有关法律、行政法规规定的职责，对有关单位的会计资料实施监督检查。

前款所列监督检查部门对有关单位的会计资料依法实施监督检查后，应当出具检查结论。有关监督检查部门已经作出的检查结论能够满足其他监督检查部门履行本部门职责需要的，其他监督检查部门应当加以利用，避免重复查账。

第三十四条　依法对有关单位的会计资料实施监督检查的部门及其工作人员对在监督检查中知悉的国家秘密和商业秘密负有保密义务。

第三十五条 各单位必须依照有关法律、行政法规的规定，接受有关监督检查部门依法实施的监督检查，如实提供会计凭证、会计账簿、财务会计报告和他会计资料以及有关情况，不得拒绝、隐匿、谎报。

第五章 会计机构和会计人员

第三十六条 各单位应当根据会计业务的需要，设置会计机构，或者在有关机构中设置会计人员并指定会计主管人员；不具备设置条件的，应当委托经批准设立从事会计代理记账业务的中介机构代理记账。

国有的和国有资产占控股地位或者主导地位的大、中型企业必须设置总会计师。总会计师的任职资格、任免程序、职责权限由国务院规定。

第三十七条 会计机构内部应当建立稽核制度。

出纳人员不得兼任稽核、会计档案保管和收入、支出、费用、债权债务账目的登记工作。

第三十八条 会计人员应当具备从事会计工作所需要的专业能力。

担任单位会计机构负责人（会计主管人员）的，应当具备会计师以上专业技术职务资格或者从事会计工作三年以上经历。

本法所称会计人员的范围由国务院财政部门规定。

第三十九条 会计人员应当遵守职业道德，提高业务素质。对会计人员的教育和培训工作应当加强。

第四十条 因有提供虚假财务会计报告，做假账，隐匿或者故意销毁会计凭证、会计账簿、财务会计报告，贪污，挪用公款，职务侵占等与会计职务的有关违法行为被依法追究刑事责任的人员，不得再从事会计工作。

第四十一条 会计人员调动工作或者离职，必须与接管人员办清交接手续。

一般会计人员办理交接手续，由会计机构负责人（会计主管人员）监交；会计机构负责人（会计主管人员）办理交接手续，由单位负责人监交，必要时主管单位可以派人会同监交。

第六章 法律责任

第四十二条 违反本法规定，有下列行为之一的，由县级以上人民政府财政部门责令限期改正，可以对单位并处三千元以上五万元以下的罚款；对其直接负责的主管人员和其他直接责任人员，可以处二千元以上二万元以下的罚款；属于国家工作人员的，还应当由其所在单位或者有关单位依法给予行政处分：

（一）不依法设置会计账簿的；

（二）私设会计账簿的；

（三）未按照规定填制、取得原始凭证或者填制、取得的原始凭证不符合规定的；

（四）以未经审核的会计凭证为依据登记会计账簿或者登记会计账簿不符合规定的；

（五）随意变更会计处理方法的；

（六）向不同的会计资料使用者提供的财务会计报告编制依据不一致的；

（七）未按照规定使用会计记录文字或者记账本位币的；

（八）未按照规定保管会计资料，致使会计资料毁损、灭失的；

（九）未按照规定建立并实施单位内部会计监督制度或者拒绝依法实施的监督或者不

如实提供有关会计资料及有关情况的；

（十）任用会计人员不符合本法规定的。

有前款所列行为之一，构成犯罪的，依法追究刑事责任。

会计人员有第一款所列行为之一，情节严重的，五年内不得从事会计工作。

有关法律对第一款所列行为的处罚另有规定的，依照有关法律的规定办理。

第四十三条　伪造、变造会计凭证、会计账簿，编制虚假财务会计报告，构成犯罪的，依法追究刑事责任。

有前款行为，尚不构成犯罪的，由县级以上人民政府财政部门予以通报，可以对单位并处五千元以上十万元以下的罚款；对其直接负责的主管人员和其他直接责任人员，可以处三千元以上五万元以下的罚款；属于国家工作人员的，还应当由其所在单位或者有关单位依法给予撤职直至开除的行政处分；其中的会计人员，五年内不得从事会计工作。

第四十四条　隐匿或者故意销毁依法应当保存的会计凭证、会计账簿、财务会计报告，构成犯罪的，依法追究刑事责任。

有前款行为，尚不构成犯罪的，由县级以上人民政府财政部门予以通报，可以对单位并处五千元以上十万元以下的罚款；对其直接负责的主管人员和其他直接责任人员，可以处三千元以上五万元以下的罚款；属于国家工作人员的，还应当由其所在单位或者有关单位依法给予撤职直至开除的行政处分；其中的会计人员，五年内不得从事会计工作。

第四十五条　授意、指使、强令会计机构、会计人员及其他人员伪造、变造会计凭证、会计账簿，编制虚假财务会计报告或者隐匿、故意销毁依法应当保的会计凭证、会计账簿、财务会计报告，构成犯罪的，依法追究刑事责任；尚不构成犯罪的，可以处五千元以上五万元以下的罚款；属于国家工作人员的，还应当由其所在单位或者有关单位依法给予降级、撤职、开除的行政处分。

第四十六条　单位负责人对依法履行职责、抵制违反本法规定行为的会计人员以降级、撤职、调离工作岗位、解聘或者开除等方式实行打击报复，构成犯罪的，依法追究刑事责任；尚不构成犯罪的，由其所在单位或者有关单位依法给予行政处分。对受打击报复的会计人员，应当恢复其名誉和原有职务、级别。

第四十七条　财政部门及有关行政部门的工作人员在实施监督管理中滥用职权、玩忽职守、徇私舞弊或者泄露国家秘密、商业秘密，构成犯罪的，依法追究刑事责任；尚不构成犯罪的，依法给予行政处分。

第四十八条　违反本法第三十条规定，将检举人姓名和检举材料转给被检举单位和被检举人个人的，由所在单位或者有关单位依法给予行政处分。

第四十九条　违反本法规定，同时违反其他法律规定的，由有关部门在各自职权范围内依法进行处罚。

第七章　附　则

第五十条　本法下列用语的含义：

单位负责人，是指单位法定代表人或者法律、行政法规规定代表单位行使职权的主要负责人。

国家统一的会计制度，是指国务院财政部门根据本法制定的关于会计核算、会计监督、会计机构和会计人员以及会计工作管理的制度。

第五十一条　个体工商户会计管理的具体办法，由国务院财政部门根据本法的原则另行规定。

第五十二条　本法自2000年7月1日起施行。

附录二　《企业会计准则——基本准则》①

第一章　总　则

第一条　为了规范企业会计确认、计量和报告行为，保证会计信息质量，根据《中华人民共和国会计法》和其他有关法律、行政法规，制定本准则。

第二条　本准则适用于在中华人民共和国境内设立的企业（包括公司，下同）。

第三条　企业会计准则包括基本准则和具体准则，具体准则的制定应当遵循本准则。

第四条　企业应当编制财务会计报告（又称财务报告，下同）。财务会计报告的目标是向财务会计报告使用者提供与企业财务状况、经营成果和现金流量等有关的会计信息，反映企业管理层受托责任履行情况，有助于财务会计报告使用者做出经济决策。

财务会计报告使用者包括投资者、债权人、政府及其有关部门和社会公众等。

第五条　企业应当对其本身发生的交易或者事项进行会计确认、计量和报告。

第六条　企业会计确认、计量和报告应当以持续经营为前提。

第七条　企业应当划分会计期间，分期结算账目和编制财务会计报告。

会计期间分为年度和中期。中期是指短于一个完整的会计年度的报告期间。

第八条　企业会计应当以货币计量。

第九条　企业应当以权责发生制为基础进行会计确认、计量和报告。

第十条　企业应当按照交易或者事项的经济特征确定会计要素。会计要素包括资产、负债、所有者权益、收入、费用和利润。

第十一条　企业应当采用借贷记账法记账。

第二章　会计信息质量要求

第十二条　企业应当以实际发生的交易或者事项为依据进行会计确认、计量和报告，如实反映符合确认和计量要求的各项会计要素及其他相关信息，保证会计信息真实可靠、内容完整。

第十三条　企业提供的会计信息应当与财务会计报告使用者的经济决策需要相关，有助于财务会计报告使用者对企业过去、现在或者未来的情况做出评价或者预测。

第十四条　企业提供的会计信息应当清晰明了，便于财务会计报告使用者理解和使用。

第十五条　企业提供的会计信息应当具有可比性。

同一企业不同时期发生的相同或者相似的交易或者事项，应当采用一致的会计政策，不得随意变更。确需变更的，应当在附注中说明。

---

①　《企业会计准则——基本准则》于2006年2月15日以财政部令第33号公布，根据2014年7月23日中华人民共和国财政部令第76号《财政部关于修改〈企业会计准则——基本准则〉的决定》修改。

不同企业发生的相同或者相似的交易或者事项，应当采用规定的会计政策，确保会计信息口径一致、相互可比。

第十六条 企业应当按照交易或者事项的经济实质进行会计确认、计量和报告，不应仅以交易或者事项的法律形式为依据。

第十七条 企业提供的会计信息应当反映与企业财务状况、经营成果和现金流量等有关的所有重要交易或者事项。

第十八条 企业对交易或者事项进行会计确认、计量和报告应当保持应有的谨慎，不应高估资产或者收益、低估负债或者费用。

第十九条 企业对于已经发生的交易或者事项，应当及时进行会计确认、计量和报告，不得提前或者延后。

第三章 资 产

第二十条 资产是指企业过去的交易或者事项形成的、由企业拥有或者控制的、预期会给企业带来经济利益的资源。

前款所指的企业过去的交易或者事项包括购买、生产、建造行为或其他交易或者事项。预期在未来发生的交易或者事项不形成资产。

由企业拥有或者控制，是指企业享有某项资源的所有权，或者虽然不享有某项资源的所有权，但该资源能被企业所控制。

预期会给企业带来经济利益，是指直接或者间接导致现金和现金等价物流入企业的潜力。

第二十一条 符合本准则第二十条规定的资产定义的资源，在同时满足以下条件时，确认为资产：

（一）与该资源有关的经济利益很可能流入企业；

（二）该资源的成本或者价值能够可靠地计量。

第二十二条 符合资产定义和资产确认条件的项目，应当列入资产负债表；符合资产定义、但不符合资产确认条件的项目，不应当列入资产负债表。

第四章 负 债

第二十三条 负债是指企业过去的交易或者事项形成的、预期会导致经济利益流出企业的现时义务。

现时义务是指企业在现行条件下已承担的义务。未来发生的交易或者事项形成的义务，不属于现时义务，不应当确认为负债。

第二十四条 符合本准则第二十三条规定的负债定义的义务，在同时满足以下条件时，确认为负债：

（一）与该义务有关的经济利益很可能流出企业；

（二）未来流出的经济利益的金额能够可靠地计量。

第二十五条 符合负债定义和负债确认条件的项目，应当列入资产负债表；符合负债定义、但不符合负债确认条件的项目，不应当列入资产负债表。

第五章 所有者权益

第二十六条 所有者权益是指企业资产扣除负债后由所有者享有的剩余权益。

公司的所有者权益又称为股东权益。

第二十七条　所有者权益的来源包括所有者投入的资本、直接计入所有者权益的利得和损失、留存收益等。

直接计入所有者权益的利得和损失，是指不应计入当期损益、会导致所有者权益发生增减变动的、与所有者投入资本或者向所有者分配利润无关的利得或者损失。

利得是指由企业非日常活动所形成的、会导致所有者权益增加的、与所有者投入资本无关的经济利益的流入。

损失是指由企业非日常活动所发生的、会导致所有者权益减少的、与向所有者分配利润无关的经济利益的流出。

第二十八条　所有者权益金额取决于资产和负债的计量。

第二十九条　所有者权益项目应当列入资产负债表。

第六章　收　入

第三十条　收入是指企业在日常活动中形成的、会导致所有者权益增加的、与所有者投入资本无关的经济利益的总流入。

第三十一条　收入只有在经济利益很可能流入从而导致企业资产增加或者负债减少、且经济利益的流入额能够可靠计量时才能予以确认。

第三十二条　符合收入定义和收入确认条件的项目，应当列入利润表。

第七章　费　用

第三十三条　费用是指企业在日常活动中发生的、会导致所有者权益减少的、与向所有者分配利润无关的经济利益的总流出。

第三十四条　费用只有在经济利益很可能流出从而导致企业资产减少或者负债增加、且经济利益的流出额能够可靠计量时才能予以确认。

第三十五条　企业为生产产品、提供劳务等发生的可归属于产品成本、劳务成本等的费用，应当在确认产品销售收入、劳务收入等时，将已销售产品、已提供劳务的成本等计入当期损益。

企业发生的支出不产生经济利益的，或者即使能够产生经济利益但不符合或者不再符合资产确认条件的，应当在发生时确认为费用，计入当期损益。

企业发生的交易或者事项导致其承担了一项负债而又不确认为一项资产的，应当在发生时确认为费用，计入当期损益。

第三十六条　符合费用定义和费用确认条件的项目，应当列入利润表。

第八章　利　润

第三十七条　利润是指企业在一定会计期间的经营成果。利润包括收入减去费用后的净额、直接计入当期利润的利得和损失等。

第三十八条　直接计入当期利润的利得和损失，是指应当计入当期损益、会导致所有者权益发生增减变动的、与所有者投入资本或者向所有者分配利润无关的利得或者损失。

第三十九条　利润金额取决于收入和费用、直接计入当期利润的利得和损失金额的计量。

第四十条　利润项目应当列入利润表。

第九章　会计计量

第四十一条　企业在将符合确认条件的会计要素登记入账并列报于会计报表及其附注

（又称财务报表，下同）时，应当按照规定的会计计量属性进行计量，确定其金额。

第四十二条 会计计量属性主要包括：

（一）历史成本。在历史成本计量下，资产按照购置时支付的现金或者现金等价物的金额，或者按照购置资产时所付出的对价的公允价值计量。负债按照因承担现时义务而实际收到的款项或者资产的金额，或者承担现时义务的合同金额，或者按照日常活动中为偿还负债预期需要支付的现金或者现金等价物的金额计量。

（二）重置成本。在重置成本计量下，资产按照现在购买相同或者相似资产所需支付的现金或者现金等价物的金额计量。负债按照现在偿付该项债务所需支付的现金或者现金等价物的金额计量。

（三）可变现净值。在可变现净值计量下，资产按照其正常对外销售所能收到现金或者现金等价物的金额扣减该资产至完工时估计将要发生的成本、估计的销售费用以及相关税费后的金额计量。

（四）现值。在现值计量下，资产按照预计从其持续使用和最终处置中所产生的未来净现金流入量的折现金额计量。负债按照预计期限内需要偿还的未来净现金流出量的折现金额计量。

（五）公允价值。在公允价值计量下，资产和负债按照市场参与者在计量日发生的有序交易中，出售资产所能收到或者转移负债所需支付的价格计量。

第四十三条 企业在对会计要素进行计量时，一般应当采用历史成本，采用重置成本、可变现净值、现值、公允价值计量的，应当保证所确定的会计要素金额能够取得并可靠计量。

第十章 财务会计报告

第四十四条 财务会计报告是指企业对外提供的反映企业某一特定日期的财务状况和某一会计期间的经营成果、现金流量等会计信息的文件。

财务会计报告包括会计报表及其附注和其他应当在财务会计报告中披露的相关信息和资料。会计报表至少应当包括资产负债表、利润表、现金流量表等报表。

小企业编制的会计报表可以不包括现金流量表。

第四十五条 资产负债表是指反映企业在某一特定日期的财务状况的会计报表。

第四十六条 利润表是指反映企业在一定会计期间的经营成果的会计报表。

第四十七条 现金流量表是指反映企业在一定会计期间的现金和现金等价物流入和流出的会计报表。

第四十八条 附注是指对在会计报表中列示项目所做的进一步说明，以及对未能在这些报表中列示项目的说明等。

第十一章 附 则

第四十九条 本准则由财政部负责解释。

第五十条 本准则自2007年1月1日起施行。